Christ-Centered Sermons

지은이_ 브라이언 채플 | 옮긴이_ 안정임
펴낸이_ 김혜정 | 기획위원_ 김건주 | 디자인_ 홍시 | 마케팅_ 윤여근, 정은희
초판1쇄 펴낸날_ 2015년 12월 17일 | 초판4쇄 펴낸날_ 2023년 4월 12일

펴낸곳_ 도서출판 CUP | 등록번호_ 제2017-000056호(2001.06.21.)
(04549) 서울특별시 중구 을지로 148, 8층 803호 (을지로3가, 중앙데코플라자)
T.(02)745-7231 F.(02)6455-3114 www.cupbooks.com | cupmanse@gmail.com

Copyright ⓒ 2013 by Bryan Chapell
Originally published in English under the title
Christ-Centered Sermons by Baker Academic,
A division of Baker Publishing Group
P.O. Box 6287, Grand Rapids, MI 49316, U.S.A.
All rights reserved.

Used and translated by the permission of Baker Publishing Group
through rMaeng2, Seoul, Republic of Korea.

This Korean translation edition ⓒ 2015 by CUP, Seoul, Republic of Korea.

이 한국어판의 저작권은 알맹2 에이전시를 통하여 Baker Publishing Group과 독점 계약한 도서출판 CUP에 있습니다.
신 저작권법에 의하여 한국 내에서 보호 받는 저작물이므로 무단 전재와 무단 복제를 금합니다.

값 18,800원
ISBN 978-89-88042-72-4 03230   Printed in Korea.

잘못된 책은 언제든지 교환해 드립니다.

그리스도 중심 설교 이렇게 하라

브라이언 채플 옮긴이 | 안정임

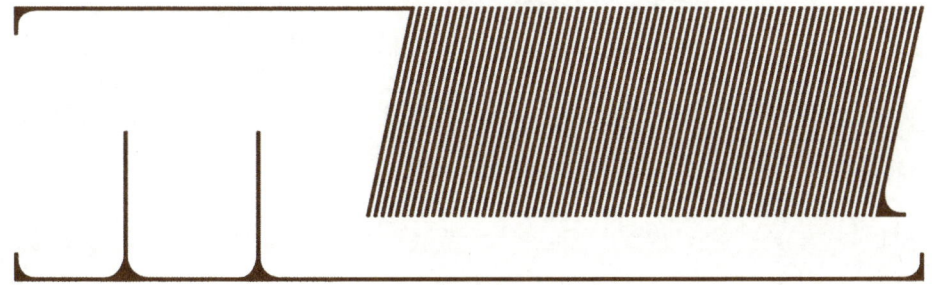

Christ-Centered Sermons

Models of Redemptive Preaching

Bryan Chapell

Christ-Centered Sermons

설교학의 대가 브라이언 채플의
설교노트를 공개합니다!

설교를 위한 설교로만 세상은 바뀌지 않는다.
세상에 복음으로 오신 그리스도만이 해답이심을
우리는 다시 선포해야 한다.

차례

추천의 글 • 8
저자 서문 왜 그리스도 중심 설교이어야 하는가? • 14
프롤로그 그리스도 중심 설교란? • 16

설교의 구조

설교 예문 01 전형적 구조 형태의 강해설교 • 53
설교 예문 02 핵심 논지를 중심으로 풀어내는 강해설교 • 83
설교 예문 03 귀납적 형태의 강해설교 • 111
설교 예문 04 특별한 날에 하는 주제 설교 • 143

성경신학

설교 예문 05 그리스도의 대속을 예언하는 그리스도 중심 성경 해석 • 173
　　　　　　　[구속적 다리의 예]
설교 예문 06 그리스도의 대속을 예비하는 그리스도 중심 성경 해석 • 199
　　　　　　　[막힌 길의 예]
설교 예문 07 그리스도의 대속을 반영하는 그리스도 중심 성경 해석 • 237
　　　　　　　[이야기식 본문의 예]
설교 예문 08 그리스도 대속의 결과를 보여주는 그리스도 중심 성경 해석 I • 269
　　　　　　　[거시적 방식]
설교 예문 09 그리스도 대속의 결과를 보여주는 그리스도 중심 성경 해석 II • 293
　　　　　　　[미시적 방식]

복음 적용

설교 예문 10 복음의 서술 | 명령의 역동성 Ⅰ • 325
[서술적인 면이 강조된 설교]

설교 예문 11 복음의 서술 | 명령의 역동성 Ⅱ • 355
[명령이 강조된 설교]

설교 예문 12 그리스도와의 연합_ 동기와 능력 • 387

설교 예문 13 말씀을 전파하라 • 417

색인 • 446

추천의 글

이동원_ 지구촌교회 원로목사

개혁교회 전통이 강조해온 성경적 설교의 방향이 있다. 우리는 그것을 구속사적 설교라고 부른다. 반면 복음주의 전통에서는 복음적 설교라고 불러 왔다. 브라이언 채플은 "그리스도 중심의 설교"라고 제시하고 있다.

오래 전에 브라이언 채플이 저술한 〈그리스도 중심의 설교〉(은성)는 그런 그의 설교 이론을 대표하는 걸작이기에 설교 클리닉을 운영해 오면서 필수도서로 천거해 왔다. 그는 그 책에서 무엇이 그리스도 중심의 설교인지와 무엇이 그리스도 중심의 설교가 아닌지를 잘 설명해 주었다.

그러나 그리스도 중심 설교의 충분한 실제를 경험할 수는 없는 아쉬움이 있었는데, 이제 우리는 본서 〈그리스도 중심 설교 이렇게 하라〉에서 이런 질문에 대한 명쾌한 저자의 예증을 만날 수 있게 되었다.

나는 우리 시대에 성경적 강해설교가 강조된 것을 무척 기쁘게 생각한다. 그것은 분명 우리 시대 강단을 향한 하나님의 축복이었다. 그러나 단순히 성경 본문에 천착한다고 모두 강해설교가 될 수는 없다. 성경을 해석하는 성경신학의 건전성과 방향이 더 중요하기 때문이다. 브라이언 채플의 책은 이런 우리의 우려를 일소하는 명쾌한 저작이다.

그런 까닭에 여러 해 전에 이런 가르침이 꼭 한국 강단에 필요하다고 생각하여 두란노 설교 세미나에 브라이언 채플을 초빙하도록 권해 한국에 초청되어 오기도 했

었다. 이번에 출간되는 〈그리스도 중심 설교 이렇게 하라〉는 그 후속적 필요를 채워 주는 책으로, 그리스도 중심 설교의 이론적 배경을 실천적 설교의 예증으로 세심하게 풀어내고 있다.

이 책이야말로 한국 교회 강단의 미래를 위해 꼭 필요한 기다림의 책이다.

우리가 그리스도의 종으로서 그리스도를 전하는 설교자라면 이 책은 한 번쯤은 가장 진지하게 학습되어야 할 도서임을 말씀드리고 싶다.

설교를 위한 설교로만 세상은 바뀌지 않는다. 세상에 복음으로 오신 그리스도만이 해답이심을 우리는 다시 선포해야 한다. 이 책은 그 그리스도를 어떻게 전할 수 있는지를 잘 보여준다.

이 책을 만나는 설교자들을 통해 한국 교회 강단의 부흥을 꿈꾸면서, 너무 늦기 전에 서둘러 이 책을 만나시기를 간곡하게 권하고 싶다.

이성희_ 연동교회 담임목사

성경의 등장인물은 약 3만 명이다. 역사상 모든 책 가운데 등장인물이 가장 많은 책이 성경이다. 성경은 많은 등장인물이 있지만 '그리스도'라는 이름 외에 모든 이름은 주연이 아니라 조연이며, 어떤 이름도 우리의 구원의 대상이 아니며 구원에 필요한 이름이 아니다. 그러므로 그리스도는 설교의 주제이어야 하며, 그리스도를 전하지 않는 설교는 설교가 아니다.

브라이언 채플의 〈그리스도 중심 설교 이렇게 하라〉는 그런 의미에서 모든 설교자에게 꼭 필요한 책이며, 설교자가 기다리던 책이다. 이 책이 한국 교회의 설교를 새롭게 하기를 기대하며 강력히 추천한다.

박은조_ 은혜샘물교회 담임목사

성경의 주인공은 예수 그리스도시다. 그러므로 설교의 영원한 주제는 당연히 예수님일 수밖에 없다. 오늘 많은 설교자가 바르고 정확한 설교를 하지 못하는 것은 설교의 주인공이 바뀌기 때문이 아닌가 싶다. 이런 우리의 현실에 브라이언 채플 박사의 이 책은 모든 설교자에게 큰 도움이 되는 책이라 생각된다. 모든 설교자의 필독을 권한다.

김은호_ 오륜교회 담임목사

누구든지 만약 이 책을 진지하게 읽는다면 그 어떤 설교자도 지금껏 해오던 방식으로 설교할 수 없을 것이다. 자신의 설교가 얼마나 부족한지 돌아보게 하기 때문이다. 그러나 이 책을 딛고 일어서는 순간, 우리의 설교에는 참된 복음과 그리스도만이 선포될 것이다. 세계적인 설교학의 대가인 '브라이언 채플' 교수의 책을 통해 한국 교회 강단에 오직 그리스도만 높아질 수 있길 간절히 소망한다.

이상흥_ 광신대학교 교수

개혁주의 목회자이면서 설교학자이며 설교자인 채플은 "설교를 듣는 회중이 어떻게 하면 변화될 수 있을까?"를 고민하면서 그의 설교 이론을 제시한 책을 집필했었다. 그는 그리스도 안에 나타난 하나님의 은혜를 설교하는 것이 설교를 듣는 청중들을 거룩에 이르게 하는 것임을 역설한다. 이번에 출간되는 본서는 그 설교 이론과 방법들이 어떻게 녹아들어 있는지를 상세하게 보여주는 설교 예문들을 제시하고 있다.

오늘 신학계에서는 칭의 논쟁이 격렬하다. 왜냐하면 믿음만을 강조하는 값싼 은혜의 거짓 복음으로 인한 무율법주의와, 반대로 믿음에다 율법을 더하는 신율법주의 때문이다. 그리고 교회는 세속화로 인해 몸살을 앓고 있다. 채플은 개혁주의 설교 원리를 통해 하나님의 은혜에 대한 선포가 어떻게 성도를 거룩하게 변화시킬 수 있는지를 성경 본문에 대한 그리스도 중심적 해석에서부터 설교의 구조에 이르기까지 세세하게 설명하면서 설교자들에게 중요한 통찰을 주고 있다.

특별히 이 책의 장점은 하나님의 은혜가 선포되고 그에 대한 반응으로 거룩한 삶을 살게 하는 설교의 구조를 탁월하게 제시하고 있다는 것이다. 교인들과 교회를 살리고 회복하는 일이 설교 사역을 통해서 이루어진다고 확신하는 설교자들은 꼭 이 책을 일독하시기를 추천한다.

황성건_ 제자로교회 담임목사, 사)청소년선교횃불 대표

목회자라면 누구나 겪는 어려움은 설교의 균형 감각을 유지하는 것이다. 그것이 강해설교이든, 주제설교이든 설교의 장르보다 더 중요한 것은 일정한 설교의 맥락을 유지하는 것이다. 본서는 그런 면에서 많은 설교자에게 탁월한 관점을 제시하고 있다. 설교의 구조, 내용, 적용을 실제적으로 '그리스도 중심 설교'라는 한 맥락에서 제시하고 있음은 놀라운 일이 아닐 수 없다.

이 책은 '설교는 할수록 어렵다'는 목회자들의 마음에 든든한 행복감을 느끼게 한다. 예문을 하나하나 따라가다 보면 어느새 그리스도 중심의 자리에 서 있게 되는 자신의 모습을 느낄 수 있게 될 것이다. 간결하면서도 깊이 있는 성경적 설교를 추구하고 싶다면 반드시 이 책을 참고해 보시기를 강력히 추천한다.

데니스 E. 존슨_ 캘리포니아 웨스트민스터 신학대학원 교수

성경 본문을 그리스도의 대속과 연결해 성도들에게 하나님의 은혜를 일깨워주고 정확하고도 생생하게 각인되는 설교를 하기란 쉬운 일이 아니다. 일단은 그렇게 은혜로운 설교를 준비할 때 설교의 핵심 원칙과 기법을 충실히 반영해야 한다. 이때 유능한 설교자가 실제로 작성한 예문을 보게 되면 이론은 곧 개인지도가 된다. 이 책에서 브라이언 채플 박사가 한 일이 바로 그것이다. 대학에서 채플 박사의 설교학 수업을 듣는 다음으로 유익한 선택은 이 책을 손에 들고 읽는 것이다.

스콧 M. 깁슨_ 고든 콘웰 신학대학원 교수, 해돈 W. 로빈슨 설교 센터 책임자

브라이언 채플 박사의 〈그리스도 중심 설교 이렇게 하라〉는 설교학 분야에 획기적인 이바지를 할 책이다. 그의 뛰어난 재능과 통찰을 바탕으로 한 설교 예문에는 그리스도 중심 설교의 참모습을 보여주는 성경신학이 고스란히 녹아들어 있다.

마이클 퀵_ 노든 신학대학원 교수

상상력과 노련미를 유감없이 발휘해 삶대로 설교하기를 가르쳐준 책이다. 브라이언 채플 박사가 앞서 펴낸 〈그리스도 중심의 설교〉의 원칙을 토대로 저자 자신이 직접 쓴 설교문에는 설교자들에게 도움이 될 만한 충고와 원리가 가득히 담겨 있다. 설교자가 자신의 지식과 마음을 열어서 이렇게 후히 나누는 경우가 드문데, 우리는 그에게 또다시 빚을 진 셈이다.

로버트 스미스 Jr._ 비슨 신학교 교수, 샘포드 대학 교수

강해설교의 수석 건축가가 그린 청사진을 대할 수 있다는 건 우리의 특권이 아닐 수 없다. 앞선 책에서는 '보는 대로 말한다'는 원칙을 제시하더니 이번 책에서는 원칙이 현실화되어 '말한 대로 보게 된다'는 설교의 본보기들을 제시했다. 성경적인 설교를 창의적이고 참신하게 전하고 싶은 설교자들에게 이 책의 일독을 강력히 권한다.

저자 서문

왜 그리스도 중심 설교이어야 하는가?

나는 설교에 대해 가르치기를 좋아한다. 열성적인 신학생이나 전도자들이 "아하~! 이제 하나님의 말씀을 어떻게 전해야 할지 알겠습니다."라며 무릎을 치는 모습을 볼 때만큼 기쁜 순간은 없다. 그래서 이 책은 더 많은 사람이 무릎 치는 것을 보고 싶은 소박한 희망을 담고 있다. 20년 전, 〈그리스도 중심의 설교〉(*Christ-Centered Preaching* : 원저는 1994년에, 한국어판은 1997년에 은성출판사에서 출간됨)가 처음 출간되었을 때만 해도 하나님이 그 책을 사용하셔서 설교의 원칙, 즉 성경 전체에서 복음을 전해야 한다는 원칙을 터득하는 일에 널리 사용되도록 도와주실지는 전혀 예상하지 못했다. 더불어 그 원칙에 입각한 설교의 실제 본보기를 보여 달라는 요구를 받게 될 줄도 생각하지 못했다.

이 책은 다음 두 종류의 설교 예문을 제공하고 있다. 첫째, 〈그리스도 중심의 설교〉에서 가르친 메시지 유형들을 예시해주는 설교, 둘째, 강해식 설교를 도와주는 다양한 설교 기법과 실제를 보여주는 구성이다.

1부에서는 구조에 초점을 맞추어 전형적인 설교, 비전형적인 설교, 강해설교, 귀납적 설교 구조의 예를 제시했다. 예시한 설교에는 지침과 참고 서적들을 덧붙여서 단계마다 그 단계에 필요한 원칙들과 실제를 알 수 있게 해 놓았다. 그래서 될 수 있으면 모든 독자가 "아하! 이 원칙을 적용해야겠구나, 이 구조(구성)를 이런 이유에서 사용하는구나" 하는 깨달음을 얻게 하려고 노력했다.

   2부에서는 본문을 구속적으로 해석하는 다양한 접근방식을 중점적으로 탐구한다. 성경신학Biblical Theology의 여러 방식을 대표하는 각각의 설교는 그리스도의 대속을 예언하고, 예비하고, 반영하거나 혹은 그 대속 사역에서 비롯된 결과를 말해주는 본문들을 어떻게 설교해야 하는지를 보여주는 실례들이다. 지침과 참고서적들은 독자의 이해력을 증폭시켜 의사전달과 테크닉의 다양한 면모를 고려할 수 있게 해 줄 것이다.

   3부에 수록된 설교들은 성경에서 발굴한 구속의 진리가 실제 우리 삶에서 어떻게 적용되는지를 보여준다. 하나님의 은혜가 헌신과 순종을 가능하게 하는 동기이자 능력이 된다는 사실을 설교마다 강조점을 달리해 제시했고, 그와 더불어 3부에 나오는 설교들은 그리스도와의 연합과 말씀의 능력이 가진 초자연적이고 신비한 면들을 집중적으로 탐구함으로써 설교자가 힘든 역경 속에서도 소망과 담대함으로 설교할 수 있도록 도왔다.

   서문에 이어지는 프롤로그에서는 〈그리스도 중심의 설교〉가 제시했던 설교 원칙들을 요약하여 뒤이은 설교 예문들의 기반을 다지도록 했다. 모쪼록 그 설교의 원칙들이 이 책에 담긴 구체적인 실례들과 결합하여 독자들에게 남은 평생 그리스도 중심의 설교를 할 수 있는 충실한 길잡이가 되기를 기도한다.

프롤로그

그리스도 중심 설교란?

강해설교의 목표는 간단하다. 하나님이 말씀하시는 바를 말하는 것이다. 강해설교자는 진정한 영적 건강이 오직 성령에 의해서만 이뤄진다고 전제한다. 성령으로 말미암아 하나님의 감동으로 성경을 기록해서 사람들의 생각과 마음에 무오류의 증언이 되도록 하셨다딤후 3:16-17. 성령이 성경 말씀에 의해, 그리고 성경 말씀과 더불어 우리 마음속에 역사하심으로써 하나님은 우리에게 필요한 진리를 가르치시고 그로 인해 그분을 알게 하시며, 체험케 하시며, 경외케 하신다.01 그러므로 설교자의 주된 목표는 자신이 전하는 하나님의 진리가 성경에서 성령이 말씀하는 것과 일치되게끔 하는 것이다. 그 목표를 가장 확실하게 이루는 길은 성경 본문의 의미를 설명해 그 말씀이 성도의 삶에 어떻게 적용되는가를 알려주는 것이다. 그렇게 하기 위해서는 설교자가 하나님의 말씀을 진지하게 공부하여 그 본래의 의미와 현재의 의의를

---

01 웨스트민스터 신앙고백, I.5, 7.
02 이 장은 Robert Peterson과 Sean Lucas가 공저한 *All for Jesus: A Celebration of the 50th Anniversary of Covenant Theological Seminary*(Ross-shire, UK: Christian Focus, 2006)의 "The Necessity of Preaching Grace for Progress in Sanctification (성화의 과정을 위한 은혜를 전할 필요성)"의 일부분을 저자의 허락을 받아 인용했음.

세심하게 전달해야 한다. 하나님이 무엇을 말씀하셨는지를 알게 하고, 왜 그 말씀을 하셨는지를 깨닫게 하는 것이 강해설교의 병행 목표이다.02

하나님의 목적을 염두에 두고 설교하라

설교자는 교훈하려는 데에만 초점을 두어서는 안 된다. 하나님은 성경을 통해 역사하시면서 우리의 죄악을 깨닫게 하시고, 생각을 바꿔주시고, 의지를 강하게 해주신다. 이것은 설교가 단순히 지침을 주는 강의가 아니라 하나의 구속적 사건이라는 걸 의미한다. 설교를 정보 전달수단으로 생각하면 성경의 역사적 사실과 도덕적 교훈, 효과적인 암기법 같은 것을 중요시하게 된다. 교리 시험이나 성경 지식 시험을 준비할 때처럼 말이다. 하지만 보통의 평신도가 그런 시험을 볼 일은 거의 없다. 며칠 지나지 않아 주일 설교를 잊어버리는 교인이 대부분이라는 사실도 교인들의 교리와 성경 지식을 최우선 목표로 삼고 있는 설교자의 의도를 무색하게 만든다.

설교의 우선순위를 재정립하는 방향은 설교에서 성경적 내용을 빼버리는 게 아니라 성도들의 영적 전쟁과 영적 건강을 준비시키려는 목적을 갖는 쪽으로 진행되어야 한다. 설교자의 일차 목표는 성경 시험이나 행동 강령 주입이 아니라 당장에 듣는 이들의 마음을 겸허케 하고 의지를 강화해주는 것이다. 하나님은 말씀을 통해 활발히 일하고 계시므로 설교할 때에는 성령이 성경의 진리를 사용해서 지금 이 순간에 성도들의 마음을 변화시킬 수 있다는 확신을 갖고 설교해야 한다. 마음이 변하면 삶이 변하게 되어 있다. 설령 설교의 구체적인 내용은 잊어버린다고 해도 그런 변화는 분명히 일어난다!잠 4:23

성도들이 어떠한 성경 본문에서든 마음의 변화를 일으키는 능력의 진리를 받아들이도록 하기 위해서는 설교자가 하나님의 말씀을 세심히 공부해야 하고 성도들을 돌아보는 지혜를 갖추고 있어야 한다딤후 2:15. 단순히 주석에 적힌 내용을 되풀이하는 것은 설교가 아니다. 충성된 설교자는 성도가 마땅히 들어야 할 내용과 들을 수준이 되는 이야기를 하기 위해 실제적 사실, 교리, 예화, 적용점을 제시하고 목회자의 로고스(성경의 말씀), 파토스(감정), 에토스(성품)를 적절히 사용할 줄 알아야 한다살전 2:2~13.03 나의 책 〈그리스도 중심의 설교〉의 서두에는 그런 식으로 성경 진리를 전하는 체계적인 방법들이 명시되어 있다. 20년만에 펴낸 이 책의 1부에도 같은 방법에 근거한 설교 예문들이 등장한다. 이 예문들은 전형적인 구조와 비전형적인 구조를 다루고 있으며 그와 함께 듣는 이들이 설교의 내용을 이해하고 기억할 수 있도록 돕는 기술적인 조언들도 첨가되어 있다.

이 구조적인 조언들은 설교의 핵심이 아니라 설교 내용을 효과적으로 전달하는 데 도움을 주려는 것들이다. 설교가 명료하고, 흥미롭고, 잘 짜여 있

03 웨스트민스터 대요리 문답 159문항 "청중들의 필요와 이해 능력"(necessities and capacities of the hearers)에 관한 사고를 참조하라. 나의 책 〈그리스도 중심의 설교〉(은성출판사, 1999)의 1장에 나오는 로고스, 파토스, 에토스***에 대한 설명을 참조하라(아래에 발췌).

같은 책 4장과 6장에서는 주로 구성과 구조의 문제를 다루고 있다.

*** 고대 수사학에서는 설득력 있는 연설이 다음 세 가지 요소로 이루어진다고 말한다.

로고스 - 연설의 내용을 말하며, 논리와 말하는 기술이 포함된다.

파토스 - 연설이 갖고 있는 감정적인 측면을 의미하며, 연설자가 전달하고 청중이 느끼게 되는 열정이나 갈망, 느낌이 포함된다.

에토스 - 연설 중에 느낄 수 있는 연설자의 성품을 뜻하며, 청중의 복지에 어떤 관심을 보였는가에 의해 결정된다. 아리스토텔레스는 연설을 가장 설득력 있게 만드는 요소가 에토스라고 했다.

지 않으면 설교자의 신뢰성이 의심받게 되고 더 나아가 말씀의 진리까지 훼손될 우려가 있다. 따라서 설교의 어법과 구조 체계를 터득해 설교 내용이 듣는 이들의 상상을 자극하고 이해와 기억을 증진하도록 하는 게 매우 중요하다. 그러나 다시 한 번 말하지만, 이런 효과가 매우 바람직하고 유용하긴 해도 우리의 주된 관심사는 그것이 아니다. 설교의 궁극적 목표는 사람들을 매료시키고, 정보를 전달하고, 기억에 새겨주는 것이 아니라 듣는 이의 마음과 생각을 성경적 진리와 대면시켜 그들의 의지와 뜻이 그리스도의 목적과 부합하도록 하는 것이다. 그러므로 설교를 통해 성도가 무엇을 인식하고, 기억하고, 깨달았는가를 잣대로 설교를 평가해서는 안 된다. 설교를 듣고 얼마나 그 말씀대로 살아가고 있는가를 평가해야 한다.

설교자의 의무는 성도들에게 진리를 알게 해서inform 그 진리로 변화되게 transform 하는 것이다. 그런 의무가 있기에 설교자는 자신의 설교가 곧 필요한 진리를 전하는 통로이자 능력의 은혜를 전하는 도구가 되도록 힘써야 한다. 사실 내가 어느 성경 말씀이든 그 안에서 하나님 은혜를 발굴하려 애쓰게 된 것은 지극히 주관적인 체험에서 비롯된 것이다. 나는 내 설교가 너무 형편없다는 생각에 괴로워하다가 목회를 그만둘 결심까지 한 적이 있다. 그런데 도대체 무엇이 잘못되었는지를 알 수가 없었다. 교인들은 내 설교가 좋다고 칭찬했지만 그들의 삶은 여전히 절망과 중독과 서로에 대한 분노로 물들어 있었다. 결국, 나 자신을 향해 이렇게 질문할 수밖에 없었다.

"내가 정말로 훌륭한 설교자라면 내가 섬기는 교인들이 어떻게 저런 형편없는 행동을 한단 말인가?"

나는 그들의 절망과 도피적 성향과 서로에 대한 날 선 비방들이 사실은 은연중에 내가 부추긴 잘못된 사고방식의 결과라는 것을 깨닫게 되었다.

하나님의 모든 명령을 설교하라

그런 사고방식을 즉각적으로 알아차리지 못했던 이유는 내 설교가 하나님의 모든 명령을 충실하게 전하고 있다는 자신감 때문이었다. 성경은 구세주의 동정녀 탄생, 죄 없는 삶, 대리 속죄의 죽음, 육체의 부활, 대위임령, 주권적 통치를 증언하는 동시에 하나님 백성이 거룩하게 살아야 함을 요구하고 있다. 성경에서 내가 좋아하는 말씀들을 받아들이면서 하나님의 그런 명령들은 소홀히 할 수 없는 일이었다. 그래서 하나님의 모든 경륜과 말씀을 내가 이해한 대로 성심성의껏 교인들에게 설교하기로 했다.

나는 우리 교회의 불완전한 교인들을 향해 매주 '더 잘하라' 고만 이야기했다. 그러나 개선을 독촉하는 북소리에는 격려와 은혜에 대한 말씀이 빠져 있었기에 오히려 내가 추구하던 거룩함을 해치고 있었다. 하나님의 백성이 명령형의 말씀만 듣게 되면 자신의 의로움이 인간적 노력의 산물이라는 잘못된 결론에 도달하게 된다. 그런 설교를 듣는 사람들은 대체로 두 가지 반응을 보이는데 그 하나는 절망이고 다른 하나는 교만이다. 어떤 이들은 "나는 결코 하나님이 요구하시는 것을 충족시키지 못할 거야"라며 절망한다. 반면에 어떤 이들은 "나는 하나님이 요구하시는 것을 충족시켰어. 적어도 다른 사람들보다는 내가 낫지"라며 영적 교만과 독선에 빠진다.

구속의 맥락을 설교하라

나는 그런 반응이 영적으로 병든 증상임을 깨달았지만, 그에 대한 치료책은 알지 못했다. 그러다 결국은 그런 증상을 치료하는 길이 말씀을 덜 전하는 것이 아니라 더 많이 전하는 것임을 깨닫게 되었다. 특히 성경의 각 본문을 구속적 맥락에서 설교하는 법을 배워야 했다. 로마서에서 바울은 "무엇이든지 전에 기록된 바는 우리의 교훈을 위하여 기록된 것이니 우리로 하여금 인내로 또는 성경의 위로로 소망을 가지게 함이니라"롬 15:4라고 말했다. 율법과 선지자들의 기록을 면밀히 탐구한 바울은 성경의 모든 말씀이 결국은 우리에게 소망을 주기 위한 것이라고 단언했다. 모든 성경은 구속이라는 목적을 지니고 있다. 성경의 어떤 말씀도 도덕적 가르침이나 삶의 개선만을 목표로 삼지 않는다. 심지어 바울은 율법 자체도 우리를 "그리스도께로 인도하는 초등교사" 역할을 한다고 말했다갈 3:24. 예수님 역시 율법과 모든 선지자가 자신에 대해 증언한다는 사실을 강조하셨다눅 24:27, 요 5:39 참조.

만일 메시아에 대한 계시가 예수님 개인을 직접 언급하는 말씀들에만 국한된다고 생각한다면 앞서 언급한 바울과 예수님의 대범한 주장에 의문을 제기하게 될 것이다. 구약과 신약의 상당 부분에는 예수 그리스도에 대한 직접적인 언급이 없다. 심지어 메시아의 도래를 예견한 예언적 말씀들도 예수님과는 상관없는 주제를 다루고 있는 부분이 많다. 예수님이 그런 사실을 몰랐을 리가 없다. 누가는 부활하신 예수님이 자신에 대해 다음과 같이 가르치셨다고 기록했다. "이에 모세와 모든 선지자의 글로 시작하여 모든 성경에 쓴 바 자기에 관한 것을 자세히 설명하시니라"눅 24:27. 성경이 예수님을 직접 언급하지 않는데 어떻게 예수님은 그런 설명을 하실 수 있으며 아울러 설교자에게도 왜 그런 설명을 하길 바라시는 것일까?04

사도 바울은 그 질문에 훌륭한 답변을 주었다. 즉 하나님의 율법이 성경의 구속적 소망에 대한 여러 면모를 드러내고 있다는 것이다. 바울은 율법 순종의 중요성과 당위성과 필요성을 한 번도 부인한 적이 없지만, 실제로 자신은 율법을 통해 율법에 대해 죽었다고 고백했다. 하나님의 거룩함에 이르기 위한 의로움이 항상 손이 미치지 못하는 곳에 있었다는 이야기는 인간적 노력으로 의로워질 수 있다는 희망이 죽어야 한다는 점을 시사하는 것이다. 거룩한 하나님의 도덕적 지침은 아무도 인간적 의지와 노력으로 거룩함에 이를 수 없다는 것을 보여준다. 우리가 이룬 최고의 업적조차 더러운 넝마와 같다고 구약은 이야기한다(사 64:6). 예수님 역시 같은 말씀을 하셨다. "이와 같이 너희도 명령 받은 것을 다 행한 후에 이르기를 우리는 무익한 종이라 우리가 하여야 할 일을 한 것뿐이라 할지니라" 눅 17:10.

거룩함에 이르는 길을 보여주는 율법은 동시에 우리가 거룩하지 못하다는 어쩔 수 없는 실상을 적나라하게 보여준다. 인간의 노력과 하나님의 의로움 사이에 있는 "엄청난 불균형" 때문에 우리는 언제나, 그리고 영원히 스스로 의로워지기가 불가능하고 그로 인해 거룩한 하나님과 화해할 수 없다.05 이런 말들은 결코 구속의 메시지로 들리지도 않으며 다른 대안이 없는 한 구속의 메시지가 될 수도 없다.

율법은 구원을 베풀어주신 하나님의 거룩한 속성과 함께 구원이 필요한

04 브라이언 채플, 〈그리스도 중심의 설교〉 343~344 참조.
05 웨스트민스터 신앙고백, XVI.5.
06 시드니 그레이다누스, 〈구약의 그리스도, 어떻게 설교할 것인가: 하나의 현대적 해석학 방법론〉(이레서원, 2010).
** 예형론 : 초기 교부들은 성경 안에 문자적 의미와 영적인 의미가 동시에 들어있다고 확신했다. 그것은 두 차원, 즉 보이는 것과 보이지 않는 것으로 이루어져 있다는 믿음의 반영이다. 성경 해석에 관련된 두 개의 차원은 구약과 신약의 관계를 논하는 데 결정적인 영향을 끼치게 되었다. 이것이 예형론의 배경이다.- 편집자주

인간의 한계성을 동시에 드러냄으로써 구원자의 필요성을 인식시키고 우리가 그분을 갈구하도록 우리 마음을 준비시켜준다. 그럼에도 율법은 예수님을 직접 언급하지 않으면서도 그분과 그분의 공로를 드러내 주는 성경의 한 단면일 뿐이다.

그리스도 중심의 성경 해석은 알레고리(풍유)나 예형론**(typology)이라는 신비로운 방법으로 예수님에 대한 묘사를 파헤치도록 요구하지 않는다. 오히려 그리스도 중심 성경 해석은 예수님이 누구이며, 성부 하나님이 무엇을 하라고 그분을 세상에 보내셨으며, 왜 보내셨는가를 이해하기 위해 각각의 성경 본문이 어떤 역할을 하는가를 알아내는 것이다. 그리스도 중심 성경 해석의 목표는 구약의 모든 이야기마다, 혹은 구약의 시편에 있는 모든 은유(해석의 오류로 인도할 수 있는)마다 예수님에 대한 언급이 마법처럼 나타나게 하는 것이 아니라 모든 성경 본문이 하나님의 은혜(예수님과 그분이 하신 공적에서 절정에 이르는)를 보여주는 일에 얼마나 이바지하고 있는가를 보여주는 것이다.

그런 식의 해석법은 성경 전체에 걸쳐 점진적으로 어디에나 계시된 하나님의 주권적인 은혜를 분별함으로써 설교자가 언제나 구세주의 마음을 느낄 수 있게 해 준다. 성경에서 하나님의 은혜로운 성품을 분별하는 일은 또한 신학을 추상적 개념으로부터 구출해준다. 자신의 피로 자신이 창조한 인간들을 구원하기 위해 자신이 창조한 우주를 종횡무진으로 움직이신 하나님을 일관되게 전하는 설교자는 살아계신 사랑의 하나님과 인격적인 교류를 나누게 된다.06 그런 설교를 듣는 사람들 역시 마찬가지다. 생각과 행동이 교만해져서 성경 지식이나 삶에서 자기보다 못한 사람들에게 우월감을 느끼는 것이 아니라 그들 역시 하나님과의 인격적 교류에 합류해 마음속에서 진정으로 그분과 연결되는 것이다.

구속적 컨텍스트를 식별하라

성경의 어느 본문에서 구속적 성격을 분별하는 일차적인 방법은 본문 말씀이 예수 그리스도와 그분의 공로를 어떤 식으로 예언하고predictive, 예비하고preparatory, 반영하고reflective, 결과를 나타내는가resultant를 알아내는 것이다.07 이 책의 2부에는 하나의 성경 본문을 그런 식으로 해석하는 접근방식 중에서 한두 가지를 골라 그에 대해 구체적으로 보여주는 설교 예문들이 실려 있다. 각각의 접근방식들은 성경 해석에서의 구속사적-역사적redemptive-historical 방식을 채택한, 성경신학의 각기 다른 형태들이라고 할 수 있다.

구속사적-역사적 해석법은 성경의 어느 부분을 본문으로 취하든지 그 안에서 그리스도께서 구속사 가운데 무엇을 하셨고, 무엇을 하실 것인가를 알아내는 일에 중점을 둔다. 예언들은 분명히 그리스도를 '예언' 하고 있으며 그분이 하실 일에 대해 많은 설명을 해 준다. 성전에서 드리는 제사는 그리스도가 무엇을 하실지를 예언하지만, 또한 예표적으로 하나님의 백성이 구세주의 구속 사역의 성격을 이해하도록 '예비' 시키는 역할도 하고 있다. 호세아와 고멜의 관계는 이스라엘 백성의 죄에도 불구하고 하나님이 그들을 얼마나 사랑하실지를 이해하도록 예비할 뿐 아니라 모든 시대 전 인류에게 하나님의 용서의 자비가 필요하며 그 자비의 성격이 어떤 것인지를 '반영' 해 준다. 우리가 은혜의 보좌에 나아가 용서의 자비를 구할 수 있는 것은 위대한

07 브라이언 채플, 〈그리스도 중심의 설교〉 352~359 참조.
08 시드니 그레이다누스, 〈성경 해석과 성경적 설교〉 (여수룬, 1999).
09 *Christ-Centered Preaching* 개정판(Grand Rapids: Baker Academic, 2005), 305~306 참조.

대제사장이 우리보다 앞서 가셔서 우리를 위해 그 길을 예비하시고 우리를 대신해 간구해주신 '결과'다.

막힌 길과 구속적 다리

앞서 언급한 구속사적-역사적 해석법의 네 가지 범주는 엄밀히 구분된 것이 아니고 그렇게 구분되어서도 안 된다. 우리의 목적은 모든 말씀을 인간이 정한 해석학 범주에 가지런히 끼워 넣는 것이 아니다. 설교자가 추구하는 최상의 설교 열매는 복음적 진리(그리스도 안에서 하나님이 성취하신 구속의 공로를 보여주고 적용하는)를 제대로 설명하는 것이 자신의 소임이라는 것을 깨달을 때 영글어간다.

성경에 등장하는 모든 시대와 장르는 궁극적으로 그리스도 예수 안에서 성취되고 적용되는 은혜의 각 차원을 보여주기 위해 성령이 고안하신 것이다.08 성경이 가진 이런 광범위한 스펙트럼에는 구속적 계시의 다각적인 표현이 담겨있을 수 있고 그 안에는 신앙의 안주로 인도하지 않는 길에 대한 정보도 포함된다. 예를 들어 사사 시대는 하나님의 도우시는 능력을 보여줄 뿐 아니라 언약의 백성으로 남기 위해 각자가 자기 눈에 좋을 대로 행했다는 어리석음도 엿보게 한다. 이스라엘의 왕정시대는 언약 백성을 의롭게 다스린다는 명분 아래 인간 지도자를 의지하는 우둔함을 읽을 수 있다. 구약이 우리를 이끄는 곳은 바로 그와 같은 구원으로 인도하는 막힌 길들이다. 그로 인해 우리가 인간을 의지하지 않고 하나님을 의지하게끔 하려는 것이다.09

그와는 대조적으로 성경의 어떤 측면들은 이스라엘 백성이 구속의 은혜를 점차 이해하게 되는 구속적 다리의 역할을 하고 있다. 예를 들어 하나님이 소수 민족인 이스라엘을 택하고 유지하신 사실은 하나님이 강하고 능력 있고 자격 있는 나라에만 자비를 베푸시는 것이 아니라는 점을 영구적으로 못박아 준다신 7:7. 광야에서 만나를 공급하신 것과 선지자들에게 말씀을 주신 것은 하나님이 이후의 모든 세대에게도 살아있는 빵, 즉 그분의 말씀을 주신다는 사실을 공고히 한다요 6:35, 고전 10:3, 16. 성경의 어느 한 대목이 모든 진리를 보여주는 것이 아니라 각각의 말씀이 인간의 이해력을 연결하는 다리가 되어 마침내 예수님의 구원으로 가는 고속도로를 완성하는 것이다.

다시 한 번 말하지만, 이와 같은 막힌 길들과 다리들의 범주를 엄격히 유지하려고 해서는 안 된다. 소와 양의 피로 인간의 죄를 완전히 속죄할 수 없다는 면호 10:1~4에서 볼 때 성전 제사도 한편으로는 막힌 길이라고 할 수 있다. 그러나 다른 한편으로는 훗날 하나님의 어린양을 통해 세상에 베풀 구원을 상징적으로 보여주는 다리 역할을 하고 있다히 10:5~9. 이처럼 여러 개의 범주에 적용될 수 있다는 사실을 염두에 두는 이유는 첫째로, 성경의 모든 대목을 무조건 은혜의 긍정적 표현으로 끼워 맞추지 않기 위함이다. 때로는 하나님이 "그 길로 가지 마라!"고 말씀하심으로 사람들을 구원하신다. 두 번째 이유는 비록 하나의 다리가 되어주는 말씀이라고 해도 하나님의 구원계획에 대한 결정적 말씀으로 받아들이지 않기 위해서다.

---

10 에드먼드 클라우니, 〈구약에 나타난 그리스도〉(네비게이토, 1991).
11 조나단 에드워즈(Jonathan Edwards)는 "뉴저지 대학 이사회에 보낸 편지"에서 이렇게 말했다. "(기독교 신학의) 모든 것은 각 분야마다 예수 그리스도의 위대한 구원 역사에 대한 참고서 역할을 한다." 그것은 곧 "신의 모든 역사와 율법의 최고선이자 궁극인 것이다." Clarence H. Faust and Thomas H. Johnson, eds., *Jonathan Edwards* (New York: American Book, 1935), 411~412.

이제 2부에 등장할 설교 예문을 보면 하나의 성경 대목이 어떤 식으로 구원을 향한 막힌 길 역할을 하는지, 혹은 구세주의 필요성과 목적을 알게 해줄 다리 역할을 하는지를 알게 될 것이다. 이런 목적들을 강조하는 이유는 다른 통찰들을 배제하려는 의미가 아니다. 성경 말씀은 수많은 방법으로 분류할 수 있는데 이는 다양한 종류의 말씀들이 그리스도와 그분의 십자가 공로와 연결되도록 도와준다.[10] 여기서의 목적은 모든 성경 구절에 적절한 역할을 제공해 줄 중심적 메타포(은유)를 찾으려는 게 아니다. 그런 식으로 본문들을 분류하게 되면 구속의 진리와 연결되어 사용된 성경의 풍부한 메타포(이를테면 나라, 가족, 안식일, 나무 등)의 의미들을 제약하는 전형적인 오류를 범하게 된다. 성경의 구속적 해석법에는 많은 정당한 방법들이 있지만 한 가지 잊지 말아야 할 것은 하나님의 은혜를 보여주어야 할 필요성과 모든 성경 말씀이 바로 그 점을 도와주기 위해 고안되었다는 사실이다.[11]

거시적 해석과 미시적 해석

성경을 볼 때는 항상 다음의 두 가지 질문을 염두에 두고서 본문을 관찰해야 한다. 하나는 '**성령은 이 본문 말씀을 통해 구원을 베풀어주신 하나님의 본성을 어떻게 보여주고 있는가?**'이며, 다른 하나는 '**성령은 이 본문 말씀을 통해 구원이 필요한 인간의 본성을 어떻게 보여주고 있는가?**'이다. 이 두 가지 렌즈를 사용하게 되면 예수님이 제자들에게 모든 성경이 자신에 관해 이야기한다고 말씀하셨을 때처럼 성경을 해석할 수 있게 된다.

이 두 가지 질문에 답하게 되면(또는 이 두 가지 렌즈를 사용하게 되면) 충실한 해석이 이루어지게 되고 '구속 중심의 해석'이라는 것이 설교 때마다 본문의 구속적 진리를 설명하기 위해 창세기부터 요한계시록까지 훑어나가야 하는 것은 아니라는 것도 알게 된다. 물론 그런 거시적 해석은 전혀 잘못된 것이 아니지만, 하나님 은혜의 한 단면을 보여주는 현재의 본문을 토대로 교리적 진술이나 상호관계들을 찾아내는 것도 필요한, 나아가 더 알찬 해석이 될 수 있다. 거시적 해석에서의 상호관계라고 하면 하나님이 그의 백성에게 어떻게 행하시는가(예를 들면 약할 때 힘을 주시고, 죄를 용서해 주시고, 필요한 것을 공급해 주시고, 배신해도 여전히 사랑하심), 성경의 등장인물이 하나님을 대신해 남들에게 어떻게 행하는가(예를 들면 다윗이 므비보셋을 돌봄과 솔로몬이 지혜롭지 못한 자들을 위해 지혜를 전수해줌)와 같은 요소들을 꼽을 수 있다.[12] 거시적 해석과 미시적 해석의 설교 예문들은 2부에 나와 있다.

타락한 상태(하나님의 해결책)에 초점 맞추기

구속적 해석이란, 우리를 깨우치기 위해 성령의 감동으로 쓰인 성경 본문에서 성령이 말씀하시는 인간의 타락한 상태에 초점을 맞추고, 그 다음에 그 상태에 대한 하나님의 해결 방법을 제시하는 것이다.[13] 이 책에 예시된 모든 설교는 명확하게 인간의 타락한 상태에 초점을 맞추고 있다. 성경 말씀을 볼 때 인간의 타락한 상태에 초점을 맞추는 이유는 하나님의 구원이 필요한 인간의 절박한 상황을 명백히 알게 할 뿐 아니라 설교자가 하나님이 제시하는

---

12 *Christ-Centered Preaching* 개정판, 306~308 참조.
13 브라이언 채플, 〈그리스도 중심의 설교〉 51~56과 374~377 참조.
14 브라이언 채플, 〈그리스도 중심의 설교〉 360~368 참조.

해결책에 집중하도록 만들기 때문이다. 인간의 구원은 전적으로 하나님의 손에 달려있다. 설교의 가장 큰 목적은 언제나 하나님의 영광이다. 따라서 '타락한 상태에 초점 맞추기'가 적절히 제시된 설교에서는 인간 능력에 대한 허세와 교만이 자취를 감춘다. 하나님의 명령이 축소되어서가 아니라 성경의 영웅은 언제나 하나님이기 때문이다.[14] 하나님은 우리를 의롭게 하시고, 불의를 용서하시고, 힘을 주심으로 우리가 처한 구제불능의 상태에서 구원해 주신다.

거룩함의 은혜를 설교하라

하나님의 은혜의 차원들을 이렇게 꾸준히 일관성 있게 천하게 되면 율법의 명령들을 무시하게 되느냐 하면 그렇지 않다. 오히려 우리의 순종에 필요한 성경적인 동기부여와 능력을 제공해 줌으로써 그 명령들의 권위를 존중하게 만든다. 그러나 규칙적으로 은혜를 계속 설교하게 되면 반율법주의로 이끌게 되지 않느냐는 우려는 때로 정당성을 갖는다. 인간의 마음이란 지극히 교활해서 죄를 변명하는 구실로 은혜를 남용할 수 있다. 한때 율법주의에 심취했던 사람들은 과거의 '은혜 결핍'을 보상하기 위해 '율법 결핍'의 유희적 삶을 추구할 가능성이 있다. 하지만 이러한 위험에도 불구하고 성경의 모든 말씀에 밑바탕을 이루고 있는 하나님의 은혜를 전함에 있어서는 다른 합법적 대안이 없음도 알아야 한다. 그러한 설교는 세상이 말하는 대로 은혜는 내 마음대로 할 수 있는 면죄부라고 정의하지 않고 성경이 가르치는 대로 은혜란 곧 하나님을 기쁘시게 하지 않고는 배길 수 없을 정도의 압도적인 자비라고 정의한다.[15]

은혜에 기반을 둔 설교는 율법의 도덕적 의무를 배제하지 않는다. 이 책에 나오는 설교문의 본문 해설과 적용 부분을 보면 성경의 명령에 대한 적절한 사용이 포함되어 있다. 우리의 자세와 행동에 대한 성경적 기준은 하나님의 성품을 반영할 뿐 아니라 우리의 유익과 하나님의 영광을 위한 것임을 기억해야 한다. 은혜에 대한 설교는 율법을 부정하는 것이 아니라 율법을 지킴으로써 교만해지는 것을 방지하고 양심적으로 율법을 지키도록 이끌어준다.[16]

은혜를 거룩함을 추구하는 동기로 삼으라

은혜에 동기 부여의 힘이 있다는 사실은 예수님의 말씀을 봐도 자명해진다. "너희가 나를 사랑하면 나의 계명을 지키리라" 요 14:15. 성경을 구속사적 관점에서 해석하는 것은 그리스도를 통해 입증된 하나님의 자비를 계속해서 깨우치고 송축하는 설교로 인도하기 때문에 그런 설교를 듣는 성도는 자연히 하나님을 더 사랑하게 될 수밖에 없다.[17] 그런 열정적인 사랑이야말로 그리스

---

[15] 제임스 I. 패커, 《거룩의 재발견》 (토기장이, 2011).

[16] 웨스트민스터 소요리문답 질문 1; 웨스트민스터 대요리문답 질문 32, 97, 168, 174, 178; 하이델베르크 요리문답 질문 1, 2, 32, 86; 웨스트민스터 신앙고백, XVI.2; XIX.6, 7; XX.1; XXII.6.

[17] 브라이언 채플, 《성화의 은혜》(생명의말씀사, 2014)와 《그리스도 중심의 설교》 398~399를 참조하라.

[18] Thomas Chalmers, "The Expulsive Power of a New Affection," in *History and Repository of Pulpit Eloquence*, ed. Henry C. Fish, vol. 2 (New York: Dodd, Mead, 1856), 326. 월터 마샬, 《성화의 신비》 (복있는사람, 2011)을 참조하라.

[19] 브라이언 채플, 《성화의 은혜》, 《그리스도 중심의 설교》 397~399 참조.

[20] 브라이언 채플, 《그리스도 중심의 설교》 388 참조.

도인의 순종과 윤리, 긍휼의 주된 동기 유발 요소이며 그들이 사랑하는 구세주의 목적을 열정적으로 이루고자 하는 마음 자세를 갖게 해 준다.[18]

예수님을 믿는 사람에게는 은혜에 감격해 우러난 참된 사랑보다 더 큰 영적 동기가 없다. 두려움이나 죄책감이나 유익은 그런 동기가 될 수 없다(사랑과 별개가 아닌 한도 내에서 차선으로 동기 부여의 역할은 할 수 있을지 모르지만).[19] 하나님에 대한 사랑은 그분과 동행하는 기쁨과 축복을 맛보는 제자로서의 삶을 살게 해 주고 그런 사랑이 커질수록 하나님과 그분의 목적과 그분의 피조물과 그분의 백성을 사랑하려는 열망을 더욱더 자극하게 된다.

성경은 절대로 죄를 묵인하거나, 도덕적 방종을 부추기거나, 타인의 어려움을 모른 체하는 것을 은혜라고 말하지 않는다. 은혜에 관한 설교를 지속적으로 듣고 하나님의 사랑이 불붙은 사람은 내주하는 성령으로 인해 하나님과 동행을 원하고 그분의 말씀대로 살고자 한다. 그렇기에 사도 바울은 하나님의 은혜로 인해 "경건하지 않은 것과 이 세상 정욕을 다 버리고" 살 수 있다고 말했다딛 2:12. 은혜를 올바로 이해하게 되면 율법은 고물이 아니라 보물이 된다.

은혜에 관해 설교할 때 규칙들은 변하지 않으나 이유는 변한다.[20] 우리가 하나님을 섬기는 이유는 그분을 사랑하기 때문이지 그분이 우리를 사랑하게 하기 위해서가 아니다. 아무리 애를 써도 더러운 옷에 불과한 우리의 선행(거룩한 하나님 앞에서 우리의 선행은 결국 '더러운 옷'일 뿐이다 - 사 64:6)으로 어떻게 하나님이 우리를 사랑하시게 한단 말인가? 예수 그리스도의 은혜는 인간적 노력으로 거룩해지려는 헛수고에서 우리를 자유롭게 한다. 그로 인해 마음에서 사랑이 우러나오고 더욱 주님을 기쁘시게 해드리고 싶어지는 것이다고후 5:14. 그런 까닭에 이 책에 나오는 모든 설교 예문은 은혜를 강조하고 드러내려고 노력한다. 그럼으로써 하나님에 대한 사랑을 더욱 북돋아 주고 그 결과 더욱 그분께 순종하게 하려는 것이다. 하나님을 사랑하면 할수록 결과적으로 더욱 그분께 순종하게 되는 것이다.

하나님의 은혜에 지속적으로 초점을 맞춘다고 해서 자동적으로 하나님의 명령을 무시하거나 하나님의 기준을 싫어하게 된다고 넘겨짚으면 안 된다. 오히려 그분의 조건 없는 무한한 자비는 "그리스도 예수 안에 있는 자에게는 결코 정죄함이 없나니"롬 8:1라는 말씀을 확증시켜서 우리를 회개로 인도해준다롬 2:4. 지속적인 은혜의 설교를 듣고 하나님의 위대한 자비에 깊이 감동을 하게 되면 우리는 하나님을 더욱더 사랑하게 된다. 그 결과 사랑하는 분의 가슴을 아프게 하는 죄에서 돌이키고 싶어지는 것이다엡 4:30. 비록 우리의 애정은 여전히 부족하고 일탈의 가능성도 여전하지만 그래도 변화를 받게 된다롬 8:5-15. 한때는 죄짓기를 즐거워했던 마음이 오직 구세주의 임재와 목적 안에서만 평강과 만족과 기쁨을 발견하게 되는 것이다.

십자가를 거룩함의 동기로 삼으라

그처럼 진한 사랑을 우러나게 할 수 있는 일차적인 메시지는 그리스도의 십자가다. 현대 신학자 중에는 예수님의 구속적 희생이란 주제에 눈살을 찌푸리는 사람들이 있다. 아마도 그들이 부활이나 재림, 그 밖의 구속 사건들을 경시하기 때문에 그럴 것이다. 물론 부활이 없다면 십자가는 이방의 언덕에서 당한 참혹한 죽음을 상징할 뿐이다. 부활로 인해 죄를 이기고 승리했다는 사실과 세상 끝날에 의인의 정당함이 입증된다는 약속은 그리스도인이 성실과 인내로 살아가게 하는 중요한 진리다. 하지만 그리스도가 십자가에 못 박한 것 외에 아무것도 전하지 않겠다고 말한 바울의 고백(고전 2:2)은 인간 본성에 대한 심오한 이해를 바탕으로 한 것이다. 자기 아들을 선물로 보낸 성부의 사랑과 십자가에서 죽은 성자의 이타적 희생은 인간의 마음을 송두리째 뒤흔들어서 하나님을 사랑하게 하고, 그분의 말씀을 순종하게 하고, 성령의 역사에 반응하게 한다.

예로부터 설교자들의 강령처럼 여겨지는 "보혈이 흘러넘치게 하라"는 말은 인간 심리를 예리하게 꿰뚫은 지혜에서 나온 말이다. 십자가는 하나님에 대한 사랑을 유발하고, 부활의 열정은 그분의 목적에 전념하게 하고, 재림의 인내는 그분의 대의를 위해 살게 한다. 모든 것이 필수적인 요소이지만, 죄인을 향한 하나님의 자비-성경 전체에 계시가 되고 십자가에서 절정을 이루는-야말로 복음에 속하는 모든 진리를 수용하게 만드는 메시지다.

성경 말씀 전부를 통해 하나님의 은혜를 전해야 하는 주된 이유는 설교자가 강해 기술을 터득하기 위한 것도, 말씀을 정확히 주해하기 위한 것도 아니다. 단순히 성경 해석이라는 학문적 차원에서 접근한 성경신학은 신학 토론과 영적 교만을 부추겨서 하나의 핵심 주제(예를 들면 하나님 나라, 언약, 창조-타락-구속-완성, 가정 등의 주제) 아래 모든 성경 말씀을 엮어줄 금실을 뽑아내려는 노력을 기울이게 한다. 물론 그런 주제가 성경 구조에 대한 시각을 넓혀주는 것은 부정할 수 없지만, 구속적 설교의 참된 목표는 모든 시대에 점진적으로, 그리고 일관적으로 보여주신 하나님의 자비와 은혜를 설명하고 예수님의 희생을 더 온전하게 이해시켜 그분을 더욱 사랑하게 하는 것이다.[21] 어떤 성경신학이든 이런 연계적 목적이 없다면 그것은 방향을 잘못 잡았다고 말할 수 있다.[22] 그러므로 앞으로 독자가 읽게 될 설교 예문들은 하나님 사랑을 더욱 우러나게 할 그분의 은혜의 측면들을 보여주는 데 주력하게 될 것이다.

만일 하나님에 대한 사랑을 우러나게 하는 것이 설교의 주된 목적임에 동의하지 않는 사람이 있다면 그는 인생의 주된 목적이 무엇인지조차 제대로 인식하지 못하는 것이다. 위대한 종교개혁가가 말했듯이 우리 인생의 주된 목적은 "하나님을 영화롭게 하고 그분을 누리는 것"이다.[23] 하나님을 깊이 사랑하지 않고서 그분을 영화롭게 하거나 누리는 일은 불가능하다. 하나님에 대한 사랑이 그분을 찾게 하고, 그분을 섬기게 하고, 그분 앞에 죄를 회개하게 하고, 그분께로 돌아가게 한다. 하나님을 사랑하게 하는 모든 요소는 십자가에서 그 추진력을 발견한다. 그 십자가에서 빛나는 진리와 삶의 원칙들이 반사되어 나오는 것이다. 그렇지만 여전히 십자가는 하나님을 추구하는 마음의 구심점이다.

거룩한 삶을 가능케 하는 그리스도와의 연합

십자가에서 이룩한 그리스도의 승리는 죄의 권세와 죄책감 모두에서 인간

---

[21] Geerhardus Vos, "The Idea of Biblical Theology," Vos 교수가 프린스턴 신학대학원의 성경신학 학장 취임식에서 한 연설에서 발췌(Covenant Theological Seminary Library, n.d., ca. 1895), 16. 이 연설을 수정한 연설문이 훗날 Vos의 Biblical Theology(1948; repr., Grand Rapids: Eerdmans, 1975)의 서문이 되었음.

[22] 그레엄 골즈워디, 〈성경신학적 설교 어떻게 할 것인가?〉 (성서유니온선교회, 2002).

[23] 웨스트민스터 소요리문답, 질문 1.

[24] 브라이언 채플, 〈성화의 은혜〉

[25] John Murray, Principles of Conduct: Aspects of Biblical Ethics (Grand Rapids: Eerdmans, 1957), 216~221.

을 자유롭게 했다. 예수님이 우리 안에 계시기에 예수님을 죽음에서 일으킨 부활의 능력도 우리 안에 소유하게 되었다고 사도 바울은 말했다갈 2:20, 엡 1:18~23. 덧붙여 요한은 "너희 안에 계신 이가 세상에 있는 자보다 크심이라"고 강조했다요일 4:4. 이것은 예수님이 우리에게 힘을 주시고 의지를 도와주신다는 약속 이상의 의미를 지닌 말씀이다. 우리가 그리스도와 하나 되었기 때문에 그분의 의로움이 지닌 모든 미덕이 우리 것이 되었고 그분의 성령이 우리 죄를 깨닫게 하시면 그 죄에 저항할 힘도 지니게 되었다는 뜻이다.**24** 전통신학Classical Theology의 표현을 빌리자면, 예전에 우리는 죄를 짓지 않을 수 없었지만non posse non peccare, 지금 우리는 죄를 짓지 않을 수 있다posse non peccare.**25** 하지만 죄의 본성이 아직도 우리에게 상당한 영향력을 미치고 있으므로 우리가 영원한 영광 가운데 예수님과 함께함으로 죄를 지을 수 없는 상태non posse peccare가 되기 전까지는 주님의 뜻을 완벽하게 행할 수 없다. 그러나 일단 지금은 우리가 변할 수 없다는 사탄의 거짓말에서 자유로워졌다. 우리는 더 이상 죄의 지배를 받지 않는다롬 6:14~18. 우리는 그리스도 안에서 살아났고 그분의 부활 능력이 우리 안에 있으므로 끈질기게 따라다니는 죄들을 극복하며 성숙할 수 있다.

    죄책감에서 벗어나 그리스도의 은총을 입는다는 사실이야말로 은혜의 복음을 전하는 설교의 필수요소다. 때로는 설교자들이 부분적인 복음만을 전하는 경우가 있다. 그 한 예가 예수님의 죽음(주님의 수동적 의로움)으로 말미암아 우리 죗값이 모두 지불되었다는 설교다. 물론 용서받아야 할 필요성을 알고 있는 그리스도인들에게 이것은 영광스럽고 보배로운 진리다. 그러나 죗값이 전부 치러졌음에도 불구하고 여전히 자신의 죄로 인해 수치심과 무력감에 젖어 살아갈 가능성이 있다. 죗값이 치러졌음을 인정하고 그에 대해 감사는 하지만 영적인 계산을 해보면 여전히 제로섬zero-sum인 것처럼 느껴지는 것이다. 즉 자신을 대신해서 죽으신 그리스도의 희생이 죄의 부채에서 해방하는 게 아니라 오히려 자신을 초라한 죄인처럼 느끼게 한다는 것이다.

그런 느낌을 물리치기 위해서는 복음이 주는 풍성한 혜택이 무엇인지, 즉 그리스도와의 연합으로 우리가 어떤 덕을 보는지를 제대로 알아야만 한다. 우리는 죄의 빚을 모두 탕감받았다. 또한, 그와 더불어 그리스도의 의로움(그분의 능동적이자 수동적 의로움에서 비롯됨)도 받았다. 하나님 앞에서 우리는 이미 천국의 상속자요, 그리스도와 함께 공동상속인이요, 하나님의 자녀로 인정받은 사람들이다롬 8:16~17. 바로 이와 같은 사실이 하나님께 우리가 얼마나 가치 있고 소중한 존재인지를 – 천국에 들어가기 전이라도 – 말해주는 증거다. 우리의 지위는 이토록 확실하고 우리의 의는 이토록 대단하기에 하늘의 성부는 이미 우리를 거룩한 자, 그분을 기쁘게 하는 자로 인정하셨고롬 12:1 이미 우리를 하늘의 처소에 앉게 해 주셨다엡 2:6. 우리가 그리스도와 연합되었기 때문에 그분의 위상이 우리의 위상이 된 것이다고전 1:30, 고후 5:21, 갈 2:20. 여전히 죄악된 생각과 행동을 극복하려고 성령의 힘으로 싸우고는 있지만, 하나님은 우리가 믿음으로 받아들인 은혜로 인해 우리를 이미 거룩하다고 간주해 주셨다. 이런 위상(신분)에 있어서의 성화는 우리의 점진적 성화를 가능케 하는 초석이다히 10:14.**26** 또한 천국에 보장된 내세의 삶은 이 땅에서 사탄의 공

---

26 Bryan Chapell, *In the Grip of Grace: When You Can't Hang On: The Promises of Romans 8*(Grand Rapids: Baker, 1992), 54~58; Jerry Bridges, *The Discipline of Grace: God's Role and Our Role in the Pursuit of Holiness* (Colorado Springs: NavPress, 1994), 108.

격을 대항하게 하는 기반이 된다. 이것이 핵심임에도 불구하고 개신교 설교에서는 이 사실을 놓치는 일이 비일비재하기에, 3부에서는 특별히 그런 면에 초점을 둔 설교 예문을 제시했다.

복음의 사실들에 대한 서술을 설교하라

3부는 그리스도와 우리의 관계(구원받은 사람으로서 나는 누구인가?)라는 복음의 서술적인 indicative 측면과 그리스도인의 삶(어둠에서 나와 예수님의 놀라운 빛으로 들어온 사람으로서 나는 무엇을 해야 하는가?)이라는 복음의 명령적인 imperative 측면간의 상관성에 초점을 맞추고 있다. 복음의 서술적인 면은 우리에 대한 하나님의 사랑을 보증하고 현재의 연약함에도 그분의 목적을 성취할 수 있도록 힘을 불어넣어 준다. 반면 명령적인 측면은 하나님의 목적을 깨닫고 그것을 성취하기 위해 우리가 반드시 따라야 할 기준들을 알게 해 준다.

우리가 하나님 은혜의 혜택을 입기 위해서 천국에 들어갈 때까지 기다리지 않아도 된다는 것을 이해할 때 복음의 서술적 힘이 드러난다. 죄 없는 완전무결한 삶이 영광 중에 우리를 기다리고 있지만, 우리 안에 계신 성령의 보증과 하나님 약속의 확실성을 통해 우리는 이미 그런 지위를 이 땅에서 소유하고 있다고후 5:5. 우리는 이미 하나님께 지극히 사랑받는 자녀이고엡 5:1, 그리스도의 의로움을 옷 입은 자이며고후 5:21, 하나님 앞에서 믿음으로 의롭다고 인정받은 자이고벧전 2:9, 성령이 내주하시는 자들이다롬 8:11.

성령이 우리 안에 계시다는 증거는 죄의 부재不在가 아니라 죄의 유혹을 물리칠 수 있는 새로운 능력과 거룩한 욕구의 실재實在를 통해 드러난다롬 8:5~15. 우리가 죄를 짓고 괴로워할 때는 과연 내 안에 성령의 능력이 있는지

의문이 들기도 한다. 그러나 그리스도 안에서 새로운 피조물이라는 우리의 위상을 확신하기에 죄를 지었을 때 느끼는 비통함은 곧 우리의 능력을 확증해주는 것이다.27 성령이 우리 안에 채워지기 전에는 우리 마음이 하나님께 적대적이었고 오로지 그럴 수밖에 없었다. 그러나 이제 우리는 죄 짓는 것을 싫어한다. 죄에 대한 혐오와 죄를 지었을 때의 거룩한 참회가 우리 안에 성령이 계시고 우리 앞에 천국이 있다는 증거다. 우리 안에 성령이 계시지 않는다면 우리는 죄를 지어도 애통해 하지 않을 것이다(죄의 결과에 애통할 수는 있겠지만). 우리가 짓는 죄가 성령을 슬프게 했고, 구세주의 보혈을 짓밟았고, 하나님을 거역했다는 사실로 인해 진심으로 애통한다면 그것은 성령에 의해 마음이 새로워졌다는 증거이자 성령으로 인해 죄에 대항할 능력이 있다는 표시다.

복음의 명령을 설교하라

죄에 대한 증오, 과거 죄책감으로부터의 자유, 그리스도의 의로움과 능력을 소유함, 장래 은혜에 대한 확증이 결합해 그리스도인은 하나님이 요구하시는 거룩한 경주를 할 수 있다히 12:1. 다만 한 가지 기억할 것은 이 모든 진리

27 Chapell, *In the Grip of Grace*, 32~37.
28 Herman Ridderbos, *Paul: An Outline of His Theology*, trans. John Richard de Witt (Grand Rapids: Eerdmans, 1975), 253.
29 브라이언 채플, 〈그리스도 중심의 설교〉 360~368.
30 John Calvin, *Institutes of the Christian Religion*, II.7.i-iii & ix.
31 웨스트민스터 신앙고백, XVI.5.

가 예수 그리스도와 그분의 공로로 말미암는다는 것이다. 우리 주님의 과거, 현재, 미래 은혜가 없다면 그리스도인의 삶에는 아무런 진전도 있을 수 없다. 예수님은 "나를 떠나서는 너희가 아무것도 할 수 없음이라"고 말씀하셨다요 15:5. 그리스도 중심 설교에 대한 필요성을 이보다 확실하게 보여주는 성경 구절도 드물다. 궁극적으로 그리스도를 통해 드러난 하나님의 은혜는 우리를 죄책감에서 해방하고 그분 뜻에 순종하게 해 준다. 만일 성경 본문에 있는 복음의 서술(오직 은혜로 인해 우리가 어떤 사람이 되었는가?)은 설명하지 않고 단지 복음의 명령(무엇을 할 것인가?)만 강조하면 하나님이 요구하시는 일을 할 수 있게 하는 유일한 능력의 원천을 성도에게서 빼앗아 가는 셈이 된다.28

그리스도 없이는 아무도 하나님을 섬길 수 없다. 은혜는 없이 명령만 가득한 설교, 예를 들면 "…처럼 되라(성경 인물을 따라 하라는 취지로)", "선한 사람이 되라(성경 인물의 도덕적 행동을 본받으라는 취지로)", "영적 훈련을 실천하라(충성과 성의를 다하라는 취지로)"를 강조하는 설교는 복음과 정면으로 대치되는 설교다. 설교 내용 자체에는 잘못이 없지만, 영적으로는 치명적인 독을 갖고 있다. 왜냐하면, 우리의 행위에 따라서 하나님과의 관계가 가까워지기도 하고 멀어지기도 한다는 것을 암시하기 때문이다.29

은혜 없이 성경의 명령만을 전한다면 축복이 곧 영혼을 죽이는 무기로 탈바꿈할 수 있음을 명심해야 한다. 은혜가 율법을 지키려는 동기가 되고 힘이 될 때만 율법의 명령은 좋은 것이며 그리스도인의 삶에 자양분이 될 수 있다.30 은혜라는 기반 없이 거룩하게 살라고 말하는 설교는 성도들을 오직 인간적 무력함의 수렁 속으로 떨어뜨릴 뿐이다.

그리스도로 말미암아 거룩해지지 않으면 우리가 하는 최고의 선행도 하나님의 질책을 면할 수 없다는 것을 알아야 한다.31 하나님은 우리의 선행이 그리스도 안에서 이루어질 때만 기뻐하신다.[32] 이 말은 비록 설교자가 본문을 설명할 때 예수님의 이름을 거론하지 않는다고 해도 본문에서 요구하는 의무 사항을 달성할 수 있다는 소망을 주기 위해 성경 본문이 주님 은혜의 측면들을 어떻게 드러내고 있는지를 알려주어야 한다는 뜻이다.[33] "나를 떠나서는 너희가 아무것도 할 수 없음이라"는 예수님의 말씀은 모든 설교가 그리스도에게 초점을 맞추고 있어야 할 필요성을 보여준다. 마찬가지로 그리스도에게 초점을 맞춘 설교의 능력은 "내게 능력 주시는 자 안에서 내가 모든 것을 할 수 있느니라"라는 바울의 고백이 입증하고 있다 빌 4:13.

그런 측면에서 하나님께 순종하게 할 능력을 주는 그 은혜의 필요성과 능력을 핵심 주제로 하는 설교 예문을 3부에서 제시한다.

능력의 열쇠

기독교 설교는 시종일관하게 하나님의 은혜를 선포해야 한다. 그래야만 성도가 하나님을 사랑하게 되고 그분을 섬길 수 있게 된다. 3부에서 마지막으로 강조할 것은 마음의 동기와 실천 능력 간의 상관관계다. 〈그리스도 중심의 설교〉에서는 성도가 성경 본문의 말씀을 삶에 적용하는 데 있어 설교가

32 웨스트민스터 신앙고백, XVI.6.
33 브라이언 채플, 〈그리스도 중심의 설교〉 379~380.
34 브라이언 채플, 〈그리스도 중심의 설교〉 398~399와 〈은혜의 성화〉에서 밝혔듯이 순종에는 다른 동기도 있지만, 그리스도인의 순종이 진정으로 하나님을 경외하는 것이 되기 위해서는 하나님에 대한 사랑이 가장 최우선의 동기가 되어야 한다.

다음의 네 가지 질문에 대답하도록 도와야 한다고 말했다.

1. 나는 무엇을 해야 하는가?
2. 나는 그것을 어디에서 해야 하는가?
3. 나는 그것을 왜 해야 하는가?
4. 나는 그것을 어떻게 해야 하는가?

설교자는 보통 1번과 2번의 질문에 집중한다. 그리스도 중심 설교는 3번과 4번의 질문도 똑같이 중요하게 여긴다. 3번의 질문이 중요한 이유는 옳은 일을 잘못된 동기로 하면 잘못된 일이 되기 때문이다. 하나님의 은혜를 받기 위한 뇌물 차원에서 열심히 신앙훈련을 한다면 행위 자체는 옳은 것이나 동기가 잘못되었기에 하나님이 싫어하신다. 아울러 4번 질문이 중요한 이유는 성도에게 어떻게 해야 하는지를 가르쳐주지 않고 해야 할 일만 이야기하는 것은 잔인한 일이기 때문이다. 나쁜 행동을 고치라고 충고하면서 고치는 방법을 말해주지 않는다면 그들을 궁지에 몰아넣는 것이나 다를 바가 없다.

이미 앞에서 하나님에 대한 사랑이 순종의 동기가 되는 경위를 이야기했다. 그분의 은혜에 감동해서 사랑을 표현하는 것이 그리스도인들에게는 가장 강력한 순종의 동기다.[34] 물론 누군가를 사랑해도 그것을 제대로 표현 못하는 경우가 많다. 그리스도인은 누구나 하나님을 더 잘 섬기고 싶어 한다. 중독 문제를 해결하고, 두려움을 극복하고, 더 인자한 사람이 되고, 더 빨리 용서해주고, 약점들을 보완하고, 새로운 용기를 얻게 되기를 원한다. 우리의 문제는 변하기를 원치 않는 게 아니라 변하고 싶은데 그 방법을 모른다는 것에 있다. 복음의 능력을 힘입을 수 있는 열쇠는 '왜(이유)'가 곧 '어떻게(방법)'

임을 깨닫는 것이다. 즉 동기와 능력이 하나 되어 거룩함의 승리를 안겨준다는 것이다.[35]

하나님에 대한 사랑이 크면 순종하는 힘도 커진다. 믿음의 필수적 요소가 사랑이기 때문에 그런 것도 있지만 사랑 자체가 힘이기 때문이다. 사랑의 힘을 이해하기 위해서는 먼저 중요한 질문 하나를 자신에게 던져야 한다. "내가 계속 죄를 짓는 가장 큰 이유는 무엇인가?" 죄의 권세는 이미 파괴되었고 우리는 더 이상 죄의 노예가 아니다. 그런데 왜 자꾸 죄에 굴복하는 걸까? 근본적 이유는 우리가 죄를 사랑하기 때문이다. 죄가 전혀 매력적이지 않다면 우리를 지배할 힘도 없을 것이다.

세속적 이익이나 쾌락을 위해 죄를 짓는다는 것은 구세주를 사랑하는 것보다 죄를 더 사랑하고 있다는 뜻이다. 죄를 지으면서도 하나님을 사랑한다고 말하는 사람은 그것이 거짓말인 것조차 의식하지 못해서 그럴 수도 있겠으나, 죄를 짓는 순간에는 분명 하나님보다 죄를 더 사랑하는 것이다. 그런 사람들은 마치 아내를 향해서 "다른 여자들은 관심 없어. 나는 당신만을 사랑해"라고 말하며 바람을 피우는 남편과 다를 바 없다. 외도를 하면서도 여전히 아내를 사랑할 수는 있겠지만, 외도의 순간에 그는 아내보다 다른 여성을, 아니면 적어도 자신의 정욕을 더 사랑하는 것이다.

죄를 사랑한다는 사실, 그리고 그로 인해 죄에 권세를 부여한다는 사실은 두 번째 중요한 질문을 던지도록 만든다. "우리 마음에서 죄에 대한 사랑을 몰아낼 수 있는 것은 무엇인가?" 정답은 죄에 대한 사랑을 능가하는 사랑이

---

[35] 브라이언 채플, 〈그리스도 중심의 설교〉 399~402.
[36] Chalmers, *History and Repository of Pulpit Eloquence*.

다. 예수님을 사랑하는 마음이 죄를 사랑하는 마음보다 커지게 되면 죄에 대한 매력은 주님을 경외하려는 열망으로 대체된다.

성경이 분명하게 경고하는 것은 죄의 쾌락이 일시적이고 그 결과는 치명적이며 하나님의 징계는 고통스럽다는 사실이다. 앞서 했던 대답도 그 사실을 부인하지 않는다. 그와 더불어 성경은 순종에 따른 평강과 축복의 보상(비록 완전한 보상은 이생에서 받을 수 없겠지만)을 이야기하고 그 평강은 인간의 이해를 초월한다고 말한다롬 8:18; 빌 4:7. 성경에 언급된 경고와 보상은 우리를 죄에서 돌아서게 하려는 것이고, 하나님의 전체 말씀을 충실하게 전달하려는 설교자는 그 부분을 빼놓지 않고 설교해야 한다.

이기적인 사람에게는 경고와 보상의 말씀이 매우 효과적이다. 그런 사람은 자신이 해를 당하지 않기 위해 경고에 주의하고 유익을 얻기 위해 보상을 추구한다. 하나님은 자녀를 굽어보시면서 그런 이기적 성향을 이용해 우리를 인도하시지만, 그런 동기(성도들에게 있어서도 중요하고 옳은 것이긴 하지만)는 "네 마음을 다하고 목숨을 다하고 뜻을 다하고 힘을 다하여 주 너의 하나님을 사랑하라"막 12:30는 말씀을 '첫째 되는 가장 큰' 계명으로 받은 사람들에게는 최선의 동기가 될 수 없다.

하나님에 대한 사랑이 기본적이고 주된 계명이 되는 데에는 이유가 있다. 경고와 보상이 죄에 대한 욕구를 위축시키는 것은 분명하지만, 그것이 죄의 가장 강력한 억제책은 되지 못하기 때문이다. 그러면 죄에 대한 사랑을 원천적으로 봉쇄할 수 있는 것은 무엇인가? 정답은 역시 그보다 더한 사랑이다. 죄에 대한 사랑(이것이 죄에 권세를 부여한다)은 더 큰 사랑으로 대체될 때에만 극복할 수 있다. 토머스 찰머스Thomas Chalmers가 했던 유명한 설교, "새로운 애정의 추방력"은 참으로 적절한 표현이다.[36] 예수님에 대한 사랑이 다른 모든 사랑보다 크고 깊을 때, 바로 그때 그분의 뜻대로 살고자 하는 욕구가 다른 모든 욕구를 능가하게 된다. 그렇기에 예수님은 이렇게 말씀하셨다. "너희가 나를 사랑하면 나의 계명을 지키리라" 요 14:15. 이 말씀은 하나님에 대한 사랑이 최우선 동기가 되어야 그분을 경외하는 것이 가장 강력한 욕구가 된다는 사실을 분명하게 짚어주고 있다.

이제 마지막으로 중요한 질문을 하겠다. 하나님에 대한 사랑이 그분을 경외하게 하는 주된 동기이자 힘이라면 무엇이 우리의 마음을 그런 사랑으로 채워줄 수 있을까? 정답은 "나 같은 죄인 살리신 … 놀라운 은혜"다. 내가 예수님을 알기도 전에 그분은 나를 사랑하셨다. 내가 주님의 원수였을 때 그분은 나를 위해 돌아가셨다. 주님은 내가 넘어져도 붙잡아주시고, 잘못해도 안아주시고, 배신해도 떠나지 않으시고, 죄를 지어도 용서하시며 여전히 나를 사랑하신다. 그런 은혜가 우리의 마음을 채우면 하나님을 더욱 사랑하게 되고 그것이 곧 그리스도인의 원동력이 되는 것이다. 그런 사랑만이 죄에 대한 사랑을 이길 수 있고 구세주에 대한 사랑만이 자기에 대한 사랑을 뛰어넘을 수 있다.

하나님에 대한 사랑을 가속하는 은혜의 능력, 그것이 바로 성경을 구속적으로 해석해서 설교하는 궁극적인 이유다. 그리스도 안에 있는 하나님의 자비를 지속적으로 높이는 설교를 할 때 성도들의 마음에 하나님에 대한 사랑이 계속해서 채워질 것이다. 이 사랑이 바로 순종의 주된 동기와 힘이 된다. 성령이 거하시는 마음은 구세주에 대한 사랑에 반응한다. 그래서 사도 바울은 이렇게 이야기했다. "그리스도의 사랑이 우리를 강권하시는도다 우리가

---

37 브라이언 채플, 〈은혜의 성화〉와 〈그리스도 중심의 설교〉 401 참조.

생각하건대 한 사람이 모든 사람을 대신하여 죽었은즉 … 살아 있는 자들로 하여금 다시는 그들 자신을 위하여 살지 않고 오직 그들을 대신하여 죽었다가 다시 살아나신 이를 위하여 살게 하려 함이라."고후 5:14-15.

설교는 하나님에 대한 사랑이 활활 타오르게 연료를 공급해서 그분의 뜻을 행하는 것이 가장 큰 기쁨이 되도록 만들어야 한다고후 5:9. 그런 기쁨을 아는 것이 우리 사명을 완수하는 힘인 것이다느 8:10. 은혜를 전하는 설교는 구세주에 대한 사랑을 타오르게 한다. 모든 말씀에서 은혜를 강조하는 설교는 단순히 성경의 전체 주제들로 인해 요구되는 해석적 전략이 아니다. 하나님 마음을 꾸준히 알려주는 노력이 성도들 마음에 하나님에 대한 사랑을 불타오르게 한다. 설교자는 성경 전체에 스며있는 복음의 진리들을 설명해 성도의 마음에 하나님을 섬기는 기쁨이 가득 차도록 해야 한다. 바로 그것이 하나님을 위해 살게 하는 원동력이다. 은혜는 경건한 삶으로 이끌어준다. 그 이유는 은혜가 사랑을 낳고 사랑은 섬김을 낳아서 주님을 섬기는 것이 인생 최대의 기쁨이 되기 때문이다.37

기쁨의 능력을 설교하라

이 책에 수록된 마지막 설교 예문들은 기쁨에 관한 것이다. 주제를 장황하게 늘어놓거나 교인들에게 봉사에 관한 죄책감을 안겨주는 것보다 하나님의 은혜의 경이로움을 칭송함으로써 그분에 대한 사랑으로 가득 채워줄 때 설교는 기쁨이 된다. 많은 목회자가 교회를 떠나거나 무능한 목회를 하는 이유는 고집 센 교인들을 채찍질해서 더 열심히 봉사하게 하는 것이 자신의 역할이라고 착각하기 때문이다. 물론 설교를 통해 죄를 꾸짖고 게으름을 질책해야 하지만, 사랑의 맥락 없이 그런 식으로 설교하게 되면 성도들은 물론이고 목회자에게도 큰 부담이 된다. 설교에는 그보다 더 나은 방식이 있다.

성경에 나오는 명령과 마음의 동기, 은혜의 능력이 합쳐질 때 더 나은 설교가 가능하다. 이런 설교에서 복음의 명령은 사라지지 않는다. 하나님의 명령은 그분의 성품과 우리를 향한 사랑을 대변하기 때문이다. 그럼에도 여전히 명령들은 언제나 구속적 서술들에 뿌리를 내리고 있어야 한다. 그래야만 인간적 약점과 죄에도 불구하고 하나님의 신실하심을 믿을 수 있게 된다. 영적 지도자는 성도들이 자신의 성화를 의로움의 기반으로 삼으려는 것을 저지해야 한다. 가령 교회 봉사를 많이 하거나 열심히 하면 하나님 앞에서 의로운 사람이 된다는 식의 착각을 하지 않도록 해야 한다. 우리는 오직 우리를 위해 돌아가신 예수 그리스도의 공로에 힘입어 의로운 삶을 살 수 있는 존재다.[38] 설교자는 이 사실을 반드시 주지시켜야 한다.

그리스도의 보혈이 지금 자신에게 얼마나 가치 있고 소중한지를 깨닫고 주님께 마음을 바친 사람은 주의 축복과 능력을 확신하며 더욱 열심히 하나님을 섬기게 된다. 그런 사람은 하나님을 냉혹하고, 무섭고, 불만이 가득한 분으로 오해하지 않는다. 용서받은 사실이나 자녀로서의 신분이 현재의 인

---

[38] Richard F. Lovelace, *Dynamics of Spiritual Life: An Evangelical Theology of Renewal* (Downers Grove, IL: InterVarsity Press, 1979), 101.

[39] 프란시스 쉐퍼, 《프란시스 쉐퍼 전집 3》(생명의말씀사, 1995)와 《거기 계시는 하나님》(생명의말씀사, 1995).

[40] Jay Adams, *Preaching with Purpose: A Comprehensive Textbook on Biblical Preaching* (Grand Rapids: Baker, 1982), 152.

간적 약점 때문에 무효가 되지 않는다는 것을 아는 성도는 경쟁심이나 우월의식 때문에 섬기는 것이 아니라 주님을 사랑함으로써 섬기는 삶을 산다.[39]

복음의 확신을 계속해서 전하면 성도들의 삶에서 절망과 교만이 없어진다. 그 결과 영적 피로감과 경쟁심, 무감각이 자취를 감추고 그 자리에 그리스도 안에서의 새로운 기쁨이 흘러넘치며 주님을 인생의 최고봉으로 삼고 싶어 하고, 연약한 사람들을 이해하게 되고, 상처받은 사람들을 돌보게 되고, 잘못한 사람을 용서하게 되고, 불신자들을 사랑하는 마음이 싹트게 된다. 즉 하나님의 사랑이 교회의 본질이 되기 때문에 교회(기독교 공동체)도 은혜의 도구가 되는 것이다. 그럴 때 목회자는 신바람이 나고 목회는 모든 사람(목회자와 그의 가족을 포함하여)에게 짐이 아니라 축복이 된다. 물론 어려움과 좌절이 있겠지만, 심지어 그럴 때도 은혜의 기반 위에 하나님이 세워주시는 기쁨은 무너지지 않을 것이다.

복음을 참되게 전하려면 은혜가 필수적이다. 따라서 성경이 말하는 기독교를 전하고 있는지 확신하기 위해서는 한 가지 근원적인 질문을 던져야 한다. "나는 은혜에 관해 설교하고 있는가?" 당신은 어느 종교에서나 통하는 윤리와 도덕을 역설함으로써 사찰이나 모스크에도 어울릴만한 설교를 하고 있지는 않은가?[40] 그렇다면 더 기독교적인 설교가 되기 위해 성경 말씀을 줄이지 말고 더 늘려야 한다. 당신의 설교에서 그리스도가 그분의 자리를 찾으시기까지, 당신의 메시지에서 주님의 은혜가 핵심이 될 때까지 설교하기를 멈추지 마라. 그리할 때 그리스도 중심 설교를 듣는 모든 성도가 주님과 동행하게 될 것이고 주님의 기쁨이 그분 뜻을 행하는 힘이 되어줄 것이다.

Part One

설교의 구조

설교의 구조

20년 전 출간한 《그리스도 중심의 설교》 앞부분에서 성경의 진리를 전달하는 데 유용한 구조적 도구들을 제시했었다. 1부의 설교 예문들은 그 적용편으로, 구조적 도구들을 강조한 설교 예문들을 실었다. 이 예문들은 전형적인 구조와 비전형적인 구조 모두를 다루고 있으며, 아울러 청중이 설교 내용을 이해하고 기억하는 데 도움이 되는 기술적 요소들도 설명해 놓았다.

설교 예문 01

전형적 구조 형태의 강해설교

첫 번째 설교 예문은 〈그리스도 중심의 설교〉 6장에서 설명한 고전적 기준에 따라 설교의 구조와 전형적 어법을 소개하고 있다.01 이 설교에는 지침이 되는 주석 형식의 부연 설명과 더불어 포맷 찾아보기와 각주가 많다. 이런 별도의 주석들 때문에 설교가 상대적으로 길어 보이지만 실제의 내용은 통상적인 30분에서 35분짜리 설교다.02

이 설교에 나오는 원칙이나 조언들은 교훈적인 예로써 제시한 것이다. 모든 설교자가 이 기준들을 항상 적용할 필요는 없다. 그러나 학식 있는 설교자라면 그것에 대한 충분한 지식을 갖고 본문 내용과 해석에 가장 적합한 것이 무엇인지를 숙지할 것이다. 음악인들이 음계를 익혀서 더 정교한 곡을 만들어내듯이 설교의 기본 요소와 구조들에 정통한 설교자는 그것들을 바꾸고, 혼합하고, 개조하고, 삭제할 수 있는 능력이 생긴다. 그렇게 함으로써 성경 본문과 자기 교회 교인들과 당시의 상황에 가장 잘 들어맞는 설교를 하게 되는 것이다.

설교의 구조적 요소들은 노련한 설교자의 작업 도구다. 여기에서 그 요소들을 선보이는 이유는 초보 설교자들에게 도구 가방을 챙겨주기 위해서다. 뒤에 나오는 설교 예문들에서는 그런 도구들의 사용법을 바꾸고 새로운 기술들을 제시할 것이지만 일단 여기에서는 전통적인 설교 구조의 '망치와 못'에 친숙해지도록 하는 게 나의 목표다. 가장 기본적인 것부터 시작해야 하는 이유는 간단하다. 숙련된 설교자가 전형적인 설교의 구성 요소들, 즉 서론, 논지, 대지, 예화, 적용, 결론과 같은 요소들을 제대로 알지 못하는 경우는 극히 드물기 때문이다.

설교 은사를 타고난 사람이라면 천부적 재능과 직관만으로도 충분히 좋은 설교를 할 수 있을 것이다. 그러나 나를 비롯한 대다수 설교자는 차근차근 설교 기법을 배워나가는 것이 처음에는 어렵더라도 가장 현명한 길임을 잊지 말아야 한다. 설교 때마다 모든 기법을 활용하지는 않는다 해도 자신이 사용할 자료와 도구와 대안을 최대한 자세히 알고 있는 사람은 훨씬 더 멋진 설교문을 작성할 수 있다.

이번에 소개할 설교 예문은 강해expository설교다. 강해설교란 어떤 특정한 성경 본문에서 저자가 이야기하는 핵심 주제와 부차적 주제들을 파악하여 설명해 주고 그 영적인 진리들을 현재 상황에 적용해서 이야기하는 것을 말한다. 첫 번째 설교 예문은 연역적 방식을 사용했는데 연역적 방식이란 일반적이고 보편적인 원칙에서 구체적인 적용점으로 옮겨가는 것을 의미한다(귀납적 설교는 반대 방향으로 움직인다). 성경 본문은 신약의 서신서에 나오는 교훈적인(사고의 전개를 통해 가르침) 내용에서 발췌했다. 뒷부분에서는 성경의 다양한 장르들(예를 들면 역사서, 예언서, 시편 등)에 따라 다른 형태의 설교 방식들을 탐색하게 될 것이다.

01 브라이언 채플, 《그리스도 중심의 설교》.
02 통상적인 30분짜리 설교에서 각각의 구성 요소가 차지하는 전형적인 분량을 알고 싶다면 *Christ-Centered Preaching* 개정판, 350~351을 참조하라. 또 설교의 길이에 대해서는 《그리스도 중심의 설교》 68~70을 참조하라.

하나님의 말씀을 전파하라 I

디모데후서 4장 1~5절

1 하나님 앞과 살아 있는 자와 죽은 자를 심판하실 그리스도 예수 앞에서 그가 나타나실 것과 그의 나라를 두고 엄히 명하노니
2 너는 말씀을 전파하라 때를 얻든지 못 얻든지 항상 힘쓰라 범사에 오래 참음과 가르침으로 경책하며 경계하며 권하라
3 때가 이르리니 사람이 바른 교훈을 받지 아니하며 귀가 가려워서 자기의 사욕을 따를 스승을 많이 두고
4 또 그 귀를 진리에서 돌이켜 허탄한 이야기를 따르리라
5 그러나 너는 모든 일에 신중하여 고난을 받으며 전도자의 일을 하며 네 직무를 다하라

[참고 : 아래의 괄호 안에 있는 내용은 소리 내어 말하면 안 된다. 이것은 다만 전통적인 설교 과정에서 다양한 구성 요소가 어떻게 사용되는지를 보여주기 위해 삽입한 것이다.]

성경 본문 소개 | 오늘 저와 함께 나눌 말씀은 디모데후서 4장 1절부터 5절까지입니다.[01]

본문 배경 소개 |[02] 사도 바울이 디모데에게 보낸 두 번째 편지는 바울이 세상을 떠나기 얼마 전에 쓰인 것입니다. 이제 사역의 바통을 넘겨야 할 때가 왔다는 것을 직감한 바울은 오늘날 목회자들처럼 많은 의문과 두려움에 직면할 젊은 목회자 디모데에게 당부의 말을 전합니다.[03]

본문 읽기 | 디모데후서 4장 1절에서 5절 말씀을 함께 읽겠습니다.

[설교자가 성경 본문을 소리 내어 읽는다.]

01 이 자리를 빌려 나의 학생이었던 존 굴렛(John Gullet) 목사와 노옴 리드(Norm Reed) 목사에게 고마움을 전한다. 이 설교 예문은 원래 그들이 커버넌트(Covenant) 신학대학원 재학 시절에 작성해 제출한 것이다. 나는 그들이 졸업한 뒤에 전형적인(formal) 설교 구조의 다양한 면을 보여주기 위해서 그 설교 초안을 수정하고 다듬어서 여기에 실었다.
02 본문 배경 소개에 대한 자세한 설명은 〈그리스도 중심의 설교〉 407~310에 나와 있다.
03 본문 배경 소개에서는 본문의 상황에 대한 짧은 설명과 본문 주제를 현재 우리의 상황과 연관 짓는 간단한 말을 곁들여서 듣는 사람들이 그다음에 나올 설교 내용에 흥미를 갖도록 한다는 점에 주목하라. 참고로, 당시에 이 설교의 청중은 설교자(아니면 설교자의 배우자)가 되려고 공부하던 신학생과 신학교 예비생들이었다.
04 전형적인 설교의 서론에 들어가는 내용과 구조는 〈그리스도 중심의 설교〉 9장에 소개되어 있음.

"하나님 앞과 살아 있는 자와 죽은 자를 심판하실 그리스도 예수 앞에서 그가 나타나실 것과 그의 나라를 두고 엄히 명하노니 너는 말씀을 전파하라 때를 얻든지 못 얻든지 항상 힘쓰라 범사에 오래 참음과 가르침으로 경책하며 경계하며 권하라 때가 이르리니 사람이 바른 교훈을 받지 아니하며 귀가 가려워서 자기의 사욕을 따를 스승을 많이 두고 또 그 귀를 진리에서 돌이켜 허탄한 이야기를 따르리라 그러나 너는 모든 일에 신중하여 고난을 받으며 전도자의 일을 하며 네 직무를 다하라"

설교 전 기도 | 하나님의 말씀을 살펴보는 동안 우리를 인도해 달라고 하나님께 기도합시다.

> [하나님의 말씀이 선포되는 동안 설교자와 교인들에게 깨달음을 주시도록 성령의 인도를 구하는 짤막한 기도를 설교자가 한다.]

서론 |04 어느 날 이웃에 사는 친한 아주머니의 뻔뻔한 고백을 듣게 된 저의 어머니는 애석하게도 우려했던 최악의 일이 사실이었음을 확인하셨습니다. 베티라는 이름의 그 기혼 여성은 다른 남자와 부적절한 관계를 맺고 있었고, 저의 어머니는 가끔 그들의 모습을 목격했습니다. 베티의 불행을 막고, 또 가능하면 잘못을 깨닫게 하려는 마음에서 저의 어머니는 충고하기로 작정하셨습니다. 하지만 어머니의 조심스러운 권고는 베티의 어처구니없는 대답에 맞부딪쳤습니다. 베티가 이렇게 대답한 것입니다.

"괜찮아요, 아주머니. 걱정하지 마세요. 하나님이 저를 그 사람에게로 은혜롭게 인도해 주셨어요. 저는 그 남자와 있을 때 훨씬 더 행복해요."

저의 어머니는 남편을 무시하는 베티의 냉담한 태도에 기가 막혀 더는 대화를 이어가지 못하셨습니다. 베티의 결정은 안타까우면서 동시에 두려운 것이었습니다. 그녀가 이대로 불륜 관계를 지속한다면, 그것은 결혼 서약을 어기고 하나님의 은혜를 저버리는 죄입니다. 그 일은 궁극적으로 하나님께 **심판** 받을 **죄**05입니다. 베티는 하나님 **말씀**의 경고를 들어야 하고 회개하는 자에게 은혜를 베푸신다는 사실을 알아야 했습니다.

저의 어머니가 고민했던 것이 바로 이것이었습니다. '하나님이 **죄를 심판** 하시지만, 또한 그분이 도와주심으로 소망이 있다는 사실을 어떻게 알려줄 것인가?' 저의 어머니는 여러 날 고민했지만 아무 말도 입 밖으로 내지 못했노라고 저에게 털어놓으셨습니다. 여러분이라면 그런 상황에서 어떻게 하시

05 굵게 표시된 단어들은 설교의 논지에 나오는 두 개의 핵심 단어이다. 이 단어들이 서론에 등장함으로써 설교의 중심 주제들을 파악하게 만드는 개념과 용어들을 청중들이 귀 기울여 듣게 한다.

06 '타락한 상태에 초점 맞추기'는 인간 상태의 부정적인 측면이며, 본문 말씀에서는 성경적 지침과 복음의 희망으로 이 상태를 언급하고 있다. '타락한 상태에 초점 맞추기'(혹은 본문에 나오는 죄)는 보통 서론에서 언급하여 이후 설교에서 논할 특정한 문제점이 무엇인지를 청중이 알아채도록 하는 것이 좋다(아울러 그에 대한 해결책을 듣고 싶게 만든다).《그리스도 중심의 설교》51~59와 295~298을 참조하라.

07 설교학 메시지의 개념과 성경을 결속시키는 것은 보통 논지를 제시하기 직전에 간결하게 한두 문장으로 표현하면 좋다.

08 전형적인 설교에서 논지의 내용과 필요성에 대해서는《그리스도 중심의 설교》179~187를 참조하라.

09 이 책에 나오는 성경 말씀은 '개역개정'에서 인용한 것이다.

10 이와 같은 상황화와 더불어 설교자는 논지와 대지에서 '중심이 되는 핵심 절(anchor clause)'의 진리를 설정해야 한다. 보통은 논지의 앞과 뒷부분에서 그 진리를 설정한다. 이 설교의 경우는 앞과 뒤에 설정되어 있다(《그리스도 중심의 설교》188 참조).

겠습니까? 저의 어머니의 사례는 하나님 **말씀**을 전할 기회가 언제든지 올 수 있음을 우리에게 상기시켜줍니다. 하나님은 나름의 **목적**을 갖고 다른 사람들이 하나님 **말씀**을 제대로 적용하도록 도와줄 상황들을 계속 만들어 주십니다. 그러나 우리는 죄에 대한 하나님의 **심판**을 알면서도[타락한 상태에 초점 맞추기]**06** 그런 **목적**으로 우리를 사용하실 때 양심껏 명확하게 이야기하기를 주저합니다. 무엇을 어떻게 이야기해야 할지에 대한 문제가 우리를 침묵하게 합니다. 그러나 우리는 디모데후서 4장[성경 메시지를 성경과 결합시키기]**07**에 나오는 대로 말씀을 전파해야 할 의무를 깨달음으로써 그런 주저함에서 벗어날 수 있습니다. 사도 바울은 하나님의 **심판**을 질문의 요체가 아니라 동기의 원천으로 사용했습니다.

[여기에서 설교자는 다음의 논제를 이야기한다.]

논지 |**08** 하나님이 <u>**죄를 심판**하신다고 하셨으므로</u> 그 의도하신 **목적**을 위해 우리는 하나님의 **말씀**을 **전파**해야 합니다.

바울은 먼저 하나님의 말씀을 전파해야 하는 목적을 엄숙하게 이야기합니다. 디모데후서 4장 1절에 보면 디모데를 향해 "하나님 앞과 살아 있는 자와 죽은 자를 심판하실 그리스도 예수 앞에서 그가 나타나실 것과 그의 나라를 두고 엄히 명하노니"라고 했습니다.**09** 우리의 모든 행동은 "하나님 앞과 살아 있는 자와 죽은 자를 심판하실 그리스도 예수 앞에서" 하는 것입니다.**10** 모든 인간을 판단하실 그분의 준엄한 눈앞에서 살아간다는 전제 하에, 바울은 하나님의 말씀을 전파해야 할 목적이 곤궁에 **처한 사람들을 구하고, 진리를 옹호하고, 우리의 의무를 완수하기 위함**이라고 했습니다.**11**

첫 번째로 바울은 말하기를…

대지1 | 하나님이 죄를 심판하시기 때문에,[12] 우리는 곤궁에 처한 사람들을 구하기 위해서 하나님의 말씀을 전해야 합니다.[13]

사람들이 처한 곤궁은 여러 가지가 있으므로 바울의 지침도 그에 따라 여러 가지로 나누어집니다. 여기서는 하나님의 말씀을 믿지 않는 사람들, **하나**

[11] 설교에 나오는 모든 대지의 핵심 사항들은 여기에서 하나의 '게시판'으로 사용되었다. 그 이유는 앞으로 할 설교의 중요한 쟁점이 무엇인지를 알려주기 위함이다. 이에 대한 더 자세한 설명은 〈그리스도 중심의 설교〉 329~330을 참조하라.

[12] 이 전형적 형태의 대지에서 중심이 되는 핵심 절은 논지에서의 핵심 절과 일치(불변)한다. 그것은 논지의 주된 주제가 더 깊이 전개될 것임을 듣는 이들에게 시사해준다. 대지의 구성 요소[중심이 되는 핵심 절(anchor clause), 따라나오는 질문(magnet clause) 등]에 대한 것은 〈그리스도 중심의 설교〉 167~178과 187~189를 참조하라.

[13] 대지에서 따라나오는 절은, 논지에 있는 다른 평행 구의 핵심 용어를 변화시킨다. 이것은 논지의 주제가 이 대지에서 어떻게 전개될지를 알려준다. 이런 핵심 용어의 변화는 듣는 사람에게 그 용어가 나타내는 새로운 개념들(이것은 또한 소지들의 초점이기도 함)로 생각을 옮겨가게 한다. 소지들은 따라나오는 질문이나 논지의 개념을 뒷받침하거나 발전시킨다. 소지의 형태(예를 들어 분석적 질문에 대한 대답, 의문문, 불레트 진술 등)에 관해서는 〈그리스도 중심의 설교〉 195~201을 참조하라.

[14] 밑줄 친 게시판(billboard)이 대지 뒤에 나온다는 점을 유의하라. 그렇게 함으로써 청중에게 뒤에 나올 소지들에 귀를 기울일 준비를 시키는 것이다. 대지마다 게시판이 필요한 것은 아니지만(매번 사용하면 듣는 사람이 지루해진다), 사용함으로써 도움이 될 때가 많다(〈그리스도 중심의 설교〉 329~330 참조).

[15] 이 대지 밑에 있는 소지들은 의문형으로 되어 있다. 뒤에 이어지는 각각의 질문에는 핵심 용어와 주제(성경 말씀에 근거하거나 말씀이 입증하는)가 포함된 대답을 설정한다. 대답은 의문문 뒤에 곧바로 나오고 이어지는 내용에서 그 대답이 입증되며 전개된다. 또한, 그 대답에는 소지(대지의 예화와 적용의 초점)의 핵심 용어(들)가 포함된다.

님의 말씀을 순종하지 않는 사람들, 하나님 말씀에 대한 확신을 잃은 사람들에게 하나님의 말씀을 전파하라고 바울은 말합니다.[14]

소지1 | 그럼 하나님의 말씀을 믿지 않는 사람들은 어떻게 도와주어야 할까요? 그들이 믿을 수 있게 해주어야 합니다.[15]

바울은 2절에서 디모데에게 이렇게 이야기합니다. "너는 말씀을 전파하라 때를 얻든지 못 얻든지 항상 힘쓰라. 범사에 오래 참음과 가르침으로 경책하며 경계하며 권하라." 하나님의 말씀을 전파하라는 임무의 첫 번째 과제는 '믿게 할 준비를 하라' 는 것입니다. 바로 앞에 나오는 디모데후서 3장 16절에서 바울은 이미 다음과 같은 사실을 디모데에게 주지시켰습니다. "모든 성경은 하나님의 감동으로 된 것으로 교훈과 책망과 바르게 함과 의로 교육하기에 유익하니." 성경은 다가올 심판에서 죄인들을 구하기 위한 하나님의 도구이기에 이처럼 신성하고 권위를 갖고 있습니다. 죄를 심판하실 하나님은 감사하게도 복음을 허락하셔서 그것을 믿는 자를 구원해 주십니다. 따라서 바울은 성경(하나님의 감동으로 쓰인 말씀)을 최우선으로 사용해 사람들이 그 진리를 믿게 하라고 이야기합니다.

그러기 위해서는 우리가 먼저 하나님 말씀의 신빙성을 명쾌하게 입증하고 설명할 수 있어야 합니다. 이 작업에는 언제나 큰 인내와 정확한 가르침이 필요합니다. 그래서 바울은 "오래 참음과 가르침으로" 다른 사람들을 믿게 해야 한다고 권면합니다. 다시 말해서 사람들을 믿게 하려면 하나님이 우리를 구원하실 때 보여주신 인내와 사랑을 우리도 그들에게 보여주어야 한다는 뜻입니다. 하나님의 진리를 깨닫고 그 진리대로 살아가는 사람들이, 하나님의 말씀을 믿지 않는 사람들을 믿게 해야 합니다.

그러나 우리가 복음을 전파해야 할 대상은 믿지 않는 사람들만이 아닙니다.

소지2 | 하나님의 말씀을 순종하지 않는 사람들은 어떻게 도와주어야 할까요? 그런 사람들은 **경책, 즉 꾸짖어야** 합니다.

그들은 하나님의 말씀을 알면서도 순종하지 않는 사람들입니다. 올바른 진리를 믿는 사람들도 잘못을 저지를 수 있습니다. 2절에서 바울은 그런 사람들에게 어떻게 해야 하는지 이야기합니다. "오래 참음과 가르침으로 경책"하라고 합니다. 경책이란 잘못을 잘못이라고 말해주는 것을 의미합니다. 하나님의 말씀에 불순종하거나, 그 말씀을 왜곡하거나, 심지어 말씀을 부인하는 사람들에게 우리는 단도직입적으로 잘못을 지적해주어야 할 때가 있습니다. 누가복음 17장 3절에서 예수님은 "너희는 스스로 조심하라. 만일 네 형제가 죄를 범하거든 경고하고 회개하거든 용서하라"고 말씀하셨습니다.

다른 사람이 잘못한다고 해서 항상 꾸짖어야 하는 것은 아닙니다("사랑은 허다한 죄를 덮느니라", 벧전 4:8). 그러나 신실하게 하나님의 말씀을 전파하는 사람은 꾸짖음도 적절히 사용할 줄 알아야 합니다. 성경에서 명백하게 지시한 말씀을 어기는 사람이 있다면 계속해서 그 길을 걸어갈 때 어떤 결과가 생기게

16 예화 전에 나오는 설명의 요약에는 앞서 나온 모든 소지의 핵심 용어들이 사용된다. 왜냐하면, 그 예화가 그 소지들을 전부 설명하는 것이기 때문이다. 만일 그 예화가 그 중 한 개의 소지만을 위한 것이라면 요약에는 그 특정 소지에 사용된 핵심 용어들만 포함해야 할 것이다. 예화의 사용에 대해서는 〈그리스도 중심의 설교〉 7장(특히 235~240)을 참조하라.

되는지 경고해야 합니다. 하나님이 우리를 사랑하지 않으신다면 죄의 위험도 경고하지 않으실 것입니다. 그러나 하나님은 우리를 사랑하시기에 신실하게 말씀을 전파하는 자를 사용해 꾸짖음이란 방법을 통해 경고하십니다. 회개하지 않는 죄의 끔찍한 결과에서 구원하기 원하십니다.

전환 | 하나님의 말씀을 믿으려 하지 않는 사람들이 있습니다. 하나님의 말씀을 순종하지 않는 사람들이 있는가 하면(바울은 그런 사람들을 각각 어떻게 다루어야 하는지 이야기했음), 하나님 말씀에 대한 확신을 잃어버리고 방황하는 사람들도 있습니다.

소지3 | 하나님 말씀에 대한 확신을 잃은 사람들은 어떻게 도와주어야 할까요? 권면해야 합니다.

2절에서 바울은 디모데에게 "오래 참음과 가르침으로 … 권하라"고 명령했습니다. 사람들은 성경에서 명령하는 내용이 무엇인지와 더불어 그 중요성도 알아야 합니다. '권하라'는 것은 성경의 충고로 상대방을 설득해 예수님이 주시는 소망과 힘으로 행동하도록 하라는 이야기입니다. 우리가 하는 권고는 성도들을 확신과 성경의 '가르침'으로 인도해 힘들지라도 할 일을 하도록 해야 합니다. 고린도후서 12장 9절에서 바울은 자신이 곤경 당할 때 하나님이 손수 권면하시며 "내 은혜가 네게 족하도다. 이는 내 능력이 약한 데서 온전하여짐이라"로 말씀하셨다고 했습니다.

예수님이 인류를 심판하실 것이기에 우리는 하나님 말씀을 전파해서 사람들을 **믿게 하고, 경책하고, 권면**해야 합니다.[16]

예화 | 플로리다 키라고에 있는 쿠바 난민 수용소에서 어느 날 아침 작은 동요가 일어났습니다. 그곳에는 약 8백 명의 쿠바 난민이 수용되어 있었는데 모두 누군가를 간절히 기다리는 눈치였습니다. 그리고 잠시 후에 키웨스트에서 난민들을 싣고 온 버스가 도착하자 휠체어를 탄 일곱 명의 노신사가 마지막으로 버스에서 내렸습니다. 새로운 난민들이 올 때마다 떠들썩하고 열광적으로 환영하던 그들이었지만 그 날 만큼은 조용하고 숙연한 모습으로 그 일곱 명의 노인들에게 특별한 관심을 보였습니다. 그들은 바로 예수 그리스도에 대한 믿음을 부인하지 않았던 일곱 명의 양심수들이었습니다. 그 중 세 명은 1960년대 초에 하바나 공원에서 노방전도를 하다가 체포되었고 다른 사람들은 지하교회 모임을 알리기 위해 같은 공원에서 성경책을 들고 다닌 죄로 경찰에 붙잡혔습니다.

결국, 그들은 신앙 때문에 수십 년간 옥고를 치렀고 모진 고문을 당해 절름발이와 장애인이 되고 말았습니다. 몸의 뼈들이 부러지면서도 그들은 자신의 구세주를 부인하지 않았고 무신론의 공산주의 정권에서도 주님에 대한 충성을 맹세했습니다. 일곱 명의 노인들이 수용소에 도착하고 몇 주 뒤에 수

17 소지의 핵심 용어들은 예화에 '빗발치듯(rain)' 언급된다. 핵심 용어들의 지속적인 등장은 예화가 소지에 초점을 맞추고 있다는 점을 분명해 해준다. '설명적인 빗발'의 성격과 중요성에 대해서는 〈그리스도 중심의 설교〉 239와 273~274를 참조하라.

18 소지의 핵심 용어들은 또한 적용(적용에 대해서는 〈그리스도 중심의 설교〉 8장에 나와 있음)에도 빗발치듯 언급된다. 이 용어들의 지속적인 등장은, 설교에서 본문이 무엇에 관한 내용인지를 입증한 것(연관 없는 내용이 아니고)을 설교자가 지금 적용하고 있음을 분명히 해준다. 그럼으로써 본문의 내용과 권위에 맞는 적용이 되는 것이다.

용소 직원들이 보니까 그들은 날마다 오전, 오후, 저녁으로 예배를 드리고 있었다고 합니다. 그리고 그 예배들에 참석해 생전 처음 복음을 들은 많은 사람이 자신의 죄를 **깨닫게** 되었다고 합니다.[17] 일곱 명의 노인들은 성경 공부를 통해 그리스도인의 본분에 대해 가르치고 죄지은 사람들을 엄하면서도 자애롭게 **꾸짖었습니다.** 그러나 무엇보다 인상적인 것은 그들이 나약한 사람들과 좌절하는 사람들을 **권면**하는 모습이었습니다. 그들은 쿠바 감옥에 갇혀 있는 동안 그처럼 훌륭하게 사역하는 법을 배운 것입니다. 묵묵히 고통을 견디고 하나님의 은혜를 기뻐하면서 이 믿음의 용사들은 희망을 잃은 많은 사람을 **권면했고** 그들 중 누구라도 약해지려고 하면 하나님의 약속을 상기시키며 서로를 **권면했으며** 그들 중 누구라도 하나님이 주신 힘을 느끼면 함께 기뻐했다고 합니다.

　어느 모로 보나 충분히 낙담하고 원망할 수 있는 상황에서도 그 일곱 명의 그리스도인들은 그리스도가 없는 땅에서 그리스도 몸의 일부가 되었다는 사실에 감사했고 이제 다시 자유의 몸이 되어 신을 찾는 사람들에게 **확신과 경책과 권면**의 언행을 통해 하나님의 말씀을 전파할 수 있다는 사실을 기뻐했습니다. 그들의 서로에 대한 헌신, 그리고 다른 사람들이 하나님의 말씀을 깨닫도록 도와주려는 노력은 곤경에 처한 사람을 도와주라고 하신 하나님의 명령에 충성되게 순종하는 것이었습니다.

적용 | 곤경에 처한 사람들에게 하나님의 말씀을 전해주어야 할 우리도 **확신과 경책과 권면**이라는 도구들을 잘 다룰 줄 알아야 합니다.[18]
　만일 우리가 진정으로 남에게 하나님의 말씀을 순종하도록 믿음을 심어주고 싶다면 우리가 하나님의 눈앞에서 살아가고 있다는 사실과 그분의 자녀로서 그분 말씀의 기준대로 살아야 한다는 것을 서로에게 늘 상기시켜야 합니다. 이것은 담임 목사만 해야 하는 일이 아닙니다. 목사들만의 의무가 되어서도 안 됩니다. 현재 일반 대학에 다니고 있는 학생들은 하나님의 말씀을 전하는 사역에 참여할 기회가 있을 것입니다. 그리스도인들과의 교제는 대학 캠퍼스 안에서 날마다 직면하는 저항과 유혹을 쉽게 이기도록 도와줄 뿐 아니라 불신앙이 만연한 환경에서도 신실한 믿음이 가능하다는 것을 다른 사람에게 **확신**하게 해 줍니다.

그러한 확신은 단순히 여러분의 삶을 보면서 생기는 결과가 아닙니다. 일반 대학에 입학한 학생들은 이내 교수들과 다른 학생들이 기독교를 공개적으로 비난하는 것을 보게 됩니다. 여러분이 공부하는 교실에서 하나님의 진리가 왜곡될 때 하나님은 여러분에게 그들의 잘못을 바로잡아주고 진리를 **믿게** 하는 역할을 맡기실지도 모릅니다. 혹시 여러분의 의견이 반대와 의혹에 부딪힌다면 여러분이 생각하는 잘못된 개념에 대해 정확한 답변을 줄 그리스도인을 찾아가기 바랍니다. 여러분은 자신의 신념 때문에 주변에서 이상한 사람으로 따돌림을 당할 때도 있을 것입니다. 그런 때일수록 여러분을 **권면**하고 심지어 **경책**해 줄 사람이 필요합니다. 너무 무정한 소리로 들릴지 모르나 사람들이 하나님의 말씀을 왜곡할 때 우리는 모두 무관심해지거나 좌절에

19 대학생 예화는 앞서 설명한 진리들에 있어 하나의 구체적인 적용을 제공해 주었다. 이제 설교자는 다른 적용의 예들을 짧게 '펼쳐서(unroll)' 이 대지의 진리들이 다른 사람들과 상황들에도 적용된다는 것을 보여주고 있다. 적용을 펼치는 법에 대해서는 〈그리스도 중심의 설교〉 273~276을 참조하라.

20 전환에 나오는 이 짧은 내용은 앞서 이야기한 것을 되돌아보고 다음에 할 이야기를 미리 보게 해준다. 전환에 대한 자세한 설명은 〈그리스도 중심의 설교〉 325~331을 참조하라.

빠질 경향이 있다는 것을 알기에 하는 이야기입니다. 우리에게는 하나님의 말씀이 필요하고 그 말씀을 전파하기 위해 서로가 필요합니다.

그러나 대학생들만 하나님의 말씀을 신실하게 전파해야 하는 것은 아닙니다.[19] 우리는 모두 집에 있든, 교회에 있든, 직장에서 일하든 똑같이 전파의 사명을 받았습니다. 하나님의 말씀이 필요한 사람들에게 진리를 전파하는 것은 모든 그리스도인의 의무입니다. 만약 성경공부 모임에 나오는 교인이 죄를 짓고 있다면 여러분은 사랑하는 마음으로 그를 **꾸짖어야** 합니다. 결혼한 부부는 배우자가 용기를 잃거나, 자녀 양육으로 지치거나, 직장 일을 힘들어하거나, 너무 바쁠 때 사랑하는 마음으로 배우자를 권면하고 하나님의 말씀으로 용기를 주어야 합니다. 여러분이 전도한 직장 동료가 기독교 신앙을 의심할 때 여러분은 성령의 도우심을 받아 여러분이 가진 소망의 이유를 언제든 설명해 주어야 합니다. 우리는 하나님의 말씀이 필요한 사람들에게 말씀을 전할 많은 기회를 맞이합니다. 우리가 하나님과 주 예수 그리스도 앞에서 살아가며 주님이 심판자라는 사실을 명심한다면 그로 인해 하나님의 목적에 따라 진리를 전파하려는 마음이 용솟음칠 것입니다.

전환 | 진리가 필요한 사람들을 위해 **믿게 하고, 경책하고, 권면해야** 하는 상황이 오는 것처럼 잘못된 사상을 가진 사람들 앞에서 하나님의 말씀을 옹호할 준비도 해야 한다고 사도 바울은 이야기하고 있습니다.[20]

대지2 | 하나님이 죄를 심판하시기 때문에 우리는 그분의 말씀을 옹호하기 위해서 진리를 전파해야 합니다.[21]

분석적 질문 | 그럼 우리는 언제 진리를 옹호해야 할까요?[22]

소지1 | 사람들이 **올바른 교리를 저버릴 때** 옹호해야 합니다.

바울은 3절 앞부분에서 하나님의 말씀에 일부 사람들이 어떻게 반응할지를 이야기했습니다. "때가 이르니 사람이 바른 교훈을 받지 아니하며."

로마서 1장에서도 불경건한 자들의 특징 중 하나가 진리에서 멀어지는 것이라고 했습니다. "하나님의 진리를 거짓 것으로 바꾸어" 롬 1:25

이사야 선지자 역시 진리를 저버리는 자들에 대해 다음과 같이 언급했습니다.

"그들이 선견자들에게 이르기를 선견하지 말라 선지자들에게 이르기를 우리에게 바른 것을 보이지 말라 우리에게 부드러운 말을 하라 거짓된 것을 보이라" 사 30:10.

성경에 이와 같은 말씀이 많이 나오는 것을 보면 언제나 사람들은 진리를 거짓말로 바꾸어 일시적으로 만족을 얻으려는 경향이 있음을 알 수 있습니다. 그것은 우리가 사는 오늘날도 다르지 않습니다. 하나님은 우리가 그분의 말씀을 전파하는 사람으로 준비되기를 원하시므로 우리가 전하는 진리를 많

21 이 전형적인 문장에서는 두 번째 대지가 핵심 논지에 나오는 용어들을 그대로 유지하고, 따라나오는 질문이나 절의 핵심 용어들은 변화시킴으로써 새로운 초점을 가리키고 있다.
22 뒤이어 나오는 소지들은 하나의 분석적 질문에 의해 생겨난 것이고 하나씩 그 질문에 답하고 있다.
23 처음의 분석적 질문에 나온 핵심 용어들이 전환의 역할을 하며 재등장해서 뒤에 나오는 소지들을 설정하고 전체의 대지를 개념적으로 묶어주고 있다.

은 사람이 받아들이지 않을 것을 미리 경고해 주셨습니다. 따라서 우리는 언제나 바른 교훈을 듣지 않는 사람들이 있다는 것을 염두에 두어야 합니다.

그 말을 바꿔서 생각하면 언제나 거짓된 것들을 가르치는 자들이 있다는 이야기도 됩니다. 그러므로 우리는 진리를 옹호할 준비가 되어 있어야 합니다.[23]

[세부 주제 1 전의 분석적 질문을 반영한 이 전환에 이어서 다음의 세부 주제로 넘어가라.]

소지2 | 사람들이 **거짓 교사들을 따를 때** 우리는 진리를 옹호해야 합니다.

3절에서 바울은 계속해 다음과 같이 이야기합니다.

"귀가 가려워서 자기의 사욕을 따를 스승을 많이 두고" 딤후 4:3.

마태복음 24장 5절을 보면 예수님도 그런 일이 일어날 것을 예견하셨습니다. "많은 사람이 내 이름으로 와서 이르되 나는 그리스도라 하여 많은 사람을 미혹하리라." 우리는 우리가 듣고 싶은 말을 해 주는 교사를 좋아합니다. 우리가 익숙해진 가치관과 생활에 문제를 제기하지 않음으로써 우리 자신을 괜찮은 사람으로 느끼게 해주는 그런 교사를 좋아합니다. 많은 사람이 그런 교사들에게 몰려가는 이유는 기분이 좋아지고 자신에게 만족감을 느끼기 때문입니다. 그런 이야기일수록 귀가 솔깃해져서 그런 거짓 교사들은 절대로 없어지지 않을 것입니다.

우리는 사람들이 바른 교리를 저버릴 때 진리를 옹호해야 할 뿐 아니라 사람들이 거짓 교사를 따를 때도 진리를 옹호해야 합니다. 그와 함께…

소지3 | 사람들이 들으려 하지 않을 때도 진리를 옹호해야 합니다.

바울은 디모데후서 4장 4절에서 "그 귀를 진리에서 돌이켜 허탄한 이야기를 따르리라"고 했습니다. 어떤 상황에서든지 말씀을 전파하라고 디모데에서 권하면서도 어떤 이들은 전혀 진리에 귀를 기울이지 않을 것이라고 솔직하게 이야기합니다. 하지만 듣지 않더라도 여전히 말씀을 전파하라고 바울은 명령합니다.

사도행전 17장에 보면 데살로니가에서 바울을 대적하는 사람들이 바울을 찾다가 찾지 못하자 베뢰아까지 쫓아가는 장면이 나옵니다. 한편으로 베뢰아 사람들은 바울이 예수님에 대해 한 말이 옳은지 성경을 읽으며 확인했다고 되어 있습니다. 그러나 데살로니가에서 온 폭도들과 그들에게 영향을 받은 베뢰아 사람들은 성경이 뭐라고 하든 상관없이 바울이 전파한 복음을 들으려 하지 않았습니다. 그런 위험에도 굴하지 않고 바울은 아덴에 가서도 하나님의 말씀을 계속해서 전했습니다. 그곳에서도 어떤 사람들은 그의 말을 들었고 어떤 사람들은 듣지 않았습니다.

이 말씀들을 읽으면서 우리는 한 가지 사실을 알게 됩니다. **바른말을 외면하고 거짓된 말에 현혹되어 "그 귀를 진리에서 돌이켜" 듣기조차 않는** 사람들이 있겠지만 그럼에도 우리는 "말씀을 전파해야 한다"는 것입니다.[24]

예화 | 마틴 루터는 1521년 4월 18일 오후에 교회마당에서 다음과 같은 질문을 받았습니다. "당신은 자신이 쓴 글과 그 안에 들어있는 오류를 철회할 용

24 모든 소지의 핵심들을 요약한 것은, 그 모두를 사용한 예화를 귀 기울여 듣도록 준비시켜 준다는 점을 재차 주목하라.
25 소지들의 핵심 용어들이 용어와 개념의 일관성을 위해 예화에 '빗발' 치고 있다.

의가 있는가?" 그 전날 밤새도록 기도하고 적절한 대답을 궁리했던 그는 이렇게 대답했습니다.

"성경과 건전한 이성에 의해 제 잘못이 증명되지 않는 한 제 양심은 하나님의 말씀에 사로잡혀 있을 것입니다. 저는 교황이나 심의회의 권위에 굴복하지 않겠습니다. 그분들은 서로 모순되기 때문입니다. 저는 제가 쓴 어떤 것도 철회하지 않을 것입니다. 양심에 어긋나는 행동은 옳지도 않고 안전하지도 않습니다. 저는 진리의 편이고 양심대로 행동할 뿐입니다. 하나님 저를 도와주시옵소서. 아멘."

하나님의 말씀을 믿었던 마틴 루터는 그렇게 위태로운 상황에서도 진리에 굳게 서 있었습니다. 사람들이 **바른 교훈을 받지 않을 것을**[25] 알았지만 그래도 그는 흔들리지 않았습니다. 인간 심판관에게는 그를 파문하고 추방하고 심지어 처형할 권한이 있었습니다. 하지만 하늘의 심판관에게 최종 판결권이 있음을 그는 알고 있었습니다. 그래서 "제 양심은 하나님의 말씀에 사로잡혀 있습니다."라고 말했던 것입니다. 당시의 교회가 거짓 교사들을 따르는 잘못을 범하고 있었고 그들이 자신의 말에 전혀 **귀를 기울이지 않을** 것이란 것을 알고 있으면서도 마틴 루터는 진리의 편에 서겠다고 단호히 대답했습니다. 마틴 루터는 궁극적으로 하늘의 심판관 앞에서 올바르면 된다고 보았기에 목숨이 위태로운 상황에서도 하나님의 말씀을 충성되게 전할 수 있었던 것입니다. 진리가 '상대적'인 것으로 인식되고 각종 죄악이 '관용'이라는 이름으로 허용되는 시대입니다. 여러분과 저도 마틴 루터와 같은 사명을 짊어지고 있습니다. 오늘날 진리를 옹호하면 동료와 명성과 경력을 잃어버릴 수도 있습니다. 그래도 우리도 진리에 굳게 서야 합니다. 왜냐하면, 우리도 어느 날 산 자와 죽은 자를 심판하실 분 앞에 설 것이기 때문입니다.

적용 | 바울은 이 편지를 에베소에 있는 젊은 목사 디모데에게 썼습니다. 당시 에베소는 수많은 이방 종교와 세상 철학들로 가득한 그리스 로마 문화의 중심지였습니다. 그러나 바울이 디모데에게 했던 말은 이 시대를 살아가는 우리에게도 곧바로 적용됩니다. 우리는 날마다 진리와 어긋나는 일들을 직면하기에 진리를 옹호할 책임을 계속해서 의식해야 합니다. 바울의 경고들은 우리 주변의 거짓 종교들과 교회 안에서의 교리 논쟁에도 적용됩니다. 그런데 영적 진리를 거스르는 것은 '종교적인' 영역에만 국한되지 않습니다.

직장과 사업의 영역에서도 우리는 날마다 **성경적 윤리를 단념하라**는 압박에 시달립니다. 성경적 윤리를 내세우는 건 '한물간' 옛날 방식이라는 것이 그 이유입니다. 과거 평판 좋았던 기업들이 세간을 떠들썩하게 물의를 빚는 것을 보면 무슨 수를 써서라도 성공하겠다는 생각이 우리 사회의 전 사업체와 산업계의 경제윤리가 되어 있다는 것을 알 수 있습니다. 이익 창출이나 직원의 고용과 해고, 단순히 동료의 인정을 받는 문제에서도 그리스도인들은 비윤리적 행위를 눈감아 주거나 심지어 해야 하는 상황들에 직면합니다. 어떤 경우에는 다른 대안들을 **듣기조차 싫어하는** 상사들을 만나기도 합니다. 그런 상황에서 그리스도인들은 집단 심리에 합류해 쉬운 성공을 장담하는 **거짓 교사들의 말을 따르기** 쉽습니다. "남들도 다 이렇게 한다", "이렇게 하는 게 필요하다"고 하면 꼼짝 못합니다. 하나님의 말씀을 따르기 위한 싸움은

26 대지들 사이의 이런 전환에서는 전통적인 '... 뿐 아니라 ... 도'의 표현을 사용하지 않지만, 개념적인 전개방식은 같다(예를 들면 이전의 개념을 되돌아보면서 다음의 개념을 세우는 방식을 사용함).

27 이 전형적인 문장 형태 안에서 세 번째 대지는 논지의 핵심 논지에 나오는 용어들을 그대로 유지하고 따라나오는 절의 핵심 용어를 바꿈으로써 새로운 내용이 나온다는 것을 알려준다.

교회 심의회에서만 아니라 매일의 일터에서도 일어나고 있습니다.

　윤리와의 타협이 극심한 사회일수록 **진리를 외면**하는 경향은 삶의 모든 영역에서 더욱 강해집니다. 불공정한 거래를 묵인해 주면 두둑한 뒷돈을 주겠다는 제안을 받는 사장, 중요한 시험에서 컨닝하자고 친구들의 꼬임을 받는 학생, 등록 교인 수를 부풀리라고 요청받는 교회 직원, 음악을 불법으로 내려받으라는 친구들의 말에 고민하는 초등학생 등, 우리 주변에는 그런 일들이 셀 수도 없이 많습니다. 그때 그리스도인들이 "나는 이런 일을 할 수 없어요. 이렇게 하면 하나님의 말씀을 어기는 게 되니까요."라고 말한다면 사람들은 눈을 돌려 주목할 것이고 벌린 입을 다물지 못할 것입니다. 물론 그렇게 말한다고 해서 모든 사람이 감동하지는 않습니다. **귀를 기울여 들을 지도** 장담할 수 없습니다. 그래도 이 한 가지는 자신 있게 말할 수 있습니다. 하나님은 그분 편에 서는 사람을 존귀하게 여기실 것입니다. 희생적으로 진리를 사수하는 사람을 목격함으로써 영원히 구원받을 영혼들이 있을 것입니다. 이 사실을 알게 되면 여러분과 저는 마틴 루터처럼 "저의 양심은 하나님의 말씀에 사로잡혀 있습니다. 다른 사람이 듣지 않는다고 해도 저는 진리를 사수하겠습니다."라고 말할 수 있습니다.

전환 | 하나님은 사도 바울의 말을 통해서 우리에게 진리를 옹호할 의무를 주셨습니다. 하지만 사도 바울은 거기에서 끝나지 않고 계속해서 어떻게 그 의무를 완수해야 하는지를 알려줍니다. 말하자면…**26**

대지3 | 하나님이 죄를 심판하시기 때문에 우리는 우리의 의무를 완수하기 위해 하나님의 말씀을 전파해야 합니다.**27**

바울은 우리의 의무를 완수하기 위해 다음과 같이 하라고 합니다. **방심하지 말고, 고난을 견디고, 전도자의 일을 함으로써** 완수하라고 말합니다.²⁸

소지1 | 우리는 **방심하지** 말아야 합니다.

5절에서 바울은 방심하지 말라고 하면서 "너는 모든 일에 신중하여"라고 명령했습니다. 이 말의 문자적 의미는 '진지하라' 혹은 '맑은 정신을 가지라'는 것입니다. 바울은 우리에게 항상 경각심과 냉정함을 잃지 말고 반대에 부딪칠 때나 기회가 올 때(주님의 뜻을 완수하는 데 영향을 미칠) 모두 진지하게 임하라고 했습니다. 골로새 교인들에게 보낸 편지에서도 바울은 비슷한 이야기를 합니다.

> "기도를 계속하고 기도에 감사함으로 깨어 있으라. 또한, 우리를 위하여 기도하되 하나님이 전도할 문을 우리에게 열어 주사 그리스도의 비밀을 말하게 하시기를 구하라. 내가 이 일 때문에 매임을 당하였노라. 그리하면 내가 마땅히 할 말로써 이 비밀을 나타내리라. 외인에 대해서는 지혜로 행하여 세월을 아끼라. 너희 말을 항상 은혜 가운데서 소금으로 맛을

---

28 여기에서의 분석적 질문은 뒤에 나오는 소지들의 게시판을 설정한다. 그리고 그 소지는 세 번째 대지의 전개 과정에서 불레트 진술의 역할을 한다.

29 이 세 번째 대지의 예화는 결론의 예화와 분리하기 위해 위치가 위쪽으로 옮겨져 있다(《그리스도 중심의 설교》 320 참조). 또한, 이 예화는 오직 첫 번째 소지에 관한 것이기 때문에 예화에 '빗발치는' 핵심 용어들은 오직 그 소지 하나에만 국한된다는 점도 유의하라.

냄과 같이 하라. 그리하면 각 사람에게 마땅히 대답할 것을 알리라"

– 골로새서 4장 2~6절

우리는 맑은 정신으로 사고해야 합니다. 상황에 좌우되어 낙심하거나 근심하지 말아야 합니다. 그래야 하나님이 주시는 전도의 기회를 주의 깊게 알아챌 수 있습니다. 하나님은 그리스도인들에게 자신의 진리를 알릴 많은 기회를 주십니다. 아마도 여러분은 이런 질문을 받을지도 모릅니다. "왜 당신은 그렇게 기뻐합니까? 그런 어려움 속에서도 어떻게 희망을 품고 살아갑니까? 왜 다른 사람들처럼 쉬운 길로 가려 하지 않습니까? 당신의 자녀들은 어떻게 부모 말에 그토록 순종을 잘합니까? 당신은 왜 배우자를 그토록 존중합니까?" 예수님과 동행하는 사람은 타락한 세상에서 여러모로 눈에 띌 수밖에 없습니다. 따라서 우리가 방심하지 않는다면 하나님은 우리에 관한 질문을 사용해 하나님에 대해 말할 수 있도록 하실 것입니다.

예화 | 약 3년 전쯤 하나님은 저에게 정말로 항상 **방심하지 않는** 사람을 만나게 해 주셨습니다. 그분은 불신자들에게 하나님의 말씀을 전하는 사명을 훌륭하게 완수하던 찰스라는 이름의 우리 교회 나이 많은 성도였습니다.[29] 집에서 성경 공부 모임을 인도하던 그분은 경청하는 사람이 있으면 누구에게나 말씀을 가르쳤습니다. 그런데 제게 가장 감명 깊었던 것은 언제나 전도할 기회를 **주의 깊게 살피는** 모습이었습니다. 그분은 하나님의 은혜에 대해 모르는 사람이 있는지를 **신중하게 지켜보다가** 그런 사람이 있으면 진리를 가르쳐 주었습니다.

  1년 전에 찰스는 암에 걸렸습니다. 암세포가 아주 빠르게 전이되었기 때문에 불과 수개월 만에 병원에 입원해 죽음을 기다리는 상황이었습니다. 그런데 그런 심각한 상황에서도, 그렇게 육신의 고통이 극심한 와중에도 그분은 맑은 정신으로 하나님이 주시는 기회들을 놓치지 않았습니다. 언제나 **신중하게** 복음을 전할 기회를 살폈습니다. 그러다가 자신의 상태를 검사하러 오는 간호사 중에 믿지 않는 사람이 있다는 것을 알게 되어 자상하고 끈기 있게 그들에게 하나님의 말씀을 전했습니다. 그리고 몇 주 뒤에 찰스는 세상을 떠났습니다. 그런데 찰스를 돌보던 간호사 중 두 명이 그분의 전도로 예수님을 믿게 되었습니다.

찰스가 언제나 전도할 기회를 **신중하게 살피고** 그 기회를 붙잡아 복음을 전했던 것처럼 우리도 **신중해야** 합니다. 또한 하나님은 찰스에게 그 이상의 것을 원하셨듯이 우리에게도 신중하게 살피는 것 이상의 일을 원하십니다. 그것은 찰스처럼 방심하지 않는 것과 더불어...

소지2 | 고난을 견디는 것입니다.

계속되는 디모데후서 4장 5절에서 바울은 "고난을 받으며"라고 말했습니다. 이 말은 무엇보다 먼저 바울 개인에게 해당하는 이야기입니다. 이 편지가 쓰인 상황을 생각해 보십시오. 바울은 쇠사슬에 묶여 감옥에 갇혀 처형될 날을 기다리고 있었습니다. 바울은 고난이 어떤 것인지를 누구보다 잘 알고 있었습니다. 고린도후서 11장에 보면 바울이 이런 말을 합니다.

"유대인들에게 사십에서 하나 감한 매를 다섯 번 맞았으며 세 번 태장으로 맞고 한 번 돌로 맞고 세 번 파산하고 ... 강의 위험과 강도의 위험과 동족의 위험과 이방인의 위험과 ...주리며 목마르고 여러 번 굶고 춥고 헐벗었노라"

고후 11:24~27. 이런 고난들은 전부 복음 전파를 위한 것이었습니다!

어쩌면 여러분은 이렇게 생각할지도 모릅니다. "나는 돌에 맞거나 파선 당하고 싶은 마음이 전혀 없는데..." 그런데 디모데후서 3장 12절에서 바울이 무엇이라고 말합니까? "무릇 그리스도 예수 안에서 경건하게 살고자 하는 자는 박해를 받으리라."

이것은 장담이자 예언입니다. 우리가 예수님을 위해 살려고 하면 반드시 고난과 역경을 당하게 되어 있습니다. 하지만 오늘 본문의 2절 말씀을 기억하십시오. 하나님은 우리에게 그분의 말씀을 주셨습니다. 성경은 그분의 숨결이 살아 있는 말씀입니다. 최초의 인간에게 생명을 준 지혜와 사랑의 숨결이 하나님의 말씀에도 스며 있습니다. 그러므로 우리는 언제나 하나님의 위로하시는 지혜와 사랑을 받을 수 있습니다. 하나님의 말씀은 그분의 진리일 뿐 아니라 그분의 성품도 반영되어 있어서 우리는 하나님의 말씀을 전파할 때 고난을 견딜 수 있습니다. 하나님은 우리가 말씀을 전파할 때 자신이 어떤 존재인지를 우리에게 알게 하십니다. 또한 말씀을 전파할 때 성령의 능력과 성자의 임재가 우리의 현재 상황에 임하여 우리의 마음을 감싸주시고 사명을 완수할 힘과 의지를 북돋아 주십니다. 이건 절대 놀라운 일이 아닙니다. 우리가 하나님의 말씀을 전파할 때, 살아있는 말씀이신 그리스도가 성령과 진리로 우리와 함께하시기 때문입니다.

찰스는 암으로 죽어가고 있었지만, 병원의 간호사들에게 하나님의 말씀을 전파하는 일은 잘할 수 있다고 생각했습니다. 단지 천국이 가까웠기 때문에 그랬던 것은 아닙니다. 말씀을 전파할 때 주 예수님의 임재와 능력이 더욱 강력하게 그분과 함께했습니다. 찰스의 병고는 이 세상의 일시적 안락이 아닌 말씀의 진리만을 더욱 사모하게 했습니다. 그래서 더욱 큰 사랑으로 말씀을 전파할 수 있었고 더욱 가슴에 와 닿는 진리로서 다른 사람들에게 강력하게 증언할 수 있었습니다. 아마도 이런 이유로 바울은 고난을 견딘 후에 마지막 의무인 전도자의 일을 하라고 당부했을 것입니다.

소지3 | 우리는 **전도자의 일**을 해야 합니다.

디모데후서 4장 5절 후반부에서 바울은 이렇게 말합니다.

"전도자의 일을 하며 네 직무를 다하라."

자신이 전도자가 아니라고 생각할지 모릅니다. 그러나 주님이 우리를 역경 속에서 위로하고 힘을 주신 이야기를 믿지 않는 친구에게 한다면 그것이 실은 전도입니다. 체육관에서 동료와 라켓볼을 치다가 하나님이 우리의 삶과 부부관계를 어떻게 변화시켰는지 이야기하는 것도 전도입니다. 우리 자녀에게 "예수님이 너를 사랑하셔"라고 말하는 것도 전도입니다. 이런 일들은 하나님의 계획과 뜻 안에서 이루어지는 것입니다. 주님은 우리가 모든 기회를 최대한 활용하기를 원하십니다. 예수님은 모든 사람을 심판하실 것입니다. 그러나 우리를 통해 그들에게 자비를 베푸십니다. 하나님의 말씀은 그 진리를 믿는 사람들을 영원히 변화시킬 놀라운 힘이 있습니다. 우리는 이 진리를 전파해서 예수님의 복음을 사람들에게 들려주고 믿게 해야 합니다. 이것은 우리에게 의무 이전에 특권입니다. 하나님과 분리되어 지옥에 떨어질 사람들에게 예수님과 협력하여 영원한 구원의 길로 이끄는 것이 어찌 특권이 아니겠습니까?

적용 | 이 말씀은 가장 먼저 교회 교역자에게 적용된다고 할 수 있습니다. 그

러나 이제는 모든 평신도도 이 말씀의 진정한 뜻을 파악했기를 바랍니다. 예를 들어 우리 중에는 가정주부들이 있습니다. 주부들의 하루하루는 눈코 뜰 새 없이 바쁘게 지나갑니다. 아이들 뒤치다꺼리를 하고, 끝도 없이 쌓이는 집안일을 하고, 하나님의 말씀을 전파하는 것과는 거리가 멀어 보이는 온갖 일들로 바쁘게 살아갑니다. 그러나 사도 바울식의 표현대로라면 자신의 의무를 완수하고 있는 것입니다. 가족과 친척과 이웃을 섬기는 힘든 일들을 하면서 그리스도를 섬기는 **고난을 받고** 있습니다. 그들의 신앙을 염려하고 이웃과 자녀들에게 예수님에 관해 이야기하는 것이 **전도자의 일을 하는** 것입니다. 주변 사람들의 마음과 행동을 세심하게 관찰하면서 언제 간증이나 위로나 경책이 필요한지를 아는 것이 하나님이 주신 기회에 **신중한** 것입니다. 그런 식으로 가족과 자녀와 이웃을 섬기는 것은 어떤 상황에서도 하나님의 말씀을 전파하라는 의무를 완수하는 것입니다.

그것은 또한 다른 사람에게도 똑같이 하도록 본을 보이며 가르치는 일입니다. 하나님의 말씀은 진리이고 능력이 있어서 역경 중에 우리를 위로한다는 사실을 자녀들에게 보여주는 것은 자녀에게 **신중하라**는 교훈을 가르치는 것과 같습니다. 주님이 보여주신 섬김의 정신을 실천하려 하고 주변 사람들, 즉 이웃이나 가게의 판매원이나 미용실 직원에게 사랑을 전하려고 노력한다면 자녀들은 그 모습을 보면서 **전도자의 일**을 배우게 될 것이고 어려움이 올 때 우리의 도움을 받으면서 **고난을 견디는 법**도 배우게 될 것입니다.

우리가 방심하지 않고 **신중하다**면 하나님의 뜻을 이루는 그런 기회를 주변에서 무수하게 찾아볼 수 있을 것입니다. 집안을 돌보는 가정주부, 학교에서 공부하는 학생, 회사에서 일하는 직장인 모두 예수님의 이름을 위해 **전도하고 고난을 견디는** 기회를 얻게 될 것입니다. 하나님은 우리를 사람들과 떨어져 살게 하지 않으십니다. 그러므로 전도의 기회가 주어질 때 그것을 놓치지 말아야 합니다. 우리를 존경하고 의지하는 사람들이 누구입니까? 우리와 친하게 지내는 사람들이 누구입니까? 우리와 어울리기를 좋아하는 사람들이 누구입니까? 우리와 일을 같이하는 사람들이 누구입니까? 그런 사람들이 우리가 책임져야 할 사람들입니다. 하나님이 그들을 우리 인생에 보내 주셨습니다. 그들에게 어떤 식으로 하나님의 말씀을 전할지를 생각해 보십시오. 하나님의 은혜와 성령의 능력이 우리 안에 거하시므로 그들은 우리를 통해 주님을 알게 될 것입니다.

결론 |**30** 죄를 심판하는 공의로운 하나님이 바울을 통해서 우리 앞에 거룩하고 숭고한 의무를 놓아 주셨습니다. 우리는 모두 그 의무를 충성되게 완수해야 합니다. 하나님은 은혜로 우리를 부르셨고, 은혜로 우리의 마음을 움직이셨고, 두려움을 극복하도록 도와주셨습니다. 그렇게 함으로써 우리가 말씀을 전파해서 그분의 목적을 이루도록 하시려는 것입니다.**31** 하나님은 우리가

30 결론의 성격과 내용에 대해서는 〈그리스도 중심의 설교〉 9장을 참조하라.
31 결론에 나오는 이 문장과 다른 문장들의 용어들이 논지의 문장에 그대로 반복되고 있음을 주목하라. 그것은 전체 설교에 통일성과 목적성을 부여하기 위해서다.
32 대지에서 따라나오는 절의 핵심 용어들은 결론에 재등장해 전체 설교의 간결한 요약 역할을 한다(〈그리스도 중심의 설교〉 313~315 참조).
33 이 설교의 결론은 일종의 '감싸기(wraparound)' 예화를 설정함으로써 설교 초반에 했던 이야기로 마무리를 짓고 있다. 그렇게 하는 이유는 이것이 의도된 방향이자 명료한 목적이자 확실한 결론이라는 인상을 심어주기 위해서다(〈그리스도 중심의 설교〉 321~322 참조).

곤경에 처한 사람을 구원하고, 불신자들을 속이는 사람들과 맞서 **진리를 옹호하는 일**에 마음과 정성을 다함으로써 주님을 증거하는 **의무를 완수하기**를 바라십니다.³²

저의 어머니가 베티의 잘못을 지적할 때에도 예수님의 도우시는 능력이 여실히 드러났습니다.³³ 비록 저의 어머니가 유능한 전도자는 아니었지만, 주님은 어머니를 사용해서 진지하고 부드럽게, 베티가 죄를 뉘우칠 수 있도록 잘못을 지적하게 하셨습니다. 수개월에 걸쳐 저의 어머니는 단호하게 하나님의 말씀으로 베티를 권면했습니다. 자신의 부드러운 꾸짖음이 베티를 죄에서 돌이킬지 모른다는 희망으로 베티의 불륜이 가져올 결과들을 조목조목 말해 주었습니다. 그러는 동안에 베티는 분명하게 진리를 외면할 때도 있었고, 심지어 들으려고도 하지 않을 때도 있었습니다. 하지만 어머니는 **곤경에 처한 사람을 구하기 위해** 하나님의 **진리를 옹호하는** 의무를 계속해서 저버리지 않으셨습니다.

베티 사연의 마지막 장에 어떤 결말이 쓰일지는 아직 모릅니다. 어쨌든 베티는 여전히 결혼생활을 지속하고 있고 여전히 저의 어머니와 이야기하고 있습니다. 베티 인생의 결말은 하나님만이 아시겠지만, 저의 어머니의 인생에는 이미 또 다른 이야기가 시작되고 있습니다. 용기와 사랑으로 복음 전파의 의무를 다한 어머니는 베티를 깨끗한 양심으로 만나는 기쁨과 축복을 누리고 계십니다. 또한, 전도자의 일을 함으로써 이전 어느 때보다 용기 있고 담대하게 하나님의 말씀을 전파할 수 있게 되었습니다. 하나님의 심판 때문에 베티에게 말씀을 전파했으므로 어머니에게는 복음이 더욱 실제적이고 소중하게 느껴진다고 합니다.

우리도 하나님의 말씀을 주변 사람에게 전파한다면 그런 기쁨과 능력을 알게 될 것입니다. 성자를 보내 우리를 심판에서 구해주신 하나님의 은혜를 이야기할 때 그 은혜가 더욱 능력 있게 우리의 마음을 움직여서 그분께 순종하게 하고 그분을 전파하게 할 것입니다. 부디 이 은혜로 인해서 우리가 언제 어떤 상황에서도 구원의 도구로 사용되기를 바랍니다. 우리 인생을 위한 하나님의 목적을 성취하기 위해 그분의 말씀을 충성되게 전파하십시오.

설교 예문 02

핵심 논지를 중심으로 풀어내는 강해설교

이번 설교는 〈설교 예문 01〉에서의 논지와 대지의 핵심 포인트를 뽑아내면 손쉽게 더 자연스러운 설교로 만들 수 있음을 보여주는 예다. 핵심 논지를 중심으로 풀어내는(fundamental reduction) 강해설교의 첫 번째 단계는 전형적 형태의 중심이 되는 핵심 절(anchor clause, '왜냐하면', 혹은 '만일'이라는 말을 없앤 절)을 설교의 논지로 삼는 것이다.01 그다음은 설교자가 연이은 분석적 질문으로 이 논지에 의문을 제기하고 그런 다음에 첫 번째 대지에 따라 나오는 질문(magnet clause)을 만들어 설교자가 그에 대한 답변을 이야기하면 이것이 전체 대지 역할을 하게 된다. 뒤따라 나오는 대지들은 이것을 반복하거나 혹은 비슷한 분석적 질문을 하는 식으로 대지 간의 전환 역할을 하면서 전개해 나간다.

혹시 지금까지 설명한 전문 용어들이 복잡하고 이해하기 어렵다면 좀 더 기본적인 용어들로 그 과정을 생각해 보기 바란다. 서론을 이야기한 뒤에 설교자는 간결하고 인상 깊은 설교 주제를 이야기한다. 예를 들면 "하나님은 자신의 백성이 고난을 겪는 중에도 그분을 섬기기를 바라십니다"와 같은 주제를 말한다. 이것이 논지인 셈이다. 그다음에 설교자는 이 논지에 대해 성도들이 의문을 가질 만한 사항을 질문한다. 예를 들면 "우리는 어떤 고난을 겪게 될까요?"라고 질문하는 것이다. 그런 뒤에 설교자는 대지가 되는 일련의 말들로 그 질문에 대답한다. 예를 들어 "하나님은 고통을 받을 때… 외로울 때… 공격을 받을 때도 섬기기를 원하십니다."와 같이 대답하는 것이다.

설교자는 뒤에서 각각의 대지를 이야기할 때마다 첫 번째 질문을 반복해도 되고, 아니면 원래의 논지에서 자연스럽게 파생되는 비슷한 질문들을 해도 된다. 가령 "우리가 겪게 되는 고난은 어떤 것이 있습니까?"라거나 "하나님은 왜 우리가 그런 고난을 겪도록 하실까요?"와 같은 질문을 하는 것이다. 이런 식으로 논지를 의문문으로 바꾸는 것이 설교 전개의 가장 자연스럽고도 일반적인 형태라고 말할 수 있다. 일상 대화에서도 흔히 이런 형태를 사용하기 때문에 정식 교육을 받지 않은 설교자도 이것은 쉽게 따라 할 수 있다.

이번 설교는 〈설교 예문 01〉을 되풀이한 것이므로, 내용은 〈설교 예문 01〉과 동일하다. 이번 예문도 강해설교이며 방식은 연역법이고 내용은 교훈적이다.[02]

[01] 핵심 논지를 중심으로 풀어내는 이유와 방법에 대해서는 〈그리스도 중심의 설교〉 169~173, 186~187, 190~194를 참조하라.

[02] 이 용어들에 대한 설명은 〈설교 예문 01〉의 처음 부분을 참조하라.

하나님의 말씀을 전파하라 II

디모데후서 4장 1~5절

1 하나님 앞과 살아 있는 자와 죽은 자를 심판하실 그리스도 예수 앞에서 그가 나타나실 것과 그의 나라를 두고 엄히 명하노니
2 너는 말씀을 전파하라 때를 얻든지 못 얻든지 항상 힘쓰라 범사에 오래 참음과 가르침으로 경책하며 경계하며 권하라
3 때가 이르리니 사람이 바른 교훈을 받지 아니하며 귀가 가려워서 자기의 사욕을 따를 스승을 많이 두고
4 또 그 귀를 진리에서 돌이켜 허탄한 이야기를 따르리라
5 그러나 너는 모든 일에 신중하여 고난을 받으며 전도자의 일을 하며 네 직무를 다하라

[참고 : 아래의 괄호 안에 있는 내용들은 소리 내어 말하면 안 된다. 이것은 다만 전통적인 설교 과정에서 다양한 구성 요소들이 어떻게 사용되는지를 보여주기 위해 삽입한 것이다.]01

성경 본문 소개 | 오늘 저와 함께 나눌 말씀은 디모데후서 4장 1절부터 5절까지입니다.

성경 배경 소개 | 사도 바울이 디모데에게 보낸 두 번째 편지는 바울이 세상을 떠나기 얼마 전에 쓰인 것입니다. 이제 사역의 바통을 넘겨야 할 때가 왔다는 것을 직감한 바울은 오늘날 목회자들처럼 많은 의문과 두려움에 직면할 젊은 목회자 디모데에게 당부의 말을 전합니다.

본문 읽기 | 디모데후서 4장 1절에서 5절 말씀을 함께 읽겠습니다.
　[설교자가 성경 본문을 소리 내어 읽는다.]

설교 전 기도 | 하나님의 말씀을 살펴보는 동안 우리를 인도해 달라고 하나님께 기도합시다. [하나님의 말씀이 선포되는 동안 설교자와 교인들에게 깨달음을 주시도록 성령의 인도를 구하는 짤막한 기도를 설교자가 한다.]

01　이 설교 예문은 논지와 대지에서 바뀐 용어들을 사용한다는 점에서 〈설교 예문 01〉과 다르다. 논지와 대지의 용어들 중 핵심 논지를 뽑는 이유는 전형적 설교 구조의 장점들을 상당 부분 그대로 유지하면서 더 자연스럽고 구어체에 가까운 표현이 어떻게 가능한지를 보여주기 위함이다. 다른 주해나 주석에 대한 설명은 〈설교 예문 01〉의 주들을 참조하기 바란다.

서론 | 어느 날 이웃에 사는 친한 아주머니의 뻔뻔한 고백을 듣게 된 저의 어머니는 애석하게도 우려했던 최악의 일이 사실이었음을 확인하셨습니다. 베티라는 이름의 그 기혼 여성은 다른 남자와 부적절한 관계를 맺고 있었고 저의 어머니는 가끔 그들의 모습을 목격했습니다. 베티의 불행을 막고, 또 가능하면 잘못을 깨닫게 하려는 마음에서 저의 어머니는 충고하기로 작정하셨습니다. 하지만 저의 어머니의 조심스러운 권고는 베티의 어처구니없는 대답에 맞부딪쳤습니다. 베티가 이렇게 대답한 것입니다.

"괜찮아요, 아주머니. 걱정하지 마세요. 하나님이 저를 그 사람에게로 은혜롭게 인도해 주셨어요. 저는 그 남자와 있을 때 훨씬 더 행복해요."

저의 어머니는 남편을 무시하는 베티의 냉담한 태도에 기가 막혀 더는 대화를 이어가지 못했습니다. 베티의 결정은 안타까우면서 동시에 두려운 것이었습니다. 그녀가 이대로 불륜의 관계를 지속한다면 결혼 서약을 어기고 하나님의 은혜를 우롱한 죄를 하나님이 가만두지 않으실 것이 뻔했습니다. 결국에 가서 하나님은 **죄**를 **심판**하실 것입니다. 베티는 하나님 말씀의 경고를 들어야 했고 회개하는 자에게 은혜를 베푸신다는 사실을 알아야 했습니다. 저의 어머니가 고민했던 문제는 바로 이것이었습니다. '하나님이 **죄를 심판**하시지만, 또한 그분이 도와주심으로 소망이 있다는 사실을 어떻게 알려줄 것인가?' 저의 어머니는 여러 날 고민했으나, 아무 말도 입 밖으로 내지 못했노라고 저에게 털어놓으셨습니다. 여러분이라면 그런 상황에서 어떻게 하시겠습니까? 저의 어머니의 사례는 하나님 말씀을 전할 기회가 언제든지 올 수 있음을 우리에게 상기시켜 줍니다. 하나님은 나름의 목적을 갖고 다른 사람들이 하나님 말씀을 제대로 적용하도록 도와줄 상황들을 계속 만들어 주십니다. 그러나 우리는 죄에 대한 하나님의 **심판**을 알면서도 [타락한 상태에 초점 맞추기] 그런 **목적**으로 우리를 사용하실 때 양심껏 명확하게 이야기하기를 주저합니다. 무엇을 어떻게 이야기해야 할지에 대한 문제가 우리를 침묵하게 합니다. 그러나 우리는 디모데후서 4장scripture bond에 나오는 대로 말씀을 전파해야 할 의무를 깨달음으로써 그런 주저함에서 벗어날 수 있습니다. 사도 바울은 이렇게 말했습니다. [여기에서 설교자는 다음의 논지를 이야기한다.]

논지 | 하나님이 **죄를 심판**하십니다.02

  디모데후서 4장 1절에서 바울은 이 점을 분명하게 디모데에게 말했습니다. "하나님 앞과 살아 있는 자와 죽은 자를 심판하실 그리스도 예수 앞에서 그가 나타나실 것과 그의 나라를 두고 엄히 명하노니." 03

02 핵심 논지 중심으로 풀어내는 설교에서는 전형적으로 작성된 논지와 대지들에 나오는 핵심 논지만이 (오로지) 논지가 된다. 대지들에 따라나오는 절은 대지의 요점들이 되고 전환성 질문이나 핵심 논지의 핵심 용어/개념이 포함된 진술을 형성한다.
03 다른 설명이 없는 한, 이 설교에 나오는 성경 구절은 "개역개정"에서 인용한 것이다.
04 이 내재된 '게시판'은 하나의 대지 안에서 다음에 나올 소지를 나타내고 있다는 점에 유의하라. 이런 게시판이 항상 필요한 것은 아니지만, 청중들이 복잡한 설교 내용을 이해하는 데 도움을 줄 수 있다.
05 이 대지 밑에 있는 소지들은 따라나오는 절에 나오는 개념과 용어들만을 다루고 있다. 이때 따라나오는 절은 이 핵심 논지 중심의 설교에서 대지가 된다. 전형적 형태의 설교 예문과 마찬가지로 이 소지들도 의문문으로 되어 있다. 대지들의 핵심 논지는 소지들의 성격과 다양성을 변경시키지 않는다. 또한, 소지의 중심 개념을 말해주는 핵심 용어들은 예화와 적용에 '빗발치듯' 되풀이되고 있으며, 굵은 글씨체로 표시되어 있다.

분석적 질문 | 하나님의 심판이 임한다는 명백한 사실 앞에서 우리는 어떻게 해야 합니까?

게시판 | 이 구절은 우리가 하나님 말씀을 전해야 한다고 대답합니다. 또한, 바울은 곤궁에 **처한 사람들을 구하고**, **진리를 옹호하고**, **의무를 완수하라**고 명령했습니다. 이 중 우리의 첫 번째 의무가 되는 것부터 살펴보겠습니다.

대지1 | 우리는 곤궁에 처한 사람들을 구하기 위해서 하나님의 말씀을 전해야 합니다.

　사람들이 처한 곤궁은 여러 가지이기에 바울의 지침도 그에 따라 여러 가지로 나누어집니다. 여기서는 **하나님의 말씀을 믿지 않는 사람들, 하나님의 말씀에 순종하지 않는 사람들, 하나님 말씀에 대한 확신을 잃은 사람들**에게 하나님의 말씀을 전파하라고 바울은 말합니다.[04]

소지1 | 하나님의 말씀을 믿지 않는 사람들은 어떻게 도와주어야 할까요? 그들이 믿을 수 있게 해주어야 합니다.[05]

　바울은 디모데후서 4장 2절에서 디모데에게 이렇게 이야기합니다. "너는 말씀을 전파하라 때를 얻든지 못 얻든지 항상 힘쓰라 범사에 오래 참음과 가르침으로 경책하며 경계하며 권하라." 하나님의 말씀을 전파하라는 임무의 첫 번째 과제는 '믿게 할 준비를 하라'는 것입니다. 바로 앞에 나오는 디모데후서 3장 16절에서 바울은 이미 다음과 같은 사실을 디모데에게 주지시켰습니다.

"모든 성경은 하나님의 감동으로 된 것으로 교훈과 책망과 바르게 함과 의로 교육하기에 유익하니."

성경은 다가올 심판에서 죄인들을 구하기 위한 하나님의 도구이기에 이처럼 신성하고 권위적인 면을 가진 것입니다. 죄를 심판할 하나님은 또한 감사하게도 복음을 허락하셔서 그것을 믿는 자를 구원해 주십니다. 따라서 바울은 성경(하나님의 감동으로 쓰인 말씀)을 최우선적으로 사용해서 사람들에게 그 진리를 믿게 하라고 이야기합니다.

그러기 위해서는 우리가 먼저 하나님 말씀의 신빙성을 명쾌하게 입증하고 설명할 수 있어야 합니다. 이 작업에는 언제나 큰 인내와 정확한 가르침이 필요합니다. 그래서 바울은 "오래 참음과 가르침으로" 다른 사람들을 믿게 해야 한다고 권면합니다. 다시 말해서 사람들을 믿게 하려면 하나님이 우리를 구원하실 때 보여주신 인내와 사랑을 우리도 그들에게 보여주어야 한다는 뜻입니다. 하나님의 진리를 깨닫고 그 진리대로 살아가는 사람들이 하나님의 말씀을 믿지 않는 사람들을 믿게 해야 합니다.

그러나 하나님 말씀을 믿지 않는 사람들만이 심판을 받는 것은 아닙니다.

소지2 | 하나님의 말씀에 순종하지 않는 사람들은 어떻게 도와주어야 할까요? 그런 사람들은 **경책, 즉 꾸짖어야** 합니다.

그들은 하나님의 말씀을 알면서도 순종하지 않는 사람들입니다. 올바른 진리를 믿는 사람들도 잘못을 저지를 수 있습니다. 디모데후서 4장 2절에서 바울은 그런 사람들에게 어떻게 해야 할지를 이야기합니다. 즉 "오래 참음과 가르침으로 경책"하라는 것입니다. 경책이란 잘못을 잘못이라고 말해주는 것을 의미합니다. 하나님의 말씀에 불순종하거나, 그 말씀을 왜곡하거나, 심지어 말씀을 부인하는 사람들에게 우리는 단도직입적으로 잘못을 지적해 주어야 할 때가 있습니다. 누가복음 17장 3절에서 예수님은 "너희는 스스로 조심하라. 만일 네 형제가 죄를 범하거든 경고하고 회개하거든 용서하라"고 말씀하셨습니다.

다른 사람이 잘못한다고 해서 항상 꾸짖어야 하는 건 아닙니다("사랑은 허다한 죄를 덮느니라" 벧전 4:8). 그러나 신실하게 하나님의 말씀을 전파하는 사람은 꾸짖음도 적절히 사용할 줄 알아야 합니다. 성경에서 명백하게 지시한 말씀을 어기는 사람이 있다면 계속해서 그 길을 걸어가면 어떤 결과가 생길지에 대해 경고해 주어야 합니다. 하나님이 우리를 사랑하지 않으신다면 죄의 위험도 경고하지 않으실 것입니다. 그러나 하나님은 우리를 사랑하시기에 신실하게 말씀을 전파하는 자를 사용해 꾸짖음이라는 방법을 통해 경고하십니다. 회개하지 않는 죄의 끔찍한 결과에서 구원하기를 원하십니다.

소지3 | 하나님 말씀에 대한 확신을 잃은 사람들은 어떻게 도와주어야 할까요? **권면**해야 합니다.

디모데후서 4장 2절에서 바울은 디모데에게 "오래 참음과 가르침으로 … 권하라"고 명령했습니다. 사람들은 성경에서 명령하는 내용이 무엇인지와 더불어 그 중요성도 알아야 합니다. '권하라'는 것은 성경의 충고로 상대방을 설득해 예수님이 주시는 소망과 힘으로 행동하도록 만들라는 이야기입니다. 우리가 하는 권고는 성도를 확신과 성경의 '가르침'으로 인도해 힘들지라도 할 일을 하도록 만들어야 합니다. 고린도후서 12장 9절에서 바울은 자신이 곤경을 당할 때 하나님이 손수 권면하시며 "내 은혜가 네게 족하도다. 이는 내 능력이 약한 데서 온전하여짐이라"로 말씀하셨다고 했습니다.

예수님이 인류를 심판하실 것이기에 우리는 하나님 말씀을 전파해서 사람들을 **믿게 하고, 경책하고, 권면**해야 합니다.

예화 | 플로리다 키라고에 있는 쿠바 난민 수용소에서 어느 날 아침 작은 동요가 일어났습니다. 그곳에는 약 8백 명의 쿠바 난민이 수용되어 있었는데 모두 누군가를 간절히 기다리는 눈치였습니다. 그리고 잠시 후 키웨스트에서 난민을 싣고 온 버스가 도착하자 휠체어를 탄 일곱 명의 노신사가 마지막으로 버스에서 내렸습니다. 새로운 난민이 올 때마다 떠들썩하고 열광적으로 환영하던 그들이었지만 그 날 만큼은 조용하고 숙연한 모습으로 그 일곱 명의 노인에게 특별한 관심을 보였습니다. 그들은 바로 예수 그리스도에 대한 믿음을 부인하지 않았던 일곱 명의 양심수였습니다. 그 중 세 명은 1960년대 초에 하바나 공원에서 노방전도를 하다가 체포되었고 다른 사람들은 지하교회 모임을 알리기 위해 같은 공원에서 성경책을 들고 다닌 죄로 경찰에 붙잡혔습니다.

결국, 그들은 신앙 때문에 수십 년간 옥고를 치렀고 모진 고문을 당해서 절름발이와 장애인이 되고 말았습니다. 몸의 뼈들이 부러지면서도 그들은 자신의 구세주를 부인하지 않았고 무신론의 공산주의 정권에서도 주님에 대한 충성을 맹세했습니다. 일곱 명의 노인이 수용소에 도착하고 몇 주 뒤에 수용소 직원들이 보니까 그들은 날마다 오전, 오후, 저녁으로 예배를 드리고 있었다고 합니다. 그리고 그 예배에 참석해 생전 처음 복음을 들은 많은 사람이 자신의 죄를 **깨닫게** 되었다고 합니다. 일곱 명의 노인은 성경 공부를 통해 그리스도인의 본분에 대해 가르치고 죄지은 사람들을 엄하면서도 자애롭게 **꾸짖었습니다**. 그러나 무엇보다 인상적인 것은 그들이 나약한 사람들과 좌절하는 사람들을 **권면하는** 모습이었습니다. 그들은 쿠바 감옥에 갇혀 있는 동안 그처럼 훌륭하게 사역하는 법을 배운 것입니다. 묵묵히 고통을 견디고 하나님의 은혜를 기뻐하면서 이 믿음의 용사들은 희망을 잃은 많은 사람을 **권면했고** 그들 중 누구라도 약해지려고 하면 하나님의 약속을 상기시키며 서로를 **권면했으며** 그들 중 누구라도 하나님이 주신 힘을 느끼면 함께 기뻐했다고 합니다.

어느 모로 보나 충분히 낙담하고 원망할 수 있는 상황에서도 그 일곱 명의 신앙인은 그리스도가 없는 땅에서 그리스도 몸의 일부가 되었다는 사실에 감사했고 이제 다시 자유의 몸이 되어 신을 찾는 사람들에게 **확신과 경책과 권면**의 언행을 통해 하나님의 말씀을 전파할 수 있다는 사실을 기뻐했습니다. 그들의 서로에 대한 헌신, 그리고 다른 사람들이 하나님의 말씀을 깨닫도록 도와주려는 노력은 곤경에 처한 사람을 도와주라고 하신 하나님의 명령을 충성되게 순종하는 것이었습니다.

적용 | 곤경에 처한 사람들에게 하나님의 말씀을 전해주어야 할 우리도 **확신과 경책과 권면**이라는 도구를 잘 다룰 줄 알아야 합니다.

만일 우리가 진정으로 다른 사람들이 하나님의 말씀에 순종하도록 **믿음을 심어주고** 싶다면 우리가 하나님의 눈앞에서 살아가고 있다는 사실과 그분의 자녀로서 그분 말씀의 기준대로 살아야 한다는 것을 서로에게 늘 상기시켜야 합니다. 이것은 담임 목사만 해야 하는 일이 아닙니다. 목회자들만의 의무가 되어서도 안 됩니다. 현재 일반 대학에 다니고 있는 학생들은 하나님의 말씀을 전하는 사역에 참여할 기회가 있을 것입니다. 그리스도인들과의 교제는 대학 캠퍼스 안에서 날마다 직면하는 저항과 유혹을 쉽게 이기도록 도와줄 뿐 아니라 불신앙이 만연한 환경에서도 신실한 믿음이 가능하다는 것을 다른 사람에게 **확신**하게 해 줍니다.

그러한 **확신**은 단순히 여러분의 삶을 보면서 생기는 결과가 아닙니다. 일반 대학에 입학한 학생들은 이내 교수들과 다른 학생들이 기독교를 공개적으로 비난하는 것을 보게 됩니다. 여러분이 공부하는 교실에서 하나님의 진리가 왜곡당할 때 하나님은 여러분에게 그들의 잘못을 바로잡아주고 진리를 **믿게** 하는 역할을 맡기실지도 모릅니다. 혹시 여러분의 의견이 반대와 의혹에 부딪친다면 여러분이 생각하는 잘못된 개념들에 대해 정확한 답변을 줄 그리스도인을 찾아가기 바랍니다. 여러분은 자신의 신념 때문에 주변에서 이상한 사람으로 따돌림당할 수도 있습니다. 그럴수록 여러분을 **권면**하고 심지어 **경책**해 줄 사람이 필요합니다. 너무 무정한 소리로 들릴 수도 있습니다. 그런데 사람들이 하나님의 말씀을 왜곡할 때 우리는 모두 무관심해지거나 좌절에 빠질 경향이 있음을 알기에 하는 이야기입니다. 우리에게는 하나님의 말씀이 필요하고 그 말씀을 전파하기 위해 서로가 필요합니다.

그러나 대학생들만 하나님의 말씀을 신실하게 전파해야 하는 것은 아닙니다. 우리는 모두 집에 있든, 교회에 있든, 직장에서 일하든 똑같이 전파의 사

06 여기에서도 알 수 있듯이 전환은 논지의 핵심 사상으로 돌아와서 다음에 나오는 대지를 설정한다. 이 경우 전환은 또 다시 분석적 질문의 형태를 띠고 있다.

07 뒤에 나오는 소지들은 하나의 분석적 질문에 의해 나온 것이다. 그 질문은 차례로 대답이 될 것이다. 여기서 질문은 대지에 따라나오는 용어들을 사용하며, 소지들은 그 질문에 대한 답이다.

명을 받았습니다. 하나님의 말씀이 필요한 사람들에게 진리를 전파해야 하는 것은 모든 그리스도인의 의무입니다. 만약 성경공부 모임에 나오는 성도가 죄를 짓고 있다면 여러분은 사랑하는 마음으로 그를 **꾸짖어야** 합니다. 결혼한 부부는 배우자가 용기를 잃거나, 자녀 양육으로 지치거나, 직장 일을 힘들어하거나, 너무 바쁠 때 사랑하는 마음으로 배우자를 권면하고 하나님의 말씀으로 용기를 주어야 합니다. 여러분이 전도한 직장 동료가 기독교 신앙을 의심할 때 여러분은 성령의 도우심을 받아 여러분이 가진 소망의 이유를 언제든 설명해 주어야 합니다. 우리는 하나님의 말씀이 필요한 사람들에게 말씀을 전할 많은 기회를 맞이합니다. 우리가 하나님과 주 예수 그리스도 앞에서 살아가며 주님이 심판자라는 사실을 명심한다면 그로 인해 하나님의 목적에 따라 진리를 전파하려는 마음이 용솟음칠 것입니다.

그러므로 진리가 필요한 사람들을 위해 **믿게 하고, 경책하고, 권면해야** 할 때가 있음을 기억하기 바랍니다.

분석적 질문 | 하나님이 죄를 심판하시므로 우리가 해야 할 또 다른 의무는 무엇이 있을까요?[06]

대지2 | 우리는 진리를 옹호하기 위해 하나님의 말씀을 전해야 합니다.

분석적 질문 | 그럼 언제 진리를 옹호해야 합니까?[07]

소지1 | 사람들이 **올바른 교리를 저버릴 때** 옹호해야 합니다.
바울은 디모데후서 4장 3절 앞부분에서 하나님의 말씀에 일부 사람들이 어떻게 반응할지를 이야기했습니다. "때가 이르리니 사람이 바른 교훈을 받지 아니하며." 로마서 1장에서도 불경건한 자들의 특징 중 하나가 진리에서 멀어지는 것이라고 했습니다. "하나님의 진리를 거짓 것으로 바꾸어" 롬 1:25.

이사야 선지자 역시 진리를 저버리는 자들에 대해 이사야 30장 10절에서 다음과 같이 언급했습니다. "그들이 선견자들에게 이르기를 선견하지 말라 선지자들에게 이르기를 우리에게 바른 것을 보이지 말라 우리에게 부드러운 말을 하라 거짓된 것을 보이라." 성경에 이와 같은 말씀이 많이 나오는 것을 보면 언제나 사람들은 진리를 거짓말로 바꾸어 일시적으로 만족을 얻으려는 경향이 있음을 알 수 있습니다. 그것은 우리가 사는 오늘날도 다르지 않습니다. 하나님은 우리가 그분의 말씀을 전파하는 사람으로 준비되기를 원하시므로 우리가 전하는 진리를 많은 사람이 받아들이지 않을 것을 미리 경고해 주셨습니다. 따라서 우리는 언제나 바른 교훈을 듣지 않는 사람들이 있다는 것을 염두에 두어야 합니다.

그 말을 바꿔서 생각하면 언제나 거짓된 것들을 가르치는 자들이 있다는 이야기도 됩니다. 그러므로 우리는 진리를 옹호할 준비가 되어 있어야 합니다. [세부 주제 1 전의 분석적 질문을 반영한 이 전환에 이어서 다음의 세부 주제로 넘어가라.]

소지2 | 사람들이 **거짓 교사들을 따를 때** 우리는 진리를 옹호해야 합니다.

디모데후서 4장 3절에서 바울은 계속해 다음과 같이 이야기합니다.

"귀가 가려워서 자기의 사욕을 따를 스승을 많이 두고" 딤후 4:3.

마태복음 24장 5절을 보면 예수님도 그런 일이 일어날 것을 예견하셨습니다. "많은 사람이 내 이름으로 와서 이르되 나는 그리스도라 하여 많은 사람을 미혹하리라."

우리는 우리가 듣고 싶은 말을 해 주는 교사를 좋아합니다. 우리가 익숙해진 가치관과 생활에 문제를 제기하지 않음으로써 우리 자신을 괜찮은 사람으로 느끼게 해주는 그런 교사를 좋아합니다. 많은 사람이 그런 교사들에게 몰려가는 이유는 기분이 좋아지고 자신에게 만족감을 느끼기 때문입니다. 그런 이야기일수록 귀가 솔깃해져서 그런 거짓 교사들은 절대 없어지지 않을 것입니다.

우리는 사람들이 바른 교리를 저버릴 때 진리를 옹호해야 할 뿐 아니라 사람들이 거짓 교사를 따를 때도 진리를 옹호해야 합니다. 그와 함께…

소지3 | 사람들이 **들으려 하지 않을 때**도 진리를 옹호해야 합니다.

바울은 4절에서 "그 귀를 진리에서 돌이켜 허탄한 이야기를 따르리라"고 말했습니다. 어떤 상황에서든지 말씀을 전파하라고 디모데에서 권하면서도 어떤 이들은 전혀 진리에 귀를 기울이지 않을 것이라고 솔직하게 이야기합니다. 하지만 듣지 않더라도 여전히 말씀을 전파하라고 바울은 명령합니다.

사도행전 17장에 보면 데살로니가에서 바울을 대적하는 사람들이 바울을 찾다가 찾지 못하자 베뢰아까지 쫓아가는 장면이 나옵니다. 한편으로 베뢰아 사람들은 바울이 예수님에 대해 한 말이 옳은지 성경을 읽으며 확인했다고 되어 있습니다. 그러나 데살로니가에서 온 폭도들과 그들에게 영향을 받은 베뢰아 사람들은 성경이 뭐라고 하든 상관없이 바울이 전파한 복음을 들으려고 하지 않았습니다. 그런 위험에도 굴하지 않고 바울은 아덴에 가서도 하나님의 말씀을 계속해서 전했습니다. 그리고 그곳에서도 어떤 사람들은 그의 말을 들었고 어떤 사람들은 듣지 않았습니다.

　이 말씀들을 읽으면서 우리는 한 가지 사실을 알게 됩니다. **바른 말을 외면하고 거짓된 말에 현혹되어** "그 귀를 진리에서 돌이켜" **듣기조차 않는** 사람들이 있겠지만 그럼에도 우리는 "말씀을 전파해야 한다"는 것입니다.

예화 | 마틴 루터는 1521년 4월 18일 오후 교회 마당에서 다음과 같은 질문을 받았습니다. "당신은 자신이 쓴 글과 그 안에 들어있는 오류를 철회할 용의가 있는가?" 그 전날 밤새도록 기도하고 적절한 대답을 궁리했던 그는 이렇게 대답했습니다. "성경과 건전한 이성에 의해 제 잘못이 증명되지 않는 한 제 양심은 하나님의 말씀에 사로잡혀 있을 것입니다. 저는 교황이나 심의회의 권위에 굴복하지 않겠습니다. 그분들은 서로 모순되기 때문입니다. 저는 제가 쓴 어떤 것도 철회하지 않을 것입니다. 양심에 어긋나는 행동은 옳지도 않고 안전하지도 않습니다. 저는 진리의 편이고 양심대로 행동할 뿐입니다. 하나님 저를 도와주시옵소서. 아멘." 하나님의 말씀을 믿었던 마틴 루터는 그렇게 위태로운 상황에서도 진리에 굳게 서 있었습니다. 사람들이 **바른 교훈을 받지 않을 것**을 알았지만 그래도 그는 흔들리지 않았습니다. 인간 심판관에게는 그를 파문하고 추방하고 심지어 처형할 수 있는 권한이 있었습니다. 하지만 하늘의 심판관에게 최종 판결권이 있음을 그는 알고 있었습니다. 그렇기에 "제 양심은 하나님의 말씀에 사로잡혀 있습니다."라고 말했던 것입니다. 당시의 교회가 거짓 교사들을 따르는 잘못을 범하고 있었고 그들이 자신의 말에 전혀 **귀를 기울이지 않을** 것을 알고 있으면서도 마틴 루터는 진리의 편에 서겠다고 단호히 대답했습니다. 마틴 루터는 궁극적으로 하늘의 심판관 앞에서 올바르면 된다고 보았기에 목숨이 위태로운 상황에서도 하나님

의 말씀을 충성되게 전할 수 있었던 것입니다. 진리가 '상대적'인 것으로 인식되고 각종 죄악이 '관용'이라는 이름으로 허용되는 이 시대에 여러분과 저도 그와 같은 사명을 짊어지고 있습니다. 오늘날 진리를 옹호하게 되면 동료와 명성과 경력을 잃어버릴 수 있습니다. 그래도 우리도 진리에 굳게 서야 합니다. 왜냐하면, 우리도 어느 날 산 자와 죽은 자를 심판하실 분 앞에 설 것이기 때문입니다.

적용 | 바울은 이 편지를 에베소에 있는 젊은 목사 디모데에게 썼습니다. 당시 에베소는 수많은 이방 종교와 세상 철학으로 가득한 그리스 로마 문화의 중심지였습니다. 그러나 바울이 디모데에게 했던 말은 이 시대를 살아가는 우리에게도 곧바로 적용됩니다. 우리는 날마다 진리와 어긋나는 일을 직면하기에 진리를 옹호할 책임을 계속해서 의식해야 합니다. 바울의 경고는 우리 주변의 거짓 종교들과 교회 안에서의 교리 논쟁에도 당연히 적용됩니다. 그러나 영적 진리를 거스르는 것은 '종교적인' 영역에만 국한되지 않습니다.

직장과 사업의 영역에서도 우리는 날마다 **성경적 윤리를 단념하라**는 압박에 시달립니다. 성경적 윤리를 내세우는 건 '한물간' 옛날 방식이라는 것이 그 이유입니다. 과거에 평판 좋았던 기업들이 세간을 떠들썩하게 물의를 빚는 것을 보면 무슨 수를 써서라도 성공하겠다는 생각이 우리 사회의 전 사업체와 산업계의 경제윤리가 되어 있다는 것을 말해줍니다. 이익 창출이나 직원의 고용과 해고, 혹은 단순히 동료의 인정을 받는 문제에서도 그리스도인은 비윤리적 행위를 눈감아 주거나 심지어 해야 하는 상황에 직면합니다. 어떤 경우에는 다른 대안을 **듣기조차 않으려는** 상사를 만나기도 합니다. 그런 상황에서 그리스도인은 집단 심리에 합류해 쉬운 성공을 장담하는 **거짓 교**

사들의 말을 따르기 쉽습니다. "남들도 다 이렇게 한다", "이렇게 하는 게 필요하다"고 하면 꼼짝을 못합니다. 하나님의 말씀을 따르기 위한 싸움은 교회 심의회에서만 일어나는 것이 아니라 매일의 일터에서도 일어나고 있습니다.

    윤리와의 타협이 극심한 사회일수록 **진리를 외면**하는 경향은 삶의 모든 영역에서 더욱 강해집니다. 불공정한 거래를 묵인해 주면 두둑한 뒷돈을 주겠다고 제안을 받는 사장, 중요한 시험에서 컨닝하자고 친구들의 꼬임을 받는 학생, 등록 교인의 수를 부풀리라고 요청받는 교회 직원, 음악을 불법으로 다운로드 받으라는 친구들의 말에 고민하는 초등학생 등, 우리 주변에는 그런 일들이 셀 수 없이 많이 일어나고 있습니다. 그때 그리스도인이 "나는 이런 일을 할 수 없어요. 이렇게 하면 하나님의 말씀을 어기는 게 되니까요"라고 말한다면 사람들은 눈을 돌려 주목할 것이고 벌린 입을 다물지 못할 것입니다. 물론 그렇게 말한다고 해서 모든 사람이 감동한다는 이야기는 아닙니다. **귀를 기울여 듣기나 할지도** 장담할 수 없습니다. 그래도 이 한 가지는 자신 있게 말씀드릴 수 있습니다. 하나님은 그분 편에 서는 사람을 존귀하게 여기실 것이고, 희생적으로 진리를 사수하는 사람을 목격함으로써 영원히 구원받을 영혼들이 있을 것이란 사실입니다. 이 사실을 알게 되면 여러분과 저는 마틴 루터처럼 "저의 양심은 하나님의 말씀에 사로잡혀 있습니다. **다른 사람이 듣지 않는다고 해도** 저는 진리를 사수하겠습니다."라고 말할 수 있습

08 여기에서도 전환은 논지의 핵심 용어들과 개념으로 돌아가서 듣는 사람에게 마지막 대지를 들을 준비를 하게 한다. 설교자는 각각의 대지들을 논지에 연결함으로써 핵심적 주제를 중심으로 전체 설교를 통일시킨다.

니다.

하나님은 바울의 입을 통해서 우리에게 곤경에 처한 사람을 구하고 진리를 옹호하라고 명령하셨습니다.

분석적 질문 전환 | 바울은 하나님의 심판이 있으므로 이 임무를 어떻게 해야 한다고 말합니까?[08] 앞서 했던 말을 상기시키면서…

대지3 | 우리는 우리의 의무를 완수하기 위해 하나님의 말씀을 전파해야 합니다.

바울은 우리의 의무를 완수하기 위해 다음과 같이 하라고 합니다. **방심하지 말고, 고난을 견디고, 전도자의 일을 함으로써** 완수하라고 말합니다.

소지1 | 우리가 **방심하지 말아야** 한다고 합니다.

5절에 보면 디모데에게 "너는 모든 일에 신중하여"라고 했습니다딤후 4:5. 이 말의 문자적 의미는 '진지하라' 혹은 '맑은 정신을 가지라' 는 것입니다. 바울은 우리에게 항상 경각심과 냉정함을 잃지 말고 반대에 부딪칠 때나 기회가 올 때(주님의 뜻을 완수하는 데 영향을 미칠) 모두 진지하게 임하라고 했습니다. 골로새 교인들에게 보낸 편지에서도 바울은 비슷한 이야기를 합니다.

> "기도를 계속하고 기도에 감사함으로 깨어 있으라 또한 우리를 위하여 기도하되 하나님이 전도할 문을 우리에게 열어 주사 그리스도의 비밀을 말하게 하시기를 구하라 내가 이 일 때문에 매임을 당하였노라 그리하면

> 내가 마땅히 할 말로써 이 비밀을 나타내리라 외인에 대해서는 지혜로 행하여 세월을 아끼라 너희 말을 항상 은혜 가운데서 소금으로 맛을 냄과 같이 하라 그리하면 각 사람에게 마땅히 대답할 것을 알리라"
>
> – 골로새서 4장 2~6절

우리는 맑은 정신으로 사고하면서 상황에 좌우되어 낙심하거나 근심하지 말아야 하나님이 주시는 전도의 기회를 주의 깊게 알아챌 수 있습니다. 하나님은 그리스도인에게 자신의 진리를 알릴 많은 기회를 주십니다. 아마도 여러분은 이런 질문을 받을지도 모릅니다. "왜 당신은 그렇게 기뻐합니까? 그런 어려움 속에서도 어떻게 희망을 품고 살아갑니까? 왜 다른 사람들처럼 쉬운 길로 가려 하지 않습니까? 당신의 자녀들은 어떻게 부모 말에 그토록 순종을 잘합니까? 당신은 왜 배우자를 그토록 존중합니까?" 예수님과 동행하는 사람은 타락한 세상에서 여러모로 눈에 띌 수밖에 없습니다. 따라서 여러분이 방심하지 않는다면 하나님은 여러분에 관한 질문을 사용해 하나님에 대해 말할 수 있도록 하실 것입니다.

예화 | 약 3년 전쯤 하나님은 저에게 정말로 항상 **방심하지 않는** 사람을 만나게 해 주셨습니다. 그분은 불신자들에게 하나님의 말씀을 전하는 사명을 훌륭하게 완수하던 찰스라는 이름의 우리 교회 나이 많은 성도였습니다.

집에서 성경 공부 모임을 인도하던 그분은 경청하는 사람이 있으면 누구에게나 말씀을 가르쳤습니다. 그런데 제게 가장 감명 깊었던 것은 언제나 전도할 기회를 **주의 깊게 살피는** 모습이었습니다. 그분은 하나님의 은혜에 대해 모르는 사람이 있는지를 **신중하게 지켜보다가** 그런 사람이 있으면 진리를 가르쳐 주었습니다.

  1년 전에 찰스는 암에 걸렸습니다. 암세포가 아주 빠르게 전이되었기 때문에 불과 수개월 만에 병원에 입원해 죽음을 기다리는 상황이 되었습니다. 하지만 그런 심각한 상황에서도, 그리고 육신의 고통이 극심한 와중에도 그분은 맑은 정신으로 하나님이 주시는 기회를 놓치지 않았습니다. 언제나 **신중하게** 복음을 전할 기회를 살폈습니다. 그러다가 자신의 상태를 검사하러 오는 간호사 중에 믿지 않는 사람이 있다는 것을 알게 되어 자상하고 끈기 있게 그들에게 하나님의 말씀을 전했습니다. 그리고 몇 주 뒤에 찰스는 세상을 떠났습니다. 하지만 찰스를 돌보던 간호사 중 두 명이 그분의 전도로 예수님을 믿게 되었습니다.

  찰스가 언제나 전도할 기회를 **신중하게 살피고** 그 기회를 붙잡아 복음을 전했던 것처럼 우리 역시도 **신중해야** 합니다. 또한 하나님이 찰스에게 그 이상의 것을 원하셨듯이 우리에게도 신중하게 살피는 것 이상의 일을 원하십니다. 그것은 찰스처럼 방심하지 않는 것과 더불어….

소지2 | 고난을 견디는 것입니다.

  계속되는 디모데후서 4장 5절에서 바울은 "고난을 받으며"라고 말했습니다. 이 말은 무엇보다 먼저 바울 개인에게 해당하는 이야기일 것입니다. 자, 이 편지가 쓰인 상황을 생각해 보십시오. 바울은 쇠사슬에 묶여 감옥에 갇혀 처형될 날만을 기다리고 있었습니다. 바울은 고난이 어떤 건지를 누구보다 잘 알고 있었습니다. 고린도후서 11장에서 바울이 이런 말을 합니다.

  "유대인들에게 사십에서 하나 감한 매를 다섯 번 맞았으며 세 번 태장으로 맞고 한 번 돌로 맞고 세 번 파산하고 … 강의 위험과 강도의 위험과 동족의 위험과 이방인의 위험과 … 주리며 목마르고 여러 번 굶고 춥고 헐벗었노라" 고후 11:24~27. 이런 고난은 전부 복음전파를 위한 것이었습니다!

어쩌면 여러분은 이렇게 생각할지도 모릅니다. "나는 돌에 맞거나 파선당하고 싶은 마음이 전혀 없는데…" 그러나 디모데후서 3장 12절에서 바울이 무엇이라고 말합니까? "무릇 그리스도 예수 안에서 경건하게 살고자 하는 자는 박해를 받으리라." 이것은 장담이자 예언입니다. 여러분이 예수님을 위해 살려고 하면 반드시 고난과 역경을 당하게 되어 있습니다. 하지만 오늘 본문의 2절 말씀을 기억하십시오. 하나님은 우리에게 그분의 말씀을 주셨습니다. 성경은 그분의 숨결이 살아 있는 말씀입니다. 최초의 인간에게 생명을 준 지혜와 사랑의 숨결이 하나님의 말씀에도 스며 있습니다. 그래서 우리는 언제나 하나님의 위로하시는 지혜와 사랑을 받을 수 있습니다. 하나님의 말씀은 그분의 진리일 뿐 아니라 그분의 성품도 반영되어 있기에 우리는 하나님의 말씀을 전파할 때 고난을 견딜 수 있습니다. 하나님은 우리가 말씀을 전파할 때 자신이 어떤 존재인지를 우리에게 알게 하십니다. 말씀을 전파할 때 성령의 능력과 성자의 임재가 우리의 현재 상황에 임하여 우리의 마음을 감싸주시고 사명을 완수할 힘과 의지를 북돋아 주십니다. 이것은 절대 놀라운 일이 아닙니다. 우리가 하나님의 말씀을 전파할 때 살아있는 말씀이신 그리스도가 성령과 진리로 우리와 함께하시기 때문입니다.

찰스는 암으로 죽어가고 있었지만, 병원의 간호사들에게 하나님의 말씀을 전파하는 일은 잘 할 수 있다고 생각했습니다. 단지 천국이 가까웠기 때문에 그랬던 것은 아닙니다. 말씀을 전파할 때 주 예수의 임재와 능력이 더욱 강력하게 그분과 함께했습니다. 찰스의 병고는 이 세상의 일시적 안락이 아닌 말씀의 진리만을 더욱 사모하게 했습니다. 그래서 더욱 큰 사랑으로 말씀을 전파할 수 있었고 더욱 가슴에 와 닿는 진리로서 다른 사람들에게 강력하게 전파할 수 있었던 것입니다. 아마도 이런 이유로 바울은 고난을 견딘 후에 마지막 의무인 전도자의 일을 하라고 당부했을 것으로 생각합니다.

소지3 | 우리는 **전도자의 일**을 해야 합니다.

디모데후서 4장 5절 후반부에서 바울은 이렇게 말합니다. "전도자의 일을 하며 네 직무를 다하라." 여러분은 자신이 전도자가 아니라고 생각할지 모릅니다. 그러나 주님이 여러분을 역경 속에서 위로하고 힘을 주신 이야기를 믿지 않는 친구에게 한다면 그것이 실은 전도입니다. 체육관에서 동료와 라켓볼을 치다가 하나님이 당신의 삶과 부부관계를 어떻게 변화시켰는지 이야기하는 것도 전도입니다. 여러분의 자녀에게 "예수님이 너를 사랑하셔"라고 말하는 것도 전도입니다. 이런 일들은 하나님의 계획과 뜻 안에서 이루어지는 것입니다. 주님은 우리가 모든 기회를 최대한 활용하기를 원하십니다. 사람들의 영혼이 위험에 처해 있으니까요. 예수님은 모든 사람을 심판하실 것입니다. 그러나 우리를 통해 그들에게 자비를 베푸십니다. 하나님의 말씀은 그 진리를 믿는 사람들을 영원히 변화시킬 놀라운 힘이 있습니다. 우리는 이 진리를 전파해 예수님의 복음을 사람들에게 들려주고 믿게 해야 합니다. 이것은 우리에게 의무 이전에 특권입니다. 하나님과 분리되어 지옥에 떨어질 사람들에게 예수님과 협력하여 영원한 구원의 길로 이끄는 것이 어찌 특권이 아니겠습니까?

적용 | 이 구절의 말씀은 가장 먼저 교회 교역자에게 적용된다고 할 수 있을 것입니다. 그러나 이제는 모든 평신도도 이 말씀의 진정한 뜻을 파악했기를 바랍니다. 예를 들어 여러분 중에는 가정주부도 있습니다. 주부의 하루하루는 눈코 뜰 새 없이 바쁘게 지나갑니다. 아이들 뒤치다꺼리를 하고, 끝도 없이 쌓이는 집안일을 하고, 하나님의 말씀을 전파하는 것과는 거리가 멀어 보이는 온갖 일로 바쁘게 살아갑니다. 그러나 사도 바울식의 표현대로라면 여러분은 자신의 의무를 완수하고 있는 것입니다. 가족과 친척과 이웃을 섬기는 힘든 일을 하면서 여러분은 그리스도를 섬기는 **고난을 받고** 있습니다. 그들의 신앙을 염려하고 이웃과 자녀에게 예수님에 관해 이야기하는 것이 **전도자의 일을 하는** 것입니다. 주변 사람의 마음과 행동을 세심하게 관찰하면서 언제 간증이나 위로나 경책이 필요한지를 아는 것이 하나님이 주신 기회에 **신중한** 것입니다. 그런 식으로 여러분의 가족과 자녀와 이웃을 섬기는 것은 어떤 상황에서도 하나님의 말씀을 전파하라는 여러분의 의무를 완수하는 것입니다.

그것은 또한 다른 사람에게도 여러분과 똑같이 하도록 본을 보이며 가르치는 일입니다. 하나님의 말씀은 진리이고 능력이 있어서 역경 중에 우리를 위로한다는 사실을 자녀에게 보여주는 것은 여러분이 자녀에게 **신중하라**는 교훈을 가르치는 것과 같습니다. 주님이 보여주신 섬김의 정신을 실천하려 하고 주변 사람들, 즉 이웃이나 가게의 판매원이나 미용실 직원에게 사랑을 전하려고 노력한다면 여러분의 자녀는 그 모습을 보면서 **전도자의 일을** 배

09 대지들의 핵심되는 논지는 결론에 다시 등장해서 전체 설교의 간략한 요약 역할을 한다.

우게 될 것이고 어려움이 올 때 여러분의 도움을 받으면서 **고난을 견디는 법**도 배우게 될 것입니다.

　우리가 방심하지 않고 **신중하다**면 하나님의 뜻을 이루는 그런 기회를 주변에서 무수하게 찾아볼 수 있을 것입니다. 집안을 돌보는 가정주부, 학교에서 공부하는 학생, 회사에서 일하는 직장인 모두 예수님의 이름을 위해 **전도하고 고난을 견디는 기회**를 얻게 될 것입니다. 하나님은 우리를 사람들과 떨어져 살게 하지 않으십니다. 그러므로 전도의 기회가 주어질 때 그것을 놓치지 말아야 합니다. 여러분을 존경하고 의지하는 사람들이 누구입니까? 여러분과 친하게 지내는 사람들이 누구입니까? 여러분과 어울리기를 좋아하는 사람들이 누구입니까? 여러분과 함께 일하는 사람들이 누구입니까? 그런 사람들이 여러분이 책임져야 할 사람들입니다. 하나님이 그들을 여러분의 인생에 보내 주셨으니까요. 그들에게 어떤 식으로 전도할지를 생각해 보십시오. 하나님의 은혜와 성령의 능력이 여러분 안에 거하시므로 그들은 여러분을 통해 주님을 알게 될 것입니다.

결론 | 죄를 심판하는 공의로운 하나님이 바울을 통해서 우리 앞에 거룩하고 숭고한 의무를 놓아 주셨습니다. 우리는 모두 그 의무를 충성되게 완수해야 합니다. 하나님은 은혜로 우리를 부르셨고, 은혜로 우리의 마음을 움직이셨고, 두려움을 극복하도록 도와주셨습니다. 그렇게 함으로써 우리가 그분의 말씀을 전파해 그분의 목적을 이루도록 하시려는 것입니다. 하나님은 우리가 **곤경에 처한 사람을 구원하고**, 불신자들을 속이는 사람들과 맞서 **진리를 옹호하는** 일에 마음과 정성을 다함으로써 주님을 증거하는 **의무를 완수하기**를 바라십니다.[09]

저의 어머니가 베티의 잘못을 지적할 때에도 예수님의 도우시는 능력이 여실히 드러났습니다. 비록 저의 어머니가 유능한 전도자는 아니었지만, 주님은 어머니를 사용해 진지하고 부드럽게, 베티가 죄를 뉘우칠 수 있도록 잘못을 지적하게 하셨습니다. 수개월에 걸쳐 저의 어머니는 끈기 있고도 단호하게 하나님의 말씀으로 베티를 권면했습니다. 자신의 부드러운 꾸짖음이 베티를 죄에서 돌이킬지 모른다는 희망으로 베티의 불륜이 가져올 결과를 조목조목 말해주기까지 하셨습니다. 그러는 동안에 베티는 분명하게 진리를 외면할 때도 있었고, 심지어 들으려고도 하지 않을 때도 있었지만, 어머니는 **곤경에 처한 사람을 구하기 위해** 하나님의 **진리를 옹호하는** 의무를 계속해서 저버리지 않으셨습니다.

베티 사연의 마지막 장에 어떤 결말이 쓰일지는 아직 모릅니다. 어쨌든 베티는 여전히 결혼생활을 지속하고 있고 여전히 저의 어머니와 이야기를 하고 있습니다. 베티 인생의 결말은 하나님만이 아시겠지만, 저의 어머니의 인생에는 이미 또 다른 이야기가 시작되고 있습니다. 용기와 사랑으로 복음 전파의 의무를 다한 어머니는 베티를 깨끗한 양심으로 만나는 기쁨과 축복을 누리고 계십니다. 또한, 전도자의 일을 함으로써 이전 어느 때보다 용기 있고 담대하게 하나님의 말씀을 전파할 수 있게 되었습니다. 하나님의 심판 때문에 베티에게 말씀을 전파했으므로 어머니에게는 복음이 더욱 실제적이고 소중하게 느껴진다고 합니다.

여러분과 저도 하나님의 말씀을 주변 사람들에게 전파한다면 그런 기쁨과 능력을 알게 될 것입니다. 성자를 보내 우리를 심판에서 구해주신 하나님의 은혜를 이야기할 때 그 은혜가 더욱 능력 있게 우리의 마음을 움직여서 그분께 순종하게 하고 그분을 전파하게 할 것입니다. 부디 이 은혜로 인해서 여러분이 언제 어떤 상황에서도 구원의 도구로 사용되기를 바랍니다. 여러분의 인생을 위한 하나님의 목적을 성취하기 위해 그분의 말씀을 충성되게 전파하십시오.

설교 예문 03

귀납적 형태의 강해설교

연역적 설교는 정문을 열고 청중에게 다가가서 논지와 대지를 통해 성경 본문의 중심 진리를 '단도직입적'으로 전하는 방식의 강해설교다. 반면 귀납적(이야기식) 설교는 옆문으로 들어가서 청중이 설교자와 함께 서로의 성경적 진리 체험을 통해서 진리를 발견하도록 해 주는 방식이다.01 귀납적 설교는 또한 뒷문을 열고 청중들에게 다가가서 마지막의 계시, 혹은 아이러니한 반전으로 청중들이 '아하! 그렇구나'라며 스스로 깨달음을 얻을 때까지 진리를 전하기도 한다.

설교가 펼쳐 보이는 진리의 말씀이 성경 본문을 통해 입증이 가능할 때, 그리고 성경 본문에서 발전되어 나온 진리일 때, 성경 본문의 범위 안에 들어있는 진리일 때는 귀납적(이야기식) 설교가 강해설교가 된다. 이야기식 설교는 성경에 나오는 이야기의 구조와 흡사한 경우가 많다. 흔히 설교자는 설교의 각 단계(혹은 이동)에서 의견을 제시하거나 질문함으로써 청중이 본문 전개(예를 들면 본문의 상황, 사건, 해결 등)의 깊은 의미를 생각하도록 만든다. 논지와 대지들이 본문의 진리를 미리 알려주도록 하는 대신에 귀납적 접근방식에서는 경험적 요소들을 활용해서 청중이 본문의 진리를 알아내도록 한다. 보통은 성경 저자가 말하는 '경험'이나 '이야기'의 어떤 면들을 곰곰이 생각하거나 질문을 던짐으로써 진리를 깨닫게 된다.

귀납적 설교는 일반적인 원칙들을 전개하거나 특정한 적용 사항들을 추론하기보다 본문의 특정 사항(혹은 청중이 겪는 비슷한 경험의 특정 사항)에서 출발해 일반적인 원리로 나아가는 형태를 취한다. 아직 한 번도 귀납적 설교를 안 해본 설교자라도 전통적인 설교의 서론에서 그런 방법을 시도해 보았을 것이다. 그럴 때 성경 이야기의 특정 사항들이 논지의 일반적 진리로 귀결되는 것이 보통이다. 이런 방식은 설교의 서론만이 아니라 일상의 대화에서도 흔하게 볼 수 있다. 요점을 말하기 전에 몇 가지 예들을 제시하며 이야기하는 경우가 그것이다. 예수님이 비유를 말씀하실 때도 이 방법을 사용하셨다. 그런 면에서 볼 때 바울이 했던 연역적-논지적 전개방식과는 차이가 난다. 귀납적 형태의 설교는 적용에서 빛을 발하고 연역적 형태의 설교는 논쟁에 강점이 있다. 두 가지 형태 모두 다양한 설교들에 활용할 수 있고 때로는 한 설교의 다른 부분들에서도 제각각 활용할 수 있다.

이번에 나오는 귀납적 설교는 성경의 한 이야기에 기초하고 있으며 설교자가 성경에 나오는 '모범적 인물들'(혹은 '영웅들')을 어떻게 설교해야 할지를 다시 한 번 생각하게 만들어 줄 것이다.02 보통 설교자는 성경에서 영웅을 가려내어 청중에게 비슷한 행동을 권하곤 한다. 하지만 그렇게 할 때 부딪치는 문제는, 성경에도 완벽한 영웅들이 드물다는 점이다. 단 한 사람(예수님)을 제외하곤 가장 위대한 인물들조차 온갖 약점과 죄로 물들어 있다. 성경은 그런 인간적 결함들

01 이야기식 설교는 귀납적 성격을 띠는 게 보통이지만 귀납적 설교는 구조와 출처에 있어 이야기식이 아닌 경우가 있다는 점을 유의하라. 귀납적(이야기식) 설교 형태에 대한 자세한 설명은 《그리스도 중심의 설교》 203~205를 참조하라.
02 성경의 영웅에 대한 설교는 《그리스도 중심의 설교》 340~348과 360~361을 참조하라.

을 드러내는 데 일말의 부끄러움이나 주저함이 없다. 그 이유는 은혜의 하나님이 신약에만 등장하려고 기다리시는 게 아니기 때문이다. 성경 전체를 통해 하나님은 다윗이나 아브라함, 그리고 이 설교에 나오는 기드온 같은 사람들을 사용해서 역시 그들처럼(그리고 우리처럼) 형편없는 사람들에게 분에 넘치는 은혜의 메시지를 전하게 함으로써 그분의 구원의 능력을 보여주셨다.

쓸모없는 자를 사용하심

사사기 7:1~7, 7:16~22

1 여룹바알이라 하는 기드온과 그를 따르는 모든 백성이 일찍이 일어나 하롯 샘 곁에 진을 쳤고 미디안의 진영은 그들의 북쪽이요 모레 산 앞 골짜기에 있었더라
2 여호와께서 기드온에게 이르시되 너를 따르는 백성이 너무 많은즉 내가 그들의 손에 미디안 사람을 넘겨 주지 아니하리니 이는 이스라엘이 나를 거슬러 스스로 자랑하기를 내 손이 나를 구원하였다 할까 함이니라
3 이제 너는 백성의 귀에 외쳐 이르기를 누구든지 두려워 떠는 자는 길르앗 산을 떠나 돌아가라 하라 하시니 이에 돌아간 백성이 이만 이천 명이요 남은 자가 만 명이었더라
4 여호와께서 또 기드온에게 이르시되 백성이 아직도 많으니 그들을 인도하여 물 가로 내려가라 거기서 내가 너를 위하여 그들을 시험하리라 내가 누구를 가리켜 네게 이르기를 이 사람이 너와 함께 가리라 하

면 그는 너와 함께 갈 것이요 내가 누구를 가리켜 네게 이르기를 이 사람은 너와 함께 가지 말 것이니라 하면 그는 가지 말 것이니라 하신지라

5 이에 백성을 인도하여 물 가에 내려가매 여호와께서 기드온에게 이르시되 누구든지 개가 핥는 것 같이 혀로 물을 핥는 자들을 너는 따로 세우고 또 누구든지 무릎을 꿇고 마시는 자들도 그와 같이 하라 하시더니

6 손으로 움켜 입에 대고 핥는 자의 수는 삼백 명이요 그 외의 백성은 다 무릎을 꿇고 물을 마신지라

7 여호와께서 기드온에게 이르시되 내가 이 물을 핥아 먹은 삼백 명으로 너희를 구원하며 미디안을 네 손에 넘겨 주리니 남은 백성은 각각 자기의 처소로 돌아갈 것이니라 하시니

16 삼백 명을 세 대로 나누어 각 손에 나팔과 빈 항아리를 들리고 항아리 안에는 횃불을 감추게 하고

17 그들에게 이르되 너희는 나만 보고 내가 하는 대로 하되 내가 그 진영 근처에 이르러서 내가 하는 대로 너희도 그리하여

18 나와 나를 따르는 자가 다 나팔을 불거든 너희도 모든 진영 주위에서 나팔을 불며 이르기를 여호와를 위하라, 기드온을 위하라 하라 하니라

19 기드온과 그와 함께 한 백 명이 이경 초에 진영 근처에 이른즉 바로 파수꾼들을 교대한 때라 그들이 나팔을 불며 손에 가졌던 항아리를 부수니라
20 세 대가 나팔을 불며 항아리를 부수고 왼손에 횃불을 들고 오른손에 나팔을 들어 불며 외쳐 이르되 여호와와 기드온의 칼이다 하고
21 각기 제자리에 서서 그 진영을 에워싸매 그 온 진영의 군사들이 뛰고 부르짖으며 도망하였는데
22 삼백 명이 나팔을 불 때에 여호와께서 그 온 진영에서 친구끼리 칼로 치게 하시므로 적군이 도망하여 스레라의 벧 싯다에 이르고 또 답밧에 가까운 아벨므홀라의 경계에 이르렀으며

[참고 : 아래의 괄호 안에 있는 내용은 소리 내어 말하면 안 된다. 이것은 귀납적 설교 과정에서 다양한 설교 요소들이 어떻게 사용되는지를 보여주기 위해 삽입한 것이다.]

성경 본문 소개 | 오늘 우리는 사사기 7장을 함께 살펴보고자 합니다.

본문 배경 소개 |01 예전에 인기를 끌었던 '피너츠Penuts'라는 만화를 보면 루시와 라이누스와 찰리 브라운이 나란히 풀밭에 누워서 하늘의 구름을 쳐다보는 장면이 있습니다. 이때 루시가 라이누스에게 묻습니다.

"무얼 보고 있다고 생각해?"

라이누스는 구름을 손가락으로 가리키며 이렇게 대답합니다.

"응, 저 구름이 말이야, 꼭 카리브 해에 있는 영국령 온두라스 지도처럼 나를 노려보고 있잖아. 저 위쪽에 있는 구름은 유명한 화가이자 조각가인 토머스 에이킨스랑 조금 비슷하게 생겼어. 그리고 저쪽에 있는 구름은 스데반을 돌로 치는 장면을 연상시켜. 그 옆에 사도 바울이 서 있는 것도 보이고."

그 말을 듣고 루시가 다시 찰리에게 묻습니다.

"찰리 브라운, 너는 저 구름에서 무엇이 보이니?" 그러자 찰리 브라운이 대답합니다.

"글쎄. 조금 전에 오리랑 말이 보인다고 말하려 했는데 마음을 바꾸었어."

01 성경 본문의 배경 소개에 대한 더 자세한 사항은 〈그리스도 중심의 설교〉 307~310을 참조하라.
02 나는 이런 식으로 성경 본문의 소개를 길게 하는 편이 아니지만, 분문의 길이와 설교의 반전을 고려해 청중이 성경 말씀의 주제를 미리 염두에 두는 것이 좋을 것 같아 소개가 길어졌다.

우리가 자기 생각이나 업적을 다른 사람과 비교하게 될 때 무척 부족하게 느껴질 때가 많습니다. 그것은 피너츠 만화에서만 그런 것이 아니라 성경에서도 마찬가지입니다. 성경에서 위대한 영웅들이 세운 업적을 보면 우리가 이룬 일들은 너무나도 보잘것없게 느껴지곤 합니다. 우리를 분발시켜 더 위대한 일을 하게 하려는 취지로 쓰인 이야기가 오히려 우리를 더 초라하게, 아니 사실상 쓸모없는 인간으로 느끼게끔 해버립니다. 만일 성경에 나오는 영웅들이 여러분을 그런 식으로 느끼게 했다면 오늘 소개하는 영웅은 그런 걱정을 할 필요가 없습니다. 바로 기드온의 이야기이니까요. 그도 영웅이기는 했지만, 그 사람 앞에서는 위축될 필요가 전혀 없습니다. 그는 상상 외로 우리랑 너무도 비슷한 사람이었습니다.02

성경 본문 소개 | 먼저 사사기 7장 1절부터 7절까지를 읽은 다음 그 밑의 7장 16절부터 22절까지를 읽으면서 하나님이 기드온에게 허락하신 위대한 승리를 생각해 보도록 합시다. 나중에 그 옆의 다른 구절도 살펴보면서 기드온이라는 영웅의 참모습과 그에게 절실히 필요했던 은혜가 무엇이었는지도 알아보도록 하겠습니다. [설교자가 성경 본문을 소리 내어 읽는다.]

설교 전 기도 | 먼저 하나님의 말씀을 살펴보는 동안 우리를 인도해 달라고 하나님께 기도합시다.

> [하나님의 말씀이 선포되는 동안 설교자와 교인들에게 깨달음을 주시도록 성령의 인도를 구하는 짧막한 기도를 설교자가 한다.]

설교 서론 |03 월터 웽거린Walter Wangerin이 지은 〈애통에서 춤으로〉*Mourning* into Dancing라는 책을 보면 아버지와 다름없는 삼촌이 죽은 뒤에 슬퍼하는 글로리아라는 여성의 이야기가 나옵니다. 글로리아가 어렸을 때 삼촌은 전쟁터로 나갔습니다. 떠나기 전 글로리아에게 인디언 얼굴 문양이 새겨진 동전 하나를 지갑에 넣어주면서 그것을 잘 간직하고 잃어버리지 않으면 자기도 살아서 집으로 돌아올 것이라고 말했습니다. 글로리아는 그 동전을 잘 간수했고 삼촌도 다시 돌아왔습니다. 나중에 어른이 된 글로리아는 삼촌이 돌아가신 뒤에 어린 시절의 꿈을 꾸었습니다. 그런데 그 꿈에서 삼촌이 나타나 또다시 동전을 주면서 그것을 간직하면 자기가 돌아오겠다고 이야기했습니다. 물론 죽은 삼촌은 돌아오지 않았고, 몇 달이 지나 삼촌의 죽음을 현실로 받아들인 글로리아는 점차 무력해지고 우울증에 빠져서 결국 삶의 의욕을 잃고 말았습니다.

설상가상으로 글로리아의 아들도 어머니 때문에 성격이 변해서 늦게 자고 늦게 일어나며 학교에도 가지 않았습니다. 그러다 어느 날 집 뒤의 창문을 아무런 이유도 없이 주먹으로 쳐서 박살 내는 일까지 생기자 교회 목사님이 글로리아의 집에 찾아와서 그녀의 무기력한 삶에 활기를 넣고자 대화를 시도했습니다. 하지만 그녀는 고개조차 들지 못했고 마치 교장실에 불려 온 비행청소년처럼 아무런 대꾸도 하지 않았습니다. 그 이유는 자신이 쓸모없는 존재

03 전형적 설교 서론의 내용과 구조는 〈그리스도 중심의 설교〉 9장을 참조하라. 귀납적 설교와 연역적 설교에서의 서론은 두 가지 모두 설교의 주제를 설정하는 부분이기 때문에 그다지 차이가 나지 않는다. 그러나 보통 연역적 설교의 서론은 논지의 진술로 이어지고 귀납적 설교의 서론은 분석적 질문으로 이어진다.

04 논지 대신에 분석적 질문이 등장해서 설교의 중심 주제를 가리키고 있다.

라고 생각했기 때문이었습니다. 글로리아는 자기가 대화에도 쓸모없고, 가족에게도 쓸모없고, 자기 자신에게조차 쓸모없는 존재라고 여겼습니다.

결국, 그런 생각이 글로리아를 죄책감으로 몰고 간 것이었습니다. 그 사실을 눈치를 챈 목사님은 글로리아에게 어린 시절에 무슨 일이 있었는지를 물었습니다. 그리고 사정을 듣고 난 뒤에 글로리아의 팔을 잡고서 복음을 이야기해 주었습니다. "글로리아 성도님, 제 말이 인디언 얼굴 문양의 동전이 되고 성도님의 마음은 지갑이 되기를 바랍니다. 그래서 이 말을 성도님 마음에 간직하고 절대 잃어버리지 마십시오. 하나님이 글로리아 성도님을 사랑하십니다. 하나님이 글로리아 성도님을 사랑하십니다."

하나님이 왜 그녀를 사랑하실까요? 왜 스스로 쓸모없는 존재라고 여기는 그녀에게 그런 감상적인 이야기를 한 것일까요? 그런 말조차 쓸모없어 보이는데 말입니다. 그러나 혹시 여러분이 한 번이라도 자신이 쓸모없는 존재처럼 여겨진 적이 있다면 이 한 가지를 분명히 기억하셔야 합니다. 하나님의 사랑은 여러분에게 모든 것입니다. 사실 지금 하려는 기드온 이야기의 주제도 그것입니다. 기드온도 쓸모없는 사람이었습니다. 쓸모없는 사람을 하나님이 어떻게 사용하시는지를 아는 것, 그것이 우리가 모두 받고 싶은 그분 사랑을 확신하는 열쇠입니다. 글로리아처럼 자신을 쓸모없는 존재로 생각했던 분들은 성경의 기드온 이야기를 보시기 바랍니다.

전형적 논지 대신에 분석적 질문 | 하나님이 쓸모없는 사람을 사용하실 수 있다는 사실을 성경의 기드온 이야기는 어떻게 우리에게 말해줍니까?[04]

우리가 방금 읽은 성경 본문에서 '영웅'에만 초점을 맞춘다면 우리는 결코 대답을 찾아내지 못합니다. 그 이전의 말씀으로 돌아가서 기드온에게 어떤 일이 일어났는지부터 알아야 합니다. 기드온은 쓸모없는 존재였습니다. 6장에서 그 사실을 확인할 수 있습니다. 성경을 펼치고 저와 함께 그 말씀을 읽어보도록 하겠습니다. 사사기 6장은 기드온의 소심함이 어디에서 기인한 것인가를 이야기해 줍니다.

I. 분석적 질문으로 첫 번째 대지의 귀납적 전개를 설정함 | 본문의 앞장에 있는 내용을 통해서 '영웅'이라고 했던 사람의 소심함에 대해 무엇을 알 수 있습니까?**05**

그 대답은 먼저 기드온이 어떤 사람이었는지를 살펴보면 알 수 있습니다. 포도주 틀에서 밀을 타작하고 있던 기드온에게 여호와의 사자가 나타나 이렇게 이야기합니다. "큰 용사여 여호와께서 너와 함께 계시도다"삿 6:11~12.**06** 자, 여기에 아이러니가 있습니다. 밀은 바깥 넓은 마당에서 타작해야 바람에 밀 껍질을 날려 보낼 수 있습니다. 반면 포도주는 먼지가 들어오는 것을 막기 위해 밀폐된 공간에서 즙을 짜내야 합니다. 그런데 기드온은 왜 포도주 틀에

05 대지는 질문으로 대체되어 앞으로 이야기할 주제가 무엇인지를 나타내 주지만 성경 이야기가 그 주제를 분명하게 밝히기 전까지는 성경 진리를 전하지 않고 있다. 따라서 설교의 이 부분에서는 곧바로 성경 진리를 밝히지 않고 하나의 대지만을 이야기한다.

06 이 설교에 나오는 성경 구절은 "개역개정"에서 인용한 것이다.

07 성경 이야기 설명의 한 대목이 끝나는 부분에서 첫 번째 소지가 등장한다는 점에 유의하기 바란다. 그리고 뒤에는 또 다른 질문(이 대지를 시작한 분석적 질문과 연관된)이 나와서 다음의 소지로 이어질 설명을 소개한다.

서 밀을 타작하고 있었을까요? 두려워서 그랬습니다. 적군의 눈을 피해 몰래 숨어서 타작하고 있었던 것입니다. 당시 미디안 군사들이 침략했기 때문에 기드온은 무서워 떨고 있었습니다. 여호와의 사자가 그런 사람을 향해서 "큰 용사여"라고 말했다는 것은 오늘날로 치면 맥도날드에서 햄버거를 만드는 아르바이트생에게 "안녕하십니까? 위대한 요리사님"이라고 하는 것과 똑같은 이야기입니다. 그래서 직함이 잘못되었다는 것을 상황이 드러내 주고 있습니다. 기드온은 결코 큰 용사가 아니었습니다. **그는 분명 두려워하고 있었습니다.**07

그와 더불어 이 이야기에 등장하는 기드온의 모습에서 우리는 또 무엇을 알 수 있습니까?

여호와의 사자가 기드온에게 "큰 용사여 여호와께서 너와 함께 계시도다"라고는 했지만 누가 봐도 그는 용사라고 할 만한 사람이 아니었습니다. 기드온의 대답을 읽어 보십시오. "오 나의 주여 여호와께서 우리와 함께 계시면 어찌하여 이 모든 일이 우리에게 일어났나이까." 하나님이 하신 확신의 말에 대해 기드온은 그 진위를 의심합니다. 또한, 계속해서 이렇게 질문합니다. "우리 조상들이 일찍이 우리에게 이르기를 여호와께서 우리를 애굽에서 올라오게 하신 것이 아니냐 한 그 모든 이적이 어디 있나이까." 하지만 이런 질문만이 그의 두려움을 보여주는 증거가 아니었습니다. 뒤이어 그는 하나님을 비난하기까지 합니다. "이제 여호와께서 우리를 버리사 미디안의 손에 우리를 넘겨주셨나이다"삿 6:13.

인내와 자제력을 보이던 여호와의 사자는 하나님 말씀으로 기드온에게 두 번째로 자신감을 심어주고자 합니다. "너는 가서 이 너의 힘으로 이스라엘을 미디안의 손에서 구원하라 내가 너를 보낸 것이 아니냐"삿 6:14. 그러자 기드온이 이렇게 대답합니다. "오 주여 내가 무엇으로 이스라엘을 구원하리이가 보소서 나의 집은 므낫세 중에 극히 약하고 나는 내 아버지 집에서 가장 작은 자니이다"삿 6:15. 이 말을 통역해 보면 이런 뜻이 됩니다. "제가 여기 있나이다. 저 말고 다른 사람을 보내소서!" 하나님의 장담에 대한 기드온의 반응은 처음에는 질문이었고 그다음은 비난이었으며 마지막은 회피였습니다. 기드온의 두려움은 명백한 사실이었고 더 나아가 **그의 두려움은 매우 반항적이었습니다.**⁰⁸

훗날 용사가 되었던 기드온의 문제는 그것이 전부가 아니었습니다. **기드온의 이야기에서 우리는 또 어떤 점을 알 수 있습니까?**

기드온의 반항적 두려움에 부딪친 하나님은 약속으로 그의 두려움을 달래줍니다. "내가 반드시 너와 함께 하리니 네가 미디안 사람 치기를 한 사람을 치듯 하리라"삿 6:16. 그런데 '큰 용사'라는 기드온이 그 말씀을 듣고 어떻게 반응합니까? 이를테면 그는 '그 말을 증명해 보세요'라는 식으로 반응합니다삿 6:17. 그런데 놀라운 것은 하나님이 그렇게 하십니다. 여호와의 사자가 바위에서 불이 나오게 하더니 기드온이 바친 제물을 불사르고 사라집니다삿 6:21. 이보다 확실한 증명이 어디 있겠습니까!

그 뒤에도 여호와의 사자가 또다시 기드온에게 나타나 앞으로 일어날 큰 전투의 준비운동으로 집안에 있는 아버지의 우상을 파괴하고삿 6:25 여호와

---

08 이 두 번째 소지는, 두 단락 앞의 질문에 의해 설정된 이야기 설명의 끝 부분에 등장한다. 여기에서도 마찬가지로, 이 설교의 구조가 귀납적이기 때문에 성경의 이야기는 앞서 전파한 요점이 아니라 현재 전해지는 설교의 요점으로 이어지고 있다.

09 세 번째 소지 역시 이야기 설명의 앞이 아니라 뒤쪽에 등장한다.

를 경배하라고 지시합니다. 사사기 6장 27절에 보면 "이에 기드온이 종 열 사람을 데리고 여호와께서 그에게 말씀하신 대로 행하되 그의 아버지의 가문과 그 성읍 사람들을 **두려워하므로** 이 일을 감히 낮에 행하지 못하고 **밤에** 행하니라"고 했습니다. 다음 날 아침 사람들이 "누구의 소행인가?"라고 물었을 때 기드온이 "내가 여호와를 위해 그렇게 했습니다"라고 대답합니까? 아닙니다. 그는 몸을 사렸고 그의 아버지의 그럴듯한 변호 덕분에 목숨을 건집니다. 하나님을 경외하지 않았던 기드온 아버지가 하는 말이, 바알이 신이라면 내 아들의 소행을 알아서 혼낼 것이 아니냐고 했습니다 삿 6:31.

자기 집의 우상을 제거하는 시험을 가까스로 통과한 뒤에 기드온은 미디안과 싸우라는 하나님의 사명을 진지하게 고려했습니다. 그런데 기드온은 미디안과의 싸움을 어떤 식으로 시작합니까? 다시 한 번 하나님께 자신을 증명해 보이라고 요구합니다. 하나님을 시험함으로써 용기를 얻으려는 것이었습니다. 기드온이 하나님께 이렇게 이야기합니다.

"타작마당에 양털 한 뭉치를 두겠사오니 아침이 되면 이 털뭉치만 젖고 주변은 말라있게 하옵소서" 삿 6:36~37 참조.

하나님은 기드온의 요청을 듣고 그대로 행하셨습니다. 그런데 이 기적적인 사건에 우리의 '큰 용사'는 어떻게 반응합니까?

"오, 하나님, 한 번만 더 기적을 행하셔서 이번에는 양털만 마르고 주변은 전부 젖어 있게 해 주시겠습니까?" 삿 6:39 참조.

기드온은 다시 하나님을 시험했습니다. 여호와의 사자가 그에게 나타났고, 말했고, 용사라고 불렀고, 그를 위해 여러 차례 기적을 행했지만, 여전히 기드온은 두려워하고 있었습니다. 이 '큰 용사'의 두려움은 실제적이었고 반항적이었습니다. 게다가 **기드온은 계속해서 두려움에 떨었습니다.**[09]

여러분이라면 이런 남자를 같은 팀원으로 뽑으시겠습니까? 기드온은 정말 무력한 사람이었고 두려움으로 인해 하나님의 백성을 인도할 지도자와는 거리가 멀어 보이는 사람이었습니다.

그런데 성경에 그런 소심한 '영웅'이 등장하는 이유는 무엇일까요? 왜냐하면, 우리 역시 기드온처럼 두려움이 있는 사람이라서 그렇습니다. 여러분도 마찬가지일 것이라고 생각합니다. 얼마 전에 한 목사님으로부터 전화를 받았는데 그분은 우리 교단이 씨름하던 몹시 어려운 문제에 대해 우려를 표명하던 분이었습니다. 전화에서 그분은 제가 결론적으로 어떻게 해야 할지를 말씀하시고 그렇게 해야만 저와 저의 가족과 제가 섬기는 신학대학원이 '해를 입지 않을' 것이라고 하셨습니다. 저는 이 뻔한 위협을 들으며 속으로 코웃음을 쳤습니다. **'이 분이 지금 누구를 위협하는 건가? 나는 이분보다 더 큰 적들과 마주하고 있는데...'**

그리고 얼마 후 비행기를 타고 어딘가를 가는데, 오랜 시간 혼자 비행하면서 어느 틈엔가 근심에 잠겨 있는 저를 발견했습니다. 그 목사님의 위협은 사실일까? 정말로 그분이 나와 우리 가족과 학교에 해를 입힐 수 있을까? 그동안 하나님은 여러 차례 논쟁에서 우리를 보호해 주셨고, 우리 신학교도 놀랍게 성장시켜 주셨고, 많은 자원을 조달해 주셨고, 우리 교회가 내외적으로 엄청난 지원을 받게 해 주셨건만 비행기 안에서 생각에 잠겨있는 동안 어느새 두려움에 사로잡히고 말았습니다. 우리를 거듭거듭 축복해 주신 하나님의

10 앞서 나온 각각의 소지들의 핵심 용어들이 이곳의 예화/적용에서도 '빗발치듯' 등장해 설교 용어의 일관성을 유지한다는 점에 유의하라.

11 이 설교는 당초 신학교에서 목회와 사역을 준비하는 신학생을 대상으로 했던 설교였다.

관점에서 볼 때 그것은 말도 안 되는 생각이었으나 저는 정말로 무섭고 두려웠습니다.

여러분 중에는 지금 **심각하게**[10] 두려움을 느끼고 있는 분이 있을 것입니다. 예를 들자면 앞으로 해야 할 학교 공부가 막막하고 두렵게 느껴질 수 있습니다.[11] 안전한 생활과 가족을 뒤로하고 새롭게 공부를 시작한다는 것이 옳은 결정이었는지, 이곳에서 하나님이 여러분을 계속 붙잡아 주실지 많이 불안할 것입니다. 경제적으로 부담을 느끼는 분들도 많을 것이고 미래의 입지, 임용 가능성, 목회 업무, 사람들의 비판과 논란을 다룰 능력 등에 관해 회의가 일어나기도 할 것입니다.

때로 그러한 두려움은 기드온처럼 **반항적인** 형태로 나타나기도 합니다. 그래서 '하나님이 나와 함께 하신다면 어째서 이 모든 일이 나에게 일어났을까? 이스라엘을 이집트에서 구원하신 하나님은 어디 계신단 말인가?'라고 생각하기도 합니다. 시험과 고난의 순간에, 경제적 형편이 어려워질 때, 가정에 문제가 생길 때, 여러분은 또한 '하나님이 나를 여기로 오게 하시고 이렇게 내버려 두신단 말인가?'라고 원망하는 마음이 들기도 할 것입니다. 그런 두려움은 한 번이 아니라 **계속해서** 우리를 사로잡는다는 사실을 저도 그렇고 여러분도 그렇고 너무나 잘 알고 있습니다.

지금 저는 그런 두려움에 핑계를 대려는 것도 아니고, 신속한 처방전을 알려드리려는 것도 아니고, 그런 것을 하나님이 용서하신다고 말하려는 것도 아닙니다. 다만 이 한 가지를 명심하라고 말씀드리는 것입니다. 그것은 우리가 **계속해서** 두려움에 사로잡힌다고 해서 그것이 하나님 사역에 부자격자가 되게 하지는 않는다는 사실입니다. 현재에 대한 두려움, 미래에 대한 두려움, 사람에 대한 두려움, 하나님에 대한 두려움, 어둠에 대한 두려움, 귀신에 대한 두려움, 이웃에 대한 두려움, 시험에 대한 두려움, 실패에 대한 두려움, 노란 눈의 고양이에 대한 두려움 등 어떤 종류의 두려움이 있다고 해도 그것이 우리를 하나님을 섬기지 못하게 만드는 요인은 될 수 없습니다. **하나님은 두려움에 사로잡힌 사람도 그분의 목적을 위해 사용하실 수 있습니다.**

[참고 : 이것이 귀납적 방법에 의해 도출된 첫 번째 대지다.]

하나님은 쓸모없는 '큰 용사' 기드온을 하늘의 영광을 위해 사용하셨습니다. 그러니 여러분이 어떤 두려움을 갖고 있다고 해도 하나님은 여러분을 얼마든지 사용하실 수 있습니다.

예전 제가 베케이션 신학교에서 공부할 때의 일입니다. 저는 킨리라는 여교수님이 시편 91편 4절 말씀을 암송하면서 그 말씀과 함께 들려주신 이야기를 잊을 수 없습니다. "그가 너를 그의 깃으로 덮으시리니 네가 그의 날개 아래에 피하리로다"라는 구절을 암송하며 그분은 저희에게 이렇게 말씀하셨습니다.

"여러분, 제 친구가 어느 날 강도를 만났는데 그 친구는 너무 겁이 나서 기절할 지경이었다고 합니다. 그 순간에 생각나는 것이라곤 하나님이 그분의 날개 아래 지켜준다는 약속뿐이었습니다. 꼼짝도 할 수 없고 머릿

12 설교자가 적용(설명만이 아니라)의 예를 보여주는 것이 목적이라면 적용과 예화가 이런 식으로 섞일 수 있다는 점을 유의할 필요가 있다. 적용의 예를 드는 것은 설교와 청중의 삶을 연결하는 효과적인 수단이기도 하다.

13 이 전환의 문장들이 '쓸모없음'이라는 설교 전체의 주제로 되돌아온다는 점과 그와 동시에 다음에 나올 설교의 중심 개념(질문 형태의 대지)을 설정한다는 점에 유의하라.

속이 하얘진 상태에서 얼떨결에 그 구절이 입에서 튀어나왔습니다. 친구는 계속해서 '그의 날개 아래, 그의 날개 아래, 그의 날개 아래…'라고 떨리는 목소리로 중얼거렸습니다. 그 모습을 본 강도는 제 친구가 미친 여자라고 생각했는지 그냥 놔두고 달아났다고 합니다. 여러분, 보세요. 우리가 두려워해도 하나님은 우리와 함께 계십니다."

오늘 여러분에게 드리고 싶은 말씀도 바로 그것입니다. 아마 킨리 교수님이라면 저보다 더 잘 가르치셨겠지만, **여러분이 두려워할 때라도 하나님은 여러분과 함께 계십니다. 그래서 하나님은 두려워하는 자들도 그분의 목적을 위해 사용하실 수 있는 것입니다.**[12] 두려움이 하나님을 떠나시게 하지 않습니다.

성경에 보면 기드온의 두려움은 마침내 사라진 것 같은데 그가 갖고 있던 문제는 극복하지 못한 것 같습니다. 그의 소심함에는 또 다른 요인이 있었습니다. 사사기 6장에는 그 소심함으로 인해 발생한 문제가 나와 있고, 7장에는 그가 비록 전쟁에서 승리를 거두기는 했으나 자질에 논란이 있다는 사실이 지적되어 있습니다.[13]

II. 분석적 질문으로 두 번째 대지의 귀납적 전개를 설정함 | 그런데 성경 본문에 나온 기드온의 자질을 통해서 우리는 무엇을 알 수 있습니까?

기드온이 13만 5천 명의 미디안 적군을 쳐부수고 승리한 것은 그의 군대가 뛰어난 용사들이었기 때문이었습니까?

기드온의 군대가 어떤 상황이었는지에 대해서는 여러분이 잘 아실 것입니다. 그들의 숫자는 겨우 3백 명 있었고 그 질문의 대답은 '아니다'입니다. 기드온이 적군을 물리치고 이스라엘을 승리로 이끈 것은 군사력과 아무런 상관이 없었습니다.

지금까지 하나님의 목적을 위해 사용하시는 사람들의 자질에 대해 생각해 봤습니다. 이제는 기드온 군대의 **품성**에 대해서도 생각해 보기를 바랍니다. 기드온의 군사들은 어떤 사람들이었습니까? 기드온 이야기의 맨 처음에 등장한 말씀처럼 그들은 "여호와의 목전에 악을 행하"던 이스라엘 자손들이었습니다삿 6:1. 그들이 악을 행했다는 것은 기드온의 아버지가 바알 제단을 갖고 있었고, 기드온이 그 제단을 부수었을 때 사람들이 좋아하지 않았다는 것을 보아도 알 수 있습니다. 그들은 기드온의 목숨을 요구했습니다. 기드온의 군사들은 바로 **그런 품성을 지닌 백성**에게서 나온 사람들이었습니다. 그런데 그들의 지도자는 어떠했습니까? 여러분은 '큰 용사'라는 그가 어떤 사람이었는지를 이미 잘 알고 계십니다. 이스라엘이 큰 승리를 거둔 것은 그들의 **지도자의 품성**이 뛰어나서가 아니라는 것이 분명합니다. 그러면 **그의 군대가 자질이 뛰어나서** 그런 승리를 거둘 수 있었던 것일까요? 고작 3백 명밖에 안 되는 군대가 말입니다.

우리 가족이 몇 해 전 이스라엘을 여행했을 때 실제로 기드온의 샘이라는 곳을 찾아가 보았습니다. 그때 이스라엘인 가이드가 그 3백 명의 군사에 대해 아주 인상적인 이야기를 해 주었습니다. 제가 어린 시절 주일학교에서 배

14 이 예화는 오직 두 번째 소지에 속하는 것이므로 '품성'이라는 핵심 단어만이 이야기 속에 '빗발친다'는 점에 유의하라.

울 때는 기드온이 원래의 3만2천 명 군사 중에서 성경에 기록된 선별 과정을 통해 가장 훌륭한 군사만을 남게 했다고 들었습니다. 먼저는 두려워 떠는 자들을 돌려보냈는데 그때 2만2천 명이 두려워서 돌아갔습니다. 그다음에는 몸을 땅에 대고 입으로 물을 벌컥벌컥 마신 자를 돌려보내고 손으로 물을 떠서 마신 사람들만 남게 했다고 했습니다삿 7:5~7. 저는 항상 손으로 물을 떠서 마신 사람들이 더 좋은 품성의**14** 사람들이라고 들었습니다. 그들은 샘물 곁에서 무릎을 꿇고 적군에 대한 경계를 게을리하지 않았던 더 용감한 사람들이라고 생각했습니다. 하지만 우리를 안내한 가이드는 재미있는 질문을 했습니다.

"물 먹을 생각이 거의 없는 사람, 그래서 무릎을 꿇고 손으로 물을 떠먹은 사람과 전쟁 준비를 너무도 열심히 한 탓에 목이 말라 입을 대고 벌컥벌컥 마신 사람 중에 누가 더 좋은 군사라고 생각하십니까?"

그의 논리에 따르면 열심히 전쟁 준비를 해서 더 목이 말랐던 사람들이 좋은 군사라는 것이었습니다. 손으로 물을 떠 마신 사람들은 그 날 하루를 빈둥거렸기에 그다지 목이 마르지 않았다는 것이었지요. 하나님은 **품성**이 더 안 좋은 군사들을 뽑으신 것이라고 가이드는 주장했습니다. 그래서 그들이 거둔 승리는 군사력이 아니라 하나님의 능력이었다는 것이 더욱 명백해진다는 것이었습니다.

솔직히 말해서 어떤 군사들(손으로 떠먹거나 입을 대고 먹은 사람 중에서)이 더 **품성**이 좋은 군사들이었는지 지금 여기서 확실하게 단정하기는 어렵습니다. 그러나 결론적으로 한 가지는 확신할 수 있습니다. 미디안의 13만5천의 병력을 상대하기에 3백 명이라는 숫자는 턱없이 적고 **빈약한** 군사력이라는 것입니다. 특히 당시 이스라엘의 상황과 지도자의 상황을 고려할 때 더욱 그렇습니다. 기드온 군대의 품성과 수를 생각하면 하나님을 위해 싸우기에는 영적으로나 육신적으로나 너무도 **빈약한** 군사력이었습니다. 그래도 하나님은 그런 군대를 사용하심으로써 자질이 없는 사람들도 사용할 수 있다는 사실을 여실히 보여주셨습니다. 두려움에 떠는 사람들도 자신의 목적을 위해 사용하실 수 있는 하나님이라면 나약한 자들도 그분의 목적을 위해 얼마든지 사용하실 수 있습니다.

[참고 : 이것이 귀납적으로 도출해 낸 두 번째 대지다.]15

1998년 3월 1일에 몇 명의 기독교 지도자가 당시 중국의 수석이었던 장쩌민江澤民 수석을 만났습니다. 그때 장쩌민 수석은 어렸을 때 만난 한 기독교인 간호사의 따뜻한 돌봄을 잊지 못해 그 영향으로 기독교를 좋아하게 되었다고 말했습니다. 기독교 지도자단의 대표는 그 말을 기회 삼아 장쩌민 수석에게 "요한복음을 읽어보시는 게 어떻겠습니까?"라고 성경 읽기를 권했다고 합니다. 그러자 10억이 넘는 중국인의 수장이며 바로 그 전에 종교 억제 정책을 발표하고 6천만 그리스도인을 박해했던 지도자가 이렇게 대답했다고 합니다. "예, 요한복음을 읽겠습니다."

그리고 그는 다음과 같은 구절을 읽었습니다.

"내가 너희에게 종이 주인보다 더 크지 못하다 한 말을 기억하라 사람들이 나를 박해하였은즉 너희도 박해할 것이요 내 말을 지켰은즉 너희 말

---

15 이것이 만일 전형적인 연역적 설교였다면 이 대지('하나님이 그분의 목적을 위해 연약한 사람을 사용하실 수 있다')는 전통적 어법으로 진술된 두 개의 소지('하나님이 숫자의 열세를 사용하신다'와 '하나님이 성품의 결함이 있는 사람을 사용하신다')에서 이전의 요소를 갖고 있었을 것이다.

도 지킬 것이라 그러나 사람들이 내 이름으로 말미암아 이 모든 일을 너희에게 하리니 이는 나를 보내신 이를 알지 못함이라 내가 와서 그들에게 말하지 아니하였더라면 죄가 없었으려니와 지금은 그 죄를 핑계할 수 없느니라" 요 15:20~22.

그리고 또 다음과 같은 구절을 읽었습니다.

"나는 부활이요 생명이니 나를 믿는 자는 죽어도 살겠고 무릇 살아서 나를 믿는 자는 영원히 죽지 아니하리니 이것을 네가 믿느냐" 요 11:25~26.

그리고 다음으로 읽은 구절은 이것이었습니다.

"하나님이 세상을 이처럼 사랑하사 독생자를 주셨으니 이는 그를 믿는 자마다 멸망하지 않고 영생을 얻게 하려 하심이라" 요 3:16.

아마 우리가 천국에 이르렀을 때야 기독교 지도자들과 장쩌민 주석의 만남이 어떤 결과를 맺었는지 확실하게 알게 될 것입니다. 하지만 한 가지는 이미 알고 있습니다. 그 만남 이후로 중국에서는 장쩌민 주석이 집권하는 동안 그리스도인에 대한 박해가 줄어들었다는 것입니다. 현재 중국에는 약 1억 명 정도의 그리스도인이 있다고 합니다. 직접적으로나 군사적으로 중국 위정자들을 압박해 정치적 변화가 일어났기 때문에 기독교가 그렇게 성장했던 것이 아니었습니다. 아마도 우리가 천국에 들어갔을 때 팡파르와 요란한 갈채는 없었지만, 예수님의 이름으로 병든 아이를 돌보았던 한 간호사의 아름다운

성품을 하나님이 사용하셔서 그런 일이 가능했다는 것을 확인하는 순간이 있으리라고 생각합니다. 세상은 그녀를 알아주지 않았지만, 하나님은 그런 작은 정성을 사용해 놀라운 목적을 이루심으로 영광을 받으시는 분입니다.

기드온(과 모든 성경)이 주는 교훈은 하나님이 연약한 사람을 그분의 영광을 위해 사용하신다는 것입니다. 우리는 인간적 기준으로 평가해 자신을 열외로 취급하는 일이 없어야 합니다. 성품에 결함이 있고 자원이 불충분해도 하나님이 역사하시는 데는 그런 조건이 아무런 문제가 되지 않습니다.

교회 안에서 보면 상당히 직책에 연연하는 교인이 있습니다. 아직 그런 교인을 못 보셨다면 아마 곧 보시게 될 것입니다. 그들은 더 대단해 보이고, 더 명예롭고, 더 이득이 되는 자리로 올라가려고 항상 기회를 엿보거나 교활한 술수를 쓰기도 합니다. 그러나 하나님은 진정으로 영향력이 있는 사람과 도구만을 사용하십니다. 우리는 자신의 은사와 재능에 관심을 두고(최선을 다해 그것을 찾아냄과 더불어) 더 효과적으로 사용될 기회를 엿보아야 하지만 우리의 목표는 무엇보다 얼마나 높이 올라가느냐가 아니라 얼마나 적절하게 사용되느냐가 되어야 합니다. 하나님 나라의 목적을 성취하는 가장 크고 효과적인 일이 무엇인지는 이 세상에 사는 우리가 알 수 없습니다. 하나님은 **성품이나 수적으로 나약한** 사람들을 사용해 그분의 위대한 목적을 이루시는 것을 좋아하시는 것 같습니다. 그래서 성취된 업적의 모든 영광이 오로지 그분에게 돌아가도록 하십니다. 이것이 하나님이 일하시는 방식이란 것을 알게 되면 여러분은 험하고 외딴 지역도 마다치 않을 것이고, 여러분의 돌봄이 있어야 하는 소중한 사람들이 있는 작은 강단도 외면하지 않을 것이고, 세상은 알아주지 않아도 천국에서는 하나님께 드릴 최대의 선물이 될 보잘것없는 사역도 기꺼이 받아들일 수 있을 것입니다.

저는 항상 그런 것은 아니지만, 가끔 인원수를 세고 싶을 때가 있습니다. 지금 이렇게 큰 신학대학원에 다니는 우리가 더욱 중요한 사람이고 더욱 영향을 끼칠 수 있는 사람이라고 자랑하고 싶습니다. 하지만 하나님 나라를 위해 진정으로 영향을 끼칠 수 있는 것이 무엇인지는 오직 하나님만이 아십니다. 우리가 숫자와 성품을 신뢰하면 할수록 성령께서 우리를 통해 역사할 수 있는 여지는 점점 더 줄어듭니다. 하나님은 자신의 연약함을 인정하는 사람을 통해 역사하십니다. 하나님 없이는 아무것도 아님을 아는 사람, 계속해서 더욱 그분만을 의지하는 사람을 통해 역사하십니다.

천로역정의 마지막 부분에 보면 여행자가 오랜 여행 끝에 천국 도시로 들어가는 장면이 나옵니다. 그곳에서 하나님 영광의 도시에 거주하는 주민을 보호해주는 무기가 보관된 창고를 구경합니다. 여러분은 그 창고에 어떤 무기가 있을 것이라 생각하십니까? 그곳에 있는 것은 나팔과 부서진 항아리들이었습니다. 그것은 전적으로 자격 미달이었던 기드온을 통해 승리를 거두었던 하나님이 사용하신 바로 그 도구들이었습니다. 그러므로 우리가 자신의 **연약함**을 깨달았더라도 하나님이 사용하지 못하실 거라고 기죽을 필요가 전혀 없습니다.

지금까지 말씀드린 기드온의 이야기를 들으면서 여러분은 속으로 이런 생각이 들지도 모릅니다. 기드온 같이 연약한 인간이 전쟁에서 승리할 수 있었던 것은 여러분과 저 같은 보통 사람들보다 신앙적으로 더 성숙했기 때문이 아닐까 라고요. 만일 그들이 자신의 두려움과 나약함을 깨닫고 하나님을 의존했다면 하나님은 결국 그들의 깊은 신앙심을 사용해 놀라운 영적 승리를 거두게 하신 것이 아닐까 생각할 수 있겠습니다.[16] 혹시라도 여러분이 그렇게 생각하셨다면 여러분 자신은 하나님의 목적을 성취할 사람이 아니라고 믿고 싶을 것입니다. 그 정도의 믿음은 없다는 것을 여러분 자신이 잘 알고 있을 테니까요. 하지만 이 경우에도 우리는 또다시 기드온의 이야기를 들어야 합니다. 이제 그가 믿음의 우선권을 어디에 두었는지를 자세히 살펴보도록 합시다.

III. **분석적 질문으로 세 번째 대지의 귀납적 전개를 설정함** | 성경 본문의 마지막 이야기에서 기드온의 마음에 대해 무엇을 알 수 있습니까?

다음 장에 나오는 기드온의 이야기를 읽어보면 승리의 업적이 모두 그에게로 돌아갔다는 사실을 알 수 있습니다. 사람들은 그를 왕으로 세우려고 했습니다삿 8:22. 하지만 기드온은 하나님만이 언약의 백성을 다스려야 한다며 그 제안을 거절했습니다삿 8:23. 그러면서도 이 '큰 용사'는 사람들의 심기를 불편하게 하고 싶지도 않습니다. [6장과 8장 1~3절에서 기드온이 아버지와 동네 사람들, 에브라임 사람들과의 싸움을 회피했다는 점을 기억하십시오.]

비록 왕이 되는 것을 거절했지만, 왕의 신분에 걸맞은 특권까지 포기하지는 않았습니다. 그래서 자신의 권력을 강화하고삿 8:29, 많은 아내를 거느리고삿 8:30, 한 아들의 이름을 "나의 아버지는 왕이다"(아비멜렉)라고 짓고삿 8:31, 미디안 사람에게서 빼앗은 금을 이용해 '에봇'이란 우상숭배적인 제사장 의복을 만들어 하나님의 뜻을 묻는 데 사용했습니다. 이런 식으로 그는 모든 이

16 이 전환에서 앞선 대지들의 핵심 용어들을 반복함으로써 분석적 질문을 준비하고 이것이 세 번째 대지를 설정한다는 점을 유의하라.

스라엘 백성이 자신과 자신의 가족을 의지하게 만듭니다 삿 8:23~27.

사사기 8장 27절에 보면 "온 이스라엘이 그것을 음란하게 위하므로 그것이 기드온과 그의 집에 올무가 되니라"고 합니다. 3백 명의 군사로 13만5천 명의 미디안 군대를 무찌르는 데 쓰임 받았던 '큰 용사' 기드온이 하나님이 이끈 승리를 무색하게 만드는 우상도 만들었습니다.

자, 만일 여러분이 하나님이라면 기드온에게 어떻게 하셨겠습니까? 하나님이 그에게 번개와 재앙을 보내야 마땅하다고 생각하십니까? 그러나 성경은 이렇게 이야기합니다.

"기드온이 사는 사십 년 동안 그 땅이 평온하였더라" 삿 8:28.

여러분은 "어떻게 그럴 수가 있지?"라고 묻고 싶을 것입니다. 그에 대한 대답은 하나님이 썩은 달걀을 사용해 맛있는 오믈렛을 만들 수 있다는 데 있습니다. 물론 기드온이 지은 죄에 아무런 결과가 따라오지 않았다는 이야기는 아닙니다. 성경에 보면 에봇이 기드온의 가족에게 올무가 되었다고 합니다. 훗날 그의 자손이 이스라엘에서 권력을 행사하려다 패망하는 이야기도 나옵니다. 하지만 하나님이 기드온을 사용하셨기에 이스라엘이라는 나라 자체는 여전히 그 축복을 누릴 수 있었습니다. 하나님은 기드온처럼 결점이 있고 나약한 인간을 거룩한 목적을 위해 사용하실 수 있고, 실제로 사용하신다는 사실을 보여줌으로써 구약에는 하나님의 크신 은혜가 드러나 있습니다.

기드온이 형편없는 영웅이었다는 데에는 의문의 여지가 없습니다. 그래도 그를 통해 축복이 흘러갔습니다. 부족한 지도자를 통해 축복이 흘러가는 예는 그 외에도 얼마든지 있습니다. 여러분은 아마도 그런 것을 이미 목격했을 것이고 그렇지 않다면 곧 목격하게 될 것입니다. 오늘날의 교회를 보더라도 훌륭한 지도자에게 큰 결점이 있는 경우가 많습니다. 훌륭한 지도자 밑에서 사역하기를 오랫동안 갈망하다가 마침내 같이 사역하게 되면 그런 사람에게 있을 것이라곤 상상도 하지 못한 **두려움과 나약함과 결점**이 있는 것을 발견하게 될 것입니다.[17] 여러분은 어떻게 그럴 수 있느냐고, 하나님 나라에서 그런 훌륭한 사역을 하는 사람이 어떻게 그토록 나약하냐고 묻겠지만, **하나님은 그분의 목적을 위해 결점 있는 인간을 사용하실 수 있다는** 것이 그 대답입니다.[18]

이토록 결점이 많은 사람을 하나님의 위대한 목적을 위해 사용하신다는 것을 이 자리에서 굳이 말씀드리는 이유가 무엇일까요? 그 이유는 목회 훈련을 받는 중에 우리에게 일어날 수 있는 일을 미리 경고해 드리기 위함입니다. 우리는 성경 말씀에 너무 익숙해져서 어떤 죄든지 변명거리를 만드는 데 명수가 될 수 있습니다. 그런 식으로 우리도 기드온처럼 결점 많은 지도자가 되어 하나님이 베풀어 주신 것을 악용하게 됩니다. 하지만 우리는 계속 하나님의 일을 하기 위해 오직 그분만을 의지하는 자가 되어야 합니다.

성경 지식 속에 우리의 결점을 숨기면 안 됩니다. 신학대학원이라는 최고 학부를 나왔으면 아주 거룩한 사람이 되어 어떤 결점도 남아 있으면 안 된다고 생각하고, 만약 한 가지 결점이라도 있으면 하나님이 사용하실 수 없다고 단정하는 사람들이 많습니다. 그런 이유 때문에 우리의 결점은 점점 더 확대되어 완전히 자신을 망치는 지경까지 이르게 됩니다. 배우자와의 불화, 언행에서의 실수, 부도덕한 유혹과의 은밀한 씨름, 분노와 우울감과의 반복적인

17 앞선 두 개의 대지들과 현재의 대지에 나오는 핵심 용어들이 이 문장에서 합해져서 설교의 내재적 요약을 형성하고 있다는 점에 유의하라.

18 이것은 귀납적 방식으로 도달한 세 번째 대지다.

싸움, 한때의 부정행위, 제대로 돕지 못한 자책감 등의 문제를 성령께서 우리의 양심에 깨닫게 하실 때 우리는 자신이 하나님의 사역에 부적합하다는 섣부른 결론을 내릴 수 있습니다. 하지만 하나님은 그분의 목적을 위해 부족한 사람을 사용하신다는 것을 부디 기억하시기 바랍니다.

다만 여기서 유의할 점이 있습니다. 회개하지 않고 계속해서 짓는 심각한 죄는 우리를 목회의 부적격자로 만들고 하나님의 심판을 받게 할 것입니다(기드온의 죄로 인해 온 가족이 고통을 당했던 것처럼). 그러나 동시에 우리는 이 사실도 기억해야 합니다. 하나님은 부서진 항아리를 사용해 그분의 영광을 부어주십니다. 하나님의 사역을 하기에 완벽한 자격을 갖춘 사람은 이 세상에 한 명도 없습니다. 자신이 자격 없다는 것을 깨닫는 사람만이 자격이 있을 뿐입니다. 우리 자신에게 은혜가 필요하다는 것을 알 때 비로소 우리는 은혜의 사역을 할 수 있습니다. 하나님이 부서진 항아리와 나팔인 우리를 사용해 그분의 영광과 은혜를 뚜렷이 드러나게 하신다는 사실을 아직 깨닫지 못했다면 우리는 하나님의 사역을 할 준비가 안 된 것입니다. 우리는 부서지고 망가지고 흠 많은 사람입니다. 하나님을 떠나서 우리가 축복을 받거나 승리할 가망성은 전혀 없습니다.

하지만 우리의 결점에도 하나님은 여전히 우리를 사용하십니다.

하나님이 부족한 기드온을 사용하셨다는 것은 구약이 전하는 은혜의 복음입니다. **하나님은 두려워하고 나약하고 결점 많은 기드온에게 그분의 사랑을 쏟아 부어 주셨습니다.** 하나님의 그런 사랑이 우리가 하나님을 섬기는 힘이며 우리의 죄에 함몰되지 않게 하는 자비이며 계속 그분을 섬기고 싶게 만드는 은혜입니다. 하나님이 두려워하고 나약하고 결점 많은 사람을 사용하신다는 것을 알고 나면 '나 같은 사람도 사용하실 수 있겠구나' 라고 자신감

을 얻게 됩니다. **하나님이 그분의 영광을 위해 쓸모없는 자들을 사용하신다**
는 것을 알게 됨으로써 두려움이 없어지고 생기가 돌고 의로운 사람(혹은 자신
의 죄를 회개하고 다시 시도할 수 있는 사람)이 됩니다.

> [참고 : 이 문장의 굵게 표시된 부분은 앞서 여러 차례 반복된, 귀납적 전개에 의해 도출
> 된 설교 주제다. 전통적인 설교 형식에서는 이 부분이 논지가 되겠지만, 귀납적 설교에서
> 는 청중이 이야기를 통해 이르게 되는 중심주제가 된다.]

저와 친한 라디오 설교자 스티브 브라운 목사는 영적으로 조금이라도 성숙한 사람은 자신이 조금도 성숙하지 못해도 하나님은 여전히 자신을 사랑하신다는 것을 아는 사람이라고 말했습니다. 스티브 목사의 현명한 말이야말로 우리 마음을 기쁘게 할 뿐 아니라 우리 삶을 유용한 것으로 만들어 줍니다. 하나님을 잘 섬기는 사람은 자신의 두려움과 나약함과 결점을 완전히 극복하지 못해도 하나님이 여전히 사용하신다는 것을 아는 사람입니다.[19]

결론 | 1947년에 카메룬 타운센드Cameron Townsend 선교사 부부는 멕시코 남부에 있는 선교사훈련학교를 방문하기 위해 생후 6주 된 아들을 데리고 비행기를 탔습니다. 그들은 페루에 오기 전 멕시코에서 여러 해 동안 선교사역을 했기 때문에 그곳의 사람들에게 첫 아이를 보여준다는 기쁨에 들떠 있었습니다. 비행기에 오르는 타운센드 부부를 배웅하기 위해서 페루 정글의 활주로 옆에는 많은 사람이 모여 있었습니다. 마침내 아기를 안은 그들 부부가 작은 전세기에 오르자 조종사는 이륙을 시도했습니다. 비행기는 활주로를 달리다

19 대지들의 핵심 용어 요약은 전체 설교를 요약해서 결론을 준비시키고 있다.

가 공중으로 올라갔지만, 경험 없는 조종사가 너무 빨리 비행기를 이륙시키는 바람에 부적절한 속도와 고도로 인해서 비행기 꼬리가 활주로 끝에 있는 작은 협곡의 나무 위에 부딪치고 말았습니다. 결국, 배웅 나온 모든 사람이 지켜보는 가운데 비행기는 그대로 땅에 추락해 버리고 말았습니다. 타운센드 가족은 그 뒤 몇 달 동안 부상의 치료와 재활에 매달려야 했습니다. 다행히 아기는 무사했지만, 타운센드 부부는 심각한 후유증을 앓았고 그들의 몸과 영혼은 그 사고로 인해 많은 타격을 받았습니다.

어쩌면 그 사건이 이 자리에 있는 여러분 모두에게 하나의 비유가 될지도 모릅니다. 여러분은 교회 사역을 하기 위해 신학대학원에 들어왔습니다. 그러나 여러분의 가족과 친구들이 지켜보는 가운데 일종의 추락을 경험할 수도 있습니다. 이를테면 **두려움, 나약함, 결점** 등의 문제가 여러분 자신과 다른 사람들에게 선명하게 드러난다는 것입니다. 여기에서도 얼마든지 그럴 수 있습니다.

다행히 사고를 겪은 타운센드 부부의 고통은 하나님의 사역을 하는데 아무런 장애가 되지 않았습니다. 수개월에 걸쳐 부상에서 회복되는 동안 카메룬 타운센드는 정글 사역에 안전한 항공시설이 필요하다는 것을 절감하고 병원 침상에서 JAARS 라는 사역을 구상했습니다. JAARS는 'Jungle Aviation and Radio Service(정글 항공과 무선 통신 사역)'의 약자로서 지난 반세기 동안 전 세계 정글 지역에서 사역하는 선교사들의 생명을 지켜주는 전문기술 사역단체가 되었습니다.

타운센드와 기드온을 보면서 우리는 추락이 마지막을 의미하지 않는다는 것을 깨닫게 됩니다. **두려움과 나약함과 결점**이 있을지라도 그것이 여러분이 가는 길을 제한할 수는 없습니다. 여러분은 하나님의 손에 들린 항아리가 되십시오. 비록 부서진 항아리일지라도 여러분을 통해 하나님의 영광이 부어질 것입니다. 나팔이 되어 하나님의 은혜를 만방에 알리는 사람이 되십시오. **하나님의 영광을 위해 쓸모없는 자를 사용하시는** 하나님의 손에 부서진 항아리와 나팔이 들어가면 그것은 곧 어마어마한 무기가 될 것입니다.

설교 예문 04

특별한 날에 하는 주제 설교

이번에 소개하는 설교 예문은 특별한 날에 행하는 주제 설교의 한 예다.01 주제 설교는 그 주제(혹은 중심 화제)를 성경 본문의 어떤 면들에 기초하도록 한다. 대지와 소지를 본문에서 도출한 뒤 분문 내용을 따라 설교하는 강해설교와 달리 주제 설교는 주제의 성격에 따라 구성되고 본문의 단락이나 특성에 구애받지 않는다. 오직 중심 개념만을 본문에서 따온다. 그 중심 개념이 본문의 중심 주제가 아니라 본문에 참고적으로 나온 개념이거나 암시된 개념일 수도 있다. 주제 설교는 특별한 날(결혼식, 장례식, 명절, 특별 예배 등)에 성경적 개념을 알려주기 위한 것이므로 성경 본문을 자세히 설명할 필요는 없다.

주제 설교에서 핵심 주제의 전개 과정은 과거 역사와 현재 문화 속에서 그 주제가 어떻게 다루어졌는지에 기초해 이루어진다. 때로는 다른 성경 구절을 인용해 설교를 전개해 나가기도 한다. 주제 설교가 이러한 특성이 있다고 해서 강해설교에 비해 비성경적이라거나 열등하다는 의미는 전혀 아니다. 성경의 특정 본문에 의한 설교 대신에 이런 식으로 하나의 주제를 탐구하는 설교는 여러 가지 합법적인 이유가 있다. 만일 설교의 어느 부분에서 인종차별이나 노인 복지, 소비지상주의 같은 문제의 현재 사상들을 살펴보고 싶다면 설령 성경 본문에 그 문제가 직접 거론되지 않았더라도 이 시대 문화 속에서 사람들이 어떤 생각을 하고 있는지를 살펴보는 게 전혀 잘못된 일이 아니다. 성경이 그 문제를 어떻게 이야기하는지 알려주기 전에 왜 그 문제를 거론해야 하는지 이해시키는 것도 설교자의 현명한 처사라고 할 수 있다.

성경 본문의 구조를 그대로 따르지 않는다고 해도 주제 설교는 여전히 성경적이다. 성경적이 되기 위해서는 궁극적으로 성경에서 이끌어낸 원리원칙에 따라 그 주제를 설교해야 한다. 또한, 주제 설교라도 핵심 개념은 강해설교식으로 전개해 나가는 것이 좋다. 예를 들어 성경적 아버지상에 대해 설교를 한다면 몇 가지 성경 구절을 읽고 설교하거나 혹은 현재 사회에 통용되는 개념을 이야기해도 되겠지만, 설교자가 "이 말씀을 통해 성경은 좋은 아버지가 되기 위해 이러이러하게 해야 한다고 가르칩니다"라는 점을 말하지 않는다면 설교는 약화될 수밖에 없다.

주제 설교에서의 위험성은 설교자 개인의 의견이나 사회 통념에 치우칠 수 있다는 점이다. 또한, 성경 본문에 기초한 설교가 아니므로 성경적 진리가 아닌 것들 사이에서 떠돌아다닐 가능성이 있다. 하지만 주제 설교의 원래 성격은 그런 것이 아니다. 주제 설교는 매우 성경적인 설교가 될 수 있다. 그렇게 되는 관건은 설교의 구성보다 설교자의 결심이 좌우한다.

여기에 소개된 주제 설교는 우리 도시의 많은 시민이 출석하는 어느 대형 흑인 교회에서 특별 예배 시간에 했던 설교다. 나는 흑인 사회의 전통문화에 맞춰 일

01 주제 설교에 대한 더 자세한 사항은 〈그리스도 중심의 설교〉 163~164를 참조하라.

종의 대화체 형식으로 이 설교문을 작성해서 설교했다. 아울러 두운을 강조하는 것이나, 핵심 단어의 반복, 간헐적인 압운 사용, 청중의 반응 유도, 결론 부분에서 감정과 말씨를 고조시키는 방법 등도 흑인 사회의 전통적인 방식에 따른 것이다.

여호와의 영광

시편 126편

1 여호와께서 시온의 포로를 돌려 보내실 때에 우리는 꿈꾸는 것 같았도다
2 그 때에 우리 입에는 웃음이 가득하고 우리 혀에는 찬양이 찼었도다 그 때에 뭇 나라 가운데에서 말하기를 여호와께서 그들을 위하여 큰 일을 행하셨다 하였도다
3 여호와께서 우리를 위하여 큰 일을 행하셨으니 우리는 기쁘도다
4 여호와여 우리의 포로를 남방 시내들 같이 돌려 보내소서
5 눈물을 흘리며 씨를 뿌리는 자는 기쁨으로 거두리로다
6 울며 씨를 뿌리러 나가는 자는 반드시 기쁨으로 그 곡식 단을 가지고 돌아오리로다

성경 본문 읽기 | 저와 함께 시편 126편 1절에서 6절을 읽도록 하겠습니다.

"여호와께서 시온의 포로를 돌려 보내실 때에 우리는 꿈꾸는 것 같았도다 그 때에 우리 입에는 웃음이 가득하고 우리 혀에는 찬양이 찼었도다 그 때에 뭇 나라 가운데에서 말하기를 여호와께서 그들을 위하여 큰 일을 행하셨다 하였도다 여호와께서 우리를 위하여 큰 일을 행하셨으니 우리는 기쁘도다 여호와여 우리의 포로를 남방 시내들 같이 돌려 보내소서 눈물을 흘리며 씨를 뿌리는 자는 기쁨으로 거두리로다 울며 씨를 뿌리러 나가는 자는 반드시 기쁨으로 그 곡식 단을 가지고 돌아오리로다." [01]

먼저 저를 이곳에 초대해 주신 마이클 존스 목사님과 프렌들리 템플 미셔너리 침례교회에 깊이 감사드립니다. 우리 시대의 위대한 인물을 기려 특별

[01] 이 설교에 나오는 성경 구절은 "개역개정"에서 인용한 것이다.
[02] 이 설교는 원래 2009년 1월 18일에 미주리 주 세인트루이스에 있는 프렌들리 템플 미셔너리 침례교회에서 한 것이다. 그 날의 예배는 국경일인 마틴 루터 킹 목사의 날을 기념하는 예배였고 때마침 이틀 뒤에는 미국 최초의 흑인 대통령인 버락 오바마 대통령의 취임식이 예정되어 있었다.
[03] 이 문장은 설교의 주제를 형성할 뿐 아니라 설교에 여러 번 등장하여 청중이 쉽게 기억하도록 도와주고 설교 전체를 일관된 개념으로 묶어서 청중이 계속 중심 주제에 초점을 맞추도록 해 준다. 설교 내내 하나의 주제를 반복하는 것은 아프리카계 미국인들이 즐겨 사용하는 설교 방식이며 무엇보다 구어적 의사 소통 형식이기 때문에 미국에서 점차 넓어지는 다문화권 영역을 잘 포용하고 있다.
[04] 이 문장은 성경의 진리를 요약할 뿐 아니라 다음에 나올 구조의 핵심 용어들, 즉 '눈물'과 '노래' 라는 용어들을 소개하고 있다.

예배를 드리는 이 날, 많은 성도 앞에서 설교할 수 있는 특권을 주셔서 고맙습니다.02 저는 결코 이 특권을 가볍게 여기지 않습니다. 아프리카계 미국인(미국에서는 흑인을 이렇게 부름-역주)에게 이보다 더 기념비적이고 경축할 만한 주간은 다시 없을 것입니다. 백인으로서 이곳에 초대를 받아 여러분 앞에서 설교하며 여러분의 기쁨을 나눈다는 것, 마틴 루터 킹 목사의 기념 주간에 여러분과 소망을 같이 한다는 것, 더욱이 미국 역사상 최초의 아프리카계 미국인 대통령의 취임식을 앞두고 이런 설교를 한다는 것은 제 생애에 다시없는 영광이 아닐 수 없습니다. 아울러 이것은 여러분의 사랑과 자비와 용서를 상징하는 것이며 저를 비롯해 예수 그리스도의 모든 교회에 본보기와 격려가 되는 것입니다.

저는 오늘 **하나님의 예언이 자신의 역사가 되는 백성**03이야말로 참으로 축복받은 백성이란 말로 설교를 시작하려고 합니다. 오랫동안 고대하고 고대하던 일이 바로 자신에게 이루어질 때 예언은 역사가 됩니다. 오늘 본문에 나오는 시편 기자의 예언은 하나님의 백성이 기쁨의 노래로 그분의 축복을 거둔다는 것입니다. 그러나 이 예언에는 뼈아픈 역사가 깃들어 있습니다. 기쁨의 노래로 단을 거두는 자들은 먼저 눈물로 축복의 씨를 뿌려야 합니다. 노래가 있기 전에 눈물이 먼저 있었습니다.04

이 백성의 역사에 어떤 눈물이 있었는지는 우리가 모두 잘 알고 있습니다. 이스라엘 백성은 여러 세대를 바빌론의 포로로 잡혀가 이방 나라의 잔혹한 지배를 받으며 살았습니다. 고국 땅에서 쇠사슬에 묶여 끌려갔고, 가족과 생이별해야 했으며, 남의 나라를 잘 살게 하는 것이 그들의 생계수단이었습니다. 자유도 없었고, 인권도 박탈당했고, 가난과 궁핍의 노예가 되었고, 그런 부당한 대우에 반발했다간 목숨마저 내놓아야 했습니다. 바로 이것이 눈물을 자아내게 했던 그들의 역사였습니다. 성경에 보면 이스라엘 백성이 포로로 잡혀갈 때 바벨론 사람들이 그들에게 기쁨의 노래를 부르라고 명령했다고 합니다. 하지만 시편 기자는 "우리가 바벨론의 여러 강변 거기에 앉아서 시온을 기억하며 울었도다"시 137:1라고 말했습니다. 아마도 이 교회에 모인 성도님들보다 그런 눈물의 역사를 더 잘 이해하는 분들은 없을 것입니다. 이미 아시겠지만 저는 이 자리에서 여러분에게 고백합니다. 여러분과 여러분의 윗세대들이 겪었던 경험을 저는 온전히 경험하지 못했습니다. 하지만 여러분이 상상하는 것 이상으로 가까이에서 여러분의 눈물의 역사를 지켜보았습니다.05

저는 테네시 주 멤피스에서 성장했습니다. 킹코튼(목화 생산의 높은 가치를 의미함-역주)의 땅이고, 엘비스 프레슬리가 살았던 곳이며, 마틴 루터 킹 목사가 마지막으로 설교했던 메이슨템플 교회와 그분이 숨을 거둔 로레인 호텔이 있는 곳이지요. 멤피스 역사 속에 흘려진 그 날의 눈물은 인종차별의 잔혹함이 싹튼 멤피스에서 처음으로 뿌려진 눈물이 아니었습니다.

1962년에 제임스 메레디스James Meredith는 미시시피 대학 최초의 아프리카계 미국인 학생이 되기를 원했습니다. 그러나 그의 입학은 거부당했고 이

05 20세기 위대한 수사학자 케네스 버크(Kenneth Burke)는 연설자와 청중 간의 교감이 중요하다는 점을 다음과 같이 강조했다. "상대방의 언어로 이야기할 때에만 상대를 설득할 수 있다. ... 당신의 언어 방식과 그의 언어방식이 같아야 한다." *A Rhetoric of Motives*(Berkeley: University of California Press, 1969), 55, 57 참조하라. 아프리카계 미국인들의 심정을 이해하게 하고 그들이 공유한 가치관에 상호적 통찰력을 주었던 내 과거의 사건을 언급함으로써 백인 학자인 나와 아프리카계 미국 도시인인 청중 간의 거리감을 좁히고 연대의식이 이루어지도록 노력했다.

후 연방 법원이 나서서 그의 입학을 허가하도록 명령했습니다. 하지만 그의 입학을 저지하려는 시위가 벌어지면서 여러 명의 법원 집행보완관이 중상을 입고(스물여덟 발의 총격으로) 두 명이 목숨을 잃었습니다.

　1966년 6월 5일에 제임스 메레디스는 "두려움에 맞서는 행진"을 시도했습니다. 멤피스에서 미시시피 주의 잭슨까지 행진하며 아프리카계 미국인에 대한 차별 대우 철폐를 주장하는 것이었습니다. 저는 그 일을 누구보다 잘 기억하고 있습니다. 저도 그곳에 있었으니까요. 저의 어머니는 연민과 응원의 마음으로 여섯 자녀를 데리고 51번가 도로에 줄지어 섰습니다. 테네시 주에서 미시시피 주로 행진하는 역사적인 광경을 우리에게 보여주기 위해서였습니다. 우리 앞으로 제임스 메레디스가 걸어갔습니다. 그 때 저의 나이는 열한 살이었습니다. 저는 51번가 도로에서 우리 앞을 지나갔던 그 남자가 얼마 뒤에 미시시피 주 허난도에서 총격을 받아 쓰러졌다는 뉴스를 들은 것밖에 기억나는 것이 없습니다. 허난도는 제가 자주 가서 놀았던 동네 수영장이 있는 곳입니다. 그 날 우리 어머니가 소파에 앉아서 작은 텔레비전으로 그 뉴스를 들으며 우시던 모습이 기억납니다. 어머니는 몇 해 전에 존 F. 케네디 대통령이 암살당했을 때도 그렇게 우셨고 몇 년 뒤 멤피스에서 마틴 루터 킹 목사가 총격에 쓰러졌을 때도 그렇게 우셨습니다.

　그때의 폭력과 눈물이 저로 하여금 오늘 같은 날을 꿈꾸게 했습니다. 그렇기에 저는 이날이 갖는 의미를 놓칠 수가 없습니다. 우리는 지금 NAACP(전미 유색 인종 지위 향상 협회)가 설립된 지 100년이 되는 기념일을 앞두고 있습니다. 이 기구의 설립일은 의도적으로 에이브러햄 링컨 대통령의 100번째 탄생일과 같은 날이 되도록 했습니다. 이제 링컨 대통령의 100번째 탄생일과 NAACP의 100주년 기념일과 마틴 루터 킹 목사의 생일과 미국 역사상 최초

아프리카계 미국인 대통령의 취임식이 맞물려 있는 것을 보면서 저는 오랜 눈물 뒤에 오는 기쁨이 어떤 것인지를 절감하고 있습니다.

이날이 오게 했던 그들의 탄생일은 이런 날을 오직 꿈으로만 꾸었던 사람들의 탄생일입니다. 그들이 그토록 부르고 싶었던 기쁨의 노래를 우리는 지금 환희 속에 부르고 있습니다. 그들이 눈물 속에서 그 곡을 작곡했기에 이런 일이 가능했던 것입니다. 긴긴밤의 눈물과 다시는 동이 틀 것 같지 않은 두려움 속에서 아침을 맞았을 때의 기쁨은 이루 말할 수 없습니다. 우리처럼 오랫동안 강탈과 억압의 눈물을 흘렸던 시편 기자도 126편의 서두에서 이렇게 말하고 있습니다.

"여호와께서 시온의 포로를 돌려보내실 때에 우리는 꿈꾸는 것 같았도다."

고통의 시간이 너무도 처절하고 길었던 만큼 지금 우리 앞에 놓인 특권과

06 마틴 루터 킹 목사의 그 유명한 연설 "나에게는 꿈이 있습니다"를 모방하는 것은 '제유법(提喻法)'의 한 예라고 할 수 있다. 제유법이란 청중에게 낯익은 말이나 이미지를 사용해 설교자가 전달하고자 하는 더 큰 개념을 생각하게 하는 것이다. 이 설교에는 1960년대 인권운동 기간에 사용되던 말이나 이미지가 많이 언급되어 있다.

07 미국의 흑인 교회들에서는 설교자가 핵심적인 내용의 강조 문장이나 이 같은 핵심 구절을 힘주어 말한 뒤에 잠시 말을 멈추어 회중이 '아멘'이라는 응답을 하도록 유도하는 일이 흔하다. 설교자와 회중의 이 같은 상호 작용이 흑인 교회들에서 볼 수 있는 공통적인 현상이다. 그런 반응을 이끌어내려고 너무 노심초사하거나 설교에 방해될 정도가 아니라면 그런 식의 상호작용은 설교자에게 큰 힘과 의욕을 불어넣어 준다.

08 주제 설교에서도 이처럼 대지들의 '게시판'을 넣는 것이 청중에게 설교의 구조와 핵심 주제들을 인식하도록 도와주는 유용한 수단이다(《그리스도 중심의 설교》 329~330 참조).

희망은 전혀 현실이 아닌 것처럼 느껴질 정도입니다. 아니, 흑인이 대통령이 되다니 이게 사실이란 말인가? **내가 꿈을 꾸고 있는 게 아닐까?** 그가 이혼한 여성의 아들이라니 … **이게 꿈이 아닌가?** 그의 이름이 버락 오바마라니 … **이게 꿈이 아닌가?**06

아닙니다. 이것은 현실입니다. 꿈이 현실이 된 것입니다. 사람이 내면의 품성으로 판단 받아야지 피부 색깔로 판단 받으면 안 된다던 마틴 루터 킹 목사의 꿈은 더 이상 미래에 이루어질 소망이 아닙니다. 이미 **현재**에 이루어졌습니다. **우리 시대**에 이루어졌습니다. 예언은 이제 역사가 되려고 합니다. 눈물로 뿌린 희망의 씨앗이 기쁨으로 부르는 감사의 노래가 되려고 합니다. 다음 주 이맘때가 되면 우리는 시편 기자와 함께 다음과 같이 노래하게 될 것입니다.

"우리 입에는 웃음이 가득하고 우리 혀에는 찬양이 찼었도다. … 여호와께서 우리를 위하여 큰 일을 행하셨으니 우리는 기쁘도다."07

우리가 지금 부르는 기쁨의 노래는 참으로 소중합니다. 그래서 그 노래들을 지키고 싶고, 정성 들여 지휘하고 싶고, 다른 사람들에게 가르치고 싶습니다. 그리하여 세상 어떤 것도 우리가 그 노래를 세세토록 부르는 일을 막지 못하게 하고 싶습니다. 왜냐하면, 저는 모두를 향한 자유와 평등과 은혜의 노래를 사랑하기 때문입니다. 이제 저는 **우리가 누려야 할 기쁨, 우리가 직면해야 할 두려움, 우리가 지켜야 할 희망**08에 관해 이야기하려고 합니다. 그래서 아무도 우리의 노래를 막지 못하게 할 것입니다.09 그럼 먼저 우리가 생각해야 할 노래는…

[독자가 참고할 사항 : 이제 첫 번째 대지가 소개될 것이다. 이 설교에 나오는 이런 형태의 줄임표는 대지나 소지로 넘어가는 전환의 시점을 의미한다.]

I. 우리가 누려야 할 기쁨

우리의 모든 자녀들이 차별 없이 자신의 가능성을 인정받아야 합니다.[10]

여러분의 담임 목사인 마이클 존스 목사님은 버락 오바마 후보가 대통령에 당선된 것이 아프리카계 미국인 자녀에게 어떤 의미를 주는지를, 제가 아

---

09 이 표현은 1860년대 찬송가인 "날 위하여 십자가의(찬송가 303장)"의 가사를 모방한 것이며(이 찬송의 영어 제목은 'How Can I Keep from Singing(어찌 찬양하지 않을 수 있을까?)'이다-역주) 이 찬송은 인권운동이 한창이던 1960년대에 포크송 가수였던 피터 시거가 부름으로써 '자유의 노래들'의 하나가 되었다. 이것도 제유법의 한 예라고 볼 수 있다.

10 운율과 반복(이 문장에는 'proof of the truth'라는 표현이 들어가서 비슷한 발음이 반복되고 있음-역주)은 구어적 의사 소통에서 중요한 수단이다(《그리스도 중심의 설교》 152 참조). 예로부터 아프리카계 미국인들의 설교에서는 이러한 수단이 널리 사용되었으며 이 설교에서도 그들에게 친숙한 설교 방식을 적용해 청중과 교감을 나누고 설교자인 내가 그들의 전통을 존중한다는 사실을 전달하고자 했다.

11 여기에서 사용된 제유법은 성경 이야기에 기초한 흑인 영가 '여호수아 성을 쳤네(Joshua Fit the Battle of Jericho)'의 유명한 후렴구인 'And the walls came a tumblin' down(성벽이 무너졌네)'에서 따온 것이다. 이 가사는 연약한 하나님의 백성도 하나님의 도움을 받으면 막강한 악의 세력을 이긴다는 것을 보여준다. 서양에서는 불과 두 세대 전만 해도 성경적 암시이 문학의 영역에서 폭넓게 사용되었다. 하지만 지금은 광고 문구나 대중가요 가사, 유명한 영화 대사가 우리 사회 문학 분야에서 일반적으로 사용되고 있으므로 설교자가 사려 깊게 그런 것들을 사용한다면 설교에 도움이 될 것이다.

는 한 가장 감명 깊게 말씀하셨습니다. 사실 오바마 후보가 당선되기 전에는 어떤 흑인 부모도 자기 자녀를 향해 "이 나라에서는 네가 원하는 어떤 사람이든지 될 수 있단다"라고 진심으로 말할 수 없었습니다. 유색인이 이 나라의 대통령이 될 수 있다고 누가 정말로 생각했겠습니까? 하지만 지금은 누가 아니라고 말할 수 있습니까?

그 결과는 단지 우리 동네 아이들이 누구나 대통령이 될 수 있다는 신념 아래 자라는 것만이 아닙니다. 그들은 또한 의사나 변호사, 교사, 기업 총수 등 무엇이든 가능하다는 것을 알게 되었습니다. 유색인이 대통령이 되는 나라라면 사회 각계각층에 있는 차별의 벽은 무너져 내리게 될 것입니다.[11]

그러나 벽의 무너짐은 또한 청년들에게 변명거리가 되기도 합니다. 언젠가 존스 목사님이 이런 말씀을 하셨던 기억이 납니다.

"이 곳에 사는 청년들은 우리 사회의 문이 자기들 앞에 닫혀 있기 때문에 뒷구멍으로 들어가거나 담을 뛰어넘는 것만이 유일한 해결책이라고 말합니다." 미안하지만 버락 오바마는 그 말이 거짓말이라는 것을 증명했습니다.

젊은 여성들은 더 나은 미래를 위한 유일한 길이 몸을 팔거나 아이를 낳아서 노후를 보장받는 것으로 생각합니다. 미셸 오바마는 희망을 잃지 않고 자신을 믿으며 가족의 소중함을 믿는 여성들에게 더 나은 미래가 보장된다는 것을 증명했습니다.

왜 젊은 청년들이 자기 자신의 가능성을 믿어야 합니까? 그 이유는 버락 오바마가 대통령으로 선출됨으로써 **우리 자녀들에게도 가능성이 있다는 것을 증명했기 때문입니다.** 또한 …

우리나라 전체가 국가의 신조를 사실로 증명해 주어야 합니다

버락 오바마는 소수 부족에 의해 선출된 대통령이 아닙니다. 한 정당에 의해 선출된 대통령도 아닙니다. **국가에서** 선출된 대통령입니다. 그는 '우리의' 대통령입니다. 그는 단지 흑인만을 위해 선출된 대통령이 아닙니다. 흑인에 의해 선출된 대통령도 아닙니다. 그는 국민 전체, 변화를 원하고 그 변화의 갈림길에 선 우리 국민 전체에 의해 선출된 대통령입니다.

우리 앞에는 여전히 어려운 과제가 기다리고 있을까요? 물론입니다. 퇴보와 좌절이 있을까요? 물론입니다. 반대와 저항이 있을까요? 그렇습니다. 하지만 이제는 누구도 "유색인이 나라의 최고 지위에 오르는 건 불가능한 일이야"라고 말하지 못할 것입니다. 미합중국은 "모든 인간은 평등하게 창조되었다"를 국가 신조로 삼고 있습니다. 우리가 버락 오바마 후보를 대통령으로 선출했을 때 우리는 바로 그 신조를 몸소 실천하기로 한 것입니다. 오늘날 우리가 기쁨의 노래를 부르는 것은 결코 꿈이 아닙니다. 우리에게는 부인할 수 없는 증거가 있습니다. 아마도 미국 역사상 최초로 대다수 국민이 국가 신조를 제대로 실천한 경우가 될 것입니다.

저는 '대다수 국민'이라고 했습니다. 모든 국민이라고 말하지 않았습니다. 우리는 정확한 이해와 용기를 갖고 계속해서 기쁨의 노래를 부르면서 우리의 두려움에 직면해야 합니다. 그 중에서 …

12 내가 이 설교에서 종종 보인 팽팽한 줄다리기는 버락 오바마 대통령의 당선으로 인종차별의 국가적 승리가 이루어진 것을 축하하면서도 그의 가치관이 모두 성경적이라는 것은 아니라는 점을 분명히 하려는 것이다.

II. 우리가 직면해야 하는 두려움

우리의 대통령이 안전하지 않습니다

이번 취임식에 동원될 대대적인 경호 체계는 결코 과도한 것이 아닙니다. 버락 오바마 대통령은 위험합니다. 마틴 루터 킹 목사에게 일어난 일이 그것을 증명합니다. 이제 오바마 대통령은 우리나라의 역사적 인물이 되었기에 광신자들은 역사의 각주에 자신의 이름이 그의 피로 새겨지기를 바라고 있습니다. 또한, 오바마 대통령이 우리나라의 소망을 현실로 만들었기에 원수들은 그를 제거해 우리의 사기를 저하시키려 하고 있습니다.

우리의 대통령은 신체적으로 위험에 처해 있을 뿐 아니라 정치적으로도 위험에 처해 있습니다. 물론 이 말은 그가 모순이나 논란의 우위에 있다는 뜻이 아닙니다.[12] 누구든 정당한 비난에서 예외가 된다면 우리나라는 건강한 나라가 아닐 것입니다. 그러나 제가 두려워하는 것은 비난이 언제나 정당하지는 않다는 것입니다. 현재 공식적인 모임이라든가 대중매체의 토론에서는 인종차별 관행이 수그러들었지만, 혹여 오바마 대통령이 작은 실수라도 하면(인간이면 어떤 지도자건 실수를 하게 마련이지만) 인종 차별적 증오와 조롱의 대상이 되는 일이 다시 고개를 들까 염려됩니다. 대통령의 올바른 의견을 반대하려고 인종을 희화하는 일이 사용될지도 모릅니다. 또한, 대통령의 의견에 대해 올바른 비판을 제지하려고 인종차별적 인신공격이 사용될 것입니다. 정치적 이득을 위해서 양대 정당이 인종차별의 카드를 들고 나올 가능성은 얼마든지 있습니다.

이런 식의 인종차별적 관행과 수단이 탄력을 받게 되면 우리의 대통령은 안전하지 못할 뿐만 아니라 …

우리의 희망이 위협을 받게 됩니다

정치적 해결책, 정당의 우세, 대중적 지지에 일말의 희망을 걸었던 적이 있다면 다음 변화의 바람이 불 때 모든 것이 날아가 버릴 것입니다. 우리의 희망이 궁극적으로 대통령 한 사람에게만 있다면 우리의 희망은 참으로 헛된 것입니다. 마틴 루터 킹 목사는 이 말에 분명 "아멘"이라고 하셨을 것입니다. 만일 우리가 인권 운동의 희망을 전부 킹 목사에게만 걸었다면 그분의 죽음과 함께 정의도 죽었을 것입니다. 하지만 정의는 죽지 않았습니다. 우리의 희망이 킹 목사에게만 걸려 있는 것이 아니었고 킹 목사도 그것을 원하지 않았기 때문입니다.

암살되기 전날, 멤피스 메이슨템플 교회에서 약속의 땅에 대해 설교하던 킹 목사는 이런 말을 했습니다. "나는 여러분과 함께 그 땅에 들어가지 못할지도 모릅니다. 하지만 오늘 밤에 여러분에게 이 사실만은 알려드리겠습니다. 우리는 **한 백성**으로서 약속의 땅에 반드시 들어가게 될 것입니다." 그 희망은 어느 한 사람에게 걸 수 있는 것도 아니었고 한 사람과 함께 죽을 수 있는 것도 아니었습니다. 희망은 죽지 않습니다. 또한, 오늘 우리가 기억해야 할 것은....

13 이 주제 설교는 서두에서 나온 '게시판'의 표현을 그대로 사용하는 대지들을 갖고 있다는 점에 유의하라. "무엇을 말할지 이야기하고, 그것을 이야기한 뒤에는 말한 것에서 벗어나지 마라"는 설교자의 지침을 충실히 따르기 위함이다.

14 여기에서의 제유적 용법은 '공화국 전투 찬가(Battle Hymn of the Republic)'에서 따온 것이다. 이것은 세 번째 대지를 설명하는 데 도움을 줄 뿐 아니라 결론의 말과 클라이맥스를 설정한다.

III. 우리는 희망을 계속해서 지켜야 합니다[13]

그러나 희망을 계속 지키기 위해서 무엇을 해야 할까요? 한 백성인 우리가 약속의 땅에 들어가서 두려움과 인종차별을 뛰어넘어 주님의 영광의 빛을 발하려면 어떻게 해야 할까요? 다시 오실 주님의 영광을 진정으로 경험하려면 우리가 무엇을 해야 할까요?[14]

우리는 주님을 바라봐야 합니다!

이스라엘 백성이 약속의 땅에 들어갔을 때 그들은 한때 예언이기만 했던 것이 역사가 되는 것을 경험했고 엄청난 축복에 기뻐했습니다. 그와 함께 그 축복의 제공자가 누구인지도 분명하게 알았습니다. "여호와께서 우리를 위하여 큰 일을 행하셨으니."[15] 주님을 바라보는 것은 또한 **우리의** 희망입니다. 우리의 역사에도 믿음에 기반을 둔 희망이 있어야 합니다. 우리가 알아야 할 것은 먼저 그런 희망이 …

단순히 정치적 해결책이 아닙니다

1940년대부터 1970년대까지 이 나라의 희망은 정치적 해결책이었습니다. 학교와 주택과 고용 정책, 정부 지원에 관한 법률을 바꾸면 인종차별은 없어질 것으로 생각했습니다. 물론 그로 인해 좋은 성과들을 거둔 것도 사실입니다. 하지만 국가의 산업 동력이 상실되는 것도 피할 수 없었습니다. 도시의 실업률이 높아지자 정부는 법률을 개정해 백인과 흑인이 따로따로 도시 외곽으로 이주하도록 했습니다. 도시에서는 인구가 줄고, 한때 번화했던 상업 중심지에는 가겟방에 세 들어 사는 빈민과 고아들만이 남았습니다. 그들은 지금 대낮처럼 불을 밝힌 술집이나 거리 모퉁이에서 마약과 코카인과 몸을 파는 사람들로부터 거짓 희망을 사들이고 있습니다.

정치적 해결책은 다시 오실 주님의 영광을 가져오기에 충분하지 못합니다. 자주적 사회나 '위대한 사회' 조차도 하나님의 목적을 성취하지 못합니다. 정치적 해결책의 불완전함은 1980년대부터 지금까지 **심리학적 해결책**에 매달리는 결과를 가져왔습니다. 하지만 우리의 희망은 …

단순한 심리학적 해결책이 아닙니다

인종적 우월감, 흑인 자본주의, 심지어 흑인 민족주의가 대두하고 있는 현실의 위기는, 자신의 불행을 남의 탓으로 돌리고 미래에 대해 책임지지 않으려는 사람들이 결국은 불행에서 벗어나지 못한다는 엄연한 사실만 확인시켜 주고 있습니다. 다문화 가정의 자녀들도 "나는 가치 있는 존재야"라는 믿음을 가져야 하며 다른 어린이들은 '다문화를 이해하는 훈련'을 받아야 합니다. 그래서 자기 자신과 남을 소중하게 여기는 법을 배워야 합니다. 저는 결코 이런 노력을 폄하하는 것이 아닙니다. 선한 의도로 행해진 훌륭한 일이었고 많은 수고가 동반되었지만, 심리학적 해결책만으로는 주님의 영광이 임

15 주제 설교가 으레 그렇듯이 이 설교도 사회적 문제와 상황에서 개념들을 전개해 나가고 있다. 그럼에도 성경적인 설교가 되기 위해서는 반드시 성경 본문에 기초한 영적인 주제를 다루어야 한다. 그러한 목표를 달성하기 위해 여기서부터는 처음 소개한 성경 본문에 근거한 주제들에 초점을 맞추기 시작할 것이다.

16 이 단락에는 인권 운동에 참여했던 사람들에게 낯익은 사회, 정치적 프로그램들에 대한 언급이 많이 등장한다.

17 여기에서의 목표는 초점과 우선권을 분명하게 영적인 것에 맞추는 것이다.

하지 않습니다.[16]

사실을 말씀드리자면 자존감이 높아진다고 해서 가족의 생계가 해결되지는 않습니다. 만일 자녀들을 책임지지 않으면서 아버지가 되었다는 사실에만 자부심을 느낀다면 이때의 자존감은 **죄**입니다. 만일 교육을 받고 남보다 부자라는 것 때문에 기분이 좋다면 이때의 자존감은 **이기심**입니다. 빈민촌을 벗어난 것은 좋아하면서도 가족이 없는 아이나, 집이 없는 노인이나, 병원에 못가는 병자나, 목적의식이 없는 젊은이나, 소망이 없는 수감자를 전혀 돌보지 않는다면 여러분의 자존감은 높을지 몰라도 **주님의 영광은 임하지 않을 것입니다.**

정치적 해결책이나 심리학적 해결책으로는 주님의 영광을 불러오기에 너무도 부족하고 불충분합니다. 위대한 사회, 자주적 사회, 자존감 같은 것들은 하나님의 목적을 이루지 못합니다. 정치적 해결책이나 심리학적 해결책으로는 희망의 불을 계속해서 지필 수 없습니다. ...

그러나 믿음의 해결책은 그것을 가능하게 합니다

다시 오실 주님의 영광을 보기 위해 우리는 무엇을 해야 하겠습니까? 프렌들리 템플 교회의 여러분들은 잘 아실 것입니다. 이 교회의 성도님들이야말로 누구보다 그 대답을 잘 아는 분들이라고 믿습니다. 궁극적인 해결책은 정치적이나 심리학적인 것이 아니라 믿음의 해결책입니다.[17] 이스라엘 백성이 노예 생활에서 풀려났을 때 그들은 서로를 향해 "여호와께서 우리를 위해 큰 일을 행하셨다"고 말했습니다. 근본적으로, 저와 여러분의 자존감은 "예수님이 나를 사랑하신다"는 확신에 기초해야 합니다. 우리를 위해 하나님이 하신 가장 큰일은 예수님을 우리에게 보내주신 것입니다. 우리의 미래도 "예수님이 당신을 사랑하신다"는 확신에 기초하고 있습니다.

우리가 계속해서 품어야 할 희망은 이것입니다. 예수 그리스도의 교회는, 은혜를 통해 우리에게 큰일을 행하시는 하나님을 신뢰하기 때문에 인종적 증오와 차별 문제에 궁극적 해결책을 제시할 수 있다는 것이 우리의 희망입니다. 이스라엘 백성은 하나님의 사랑을 받을 자격이 없었지만 그래도 하나님은 그들을 사랑하셨습니다. 그분의 사랑을 받을 수 없었지만 그래도 하나님은 사랑을 주셨습니다. 그분의 사랑을 받을 수 없었지만 그래도 하나님은 사랑을 주셨습니다. 이것이 복음입니다. 복음은 하나님이 죄인을 용서하시고, 사랑받을 수 없는 자를 사랑하시고, 무력한 자를 구원하시고, 세속적이지 않는 자에게 영생을 약속하신다는 것입니다. 바로 그 하나님이 자기 아들을 세상에 보내어 하늘의 모든 특권을 포기하고 우리의 죄를 위해 십자가 위에서 죽도록 하셨습니다. 바로 그 하나님이 누구든 그분을 믿기만 하면 그분의 의로움을 영원히 소유하게 하겠다고 약속하셨습니다. **우리 힘으로는 천국에 갈 수 없었으므로 하나님이 천국을 우리에게 주셨습니다.**

하나님이 저에게 베푸신 은혜를 알게 되면 그분을 사랑하게 됩니다. 그리고 하나님이 사랑하시는 사람들도 사랑하게 됩니다. **왜냐하면, 그분을 사랑하니까요.** 사람들이 저에게 한 일 때문이 아니라, 아마도 저에게 한 일에도 불구하고 그들을 사랑하게 될 것입니다. 고대 에베소 교회에서는 유대인과 이방인들이 함께 모여 예배를 드렸습니다. 그들은 인종도 다르고, 국적도 다르고, 사회적 신분도 달랐지만 대대로 내려오는 반목과 적대감을 극복하고

---

18 여기에서 사용된 제유적 용법은 인권운동 시절에 즐겨 부르던 '자유의 노래'에서 따온 것이다.

서로의 집에 모여 예배를 드렸습니다. 예수님의 사랑에 변화를 받아 서로를 사랑하게 된 것입니다. 어떻게 해서 그런 일이 일어났을까요?

사도 바울은 창조주 하나님의 의도에 대해 이렇게 이야기했습니다.

"이는 이제 교회로 말미암아 하늘에 있는 통치자들과 권세들에게 하나님의 각종 지혜를 알게 하려 하심이니" 엡 3:10.

여러분은 '알게 한다manifold' 는 말이 무슨 뜻인지 아십니까? 이 단어는 요셉이 입었던 채색옷을 묘사할 때에도 사용되었습니다. 다채로운 색깔의 하나님 지혜가 교회를 통해 드러날 때 심지어 하늘의 천사도 하나님의 영광에 놀라서 "이렇게 다른 배경의 사람들이 서로를 사랑하고 예배할 수 있다니, 우와! 하나님은 정말 굉장한 분이시다!"라고 외친다는 것을 바울은 말하고 있는 것입니다.

제임스 웰던 존슨James Weldon Johnson이 지은 인종차별 철폐를 위한 노래를 보면 "모두 목소리를 높여 천지가 울리도록 노래하라"는 대목이 나옵니다. 이것은 시적인 표현인 동시에 영적인 진리도 담고 있습니다.[18] 하나님이 의도하신 바대로 교회가 그리스도의 다채로운 몸이 된다면 주의 영광이 이 땅에 임하고 하늘이 진동할 것입니다. 그리스도의 몸이 다름을 극복하고 서로를 사랑하며 어디서든 서로를 돕는 것이 믿음의 해결책입니다. 어떻게 그런 일이 일어날 수 있는지 저는 모르지만, 그리스도의 몸인 우리가 이 사랑을 표현하는 데 앞으로의 몇 년간이 그 어느 때보다 중요하다는 사실은 알고 있습니다. 상상하기는 싫지만, 오바마 대통령의 인종적 배경을 빌미 삼아 분열시키고, 조롱하고, 억압하려는 자들이 있을 것입니다. 만일 그가 실수한다면 어떤 사람들은 즉시 그의 인종적 배경을 비난할 것입니다. 만일 그가 어려움에 봉착한다면 어떤 사람들은 즉시 인종차별을 문제로 삼을 것입니다. 만일 그가 어려움에 봉착하지 않는다면 어떤 사람들은 즉시 인종적 특권을 누린다고 생각할 것입니다. 만일 그가 다친다면 이 나라의 자랑이자 가치인 유대감이 그 어느 때보다 깊이 상처를 받게 될 것입니다.

지금 우리나라에는 빈곤, 전쟁, 낙태, 동성애, 이민, 고용 등의 온갖 문제를 놓고 해결책을 찾으려는 진지한 논의가 진행되고 있습니다. 각각의 문제마다 마음을 갈라놓고, 증오를 부추기고, 허황한 제안을 양산할 가능성이 있습니다. 하지만 어떤 일이 있어도, 심지어 우리의 의견이 갈라진다고 해도,[19] 교회의 성도들이 일치단결해 주님이 우리를 사랑하시듯 서로 사랑한다면 주의 영광이 임하게 될 것입니다. 의견이 일치하지 않아도 여전히 서로 사랑한다면, 토론 뒤에도 여전히 형제로 지낸다면, 서로 달라도 여전히 자매처럼 여긴다면, 우리는 주의 영광이 임하는 것을 보게 될 것입니다. 과거의 적대감과 실패와 죄에도 불구하고 성경이 옳고 정당하다고 한 것을 위해 우리 성도들이 손을 맞잡고 공동의 목적을 위해 노력한다면 우리는 주의 영광이 임하는 것을 보게 될 것입니다. 우리가 과거와 미래의 실패를 서로 용서한다면 우리는 주의 영광이 임하는 것을 보게 될 것입니다. 심지어 천사들도 그 영광을 보고서 "저 사람들을 형제자매로 만드시다니, 와우! 하나님은 정말 대단한 분이시다!"라고 말할 것입니다. 그리스도를 믿는 우리의 믿음은 하나님의 축복이며 결국 ...

[19] 오바마 대통령의 당선이 의미하는 인종차별 철폐에 대해서는 기뻐하고 환영하지만, 그의 정책에 대해서는 얼마든지 다른 의견을 가질 수 있는 나의 권리를 유지하는 것이 내 양심을 위해 중요했다. 이런 식으로 오해의 여지가 있는 내용을 설교할 때는 애초의 의견 차이가 있더라도 다른 의견들을 고려하도록 해 주는 것이 청중에게 신뢰를 얻는 길이다.

주의 영광이 임하도록 만들 것입니다

마틴 루터 킹 목사는 암살 전날 강단에 설 때 "우리나라의 도덕적 지도자"라고 소개되었습니다. 이 말은 믿음의 도덕성이 빠진 정치와 심리학은 무익하다는 사실을 상기시켜 줍니다. 지금 이 나라에 필요한 영적 지도자는 현재 우리가 **그리스도 안에서 형제자매로 살아가는 주님의 교회 안**에 있습니다. 그것은 예전에도 마찬가지였습니다.

1960년대 사우스캐롤라이나 주에는 로잘리 카슬스Rosalie Cassels라는 재력가 집안의 여성이 살고 있었습니다. 그녀가 한 번은 여러 해 동안 몸종으로 부리던 베니라는 흑인 하녀와 함께 여행하게 되었습니다. 그런데 여행 도중 베니가 병이 나서 급히 화장실을 가야만 하는 일이 생기자 로잘리는 식당과 주유소를 다니며 베니와 함께 들어가려 했지만, 어느 곳에서도 그들을 들여보내 주지 않았습니다. 병이 나서 다급한 환자임에도 흑인이라는 이유 하나만으로 자신의 화장실을 내어주지 않았던 것입니다. 이 경험은 로잘리 카슬스의 인생을 완전히 바꾸어 놓았습니다. 그리고 그로 인해 세상도 바뀌었습니다. 로잘리는 부유한 백인임에도 "이런 일은 없어져야 한다!"고 외치기 시작했습니다. 그리하여 가정에서, 교회에서, 지역사회에서 흑인을 위해 싸우는 인권운동가가 되었습니다. 그 때문에 로잘리는 가정과 교회와 지역사회에서 배척을 받았고, 한때 그녀를 환영했던 컨트리클럽과 식당들도 그녀에게 등을 돌렸습니다.

로잘리와 베니에 관해 제가 가장 좋아하는 이야기는 아이스크림 노점상 주인이 베니에게 아이스크림을 팔지 않겠다고 했을 때 벌어진 일입니다. 로잘리는 베니를 자기 집 캐딜락 승용차에 태우고 아이스크림 노점상 앞으로 가서 베니에게 아이스크림을 팔 때까지 꼼짝도 하지 않았다고 합니다.[20]

하지만 이 두 여인의 유대감을 가장 잘 드러내고 있는 것은 로잘리 집 거실 소파에서 다음 날 교회에서 가르칠 내용을 공부하고 있는 두 여인의 사진이라고 저는 생각합니다. 그중 한 사람은 장로교 교인이었고 한 사람은 침례교 교인이었습니다. 정확히 누가 장로교인이고 누가 침례교인이었는지는 모르지만 중요한 것은 이 두 여인이 서로 그리스도 안에서 자매로 여겼다는 사실과 삶과 가르침으로 복음의 본보기가 되었다는 사실입니다.

그리스도의 이름으로 두 여인이 얼마나 서로 사랑했는지 알고 있었던 저는 애통한 심정으로 로잘리 여사의 장례식에 참석했습니다. 그러나 그 날 교회 안을 둘러보면서 조문 온 사람들이 전부 백인이라는 것, 흑인이나 유색인은 단 한 명도 보이지 않는다는 사실이 저를 또 한 번 슬프게 만들었습니다. 저는 속으로 '로잘리 여사를 그토록 감화시키고 희생하게 했던 복음의 진리가 그분의 장례식에서는 전혀 드러나지 않는다니...' 라고 안타까워 했습니

20 민감한 문제들에 대해 설교하는 경우에는 유머를 섞는 것이 도움이 될 수 있다. 이때는 단순히 웃기기 위해서가 아니라 무거운 주제를 더 효과적으로 전달하기 위해 정중한 언어로 등장인물들을 언급하고 청중의 기분을 좋게 해야 한다.

21 이 결론적 문장은 설교 서두에 나오는 주제의 반복으로 시작함으로써 '감싸기(wraparound)'를 만든다(《그리스도 중심의 설교》 321~322 참조). 음악이나 문학에서는 이런 기법을 인클루시오(inclusio)라고 부른다. 첫 부분을 마지막 부분에 되풀이함으로써 통일성, 목적성, 궁극성을 갖게 하는 것이다.

22 아프리카계 미국인 설교자들은 보통 핵심이 되는 말(설교 내용을 반영하고 효과적인 말로 클라이맥스를 이루는)들을 점차 힘주어 강조함으로써 멋진 결론을 맺는 기술이 탁월하다. 나는 여기서 아프리카계 미국인 회중에게 친숙한(그리고 그들이 기대하는) 그와 같은 방법을 사용하려고 노력했다.

다. 그런데 얼마 후 로잘리 여사의 가족이 장례식장 안으로 입장했습니다. 여사의 아들이 맨 앞에 서 있었는데 그분은 베니와 함께 팔짱을 끼고 걸어 들어왔습니다. 그리고 베니의 모든 가족과 로잘리의 모든 가족이 그리스도 안에서 마치 한 가족처럼 그 뒤를 따라 들어왔습니다. 그들은 주변의 가정과 교회와 사회에 예수 그리스도의 보혈이 모든 사람을 그리스도 안에서 한 가족으로 만드셨다는, 그리고 그것이 **다시 오실 주님의 영광**이라는 사실을 선포하고 있었습니다.

우리 삶으로 예언이 역사가 되게 할 때 우리는 주의 영광이 임하는 것을 볼 것입니다.[21] 주님의 영광이 **저의** 구원입니다. 주님의 영광이 **여러분**의 구원입니다. 우리가 그리스도의 보혈로 구원을 받았기 때문에 우리는 모두 하나입니다. 한 마음, 한 교회, 한 몸, 한 가족입니다. 우리는 예수 그리스도 안에서 하나님의 교회를 이루고 있는 가족입니다. 저는 여러분의 형제가 되겠습니다. 여러분도 저의 형제와 자매가 되어 주시겠습니까? 여러분의 대답이 "예!"라면 함께 주님을 찬양합시다. 그리고 예언을 우리의 역사로 만들고 **꿈을 실현합시다!**[22]

Part Two

성경

신학

성경신학

성경 본문의 구속적 성격을 알아내는 기본적인 방법은 본문 말씀이 어떻게 예수님과 그분의 구원 사역을 예언하고, 예비하고, 반영하고, 그 결과를 드러내는가를 찾아내는 것이다. 2부에서는 한 가지, 혹은 그 이상으로 그와 같은 방식을 사용해서 성경 본문을 해석한 설교들을 예문으로 소개하겠다. 각각의 방법들은 성경신학의 한 형태로서 해석의 구속사적-역사적 방법을 사용하고 있다.

아울러 2부에 등장하는 설교 예문들을 통해 구속 사역의 필요성과 목적을 분명히 이해할 수 있도록 성경 본문이 구속적 막힌 길, 혹은 다리(혹은 두 가지 모두) 역할을 한다는 것을 알 수 있을 것이다. 예문들 안에는 구속에 대한 거시적 해석(광범위한 시대를 망라함)과 미시적 해석(특정 사건에 초점을 맞춤)이 모두 포함되어 있다.

설교 예문 05

그리스도의 대속을 예언하는 그리스도 중심 성경 해석

[구속적 다리의 예]

이 설교는 성경에 나오는 예언을 바탕으로 한 강해설교다.[01] 선지자들은 자신의 시대와 미래에 일어날 일들에 관해 이야기했다. 그 결과 선지자들은 메시지를 전하면서 여러 가지 문제들을 거론하곤 했다. 이를테면 그 시대 사람들에게 도덕적 가르침을 주는 걸 비롯해 불순종으로 인한 미래 결과에 대한 경고, 거역에 대한 심판 예고, 구원자를 통한 구원과 회복에 대한 약속, 이스라엘 백성의 미래 예견, 전 세계를 향한 하나님의 목적에 대한 요약, 한 나라, 혹은 여러 나라, 혹은 메시아에 관해 앞으로 무슨 일이 일어날지를 예언하는 것 등이 그것이었다. 선지자들이 메시지를 전하는 목적은 그 외에도 매우 다양했다.

예언 말씀에 관한 강해설교는 본문 안에서 선지자가 의도하는 특정 목적들이 무엇인지를 설명하고 그 목적들이 오늘날 하나님의 백성인 우리에게 어떤 의미를 지니는지 알려주어야 한다. 도덕적 가르침에는 우리가 따라야 할 원리 원칙이 들어있을 것이고, 이미 성취된 예언은 하나님의 말씀과 성품에 대한 신뢰도를 높여줄 것이고, 아직 성취되지 않은 예언은 현재의 고난에서 소망을 심어줄 것이다. 물론 예언서를 기초로 한 설교의 내용과 결과가 이것만은 아니지만 가장 일반적인 예라고 말할 수 있다.

예언서를 설교할 때 흔히 범하는 실수들은 성경 저자가 말하고 있는 원래의 의도와 본문의 예언이 나온 시대적 상황을 제대로 파악하지 못한 데에서 기인한다. 가령 이사야 40장을 토대로 위로에 대해 설교한다고 가정해 보자. 과거에 하나님이 얼마나 자상하게 돌보셨는가를 감동적으로 이야기하더라도 장차 오실 메시아의 대속이라는 하나님의 위대한 돌보심을 언급하지 않는다면 이사야 선지자의 핵심 메시지를 전달하는 데 실패하고 말 것이다.

성경의 예언 말씀 중에는 많은 장에 걸쳐 하나의 주제를 다루는 부분이 있는가 하면 하나의 구절에 수세기에 걸친 세기적 사건이 담겨 있는 부분도 있다. 이런 역동성을 고려할 때 한 가지 강해 방식은 긴 본문에 담긴 핵심 진리들을 희석할 수 있고 반면에 본문을 설명하는 다른 합법적인 방식이 짧은 구절에 담긴 심오한 진리를 밝혀낼 수 있음을 기억해야 한다. 만약 후자의 방식을 선택한다면 '상황은 본문의 일부다'라는 말을 명심하고 세밀한 해석을 통해 성경 저자의 의도를 놓치지 않도록 주의해야 한다.

처음에 소개할 설교는 예수님 시대에 이루어질 예언을 바탕으로 예레미야 시대의 백성들에게 전했던 짧은 말씀의 의미를 탐구하는 설교다. 이 예언은 미래에 성취될 것이지만, 과거와 현재에 범한 자기 백성들의 죄 때문에 예레미야는 이

---

01 강해설교에 대한 더 상세한 설명은 〈그리스도 중심의 설교〉 164~166을 참조하라.
02 예언의 말씀이 복음을 이해하는 '다리' 역할을 하는 것에 대해 알고 싶다면 이 책의 서론과 *Christ-Centered Preaching* 개정판, 305~306을 참조하라.
03 성경에 나오는 일부 말씀들의 '예언적' 성격이 어떻게 그리스도 중심의 해석을 가능하게 하는지에 대해서는 〈그리스도 중심의 설교〉 352~353을 참조하라.

글을 쓴 것이다. 현재 그들이 죄를 짓는 상황에서도 예레미야는 미래의 소망을 예언했고 오늘날에도 적용될 하나님 은혜의 원칙들을 제시해 주었다. 그런 면에서 예레미야의 메시지는 복음에 대한 우리의 이해와 구약시대 사람들의 복음에 대한 갈망을 이어주는 다리가 되고 있다.[02] 예레미야의 메시지가 장차 오실 메시아를 예언하는 것이기에 나는 이것을 특별히 성탄절 설교의 기반으로 선택했다. 동시에 이 본문은 구약에 나오는 하나의 말씀이 그리스도와 그분의 대속을 예언함으로써 그리스도 중심 설교가 될 수 있다는 사실도 보여주고 있다.[03]

나뭇가지에 걸린 반짝이 장식

예레미야 33장 14~16절

14 여호와의 말씀이니라 보라 내가 이스라엘 집과 유다 집에 대하여 일러 준 선한 말을 성취할 날이 이르리라
15 그 날 그 때에 내가 다윗에게서 한 공의로운 가지가 나게 하리니 그가 이 땅에 정의와 공의를 실행할 것이라
16 그 날에 유다가 구원을 받겠고 예루살렘이 안전히 살 것이며 이 성은 여호와는 우리의 의라는 이름을 얻으리라

본문 배경 소개 | 우리 집 식구들은 올해 성탄 트리를 장식하다가 오래된 트리 전구가 고장이 나서 작동하지 않는다는 것을 발견했습니다. 그래서 상점으로 전구를 사러 간 저는 별별 희한한 전구가 진열된 것을 보고 깜짝 놀랐습니다. 깜빡거리는 전구를 비롯해 차례로 돌아가며 켜지는 전구가 있는가 하면 심지어 컴퓨터 칩을 넣어서 노래가 나오도록 만든 전구도 있었습니다. 그것을 보면서 고객을 즐겁게 하려는 노력이 참으로 가상하다는 생각이 들었습니다. 오래전에 하나님은 자신의 백성을 즐겁게 할 성탄의 메시지를 주셨습니다. 하지만 그 메시지는 트리나 전구 같은 것이 아니었습니다. 그것은 **나뭇가지와 그 가지의 계보**에 대한 것이었습니다.01 하나님은 예레미야를 통해 나뭇가지라는 이미지를 선보이셨습니다. 예레미야는 유다 백성이 죄 탓에 바벨론에 의해 멸망할 것을 예언했고 그 이야기를 백성에게 하면서 울었습니다. 하지만 그의 눈물 속에서 이 나뭇가지 이미지가 하나의 소망을 밝혀주고 있습니다. 우리가 이 이미지를 이해한다면 죄와 허물로 우는 중에도 그동안 우리 삶에서 성탄절이 주었던 기쁨과 은혜의 단면을 깨닫게 될 것입니다.

성경 본문 읽기 | 저와 함께 예레미야 33장 14절부터 16절까지 읽겠습니다.

01 예레미야 예언의 날카로운 지적과 현재 성탄 시즌의 즐거움을 연결하기 위해 본문 배경 소개가 약간 길어졌다. 본문 배경 소개의 목적은 본문을 상황화(contextualize)하고 청중이 설교 내용을 기대하도록 만드는 것이다(《그리스도 중심의 설교》 307~310 참조). 그 두 가지 목적을 달성하는 건 어려운 과제지만 필요하다면 조금 더 시간을 할애해서 본문 배경을 설명하여 청중의 기대를 이끌어내는 것이 본문 내용을 몰라서 지루하게 만드는 것보다 낫다.

"여호와의 말씀이니라 보라 내가 이스라엘 집과 유다 집에 대하여 일러 준 선한 말을 성취할 날이 이르리라 그 날 그 때에 내가 다윗에게서 한 공의로운 가지가 나게 하리니 그가 이 땅에 정의와 공의를 실행할 것이라 그 날에 유다가 구원을 받겠고 예루살렘이 안전히 살 것이며 이 성은 여호와는 우리의 의라는 이름을 얻으리라."

설교 서론 | 우리 집 근처의 교차로 길가에는 나무 한 그루가 자라고 있습니다. 크고 멋진 나무가 아닙니다. 사실은 그저 콘크리트 틈새에서 싹을 틔운 아주 작은 나무에 불과합니다. 땅에서 약간 솟아있는 삼각형 모양의 콘크리트에 양보 팻말이 박혀 있는데 이 나무가 그 틈새에서 싹을 틔운 것입니다. 그 여린 가지들은 보기에도 애처롭고 겨울에는 특히 더 그렇습니다. 황량한 아스팔트에 둘러싸여서 신호등 신호에 성장이 방해받고, 겨울 추위에 제대로 자라지도 못하며, 달리는 차량이 일으키는 바람에 작은 가지들은 속수무책으로 흔들립니다. 아마 이 세상에서 가장 무시당하며 사는 작은 식물일 것입니다. 하지만 저는 그 나무를 눈여겨 보았습니다. 네온 불이 번쩍대고 음악 소리가 시끄럽던 상가에서 쇼핑한 후에 차를 몰아 집으로 오는 길에 그 작은 나무가 눈에 들어왔습니다. 나뭇가지 사이에는 동네 쓰레기통이나 어느 길거리에서 굴러다니다 날아왔는지 반짝이는 트리 장식 줄 하나가 걸려 있었습니다. 매서운 겨울바람이 여린 나뭇가지를 사정없이 몰아치는 가운데 깃발처럼 흔들리는 그 장식 줄은 우리가 누렸던 상점의 어떤 휘황찬란함보다 더 분명하게 성탄의 의미를 저에게 이야기하고 있는 것 같았습니다.

 반짝이 줄은 사람들에게 버림받은 장식품에 불과했지만 그래도 지금이 크리스마스 시즌이라는 것을 알려주고 있었습니다. 크리스마스가 의미하는 것들, 그러니까 약속된 구세주의 탄생과 예수님의 오심, 지금이 바로 기쁨의 시간임을 나타내고 있었습니다. 물론 그것은 반짝이 장식 줄일 뿐입니다. 그러나 하나님이 이 세상의 온갖 휘황찬란한 물건을 놔두고 작은 반짝이 줄로 그 볼품없는 어린나무를 장식하셨다는 것이 예사롭지 않다는 생각이 들었습니다. 하나님은 버려진 은색의 반짝이 줄을 주워서 못생긴 작은 가지에 걸어 그분 보시기에 아름다운 가지를 만드셨고 눈여겨보는 사람들에게 은혜의 상징이 되게 하셨습니다. 이것은 하나님이 즐겨 사용하시는 전형적인 그분의 방식입니다. 바로 **버려진 것을 영화롭게 하는 것이지요.** 궁극적으로는 이것이 성탄절의 메시지이며 오늘 본문의 메시지입니다. 하나님은 나뭇가지에 반짝이 줄을 걸어주셨습니다. 그분은 이 세상에서 무시당하고, 볼품없고, 멸시받는 것을 특별하게 사랑해 주셨습니다. 우리도 인생의 어느 시즌이든 무시당하고, 볼품없게 느껴지고, 멸시받을 때 이 메시지를 기억해야 합니다. 우리의

02 이 말은 설교의 후렴구가 된다(글로 작성된 설교문보다 실제로 설교할 때는 더 자주 사용하는 것이 좋다). 노련한 수필가나 영어 교사라면 이런 되풀이 말에 인상을 찌푸리겠지만, 설교자는 청중과의 구어적 의사소통에 대한 역동성을 이해하고 반복법을 잘 사용해 강조와 구성 효과를 높여야 한다.

03 이 '게시판'은 설교의 대지들을 형성한다. 각각의 문장이 서로 비슷한 표현으로 짜여서 하나하나가 대지인 동시에 각기 다른 대지라는 것을 나타내준다.

04 설교를 시작하는 표준 방식은 논지를 질문으로 만들어 묻는 것이다. 예를 들면 설교자는 설교의 논지를 하나의 강력한 문장으로 만들고 그다음에 그 주제에 대한 질문을 한 뒤 여러 개의 대지로 그 질문에 대답한다(이 설교의 뒷부분에서 알 수 있듯이 각각의 대지가 나오기 전에 그런 질문이 반복된다). 대지들 안에서도 같은 방식이 적용될 수 있다(《그리스도 중심의 설교》 133, 190~192, 199 참조). 노련한 설교자는 대지의 문장을 질문으로 만들고 그다음에 설명이나 소지들로 그 질문에 대답하는 방식을 애용한다.

하나님은 장식하기를 좋아하십니다.02 심지어 우리 같은 어린 가지를 위해 반짝이 줄을 걸어주십니다.

그럼 하나님이 우리를 어떻게 장식해 주실까요?

> 그분의 목적을 달아주시고,
> 그분의 사랑을 걸어주시고,
> 천국의 영광으로 반짝반짝 빛나게 하십니다.03

I. 하나님은 그분의 목적을 우리에게 달아주십니다

하나님이 그분의 목적을 어떻게 달아주실까요?04 우리를 사용하심으로 달아주십니다. 본문 말씀이 그 사실을 잘 입증해 줍니다. 하나님은 미천한 인간들이 그분의 목적을 성취하도록 이끌어 주십니다. 예레미야 33장 15절 끝에 보면 하나님이 "이 땅에 정의와 공의를 실행할" 분을 주겠다고 약속하십니다. 바로 메시아를 약속하신 것입니다. 그럼 메시아는 어디에서 오신다고 했습니까? 15절 첫 부분에서 하나님은 메시아를 '공의로운 가지'라고 부르시고 그가 다윗에게서 날 것이라고 하셨습니다. 말하자면 다윗의 혈통에서 메시아가 탄생한다는 뜻입니다. 이 말은 중요한 의미가 있습니다. 왜냐하면, **보잘것없고 실패한** 인간들을 하나님이 어떻게 사용하실 수 있는지를 깨닫게 해주기 때문입니다.

하나님은 보잘것없는 사람을 사용하십니다

예레미야는 '가지'라는 비유를 사용해 하나님이 이 세상의 보잘것없는 것을 그분의 원대한 목적을 위해 사용하신다는 것을 분명히 했습니다. 여기서 말하는 '공의로운 가지'는 앞서 이사야 선지자가 했던 예언을 의미합니다.

> "이새의 줄기에서 한 싹이 나며 그 뿌리에서 한 가지가 나서 결실할 것이요" 사 11:1.

혹시 여러분은 마당에 있는 나무를 잘라보신 적이 있습니까? 그리고 몇 달 뒤에 잘라낸 나무 밑동에서 새싹이 돋아나는 것을 본 적이 있습니까? 이사야는 바로 그 모습을 상상하면서 이 말을 한 것입니다. 히브리 사람들에게 이 비유는 수치스러운 역사를 되새겨주고 있습니다.05 '이새'는 이스라엘의 왕이었던 다윗의 아버지입니다. 하나님은 다윗에게 영원한 왕국을 약속하셨고 이스라엘은 대대로 위대한 국가가 되리라고 기대했습니다. 물론 처음에는 그랬습니다. 다윗과 그의 아들 솔로몬의 통치 기간에 이스라엘은 점차 번성했고 강대해졌습니다. 그러자 백성이 죄를 지었고 나라는 둘로 분열되었습니다. 그 뒤에 앗시리아가 침공해 북왕국을 멸망시켰습니다. 예레미야는 이제 유다마저 바벨론에 멸망될 것을 예언하고 있습니다. 막강했던 왕국이 쇠약해져서 밑동마저 잘려나갈 위기에 처한 것입니다. 나라의 앞날을 내다본 예레미야는 현재의 모든 죄악에도 불구하고 이사야가 보았던 것과 똑같은 장

05 이 역사적 배경을 설교 초기에 넣으면 청중의 호기심을 죽일 수 있으므로 설교 중간에 역사에 대한 정보를 알려주었고 일상의 사건, 즉 싹이 난 나무 밑동이라는 강력한 이미지를 사용해 부연 설명을 덧붙였다.
06 여기에서의 장차 오실 그리스도에 대한 예언은 선지자의 예언에서 그대로 도출한 것이다.

면을 다시금 보았습니다. 그것은 밑동에서 자라나는 싹이었습니다.

이스라엘은 보잘것없는 나라였고 하나님의 원수들에게 조롱의 대상이었습니다. 하지만 이런 수치스러운 상황에서도 예레미야는 자라나는 싹 이상의 것을 보았습니다. 그것은 작은 싹이 가지가 되어 이스라엘을 구하는 장면이었습니다. 다시 한 번 다윗의 통치가 정의와 공의로 실현되었습니다. 그러면 예레미야가 말한 가지는 무엇이었을까요? 바로 장차 오실 메시아, 예수 그리스도였습니다. 이 세상의 구세주는 한 나라의 밑동에서부터 오셨습니다. 하나님은 이 세상에서 무시당하는 것에 자신의 영광을 장식해주실 수 있습니다.06 하나님은 언제나 그런 일을 행하십니다. 사도 바울이 말하길 하나님은 이 세상의 천한 것(중요하지 않은 것)을 사용해 그렇지 않은 것을 폐하신다고 했습니다고전 1:28.

우리가 아는 성탄절 이야기를 예로 들어 하나님이 어떻게 보잘것없는 자로 천국의 목적을 성취하시는지를 생각해 보겠습니다. 만왕의 왕 예수님은 가난한 마을의 더러운 말구유에서 가녀린 아기로 탄생하셨습니다. 우리가 지금 알고 있는 것에 상관없이 이것은 그 자체로 결코 왕다운 출생이라고 할 수 없습니다. 베스트셀러 〈내가 정말 알아야 할 모든 것은 유치원에서 배웠다〉를 쓴 로버트 풀검Robert Fulghum은 성탄절의 떠들썩함을 다음과 같이 비꼬았습니다.

"갓난아기나 순록이나 모두 냄새가 고약하다. 둘 곁에 있어 봤기 때문에 잘 안다. 베들레헴에 다녀온 사람들 말에 의하면 그곳은 움막이라고 한다."

우리 기독교의 고상한 이미지를 그런 식으로 비꼬는 것은 듣기 싫지만, 그 말은 사실입니다. 그리고 우리는 그것이 사실이라는 것을 감사해야 합니다. 하나님은 자기 아들을 영화롭게 하려고 대단한 것들을 택하지 않으셨습니다. 자기 아들로 하여금 보잘것없는 것들을 영화롭게 하셨습니다. 성자로 인해 하나님은 베들레헴에 아름다움을, 마구간에 천국을 보내주셨습니다. 그 보잘것없고 냄새나는 것들을 얼마나 아름답게 하셨던지 오늘날 우리는 그것들을 찬송하며 노래합니다. 또 주님은 쓸모없는 가시나무까지 영광의 면류관이 되게 해서 그것으로 영혼들을 구원하셨습니다. 하나님은 언제나 가장 보잘것없는 것들에게 반짝이는 장식품을 걸어서 그분의 거룩한 목적을 달성하십니다.07 우리의 하나님은 장식하기를 좋아하시니까요.

하나님은 실패한 사람들을 사용하십니다

하나님은 또한 실패자들을 그분의 목적을 위해 사용하십니다. 한때 위대한 나라였던 이스라엘이 얼마나 보잘것없는 나라가 되었는지를 생각할 때 하나님의 위대한 업적은 더욱 빛을 발합니다. 이스라엘이 겪었던 과거의 분단과 이제 닥칠 멸망의 신호는 이 나라의 실패를 말해줍니다. 한때 거목이었던 이스라엘이 나무 밑동에서 자라는 조그만 싹으로 축소된다는 건 어마어마한 실패를 상징하는 일입니다. 예레미야가 했던 '가지' 라는 말도 이스라엘의 실패와 동의어가 되었습니다. 이사야서에 나오는 '가지' 는 히브리어로 '네체

07 예수님 생애에 관한 이 같은 세부적인 면들이 전부 예언에 언급된 것은 아니지만, 이것은 엄연한 예언의 한 결과이며, 예언에서 명백하게 보이는 원칙들을 나타내고 있으며, 더 나아가 예언의 성격을 설명해준다.

08 원어를 소개하는 이유는 단순히 설교자의 히브리어 실력을 보여주거나 청중에게 재미있는 개념을 가르치기 위한 것이 아니다. 이 설교에서 보듯이 설교 주제를 이해하는 데 도움이 되기 때문에 알려주는 것이다.

르'인데 예수님이 자라신 동네 이름인 나사렛의 어근일 가능성이 높습니다. 공의로운 가지가 '가지 동네'에서 자라게 하시다니 하나님은 얼마나 재치 있는 분이십니까?08 하지만 이 이름은 위대함과는 거리가 멉니다. 오히려 웃음거리의 표징입니다. '가지 동네(혹은 잔가지 도시)'라는 이름은 이스라엘의 수치를 떠올리게 했으므로 조롱의 대상이 되었던 것입니다. 그래서 예수님이 나사렛 출신이라고 했을 때 사람들이 "나사렛에서 무슨 선한 것이 날 수 있느냐"고 비웃었던 것입니다요 1:45~46. 그럼에도 예수님은 자신의 인생을 나사렛과 엮으시면서 그 마을도 특별한 장소가 되게 하셨습니다.

하나님이 실패자를 사용해 그분의 영광스런 목적을 달성하신다는 사실을 우리는 명심할 필요가 있습니다. 살다 보면 누구나 여러 가지 요인으로 실패를 경험합니다. 언젠가 저는 한 유명한 교회의 집회에 초대를 받아서 이틀 동안 설교한 적이 있습니다. 그 날 오후 제가 방에서 설교를 준비하고 있을 때 창밖에서 목사님 자녀들이 노는 소리가 들려왔습니다. 그 중 아홉 살배기 목사님 아들이 다른 아이들에게 욕을 하면서 못살게 구는 말들이 제 귀에 들어왔습니다. 듣는 것도 힘들었고 설교 준비는 더더욱 힘들었습니다. 결국, 얼마 뒤에 저는 성경을 덮고 계단 아래쪽에 있는 그 방의 방문을 열고서 밖으로 나갔습니다. 그리고 계단을 지나쳐 걸어가는데 위에 누군가 있는 것 같은 느낌이 들었습니다. 그래서 고개를 들어보니 아이 엄마가 계단 위쪽에 있는 창문에서 아이들을 지켜보고 있었습니다. 자기 아들이 내뱉는 상스런 말에 어쩔 줄을 모르던 그 엄마는 어깨를 늘어뜨리고 그곳에 동상처럼 앉아있었습니다. 잠시 후 저를 향해 고개를 돌리는 사모님의 얼굴은 눈물범벅이었습니다. 울고 있었던 것입니다. 저도 아이가 하는 말을 들었다는 걸 눈치챘겠지요. 사모님은 저를 보고 울먹이면서 말했습니다. "대체 저 아이를 어떻게 해야 할지 모르겠어요. 아이 아빠도 어떻게 해야 할지를 몰라요. 우리가 아는 건 그저 아이 양육에 실패했다는 거예요. 이제 고작 아홉 살인데 벌써 실패한 부모가 되었으니 어쩌면 좋아요."

여러분 중에도 그런 실패의 고통을 아는 분들이 많을 것입니다. 자녀양육, 결혼생활, 직장생활, 신앙생활에 실패했을 때 우리는 얼마나 고통스럽습니까? 1960년대에 나온 팝송 하나를 몇 번 들은 기억이 있는데 그 가사가 잊히지 않습니다. "나는 멋진 시작을 했지. 하지만 멋진 시작이 전부였어." 시작은 멋졌는데 끝은 형편없었다는 이야기지요! 마치 이스라엘처럼 말입니다! 원대한 약속과 함께 시작된 이스라엘은 처절한 실패를 맛보고 있었습니다. 우리도 그런 실패를 경험합니다. 그러나 우리가 섬기는 하나님은 그런 실패마저도 영광스런 목적을 위해 사용할 수 있다고 약속하셨습니다. 살다 보면 우리는 이 약속이 절실하게 필요한 때를 만나게 됩니다.

제가 아는 사람 중에 쇼핑센터에서 가게를 운영하는 사람이 있습니다. 일 년 전쯤 그 쇼핑센터는 대대적인 내부공사를 하고 말끔하게 새 단장을 했습니다. 그러자 많은 손님이 그 사람의 가게로 몰려들었습니다. 처음 장사하는 것인데도 장사가 아주 잘 되었습니다. 하지만 성탄절 손님이 빠져나간 뒤에 그 지역 깡패들이 그곳에 들어왔습니다. 그리고 6개월 전에 그 쇼핑센터에서 한 사람이 살해당했습니다. 그러자 깡패들의 폭력을 두려워한 사람들이 올해 성탄절에는 그 쇼핑센터를 가지 않았습니다. 가게 주인들은 또 한 번 살인사건이 일어난다면 장사는 끝장이라고 생각하고 있었는데 바로 두 주 전에 또다시 살인사건이 일어났습니다. 제가 아는 그 사람은 불과 일 년 만에 엄청난 성공에서 처절한 실패로의 추락을 맛보아야만 했습니다.

이곳에 계신 성도님들 중에도 시작은 잘했는데 그 이후 일이 잘못된 적이 있거나, 혹은 앞으로 그런 경험을 하실 분들이 있을 것입니다. 저는 이 자리에서 하나님이 모든 문제를 막아 주실 테니 걱정하지 말라고 장담할 수 없습니다. 우리가 사는 세상은 타락한 세상이기에 누구든지 고통과 실패를 피해 갈 도리가 없습니다. 그래도 이 한 가지는 여러분께 장담할 수 있습니다. 하나님은 실패도 그분의 목적을 위해 사용하십니다. 그것은 언제나 변함없는 불변의 진리입니다. 여러분은 지레 포기하셨을지라도 이스라엘의 하나님이 살아계시는 한 그분의 목적은 죽지 않습니다. 하나님은 여러분을 포기하지 않으셨습니다. 하나님이 여러분의 생애에 아무런 목적도 갖고 계시지 않았다면 여러분은 오늘 이 자리에서 이런 성경 말씀을 듣기 위해 앉아 있지도 않았을 것입니다. 여러분이 오늘 이 자리에 있다는 것은 하나님이 내일의 목적을 위해 여러분을 준비시키고 계시다는 증거입니다. 그 목적이 무엇인지는 모르지만, 이것 하나만은 분명합니다. 그것은 새날에 새 소망을 주신다는 것입니다. 새날이 오면 여러분에게는 그분을 섬길 새로운 책임과 새로운 기회가 올 것이고 과거의 실패는 옛말이 될 것입니다. 혹시 옛말이 되지 못한다 해도 그 부정적인 경험을 통해 하나님이 주실 일들을 더 능력 있게 할 수 있는 귀한 지혜를 배우게 될 것입니다. 우리의 하나님은 이 세상의 실패를 사용해 천국의 목적을 이루십니다. 그분은 장식하기를 좋아하는 분이니까요.

우리가 아무리 보잘것없고, 아무리 실패한다고 해도 하나님은 얼마든지 우리를 사용하실 수 있습니다. 그러나 예레미야의 예언은 단지 그런 소망에서 끝나지 않습니다. 뒤에 나오는 구절을 보면 하나님이 자기 잘못으로 수치를 당한 자들을 사용하심으로써 아무리 미천한 자라도 그분의 목적으로 장식해주고 싶어 하신다는 사실을 알 수 있습니다.

II. 하나님은 자기를 배신한 자들을 무한한 사랑으로 덮어주십니다[09]

하나님은 이스라엘 백성에게 공의와 정의를 실현할 분을 주겠다고 약속하셨습니다. 하지만 이스라엘의 비참한 처지가 그들 자신의 죄 때문임을 고려한다면 그 약속은 더욱더 은혜롭고 감동적으로 느껴집니다. 하나님은 믿음 없는 백성을 무한한 사랑으로 덮겠다고 약속하시며 ...

그들이 비록 죄인이라도 사랑하겠다고 하셨습니다

왜 이스라엘이라는 나라가 절단을 당했습니까? 그것은 백성이 하나님을

---

09 이 설교에 나오는 대지의 문장들은 두운을 맞추는 수사법을 사용했다(이 문장의 영어는 'God Covers the Unfaithful with Unfailing Love'이다. 즉 Unfaithful과 Unfailing이라는 발음이 비슷한 단어를 사용한 것이다-역주). 청중의 주의를 끌기 위해 자음, 혹은 모음이 같은 단어를 반복 사용했다(《그리스도 중심의 설교》 172 참조). 각각 떨어져 있는 대지라도 두운법을 사용하게 되면 그것이 대지의 하나라는 사실을 청중에게 각인시켜준다(《그리스도 중심의 설교》 171~172와 190~199 참조). 하지만 두운법을 너무 많이 사용하면 청중이 과도한 수사법에 질리거나 인위적이라는 느낌을 받는다. 따라서 과도한 사용을 피하고 적절하게 사용하는 것이 효과적이다. 문장을 읽는 것이 아니라 설교라는 매개체를 통해 말로 듣는 경우에는 두운법의 사용이 설교의 짜임새를 보여주는 요긴한 수단이다.

10 설교할 때 어려움 중 하나는 설명에서 교훈으로 넘어가는 것이다. 사건이나 행위를 설명하고 그로부터 인생의 원리원칙을 이끌어내려면 어떻게 하는 것이 좋을까? 가장 좋은 방법은 본문을 '원칙화(principle-ize)' 하는 것이다('원칙화' 라는 말은 많은 설교자들이 철자만 달리해서 널리 사용하고 있다). 본문을 원칙화하기 위해 첫째로는 본문의 세부적 사항들에 의해 제시된 진리의 원칙이 무엇인지를 알아내고, 둘째로는 그 원칙을 이야기하고, 마지막으로는 그 원칙을 우리 삶의 특정 영역에 적용해야 한다(《그리스도 중심의 설교》 192 참조). 이 단락은 그런 원칙화를 보여주고 있다.

거역했기 때문입니다렘 33:8. 과거의 영화와 미래의 가능성대로 살지 못한 그들의 실패는 다른 사람들이 잘못해서 빚어진 일이 아니었습니다. 교만과 질시와 우상숭배에 사로잡혀 하나님에게 등을 돌린 결과였습니다. 그럼에도 하나님은 그 배역한 백성에게서 구세주인 한 가지가 나게 하겠다고 하셨습니다. 그들의 실패와 치욕과 죄악도 하나님의 사랑을 지우지는 못했습니다. 또한, 구세주의 탄생을 방해하지 못했습니다.

그러나 실패한 백성에게 하나님이 주신 약속이 더욱 놀라운 이유는 …

그들이 징벌을 받았는데도 무한한 사랑을 베푸셨다는 것입니다

예레미야는 눈물의 선지자라는 별명대로 이스라엘이 받을 징벌을 가슴 아파하며 하염없이 울고 또 울었습니다. 그 징벌은 이방의 적군이 이스라엘을 찍어버리는 형태로 드러날 것이기 때문이었습니다렘 33:5. 그러나 예레미야는 그런 징벌과 함께 하나님의 끊임없는 사랑을 보았고 미래의 회복을 약속하는 그분의 약속을 들었습니다렘 33:6~8절. 우리는 이런 하나님의 모습을 통해 중요한 영적 진리를 깨닫게 됩니다. 그것은 하나님의 징벌이 하나님 사랑의 부재를 의미하지 않는다는 것입니다. 하나님은 이스라엘 백성의 죄악에도 불구하고 그들을 구해주겠다고 약속하셨습니다렘 33:16a절**10** 우리가 자신의 죄 때문에 인생에 실패했어도, 심지어 현재의 처지가 하나님의 징벌이 분명하다고 해도, 우리는 하나님의 사랑이 나에게서 떠났다고 생각해서는 안 됩니다.

제가 목회하면서 정말로 가슴 아팠던 순간 중 하나는 우리 교회에서 자란 어느 자매의 타락을 지켜보는 것이었습니다. 처음에 그 자매는 우리 교회의 자랑이었습니다. 중고교 시절에는 누구보다 명랑하고, 똑똑하고, 같이 있으면 재미있고, 주님을 사랑하는 여학생이었습니다. 그런데 어느 날부터 조금씩 달라지기 시작했습니다. 그렇게 밝고 명랑하던 소녀가 어둡고 소심한 아이가 되었습니다. 눈에는 교활한 기운마저 감돌았고, 따뜻하고 귀여웠던 미소는 자신이 좋아하던 모든 것을 차갑게 비웃는 냉소로 돌변했습니다. 결국, 소심함은 거짓말이 되었고, 교활함은 반항이 되었고, 귀가시간 엄수는 토요일 밤의 폭음이 되었고, 돌 같은 침묵은 분노의 거친 언행으로 폭발했습니다. 그로 인해 단란했던 가정이 싸움과 눈물과 냉전으로 얼룩진 문제 가정이 되어버렸습니다.

폭음과 마약과 오랜 가출의 악몽을 4년이나 지속하던 끝에 마침내 집에 돌아온 그 자매는 임신했으니 도와달라고 했습니다. 부모의 도움을 매정하게 거절하던 자매가 제 발로 찾아와 도움을 요청한 것입니다. 부모는 이번에도 속을 썩일 것을 알고 있었지만 그래도 딸을 받아주었습니다. 그리고 실제로 이번에도 자매는 부모 속을 많이 썩였습니다. 그녀는 자신의 임신이 하나님의 징벌이라고 생각했습니다. 육신적으로 그녀를 꼼짝 못하게 한 요인이었으니까요. 하지만 그렇게 찾아온 삶의 변화는 그녀를 조금씩 안정시켰고 가족은 그녀가 사랑했던 하나님, 그리고 지금도 그녀를 사랑하시는 하나님을 다시금 의지하라고 권면했습니다. 그녀는 자신의 죄로 하나님이 벌을 내리셨고 자신이 낳은 아기가 바로 그 명확한 증거라고 생각했습니다. 그런 상황에서 제가 지금 여러분에게 말씀을 전하듯이 그녀에게도 "주께서 그 사랑하시는 자를 징계하시고"^{히 12:6}라는 말씀을 전한 것은 큰 축복이었습니다. 하나님이 벌을 주셨다는 사실이 그분이 사랑하지 않는다는 것을 의미하지 않습니다. 우리의 하나님은 언제나 더 큰 위험에서 우리를 보호해 주시려고 합니다. 그리고 몸을 돌려 우리를 안으시고 사탄의 영원한 지옥에 떨어지지 않게 되기를 원하십니다.

결국, 그 자매는 하나님의 은혜와 사랑을 깨닫고 그 사랑을 받아들였습니다. 자매가 아기에게 유아 세례를 받게 하려고 교회에 왔을 때, 교인 중에는 아기를 수치와 징벌의 상징이라고 생각한 사람이 있었겠지만 저는 그렇게 보지 않았습니다. 그녀의 부모와 그녀 자신도 그렇게 보지 않았습니다. 세례의 성수聖水를 아기의 작은 이마에 떨어뜨리면서 우리는 하나님의 사랑이 죄와 수치를 덮는 것을 보았고 모두를 향해 "하나님은 배역자도 무한한 사랑으로 덮어주신다"라고 말했습니다.

저는 여기 계신 모든 분께 이 감격스러운 진리를 말씀드리고 싶습니다. 남녀노소를 불문하고 이 세상에는 우리를 유혹하는 것이 많습니다. 우리는 누구나 죄를 지을 가능성이 있고 그럼으로써 그분의 징벌 대상이 됩니다. 우리를 유혹하는 중독, 불륜 같은 문제는 우리를 넘어뜨리고 그로 인해 하나님과 영원히 단절되었다는 착각을 일으키게 합니다. 아마도 여러분은 자신의 죄가 너무 심각해서 하나님의 사랑을 다시 받을 가망성은 전혀 없다고 생각하실지 모릅니다. 여러분이 당하는 어려움이 하나님의 징벌이라고 생각할지도 모릅니다. 그러나 죄로 인해 하나님께 벌을 받는 사람도 여전히 하나님의 사랑을 받고 있다는 것을 예레미야 말씀은 우리에게 분명히 보여줍니다.

어떻게 하나님은 그렇게 하실 수 있을까요? 수치스런 행동을 한 사람들을 하나님은 어떻게 사랑하실 수 있는 것일까요?

III. 하나님은 수치스런 죄인들을 하늘의 영광으로 빛나게 하십니다

얼마 전에 제가 잘 아는 가족이 강아지 한 마리를 분양받았습니다. 그리고 강아지의 이름을 조세핀 체리볼리어 소피에르 세인트 빈센트 마리라고 지었습니다. 뭔가 아주 굉장한 개일 것 같은 느낌이 들지 않습니까? 하지만 그 개의 품종은 헤인즈 57이라고 하는 잡종견, 한 마디로 똥개입니다. 그들은 볼품없는 똥개 한 마리에게 멋진 이름을 붙여줌으로써 남들이 뭐라 하건 그 개가 자신들에게 매우 특별한 존재라는 것을 알게 했습니다. 오늘의 본문을 보면 하나님도 그와 비슷한 일을 하십니다.

하나님은 자기 백성에게 자신의 이름을 주십니다

우리는 자신의 나약함과 죄를 너무도 잘 알고 있기에 하나님 앞에 나가기가 부끄럽게 느껴집니다. 그러나 그분이 자기 백성에게 주신 이름 때문에 우리가 그분에게 얼마나 특별한 존재인지를 알아야 합니다. 이 본문 말씀에서 하나님이 자신의 백성에게 주신 이름이 무엇이었습니까? 예레미야 33장 16절에서 예레미야는 이렇게 말합니다. 그 가지가 날 때 유다와 예루살렘으로

11 이 부분은 성경에서의 '유사하게 대응하는 말씀들(parallel texts)'을 공부하는 게 중요하다는 사실을 보여준다. 그런 말씀들을 공부하면 성경의 한 책 안에서, 혹은 시간이 지나면서 그 성경의 개념들이 어떻게 발전해 나갔는지를 알 수 있기 때문이다.

12 여기에서는 은혜의 교리적 측면들이 분명하게 보이지만 완전하게 발전되지는 않았다. 예레미야는 대속에 관해 전부 설명하지는 않으나 메시아의 의로움이 그의 백성의 의로움이 될 것이라는 사실은 알려주고 있다. 그 점을 고려할 때 구약에 나오는 관계적인 상호작용(예를 들면 하나님이 죄인들을 여전히 사랑하시는 것)과 더불어 교리적인 진술(예를 들면 하나님이 자신의 성품을 갖지 않은 인간에게 그 성품을 주신 것)에 의해 대속의 진리가 명백하게 드러날 수도 있다는 점을 상기하게 된다. 구약의 말씀들에 이런 구속의 진리들이 어떻게 드러나 있는지에 대한 설명은 *Christ-Centered Preaching* 개정판, 306~308을 참조하라.

언급된 이스라엘은 구원을 받고 "이 성은 여호와는 우리의 의"라는 이름으로 불릴 것이라고 했습니다.

때로 위대한 성경 진리는 성탄절의 아기 예수님처럼 아주 작은 꾸러미로 다가옵니다. 예레미야 선지자는 '이 성'이라는 한 마디에 아주 중요한 핵심을 집어넣었습니다. 그보다 몇 장 앞에서는 장차 오실 메시아에게 "여호와 우리의 공의"라는 이름이 붙게 될 것이라고 했습니다렘 23:6. 그런데 지금은 멸시받고 죄악에 찌든 이스라엘 나라를 향해 "여호와는 우리의 의"라는 이름이 붙게 될 것이라고 합니다.**11** 예레미야는 핵심을 강조하기 위해서 '이'라는 대명사를 여성형으로 바꾸어 독자들이 그 말을 혼동하지 않도록 했습니다. 그러니까 그 처참한 나라가 구원을 받고 그 이름이 "여호와는 우리의 의"라는 이름으로 불리게 된다는 것이었습니다. 하나님은 자신의 백성에게 그분의 이름을 주고 싶어 하십니다. 배신과 죄악에 뒹굴던 나라가 하나님께 그토록 소중한 존재가 된다는 것 자체가 불가능해 보이지만 하나님은 그들에게 멋진 이름을 주심으로 그들이 정말로 소중하고 특별한 존재임을 알려주셨습니다. 하지만 그것이 전부가 아닙니다. 하나님 백성이 그분의 영광으로 빛나게 하려고 하나님은 자기 백성에게 그분의 성품도 주십니다.

하나님은 자기 백성에게 그분의 성품도 주십니다

"여호와는 우리의 의"라는 이름이 무엇을 의미하는지 기억해 보십시오. 장차 오실 메시아는 '여호와는 우리의 공의'라고 불린다고 했습니다. 그 이름은 인간을 위해 하실 그분의 사역의 성격을 암시해 줍니다. 메시아는 스스로 의로워질 수 없는 죄 많은 이스라엘 백성에게 의로움을 선사하실 것입니다.**12** 고대의 사람들은 지금 우리가 명백히 알고 있는 사실을 제대로 알지 못했습니다. 하나님은 자신의 독생자를 통해 그분이 인간에게 요구하시는 의로움을 제공하려고 계획하셨습니다. 죄를 모르는 예수님은 우리를 위해 죄인이 되어서 그분 안에서 우리가 하나님의 의가 되게 하셨습니다 고후 5:21. 십자가 공로를 통해 예수님은 우리에게 그분의 의로운 성품을 제공해 주신 것입니다.

우리가 메시아의 의로운 성품을 받았다는 것은 얼마나 굉장한 일입니까? 우리는 은처럼 반짝이는 줄로 크리스마스트리를 장식합니다. 하지만 실제로 그것은 은이 아니라 은종이일 뿐입니다. 은 같은 장식줄은 결코 은이 아닙니다. 그러나 하나님은 우리를 독생자의 이름으로 부르실 뿐 아니라 그 이름에 걸맞은 사람이 되게 하십니다. 우리는 '의로운 자' 라고 불리고 예수님의 희생으로 의로운 자가 되었습니다. 여호와는 우리의 의입니다. 하나님이 독생자의 이름과 성품을 우리에게 주셨습니다. 그로 인해 우리는 그분의 자녀가 되었습니다. 하나님이 우리에게 주신 영광은 은종이 같은 가짜 장식이 아닙니다. 진품입니다! 우리의 죄와 수치에도 불구하고 우리는 하나님 자녀로서 의로운 이름과 성품을 받게 되었습니다.

독생자의 대속을 통해 새로운 성품을 부여받은 것을 깨닫고 나면 우리는 자기 자신과 다른 사람을 이전과 다른 눈으로 보게 됩니다. 언젠가 예배 시간에 한 자매의 아름다운 찬송을 들었던 때가 기억납니다. 그 자매의 목소리는 제가 이제껏 들은 중에 가장 곱고 아름다운 목소리였습니다. 다른 사람들도 그녀의 노래를 들으며 눈물을 흘렸습니다. 하지만 저는 그녀가 우는 것을 목격한 사람이었습니다.

과거 남편 몰래 바람을 피웠던 그녀는 그 사실에 심한 죄책감을 느꼈고, 죄책감을 벗어나기 위해 술을 마셨는데 한 번 마시면 자제력을 잃을 정도로 폭음했습니다. 그럴 때마다 피해를 보는 것은 그녀의 아이들이었습니다. 그런 다음에는 또다시 죄의식이 양심을 찔렀고 이런 악순환은 계속해서 반복되었습니다. 그야말로 현대 가정의 전형적인 비극을 보는 것 같았습니다.

그럼에도 그녀는 예배 시간에 주님의 놀라운 은혜를 찬송하고 있었습니다. 모든 내막을 알고 있는 저는 솔직히 마음 한구석이 불편했습니다. 그토록 흠 많은 여성이 그토록 흠 없는 목소리로 찬송을 부르다니 이 얼마나 가슴 아픈 아이러니입니까? 하지만 그 순간 저는 다시 한 번 여린 가지에 걸려 있는 반짝이 줄을 보고 있다는 것을 깨달았습니다. 그녀의 아름다운 목소리는 반짝이 줄, 즉 하나님의 아름다움을 보여주는 여린 가지의 장식품이었습니다. 그리고 그 목소리는 나부끼는 반짝이 줄처럼 하나님의 은혜의 깃발이었습니다. 그 깃발을 통해 하나님은 이렇게 말씀하고 계셨습니다. "나의 이름과 성품은 결점 없는 자들만을 위한 것이 아니다. 내 앞에서는 아무도 완벽하게 거룩한 자가 없다. 그래서 나의 의로움을 줄 수밖에 없다. 나는 추한 것을 아름답게 만들고 볼품없는 것을 멋지게 만든다. 나는 장식하기를 좋아하므로 수치로 어두워진 것도 금처럼 반짝이게 한다."

그렇습니다. 우리는 교회 안의 형편없는 사람들이 감히 그리스도인이라는 이름으로 불리는 것을 보면 냉소하며 의혹의 눈길을 보내고 싶어 합니다. 그들의 허물과 티를 보면서 속으로 '어떻게 저런 인간이 자기를 그리스도인이라고 말하지?' 라고 생각합니다. 하지만 우리가 우리 자신의 죄와 수치를 들여다보면 그 질문의 대답이 무엇인지를 압니다. 그들이 그리스도인이라고 불리는 것은 그들 안에 어떤 의로움이 있어서가 아니라 하나님이 그들의 의로움이 되셨기 때문입니다. 하나님은 자신의 이름과 성품을 우리 안에 넣어 주셨습니다. 주님의 보혈이 우리를 그분의 의의 영광으로 덮어주는 반짝이 줄입니다.

우리가 하나님께 소중한 이유가 우리 자신의 의로움 때문이 아니라는 것을 깨닫는 순간 성탄절의 메시지는 분명해집니다. 왕의 침대로 말구유 지푸라기를 사용하신 하나님은 왕의 보좌로 죄인들의 마음을 사용하실 것입니다. 하나님은 죄인들을 내치지 않으시고 그분에게 유용하고 영화로운 존재로 만드십니다. 우리는 그분을 거역하고 배신했지만, 하나님의 무한한 사랑 때문에 우리 죄를 고백하고 겸손히 회개할 용기를 갖게 되었습니다. 하나님의 이름과 성품을 받았으니 우리는 죄와 수치에도 불구하고 그분의 의로움을 우리의 의로움이라고 할 수 있게 되었습니다. 하나님은 죄인들을 하늘의 영광으로 빛나게 하십니다. 장식하기를 좋아하는 하나님은 그렇게 하기를 기뻐하십니다.

여러분 중에 죄 때문에 하나님을 떠났거나, 수치심 때문에 하나님께 등을 돌렸거나, 하나님의 능력이 내 삶에 다시 역사할 수 있을지 의심했던 분이 있습니까? 그분을 의심하지 마십시오! 반짝이 줄로 여린 가지를 장식하는 그분은 여러분의 삶도 그분의 아름다움으로 새롭게 피어나게 하실 것입니다.

결론

우리 아들 조단은 일곱 살 때 크리스마스 포인세티아를 무척이나 좋아했습니다. 황량한 추운 겨울에 빨간 잎을 달고 있는 예쁜 화초가 아주 마음에 들었던 것 같습니다. 조단이 얼마나 포인세티아를 갖고 싶다고 조르는지 결국 우리는 하나를 사주고 말았습니다. 화원에서 화분을 산 뒤, 차를 몰고 집으로 오는데 우리 아들의 얼굴은 그야말로 무엇에 홀린 것 같았습니다. 그 작은 화분을 무릎 위에 놓고는 화초를 하나하나 세밀하게 살펴보는 것이었습니다. 코를 갖다 대고 향기를 맡는가 하면 손가락으로 이파리 가장자리를 살살 만져보기도 하고 심지어 강아지처럼 화초를 쓰다듬기도 했습니다. 그러다 교차로 앞에서 차가 급정거를 하는 바람에 화분이 차 바닥에 떨어져 빨간 이파리들이 일그러졌습니다.

놀라서 쳐다보는 조단의 얼굴에 당혹감과 슬픔과 죄책감이 교차했습니다. 손으로 얼굴을 가리는 행동에 그 아이가 느끼는 괴로움이 그대로 드러났습니다. '아! 내가 왜 그랬을까? 꽉 잡고 있었어야지. 대비했어야지. 더 보호했어야지. 좀 더 잘했어야지' 라는 표정이었습니다. 옆에 있던 아내는 괴로워하고 자책하는 아들을 보자 즉시 팔을 내밀어 아이를 감싸 안았습니다. 팔을 뻗어 자신의 사랑으로 아이의 상처와 아픔을 보듬어준 것입니다. 네, 물론 화초를 더 잘 보살펴야 했겠지요. 하지만 아이의 괴로움과 자책은 엄마에게 더 큰 사랑만을 자아냈습니다. 아내는 아이가 뒤집어쓴 흙을 손으로 털어내고 빨간 이파리들을 매만져서 아이의 손에 다시 한 번 그것을 쥐어 주었습니다.

우리 하나님은 그보다 얼마나 더 여러분을 사랑하시겠습니까? 그분은 우리에게 화초가 아니라 어린 독생자를 주심으로 자신의 사랑을 입증하셨습니다. 성탄절이 되면 우리는 아기 예수님을 작은 강아지처럼 생각하며 그분을 어르고 손으로 쓰다듬으려 합니다. 그러나 우리의 죄가 그분을 이곳에 오시게 했고 우리의 허물이 그분의 피를 흘리게 했습니다. 십자가 형벌의 수치는 우리의 것이었습니다. 우리의 손에 예수님 죽음의 죄책감이 놓여 있습니다. 우리의 죄 때문에 그분의 손과 발과 옆구리에서는 새빨간 핏방울이 뚝뚝 떨어져 십자가 밑에 흥건히 고였습니다. 우리가 한 짓을 생각하면 우리는 수치와 죄책감에 손으로 얼굴을 가려야 합니다. 그러나 하늘의 아버지는 우리의 그런 괴로움을 보시고 즉시 사랑으로 우리에게 팔을 뻗으셨습니다. 우리가 뒤집어쓴 흙과 오물도 그분을 떠나가게 하지 못했습니다. 독생자의 대속으로 우리의 더러움을 씻어주시고 그분의 보혈로 우리를 깨끗하게 해서…

  그분의 목적을 달아주시고,
  그분의 사랑을 걸어주시고,
  천국의 영광으로 반짝반짝 빛나게 하십니다.

작은 반짝이 줄이 여린 가지를 아름답게 장식하듯 우리의 하나님 아버지는 그리스도의 영광으로 우리의 수치를 덮어주십니다. 하나님은 성탄절의 상징을 통해 우리가 다시 한 번 독생자 예수님을 맞아들이고 사랑할 수 있게 하십니다. 혹시나 여러분의 죄와 허물 때문에 그분 앞에 나아가는 게 힘들거나, 싫거나, 불가능해 보인다면 올해에도 성탄절에 울려 퍼지는 메시지를 기억하시기 바랍니다. 죄인들을 위해 자신의 독생자를 주신 하나님은 장식하기를 좋아하시는 분입니다. 그래서 여린 가지와 같은 저와 여러분에게 반짝이 줄을 걸어주십니다.[13]

---

[13] 설교에서 마지막 권고를 할 때는 하나님의 은혜가 필요한 자로서 설교자도 포함해야 더 설득력이 생긴다. 우리 모두 구속이 필요한 자임을 강조하는 것은 복음의 은혜를 전달하는 효과적인 의사소통 수단이다.

설교 예문 06

그리스도의 대속을 예비하는
그리스도 중심 성경 해석

[막힌 길의 예]

선지자 메시지의 모든 면이 예언적인 것은 아니다. 앞선 설교 예문의 소개문에서 말했듯이 선지자들은 그들이 살았던 시대에 관해, 그리고 미래에 관해 이야기했다. 당대에 관해 이야기할 때는 도덕적 교훈, 가르침, 질책, 경고, 혹은 다양한 다른 지침들을 포함한 내용이 주를 이루었다. 그러나 선지자들의 어떤 지침도 도덕적인 개선이 하나님의 사랑을 보증함을 의미하지 않았다. 하나님의 말씀은 언제나 그분이 베푸시는 대속의 성격을 이해하도록 준비시켰다. 하나님은 순종하는 자를 축복하고, 거역하는 자를 징벌하고, 죄의 결과를 경고하긴 하셔도 사람들이 죄짓기를 멈출 때까지 기다렸다가 사랑하시는 분은 아니다. 인간들이 완벽해질 때까지 사랑을 보류하지 않으신다. 하나님은 언제나 자기 백성을 죄에서 돌이키게 하시고 그분의 거룩함을 반영하지 못하는, 즉 사랑스럽지 못한 자들을 받아주신다. 우리는 하나님께 신실하지 못해도 하나님은 늘 신실하시다. 하나님의 사랑이 우리의 의로움을 능가하고 그분의 자비가 우리의 죄를 덮어주신다.

성경 전체에 명시된 내용 속의 암시적 메시지는 하나님 백성이 죄를 지어도 하나님은 여전히 그들을 사랑하시고 그들의 불완전함에도 불구하고 여전히 구원을 베풀어 주신다는 사실이다. 하나님이 자기 백성을 사랑하지 않으셨다면 애초부터 그들에게 말씀하지도 않으셨을 것이고, 징계하지도 않으셨을 것이고, 회개하라고 권면하지도 않으셨을 것이고, 불행한 결과를 경고하지도 않으셨을 것이고, 더더욱 구원자를 보내주지도 않으셨을 것이다. 만일 우리가 구약에서 하나님의 도덕적 지침이나 그것을 어겼을 때의 불행한 결과들만 바라본다면 성경 전체에 스며있는 그리스도 중심적 속성을 알아내는 데 어려움을 겪을 수 있다. 그러나 성경 말씀은 구원의 절대적 필요성과 하나님의 위대한 구원을 이해하도록 우리를 예비하신다는 걸 깨닫게 되면 전혀 의외의 말씀에서조차 복음의 은혜가 반짝거리고 있는 사실을 알아채게 된다.[01]

성경의 역사를 통해 이스라엘 백성은 영적으로 치명적인 인간적 대안들과 달리 하나님이 베푸시는 은혜가 참으로 대단하고 놀랍다는 사실을 알게 되었다. 이번에 소개할 설교 예문은 이사야서 예언의 한 대목을 바탕으로 이스라엘 백성이 어떻게 그 사실을 이해하도록 예비되었는지를 살펴보는 내용이다. 이사야 선지자의 말은 은혜의 속성에 대한 '교리적 진술'을 제공하여 훗날 예수님이 하신

[01] 그리스도 중심적 성경 해석에는 하나님의 은혜(그리스도와 그분의 대속 사역에서 정점에 이르는)를 깨달을 수 있도록 이스라엘 백성을 예비시키는 과정이 여실히 드러난다. 이 부분에 대한 더 자세한 설명은 이 책의 서론과 《그리스도 중심의 설교》 353~354를 참조하라.
[02] 성경 일부에 나타난 '교리적 진술'은 그리스도 중심적 성경 해석을 가능하게 한다. 이에 대한 자세한 설명은 이 책의 서론과 Christ-Centered Preaching 개정판, 306~308을 참조하라.
[03] 성경의 일부 말씀들은, 하나님의 백성이 그분의 은혜로운 공급을 갈망하게 하기 위해서 영적 생명력이 되는 '막힌 길'이 무엇인지를 말해준다. 이에 대한 자세한 설명은 이 책의 서론과 Christ-Centered Preaching 개정판, 305~306을 참조하라.

말씀과 업적을 더욱 깊이 이해할 수 있게 한다.02 다시 한 번 강조하지만, 그리스도 중심의 설교는 하나의 성경 말씀에 그리스도를 억지로 꿰맞추는 게 아니라 하나님이 궁극적으로 베푸실 은혜를 이해하는데 그 구약 본문이 어떤 식으로 이바지하는지를 보여주는 것이다. 이 설교의 경우에는 하나님의 은혜가 이스라엘 백성의 죄와 대조적인 형태로 드러난다. 그 당시 이스라엘 백성은 영성의 막힌 길인 우상숭배의 형태들을 추구하고 있었다.03

공짜 옥수수죽과 공짜 은혜

이사야 44장 9~23절

9 우상을 만드는 자는 다 허망하도다 그들이 원하는 것들은 무익한 것이거늘 그것들의 증인들은 보지도 못하며 알지도 못하니 그러므로 수치를 당하리라
10 신상을 만들며 무익한 우상을 부어 만든 자가 누구냐
11 보라 그와 같은 무리들이 다 수치를 당할 것이라 그 대장장이들은 사람일 뿐이라 그들이 다 모여 서서 두려워하며 함께 수치를 당할 것이니라
12 철공은 철로 연장을 만들고 숯불로 일하며 망치를 가지고 그것을 만들며 그의 힘센 팔로 그 일을 하나 배가 고프면 기운이 없고 물을 마시지 아니하면 피로하니라
13 목공은 줄을 늘여 재고 붓으로 긋고 대패로 밀고 곡선자로 그어 사람의 아름다움을 따라 사람의 모양을 만들어 집에 두게 하며
14 그는 자기를 위하여 백향목을 베며 디르사 나무와 상수리나무를 취하며 숲의 나무들 가운데에서 자기

를 위하여 한 나무를 정하며 나무를 심고 비를 맞고 자라게도 하느니라

15 이 나무는 사람이 땔감을 삼는 것이거늘 그가 그것을 가지고 자기 몸을 덥게도 하고 불을 피워 떡을 굽기도 하고 신상을 만들어 경배하며 우상을 만들고 그 앞에 엎드리기도 하는구나

16 그 중의 절반은 불에 사르고 그 절반으로는 고기를 구워 먹고 배불리며 또 몸을 덥게 하여 이르기를 아하 따뜻하다 내가 불을 보았구나 하면서

17 그 나머지로 신상 곧 자기의 우상을 만들고 그 앞에 엎드려 경배하며 그것에게 기도하여 이르기를 너는 나의 신이니 나를 구원하라 하는도다

18 그들이 알지도 못하고 깨닫지도 못함은 그들의 눈이 가려서 보지 못하며 그들의 마음이 어두워져서 깨닫지 못함이니라

19 마음에 생각도 없고 지식도 없고 총명도 없으므로 내가 그것의 절반을 불 사르고 또한 그 숯불 위에서 떡도 굽고 고기도 구워 먹었거늘 내가 어찌 그 나머지로 가증한 물건을 만들겠으며 내가 어찌 그 나무토막 앞에 굴복하리요 말하지 아니하니

20 그는 재를 먹고 허탄한 마음에 미혹되어 자기의 영혼을 구원하지 못하며 나의 오른손에 거짓 것이 있지 아니하냐 하지도 못하느니라

21 야곱아 이스라엘아 이 일을 기억하라 너는 내 종이니라 내가 너를 지었으니 너는 내 종이니라 이스라엘아 너는 나에게 잊혀지지 아니하리라

22 내가 네 허물을 빽빽한 구름 같이, 네 죄를 안개 같이 없이하였으니 너는 내게로 돌아오라 내가 너를 구속하였음이니라

23 여호와께서 이 일을 행하셨으니 하늘아 노래할지어다 땅의 깊은 곳들아 높이 부를지어다 산들아 숲과 그 가운데의 모든 나무들아 소리내어 노래할지어다 여호와께서 야곱을 구속하셨으니 이스라엘 중에 자기의 영광을 나타내실 것임이로다

본문 배경 소개 | 여러분 중에 이사야를 부러워할 사람은 아무도 없을 것입니다. 그는 이스라엘 백성을 하나님께 고발하는 검사 역할을 했던 사람입니다. 아울러 이스라엘 북 왕국의 심판과 그 뒤에 유다에 임할 심판도 예언했습니다. 이사야의 의도는 이스라엘 백성을 우상숭배에서 돌이키게 하려는 것이었지만 오히려 그의 말은 백성의 마음을 더 완고하게 만드는 결과를 낳은 것 같습니다. 그래도 하나님의 마음은 절대 완고하지 않았습니다. 자신의 백성에 대해 하나님은 언제나 자비로우셨고 심지어 심판하실 때에도 선한 목적으로 심판하셨습니다. 따라서 이사야서 전체를 비롯해 44장 앞부분에서도 하나님은 자신이 세상을 창조하고 유지하고 다스리고 구원한다는 사실을 분명히 하셨습니다. 그분이 만물의 시작이자 끝이므로 그분 외에 다른 신이 없다는 것을 이스라엘 백성에게 알게 하셨습니다.

그렇게 하신 이유는 8절에 나와 있습니다. 하나님은 "나 외에 다른 신이 있겠느냐?"라고 물으신 뒤 "과연 반석은 없나니 다른 신이 있음을 내가 알지 못하노라"고 대답하십니다. 하나님의 권능과 유일성에 대한 이 말씀은 자연히 우상의 무능과 무익함에 대한 다음 말씀으로 이어집니다. 이사야는 이스라엘 백성에게 이 세상의 우상들이 가짜이고 그것들에게는 아무 소망이 없다는 것을 깨우치고자 했습니다. 하지만 이 말씀은 나무와 돌을 섬기는 것에 대한 경고 이상의 의미가 있습니다. 즉 유일신 하나님과 올바른 관계를 맺기 위해

01 이 본문 배경 소개에는 두 가지 과제가 있다. 하나는 대부분 사람이 잘 모르는 성경 말씀의 배경과 상황을 알려주는 것이고, 또 하나는 현대인들에게는 생소해 보이는 유형의 우상들에 대해 듣고 싶다는 호기심을 일으키는 것이다. 따라서 성경 배경 소개에서는 먼저 역사적 상황을 다루었고 그다음에 그것을 전 인류적 문제들과 관련지었다.

서는 인간적인 어떤 것도 의지하면 안 된다는 경고입니다. 01

성경 본문 읽기 | 자, 이제 좀 길기는 하지만 저와 함께 이사야서 44장 9절에서 23절까지의 말씀을 읽도록 하겠습니다.

"우상을 만드는 자는 다 허망하도다 그들이 원하는 것들은 무익한 것이거늘 그것들의 증인들은 보지도 못하며 알지도 못하니 그러므로 수치를 당하리라 신상을 만들며 무익한 우상을 부어 만든 자가 누구냐 보라 그와 같은 무리들이 다 수치를 당할 것이라 그 대장장이들은 사람일 뿐이라 그들이 다 모여 서서 두려워하며 함께 수치를 당할 것이니라
철공은 철로 연장을 만들고 숯불로 일하며 망치를 가지고 그것을 만들며 그의 힘센 팔로 그 일을 하나 배가 고프면 기운이 없고 물을 마시지 아니하면 피로하니라 목공은 줄을 늘여 재고 붓으로 긋고 대패로 밀고 곡선자로 그어 사람의 아름다움을 따라 사람의 모양을 만들어 집에 두게 하며 그는 자기를 위하여 백향목을 베며 디르사 나무와 상수리나무를 취하며 숲의 나무들 가운데에서 자기를 위하여 한 나무를 정하며 나무를 심고 비를 맞고 자라게도 하느니라 이 나무는 사람이 땔감을 삼는 것이거늘 그가 그것을 가지고 자기 몸을 덥게도 하고 불을 피워 떡을 굽기도 하고 신상을 만들어 경배하며 우상을 만들고 그 앞에 엎드리기도 하는구나 그 중의 절반은 불에 사르고 그 절반으로는 고기를 구워 먹고 배불리며 또 몸을 덥게 하여 이르기를 아하 따뜻하다 내가 불을 보았구나 하면서 그 나머지로 신상 곧 자기의 우상을 만들고 그 앞에 엎드려 경배하며 그것에게 기도하여 이르기를 너는 나의 신이니 나를 구원하라 하는도다 그

들이 알지도 못하고 깨닫지도 못함은 그들의 눈이 가려서 보지 못하며 그들의 마음이 어두워져서 깨닫지 못함이니라 마음에 생각도 없고 지식도 없고 총명도 없으므로 내가 그것의 절반을 불사르고 또한 그 숯불 위에서 떡도 굽고 고기도 구워 먹었거늘 내가 어찌 그 나머지로 가증한 물건을 만들겠으며 내가 어찌 그 나무토막 앞에 굴복하리요 말하지 아니하니 그는 재를 먹고 허탄한 마음에 미혹되어 자기의 영혼을 구원하지 못하며 나의 오른손에 거짓 것이 있지 아니하냐 하지도 못하느니라
야곱아 이스라엘아 이 일을 기억하라 너는 내 종이니라 내가 너를 지었으니 너는 내 종이니라 이스라엘아 너는 나에게 잊혀지지 아니하리라
내가 네 허물을 빽빽한 구름 같이, 네 죄를 안개 같이 없이하였으니 너는 내게로 돌아오라 내가 너를 구속하였음이니라 여호와께서 이 일을 행하셨으니 하늘아 노래할지어다 땅의 깊은 곳들아 높이 부를지어다 산들아 숲과 그 가운데의 모든 나무들아 소리 내어 노래할지어다
여호와께서 야곱을 구속하셨으니 이스라엘 중에 자기의 영광을 나타내실 것임이로다."

설교 서론 | 오늘 설교와 관련해 가장 실감 나는 비유는 바로 이것입니다. 와플하우스라는 식당에 가면 35센트짜리 옥수수죽을 먹을 수 있습니다. 그곳에서는 남부지방처럼 접시에 장식처럼 발라놓은 옥수수죽이 아니라 커다란 그릇에 버터를 듬뿍 발라서 많은 양의 먹음직한 옥수수죽을 내놓습니다. 그걸 치즈에 찍어 먹는 가격은 단돈 35센트(한화 약 400원-역주)입니다. 저는 처음에 그 큰 그릇에 담긴 옥수수죽을 보고 옆에 있는 와플은 아예 눈에도 들어오지 않았습니다. 옥수수죽 하나만 먹어도 충분히 요기가 되었으니까요. 단돈

35센트로 한 끼 식사를 해결할 수 있다니 이건 거의 공짜라는 생각이 들었습니다. 커다란 그릇에 가득 담긴 치즈 옥수수죽은 횡재에 가까웠으니까요. 이것은 현실에서 얻는 행운이나 다름없었습니다.

저는 가족과 휴가를 가서 그런 놀라운 사실을 알게 되었으므로 즉시 계산기를 꺼내서 두드리기 시작했습니다. 남은 휴가 동안 와플하우스를 자주 가게 되면 얼마나 여행경비가 절약될지를 계산해 봤습니다. 나아가 이런 싼 음식으로 가계를 절약하면 우리 집 생활수준이 얼마나 달라질지를 생각해 보았습니다. 기념일이나 생일에만 겨우 외식하는 것도 달라질 것이고, 아내에게 일 년에 한두 차례 저녁준비에서 벗어나 주말에 휴식할 수 있을 것이었습니다. 저의 한껏 부푼 기대감은 치즈 옥수수죽을 거의 천국의 문으로 만들었습니다. 그러다가 메뉴판에 인쇄된 작은 글씨가 눈에 들어왔습니다.

와플과 팬케이크와 계란프라이 종류가 죽 나열된 메뉴 밑에 다음과 같은 문구가 박혀 있었습니다.

"정식 메뉴를 주문하시면 치즈 옥수수죽을 35센트에 드립니다."

그러니까 다른 음식을 주문해야만 치즈 옥수수죽을 거의 공짜로 준다는 이야기였습니다. 그 순간, 그리스도인인 우리도 실제로는 그런 은혜를 믿고 있는 것이 아니겠느냐 생각이 번쩍 들었습니다. 하나님의 은혜도 달콤하고 멋지고 좋습니다. 하지만 거기에 무언가를 보태야만 그런 은혜를 맛볼 수 있다고 우리는 생각합니다. 말하자면 완전한 공짜가 아니라 '거의' 공짜라는 이야기지요. 자신의 노력과 공으로 은혜받을 자격이 될 때 비로소 은혜가 우리 것이 된다고 믿습니다. 하지만 그런 은혜는 진짜 은혜가 아닙니다. 우리 힘으로는 할 수 있는 것이 아무것도 없습니다. 받을 자격이 있는 은혜라면 사실상 그건 우리에게 아무 도움이 안 되는 은혜입니다.[02]

이사야 선지자가 이스라엘 백성에게 경고한 것이 '거의 공짜' 은혜였습니다. 그러나 이사야의 경고를 듣는 여러분은 놀랄 것이고, 그 후에는 그의 신학에 의문을 가질 것이고, 마지막에는 그가 전하는 하나님 은혜에 감격할 것입니다. 그분의 은혜는 치즈 옥수수죽과 달리 정말로 완전한 공짜이기 때문입니다!03

02 이 설교의 '타락한 상태에 초점 맞추기'는 비전형적이며 구어적인 방법으로 언급되어 있다. 만일 '타락한 상태에 초점 맞추기'를 전형적으로 표현하려면 이런 식이 될 것이다. "우리는 우리가 받은 은혜가 은혜받을 자격이 있어서 받은 것이라고 믿고 싶어 하는 경향이 있습니다." 하지만 이 설교에서의 '타락한 상태에 초점 맞추기'는 몇 개의 짧은 문장들로 전개되었다가 '거의 공짜'인 은혜가 무엇을 의미하는지에 대한 약간의 긴장감을 남기고 있다. 설교의 대속적 접근방식에서 '타락한 상태에 초점 맞추기'가 어떤 역할을 하는지 알고 싶다면 〈그리스도 중심의 설교〉 335~338을 참조하라.

03 논지 역시도 비전형적으로 언급되고 암시되어 있다. 만일 전형적 논지라면 다음과 같은 식으로 이야기했을 것이다. "하나님의 은혜는 완전히 공짜이기 때문에 우리는 그것을 받을 자격의 논거들을 가리키면서 그분의 은혜를 자기 것으로 주장하면 안 됩니다." 하지만 여기에서의 암시된 논지는 이사야가 했던 은혜의 정의가 왜 그토록 놀라운지를 알기 위해 한동안 설교자의 말에 귀를 기울이게 하고 그로 인해 이사야의 신학에 의문을 갖게 한다. 이런 식의 논지는 분명히 명시된 논지보다 호기심을 유발해서 더 관심을 두도록 만드는 효과가 있다. 암시된 논지에 대해 자세히 알고 싶다면 〈그리스도 중심의 설교〉 184~187을 참조하라.

04 이 메시지가 풀어야 할 과제는 고대의 이교도 우상숭배를 현대의 성도들에게 자신의 문제로 인식시켜야 한다는 것이다. 따라서 일찌감치 이사야가 제시한 본문을 '원칙화(principle-izing)'(가령, 그의 특정한 예들에서 만고불변의 진리와 원칙을 발견하는 것)한 이유는 그런 예들의 분석에 들어가기 전에 청중이 공감대를 형성하여 계속 설교에 귀를 기울이게 하려는 것이다.

I. 우상숭배의 속성과 무익함

우상숭배의 속성_사 44:9~11

인간이 만들어낸 어떤 것에 신적 능력이 있다고 믿는 것이 우상숭배입니다. 그것은 창조된 세계가 자신을 위해 새로운 세계를 창조할 수 있다고 주장하는 것입니다. 말하자면 만물을 창조한 하나님을 대신해 우리 자신의 목적을 위해 우리가 만들어낸 신들로 대체하는 것이 우상숭배입니다.[04]

이사야는 우상숭배의 세 가지 예를 제시했습니다. 하나는 철공이 만든 우상이고, 다른 하나는 목공, 나머지 하나는 요리사가 만든 우상이었습니다. 이 예들은 각각 다른 의미로 우상숭배의 속성을 적나라하게 보여줍니다.

철공이 만든 우상

철공12절은 불과 연장을 사용해 "그의 힘센 팔로" 우상을 만들어냅니다. 하지만 일을 하다 보면 배가 고프고 피곤해지고 목이 마르게 됩니다. 우상이 철공을 돕는 대신 철공을 지치게 하는 것이지요. 이때의 교훈은 간단합니다. 소원성취하겠다고 하나님이 아닌 다른 것들을 의지하면 결국은 지치고 맙니다. 오로지 자기의 노력과 방식대로 더 좋은 명예, 더 많은 급여, 더 큰 쾌락, 더 편안한 삶을 추구하게 되면 어느 정도는 그대로 이루어질지 모릅니다. 그러나 인간이 만들어내는 것에 의지해 행복을 추구하는 삶은 결국 우리를 지치고 상하게 합니다.

목공이 만든 우상

목공13절은 나무를 자르고 다듬어서 자신의 우상을 만들어 신전에 놓아둡니다. 이 역시 인간의 손으로 만든 것을 의미합니다. 이사야 선지자는 사람들을 깨우치기 위해 신중하게 단어를 선택해 사용했습니다. 대패로 나무의 거친 면을 밀고 곡선자로 긋는다는 표현은 예술 행위에 해당하지만 결국 그는 "사람의 모양"을 만드는 것입니다. 비록 그것이 "사람의 아름다움을 따라" 만들어진 것이라 해도, 즉 자신을 최고의 예술작품으로 표현했다고 해도 여전히 그것은 인간을 반영할 뿐이며 목공의 손에서 만들어진 물건에 불과합니다. 인간이 만드는 우상들은 필연적으로 인간의 사상과 능력을 거울처럼 반영할 수밖에 없습니다. 인간이 만들었기 때문에 그 이상을 넘어설 수 없습니다. 우상들은 전부 인간의 형상을 하고 인간의 한계성을 갖고 있을 수밖에 없습니다.

어느 대학에서 한 학생이 교수에게 성경이 정말로 진리이며 오류가 없는지 질문했다고 합니다. 그러자 교수는 그 학생에게 가위를 주면서 이렇게 대답했습니다. "이 가위로 성경에서 하나님의 말씀이 아니라고 생각하는 것, 혹은 성경에 들어갈 가치가 없다고 생각하는 걸 잘라내 보게. 하지만 자네가 무엇을 잘라내어 없앤다고 해도 자네가 가진 성경은 그저 자네의 지혜만을 반영하고 있을 것을 기억하게나. 그건 결국 자네의 말씀이 될 거네. 자네의 생각과 의견만을 반영하고 있을 테니까." 저는 그 성경이 종이 인형으로 가득 찬 모습을 상상해봅니다. 한 장을 넘길 때마다 그 학생의 얼굴을 한 종이 인형들만 튀어나오는 거지요.**05** 우리의 지혜와 노력으로 만드는 모든 것은

05 대학교 예화처럼 현대의 상황에 직접 말씀의 진리를 적용하면 청중이 구약 이야기에 공감대를 형성하는 데 도움을 준다.

결국 우리 자신의 모습일 뿐입니다.

인간이 만든 자동차는 인간보다 더 빨리 달릴 수 있고, 망원경은 인간보다 더 멀리 보이게 할 수 있고, 컴퓨터는 인간보다 더 빨리 계산할 수 있지만, 여전히 자연계의 영역을 벗어나지 못합니다. 인간이 무엇을 만든다고 해도 그것은 하나님의 초자연적 권능에 근접조차 못할 자연계의 한계를 지닌 것들입니다. 인간은 자신의 한계를 벗어나 보겠다고 우상을 만들지만, 그것은 인간의 한계를 반영할 뿐이고 우상을 숭배하는 것은 인간의 한계를 숭배하는 것에 불과합니다.

요리사가 만든 우상

하지만 자연의 재료로 만든 우상이 실제로 초자연적 힘을 발휘하는 데 사용될 수 있지 않을까요? 이사야는 그런 질문에 대답하기 위해 목공에서 요리사로 비유의 소재를 바꿉니다. 이사야의 점잖은 조롱이 암시하는 내용은 뻔한 것입니다. 우상을 만든 사람이 그 우상의 본질을 좌우지할 능력이 없다면 그 우상이 자기보다 더 많은 능력을 발휘할 것으로 믿는 것은 바보 같은 일이라는 것입니다. 요리사(실제로는 자신의 음식을 요리하는 목공을 의미합니다. 사 44:14~20)는 먼저 나무를 자릅니다. 그러나 나무가 자라려면 하늘에서 비가 내려야 하고 비가 오는 것은 요리사의 힘으로 할 수 있는 것이 아닙니다사 44:14. 그런 다음에 요리사는 자신이 자라게 못하는 나무를 사용해 땔감을 만들어 자신의 몸을 따뜻하게 덥히고, 자신이 창조하지 못하는 재료를 사용해 빵을 구워 주린 배를 채웁니다. 그의 배는 다시 고파지겠지만, 그에게는 그것을 통제할 능력조차 없습니다사 44:15. 결국, 이사야는 이렇게 조롱하고 있는 것입니다.

"나무라는 것은 그를 이롭게 하고, 그의 손에 다루어지고, 그의 뜻을 이행하는 물건에 불과한데 왜 그것을 숭배하려고 하는가?"

또한, 그에 덧붙여 다음과 같이 지적합니다.

"그 중의 절반은 불에 사르고 … 그 나머지로 신상 곧 자기의 우상을 만들고" 사 44:16~17. 요리사는 우상의 절반을 자기가 불태워 놓고 어떻게 그것이 자신을 구한다고 생각한단 말입니까? 훗날 바리새인들이 나쁜 의도로 인용했던 것이지만 여기에서 이사야가 비슷한 질문을 던집니다.

"자기 자신도 구하지 못하는 신인데 어찌하여 너희를 구할 수 있다고 생각하느냐?" 마 27:42와 비교.

우상숭배의 무익함_사 44:18~20

철공, 목공, 요리사의 비유를 들어 우상숭배의 무익함을 설명한 이사야는 이제 한층 수위를 높여 다음과 같이 질책했습니다.

"그들이 알지도 못하고 깨닫지도 못함은 … 깨닫지 못함이니라" 사 44:18.

우상숭배자들은 자신이 통제하는 우상으로 통제력 밖에 있는 세상을 통제하려는 자들입니다.

이사야는 우상을 신뢰하는 자는 재를 먹는 자라고 했습니다 사 44:20. 자기가 불을 피워서 만든 재로 자신의 탐욕과 욕망을 채우는 데 사용한다는 이야

06 설교자들이 발견해야 할 중요한 열쇠는 '공통적 상태인식'이라는 원칙이다(《그리스도 중심의 설교》 51~56 참조). 성경에 등장하는 사람들이 현재 우리와 비슷한 고통과 감정과 괴로움을 겪고 있다는 것을 설명해 주면 청중은 성경이 공통적 마음 상태에 대해 무엇을 말씀하는지(비록 외부적 상황은 다를지라도) 듣고 싶은 충동을 느끼게 된다.

기입니다. 재와 같은 소모품은 결코 우리를 채우지 못하고, 우리를 강하게 하지 못하고, 우리를 만족하게 하지 못합니다. 재를 삼키면 그저 물로 입을 가시고 침을 뱉고 싶게 만들 뿐입니다. 사람이나 재물과 같은 재에서 행복을 찾으려 했던 분이 있다면 이사야 선지자가 무슨 말을 하는지 정확히 이해하실 것입니다. 너무도 실망하고 좌절해서 그저 입을 헹구고 침을 뱉고 싶었을 것입니다. 그리고 인생이라는 용광로 속에서 절대로 재가 되지 않을 무언가를 찾고 싶었을 것입니다.06

이사야는 이스라엘 백성이 그것을 찾게 하려고 의도적인 노력을 기울였습니다. 가만히 놔두면 절대로 스스로 찾으려 할 그들이 아니었습니다. 사실, 피조물을 이용해 창조주를 조종하면 안 된다는 것은 이스라엘 사람들에게 전혀 낯선 이야기가 아니었습니다. 따라서 우상숭배에 대한 충고가 재치 있고 교훈적이긴 하지만 궁극적으로 이사야가 무엇을 말하고 싶었는지는 더 깊이 헤아려 볼 필요가 있습니다. 이사야는 우상들 뒤에 있는 것이 정말로 무엇인지 폭로하고 있습니다. 그럼으로써 우리도 마음속에 있는 진짜 우상이 무엇인지 직시할 수 있습니다. 우상숭배의 정체를 명확히 하기 위해서 이사야는 우상숭배의 속성(인간이 원하는 것)만이 아니라 구원의 속성(우리를 놀라게 하는 것)에 관해서도 이야기하고 있습니다.

II. 구원의 속성

이사야는 왜 이스라엘 백성이 별로 동의하지 않는 우상숭배의 실체를 폭로하려고 그토록 애를 썼을까요? 그것은 우상에 반영된 인간성의 본질을 제대로 이해하지 않으면 인간이 얼마나 우상숭배에 쉽게 빠질 수 있는지도 깨닫지 못하기 때문입니다. 하나님의 은혜는 인간의 노력 없이 완전하게 거저 주어지는 것임을 알아야만 구원의 하나님을 전심으로 경배하며 올바른 삶을 살 수 있습니다. 그런 구원의 속성을 밝히고 설명하는 것이 이사야 선지자의 다음 과제였습니다.

하나님은 자기 백성을 기억하십니다_사 44:21

주석가들에 따르면 이사야가 이 대목을 적을 무렵 이스라엘 백성은 이미 바벨론에 포로로 잡혀갔거나 정복당한 이후라서 이스라엘에는 소수의 사람만 남아 있었다고 합니다. 하나님의 백성이 참으로 비참하고 절박한 처지에 놓인 것입니다. 아마도 그들은 하나님이 도와주실지, 자신들의 죄 때문에 하나님이 영원히 떠나셨는지, 혹은 아예 자신들을 **잊으셨는지** 의아해하고 있었을 것입니다. 하지만 이사야는 그들에게 이렇게 말했습니다. "야곱아 이스라엘아 이 일을 기억하라 너는 내 종이니라 내가 너를 지었으니 너는 내 종이니라 이스라엘아 너는 나에게 잊혀지지 아니하리라" 사 44:21.

이스라엘 백성은 자신의 하나님을 잊었고 헌신짝처럼 내버렸지만, 하나님은 "내가 너를 지었으니 너를 잊지 않겠다"고 말씀하셨습니다. 또한, 그들을 야곱과 이스라엘이라는 언약의 이름으로 부르셨습니다. 그것은 약속의 민

07 하나님이 언약에 충실하다는 사실은, 이스라엘 백성의 반복되는 배신에도 불구하고 하나님이 신실하신 분임을 깨닫게 해주는 중요한 단서다. 이사야는 이런 일반적인 방식을 통해 고대의 청중과 현대의 청중들이 하나님의 구원 계획과 그 속성을 이해하도록 '예비' 한다. 하나님의 언약에 대한 충실함은 분명히 그분 백성과의 관계적인 상호작용의 한 단면이며 그분의 자비로운 성품을 보여주는 것이다. 하지만 뒤에 가면 이 진리에 대한 더 분명한 교리적 진술이 나온다.

족, 하나님이 목적을 갖고 세운 나라, 그분이 소중히 여기시는 백성임을 상기시켜 주는 이름입니다. 자기 백성을 잊지 않겠다는 말씀은 단순히 예전의 약속을 상기시켜 주려는 의도가 아니었습니다. 그들을 위해 언약에 따라 행동하시겠다는 일종의 선언이었습니다.07 수천 년에 걸친 하나님의 보호와 인도, 아울러 그들을 통해 장차 이루실 하나님의 약속은 과거 이스라엘의 선조들에게 내가 결코 너희를 잊지 않고 떠나지 않겠다고 하신 맹세와 동일 선상에 놓여 있었습니다. 비록 야곱의 자손들은 하나님의 도움을 신뢰하지 않았지만(나라가 침략 위기에 처했을 때 이방 나라들과 조약을 맺음) 하나님은 그들에게 등을 돌리지 않으셨습니다.

하나님은 자기 백성을 용서하십니다_사 44:22

하나님은 이스라엘 백성의 배신에도 불구하고 그들을 잊지 않으셨을 뿐 아니라 그들의 죄악에도 불구하고 그들을 용서하셨습니다. "내가 네 허물을 빽빽한 구름 같이, 네 죄를 안개 같이 없이하였으니 너는 내게로 돌아오라 내가 너를 구속하였음이라"고 하나님은 말씀하셨습니다22절. 얼마나 귀중하고 은혜로운 말씀입니까? 저는 시시콜콜하게 내용을 분석하면서 이 말씀의 묘미를 망치고 싶지 않습니다. 다만 하나님이 그분의 자비를 어떻게 표현하셨는지를 보면서 그 묘미를 음미하고자 합니다.

• 죄를 지은 뒤에

첫째로, 하나님은 이스라엘 백성이 죄를 지은 **뒤에** 용서한다고 말씀하셨습니다. 이스라엘 백성은 하나님을 떠나 자신들의 힘으로 살길을 모색했던 사람들이었습니다. 그러나 하나님은 자신의 권능을 어떻게 사용하십니까?

하늘의 빽빽한 구름이 흩어지듯이, 산을 뒤덮고 있는 구름이 물러나듯이 그들의 허물을 지워버리겠다고 하셨습니다. 또한, 태양 빛에 아침 안개가 사라지듯이 그들의 죄를 없애주겠다고도 하셨습니다.

이런 멋진 비유들은 아무 생각 없이 그냥 지어낸 비유가 아닙니다. 우리가 죄를 지으면 그 죄가 우리 삶에 구름처럼 드리우고 마음속의 빛을 빼앗아갑니다. 그러나 우리 허물이 맑은 하늘처럼 깨끗해지고 우리 수치가 하나님의 자비로 사라졌다는 것을 알게 되면 우리에게는 새로운 날이 밝은 것입니다. 우리의 마음은 환해지고 발걸음은 가벼워집니다. 하나님이 과거의 죄를 용서하시고 인생의 새 출발을 하게 하셨기 때문입니다. 하나님은 우리를 기억하시되 우리의 죄는 기억하지 않겠다고 약속하셨습니다. 다소 감상적인 이야기로 들릴지 모르지만, 죄가 사라지고 환한 새날이 밝았다는 것은 참으로 감격스러운 일입니다. 혹시 어둡고 음산한 날밖에 모르고 살았던 분이 있다면 그런 밝은 날이 얼마나 기쁘고 감사한 것인지 말씀드리지 않아도 잘 아실 것입니다.

소설가 앤 라모트Anne Lamott는 〈마음 가는 대로 산다는 것〉이란 책에서 죄에도 불구하고 기억되었을 때, 그래서 구름 없는 살게 되었을 때의 기분을 다음과 같이 묘사했습니다.

"[목사님은] 생전 처음 같은 방에 있게 된 최초의 기독교인이었다. 기독교인들은 '나는 구원받았고 너는 아니다' 라는 믿음으로 적대적인 느낌까지 주곤 했었다. 구원받았다니, 대체 그게 뭐란 말인가?

08 앤 라모트, 〈마음 가는 대로 산다는 것〉 (청림, 2008).

나는 물었다. …

"거기에 대해 생각할 필요 없습니다." 그가 말했다.

"그냥 말씀해 주세요."

"말하자면 이런 거지요. 앤 여사가 먼지 쌓인 전당포 선반에 놓인 잊혀진 물건, 별로 값이 안 나가는 싸구려 물건 같은 거였는데 예수님이 오셔서 전당포 주인에게 '내가 저 선반에 있는 앤을 사겠소. 앤을 밖으로 내보내 주시오' 라고 말하는 것이지요." **08**

바로 이것이 새로운 빛과 새로운 삶의 약속입니다. 죄 탓에 선반 위에서 잊혀진 것이 아니라 여전히 기억되고 있었던 것입니다. 그러나 앤 라모트에게는 사라져야 할 안개가 여전히 존재하고 있었습니다.

"새롭게 태어났으니 무릎을 꿇고 싶었지만 그러지 않았다. 그냥 집으로 왔다. … 그리고 위스키를 끊었다. 예전보다 비교적 기분이 괜찮았고, 절제력도 조금 생겼다. 비록 완전히 술을 끊는 데는 4년이라는 시간이 더 걸렸지만. 수치와 실패의 삶을 싸워 보지도 않고 포기하고 싶지는 않았다. … 나는 서서히 살아났다. 전에는 에스겔이 말한 마른 뼈 같았다. 인생을 포기하고 생기도, 희망도 없는 … 그러나 에스겔 덕분에 그 뼈들에 생기가 들어갔다. 영과 인자함이 그 뼈들을 살려냈다."

저는 "영과 인자함이 그 뼈들을 살려냈다"는 말이 가슴에 와 닿습니다. 그 말씀에서 로마서 2장 4절 "하나님의 인자하심이 너를 인도하여 회개하게 하심을"이라는 말씀이 연상됩니다. 그러나 말은 좋지만, 무언가 잘못되었다는 느낌이 듭니다. 앤 라모트는 회개하기 **전에** 자신이 잊혀진 존재가 아니었다는 것을 알았습니다. 술로 인생이 찌들기 **전에** 인자함을 경험했습니다. 죄에서 돌이키기 **전에** 하나님의 인자와 자비를 경험했습니다. 우리는 사람들이 회개도 하기 전에 용서받았다고 말하면 안 된다고 생각합니다. 그러면 하나님의 자비를 이용할 테니까요, 그렇지 않습니까?

아니요. 그렇지 않습니다. 은혜의 신비가 바로 여기에 있습니다. 하나님은 이스라엘 백성이 죄를 지은 **뒤에** 용서해 주셨습니다. 그런데 그뿐만이 아니라 그들이 회개하기도 **전에** 용서해 주셨습니다. 이 말이 불가능하고 위험하게 들립니까? 그럴지도 모릅니다. 하지만 이사야서에 언급된 은혜는 너무도 놀라워서 믿는 성도들조차 믿기가 힘들 정도입니다.

• 회개하기 전에

회개가 무엇입니까? 히브리어로 회개는 '슈브'라고 하는데 그것은 '돌이키다, 돌아오다'라는 뜻입니다. 회개란 죄에서 돌이켜 하나님에게로 돌아가

09 훌륭한 설교는 대개 중심축(중요한 개념)이 되는 포인트를 갖고 있다. 이 포인트를 말하는 순간 그것이 지렛대가 되어 설교의 힘이 극대화된다. 이 부분이 바로 그런 포인트다. 비록 이 부분은 전형적 논지를 갖고 있지 않지만, 선지자가 사용한 문법에 근거해서 나온 통찰은 설교자로 하여금 전통적 종교 관념에 사로잡힌 많은 성도에게 매우 놀라운 은혜의 한 단면을 설명할 수 있게 해 준다. 은혜는 완전히 공짜이며 받을 자격이 없는데도 주어졌다는 사실을 알게 하는 것이 이 설교의 존재 이유며 이 성경 해석의 통찰이 그 점을 입증해 준다. 은혜의 이런 놀라운 특징으로 인해 그리스도가 오시기 전과 오신 후의 사람들이 그분 은혜의 명확한 속성을 이해하도록 미리 '예비되었다'는 것은 참으로 대단한 일이다.

는 것입니다. 이 사실을 염두에 두고 이사야 44장 22절 말씀을 더 자세히 살펴보도록 합시다. "내가 네 허물을 **빽빽한** 구름 같이, 네 죄를 안개 같이 없이하였으니"라고 하나님은 말씀하셨습니다. 이 말씀의 시제는 무엇이고 언제 자비를 베푸셨습니까? 과거형입니다. 하나님이 백성의 허물을 없이한 것은 과거의 일이고 이미 완료된 행동이었습니다. 그렇다면 이스라엘 백성은 이제 무엇을 해야 합니까? 하나님이 "너는 내게로 돌아오라"고 하셨습니다. 그 일은 언제 일어납니까? 이사야가 이 글을 썼을 때는 아직 그런 일이 일어나지 않았습니다.

하나님이 이스라엘 백성에게 이미 용서의 자비를 베풀었다고 말씀하셨을 때, 그들은 죄의 징벌을 받고 있었지만, 여전히 하나님께로 돌아가지 않았습니다. 사실 그들이 처한 상황은 더 악화되었고 백성도 더욱 나빠졌습니다. 그들은 더 깊이 죄와 거역에 빠져들었습니다. 하나님은 그들을 잊지 않으셨으나 그들은 하나님을 잊었습니다. 어떻게 그럴 수가 있었을까요? 어떻게 하나님께 돌아가기 전에 그들의 죄가 없어질 수 있었던 것일까요? 그 대답은 다음 말씀에 있습니다. "내가 너를 구속하였음이니라." 이 말씀의 시제는 무엇입니까? 과거형이고 완료형입니다. 이보다 더 조건 없는 사랑을 명백하게 보여주는 것이 없습니다. 이보다 더 하나님의 언약이 인간의 업적이 아니라 하나님에 의해 유지된다는 것을 확실하게 말해주는 것은 없습니다. 하나님은 자신의 백성이 회개하기도 전에 구속해 주셨습니다.**09**

신학대학원에서 가르칠 때의 즐거움 중 하나는 어린아이를 가진 젊은 부부를 많이 보게 되는 것입니다. 신학과 가정을 섞으면 그 결과 아기들이 생기나 봅니다. 덕분에 저는 아기들이 첫걸음마 떼는 모습을 여러 번 보게 되었습니다. 여러분도 그 과정을 잘 아실 것입니다. 부모는 먼저 아기 손이 닿지 않을 만한 곳에 무릎을 꿇고 앉습니다. 그리고 두 손을 내밀며 아기에게 "이리 와, 내가 잡아줄 게. 이리 봐, 엄마(아빠)한테 와"라고 말합니다. 아기에게 등을 돌리고 팔짱을 낀 채로 "네가 두 발로 서서 나한테로 걸어오기 전에는 절대 너를 사랑하지 않을 거야"라고 말하는 부모는 없습니다. 사랑이 먼저입니다. 사랑은 아기가 걸어야 한다는 조건을 달지 않습니다. 아기가 걷기 전에 베풀어주는 사랑이 아기가 가야 할 곳으로 갈 수 있게 해 줍니다.

부모 사랑의 예화에서 영적 진리로 넘어가기 전에 장 칼뱅(John Calvin, 1509~1564)이 '복음적 회개'와 '율법적 회개'라고 한 것의 차이점부터 생각해봅시다. 율법적 회개란 하나님의 자비가 인간이 하는 회개의 적합성에 달려있다고 생각하는 것입니다. 우리는 회개의 행동(충분한 시간, 기도, 눈물 등)을 통해 하나님의 자비를 유도하려고 합니다. 우리가 하는 행동의 충분함에서 구원을 찾는 것입니다. 반대로 복음적 회개는 하나님의 자비로 인해 생겨나는 결과입니다. 즉 우리가 회개하는(죄에서 돌이켜 하나님께로 돌아가는) 이유는 우리에게 이미 완전한 공짜의 자비가 베풀어졌다는 것을 알았기 때문입니다. 우리의 죄보다 더 큰 사랑을 베풀어 주신 것, 우리의 거역에도 불구하고 우리를 용서해 주신 것, 우리 회개의 불충분함에도 불구하고 자비를 주신 것이 우리를 감동하고 마음을 움직이고 기쁨을 심어주는 것입니다. 그것은 우리 내면의 어떤 선한 것과도 무관합니다.

앞서 언급한 앤 라모트는 같은 책에서 자신의 체험담을 자세하게 들려주었습니다. 그녀는 자기도 모르는 사이에 우상숭배처럼 섬겼던 신이 있었고, 예전부터 자기를 사랑한 하나님을 발견하기 위해서 그 우상에서 떠나야 했다고 말했습니다.

"나의 하나님은 누더기 하나님이었다. 동양과 서양, 이방 종교와 유대교 등 주방 싱크대와 예수님만 제외하곤 온갖 헝겊쪼가리와 리본들을 한데 뒤섞어 꿰매놓은 것이었다.

그러다 어느 날 저녁, 어둑한 침실에 누워 있는데 온몸을 찌르는 고통이 느껴졌다. 낙상을 하거나 약물 과다 복용을 한 것처럼, 금방 죽을 것만 같았다. 내세가 있다는 건 알았지만 … 저 세상에서 나를 이대로 받아줄 것 같지 않았다. 하나님이 이런 나를 사랑한다는 게 도무지 상상이 되지 않았다.

그러나 어두운 침실에서 … 갑자기 성스테판 교회의 그 남자(새로 부임한 목사)를 만나야 한다는 생각이 들었다. …

사십오 분이나 걸어서 교회에 도착해 보니 그 깡마른 중년의 사내는 여전히 사무실에서 일을 하고 있었다. … 그는 정말로 내 말을 열심히 들어주었다. … 그래서 모든 것을 털어놓았다. 러브호텔들, 아버지의 죽음, 종종 과음한다는 사실도 슬쩍 암시하면서.

그 남자가 무슨 말을 했는지 기억나지 않는다. 다만 하나님이 이런 나를 사랑할 수 없을 거라고 했을 때 그는 이렇게 대꾸했다.

"하나님은 당신을 사랑해야 합니다. 그게 하나님의 의무니까요.""

고백하건대, 그 목사가 한 말이 처음에는 신학적으로 훌륭한 대답이라고 생각하지 않았습니다. 하지만 여러 해가 지나서 그 목사는 앤의 구원이 전적으로 하나님의 책임이고 그녀가 무엇을 하거나, 과거에 했던 일에 근거하지 않는다는 것을 다음과 같이 설명했습니다.

"당신은 그때 아주 절박한 상황에 처해 있었지요. 자살 충동을 느꼈고, 알코올 중독이 분명했고, 인생의 바닥을 헤매고 있었습니다. 그 상황에서는 어찌하든 당신을 문제에서 탈출시켜 다시 숨을 쉬게 하는 게 급선무로 여겨졌습니다. 당신이 하는 기도도 아무 효과가 없다고 했지요. 너무도 절박한 나머지 당신은 자신을 스스로 구원하려고 했습니다. 그래서 제가 당신에게 잠시 기도를 멈추라고, 제가 기도를 해 주겠다고 했던 것입니다. 그러자 금세 안도의 빛을 보이더군요."

앤 라모트를 안도하게 한 것은 무엇이었습니까?[10] 그녀가 만든 신을 의지해서도 아니었고, 기도를 많이 해서도 아니었습니다. 다른 사람에게 자기 구원의 모든 짐을 맡겼기 때문이었습니다. 자신을 구원하는 데 필요한 모든 것은 전적으로 하나님이 해 주실 일이라는 것을 앤 라모트는 믿어야만 했습니다. 다시 말해 은혜가 완전히 거저라는 사실을 깨달아야 했던 것입니다. 하나님의 은혜와 자비는 우리의 기도, 생각, 순종, 심지어 회개의 질과 양에 달린 것이 아닙니다. 하나님의 사랑과 은혜는 우리가 회개하기도 전에 이미 베풀어지는 것입니다.

• 악용에도 불구하고

지금 이 설교를 듣는 여러분 마음에 아마도 이런 의문이 일어날 것입니다.

[10] 앤 라모트의 이야기는 회중과 목회 상황에 맞추어 적절히 사용하는 것이 좋다. 그녀는 예수님을 영접한 뒤에도 여러 가지 문제에 휩싸여 있었다. 설교에 도움이 되는 방향으로 그녀의 간증이 사용되려면 하나님의 은혜가 청중에게 충분히 전달되어야 한다.

"회개도 하기 전에 용서해 주신다면 사람들은 하나님의 용서만 믿고 자기 멋대로 하지 않겠는가? 은혜를 악용하지 않겠는가?"

예, 당연히 그럴 수 있습니다. 저는 그 점을 부인하지 않겠습니다. 그러면 이번에는 그와 반대의 것을 한 번 생각해 봅시다.

1. 하나님의 용서는 내가 하는 회개의 질과 양에 달려있다고 할 때_ 만일 하나님이 내가 하는 회개를 보고 용서를 결정하신다면 내가 회개를 조금 했을 때 어떤 일이 일어나겠습니까? 만일 제가 수백만 명을 죽이고서도 "아, 미안합니다."라고 말한다면 하나님이 저를 용서해 주시겠습니까? 여러분은 아마도 "절대 용서해 주시지 않습니다. 하나님은 우리가 마음에서 우러나오는 진정한 회개를 해야만 용서해 주십니다."라고 대답하실 것입니다.

다시 말해서 우리는 하나님의 은혜가 우리 회개의 적절함에 좌우된다고 생각하고 있습니다.

그러면 그렇게 생각하는 분들에게 한 가지를 질문하겠습니다. 거룩한 하나님을 흡족하게 할 만한, 성자의 보혈로 받은 용서에 어울릴 만한, 한량없는 자비에 필적할 만한 회개란 정확히 어떤 회개를 말하는 것입니까? 마음에서 우러나오는 진정한 회개를 해야 한다는 것에는 우리 모두 동의합니다. 하지만 하나님의 은혜가 인간의 행위 여하에 달려있다고 말한다면 그런 신학은 사실상 하나님의 행위가 인간의 선행에 좌우된다고 말하는 것과 같다는 것을 알아야 합니다. 오늘의 성경 본문에서 이사야가 이스라엘 백성에게 경고하는 것은 바로 그와 같은 생각이 우상숭배라는 것입니다. 우리의 구원이 우리가 하는 회개의 양과 질에 달려있다고 믿을 때 우리 믿음의 대상은 하나님 은혜의 충분함이 아니라 우리 회개의 충분함이 됩니다.

하나님의 은혜와 용서가 우리 회개의 충분함에 좌우된다고 하면 다음과 같은 결과가 생겨납니다.

1) 우리의 회개가 하나님을 만족하게 했다는 우월감이 영적 구원의 기반이 될 것입니다.
2) 혹시라도 우리의 회개가 불충분할지 모르니까 내세, 혹은 이승에서 연옥이라든가 속죄소(자기 학대의 행위를 하는) 같은 것이 있어야 할 것입니다.
3) 만일 자신의 회개가 거룩한 하나님의 용서를 받기에 합당하였는지 아닌지를 진짜 깨끗한 양심으로 판단할 수 있다면 우리의 미래는 지옥밖에 없습니다.

자신의 회개가 하나님 사랑의 근간이라고 믿는 사람, 자기 회개가 결단코, 결단코 충분하지 못하다는 것을 아는 사람에게 이 세상은 지옥일 뿐입니다. 만에 하나라도 잊어버리고 고백하지 않은 죄가 있다든가(사실은 누구나 그렇습니다), 미처 제대로 회개도 못했는데 갑작스레 죽음을 맞는다면 어떻게 하겠습니까?

그러면 이런 두려움과 걱정에서 자유롭게 되는 길은 무엇일까요? 그 해결책은 이사야가 말했듯이 회개 전에 용서가 임한다는 사실을 믿는 것입니다. 회개로 용서를 받는 것이 아닙니다. 우리의 회개는 하나님이 이미 베푸신 용서의 은혜를 경험하고 누리게 하는 수단일 뿐입니다. 하나님의 사랑과 은혜는 거대한 대양의 바닷물처럼 위아래, 좌우 사방으로 우리를 감싸고 있습니다. 그리고 그 물결이 우리를 흘러가게 해서 하나님의 위대한 사랑에 도달하게 해 줍니다. 그런 사랑이 우리 마음을 하나님께로 향하게 하고, 진정으로 죄를 뉘우치게 하고, 하나님이 원하시는 삶을 살고 싶게 만드는 것입니다.

2. 하나님의 조건 없는 용서가 오직 구약시대에만 가능하다고 했을 때_ 이스라엘 백성의 죄악을 안개처럼 없애버리겠다는 하나님의 조건 없는 용서는 구약시대 이스라엘과 언약의 관계였기에 가능한 일이라고 주장할 수 있습니다. 그런 주장을 하는 사람들은 신약에서 "만일 우리가 우리 죄를 자백하면 그는 미쁘시고 의로우사 우리 죄를 사하시며 우리를 모든 불의에서 깨끗하게 하실 것이요"요일 1:9라는 말씀을 들어서 그것이 구약시대에만 통용되는 것이라고 이야기할 것입니다.

그런 주장에 반박하기 위해서 우리는 신약에서의 사실fact 진술과 원인cause 진술의 차이점을 기억해야 합니다. 우리가 죄를 자백할 때 하나님이 우리 죄를 용서해 주신다는 것은 분명한 사실입니다. 하지만 이 말은 '이러하면 이러하고 저러하면 저러하겠다' 는 이야기가 아닙니다. 사도 요한은 인간의 특정한 행위가 하나님의 용서를 받게 하는 요인이라고 말하는 것이 아닙니다. 사도 요한은 지속적인 자백(문자적으로 옮기면, "만일 우리가 우리 죄를 계속 자백하면 ..."이 된다)이라는 표현을 사용했습니다. 따라서 어느 시점에서의 특정한 행위가 아니라 삶의 자세, 즉 우리의 행위가 부족하다는 사실을 늘 인식하는 마음가짐을 가리키는 것입니다. 이런 회개의 마음가짐이 계속해서 하나님의 은혜를 의지하게 하고, 하나님 앞에 겸손하게 만들어서 우리의 회개로는 받을 수 없는 하나님의 용서와 은혜를 받게 하는 것입니다. 그러므로 우리의 회개가 용서를 받게 한 것이 아니라 전적으로 하나님의 은혜를 의지함으로써 용서를 맛보게 된다고 하는 것이 맞는 말입니다. 우리가 죄를 자백했기 때문에 하나님의 용서를 받는 것이 아닙니다. 우리의 자백은 그분의 용서가 나의 회개 너머에 있다는 것을 인정하는 것입니다. 하나님의 용서와 은혜는 정말로 완전하게 공짜이기 때문입니다.

3. 하나님이 죄를 용서하시기 위해서는 죄를 멀리하고 철저히 반성해야만 한다고 했을 때_ 이렇게 생각하는 사람들이 있습니다. '진정으로 잘못을 뉘우치고 죄를 끊는다는 조건 없이 하나님이 무작정 우리를 용서하신다면 그것은 은혜를 값싼 은혜로 만드는 것이다. 마음이나 행동의 진정한 변화가 일어나지 않았는데도 하나님의 용서를 받을 수 있다는 말인가?' 그러나 이사야는 하나님의 조건 없는 은혜를 받기 위해 인간이 조금이라도 뉘우치거나 회개해야 한다고 이야기하지 않았습니다. 하나님은 이사야의 입을 통해 "너는 내게로 돌아오라 내가 너를 구속하였음이니라"라고 말씀하셨습니다사 44:22b. 하나님은 자신이 이스라엘 백성을 구속하였으므로 그들이 다르게 행동하기를 바라고 계십니다. 다시 말해, 구원받은 상태에 걸맞게 행동하라고 요구하시는 것입니다. 물론 하나님은 그들의 진정한 뉘우침과 회개가 따라오기를 원하고 계십니다. 이 말씀 바로 앞에 있는 이사야서 43장 23절을 보면 그 사실을 알 수 있습니다. 하나님은 이스라엘 백성에게 죄의 회개를 말해주는 희생 제사를 드리지 않는다고 질책하셨습니다.

하나님은 회개하는 사람이 잘못을 뉘우치고 죄를 끊기를 바라십니다. 그

---

11 설교자의 용기와 배려를 보여주는 표시 중의 하나는 청중이 품을 만한(기회가 된다면 물을 만한) 질문을 던지는 것이다. 설교자가 방금 이야기한 완전한 공짜 은혜의 위험성을 인정하고 그래도 왜 그런 은혜가 필요한지를 설명하는 것은 청중의 내적 망설임을 해소해 주는 하나의 방법이다.

것이 회개했다는 증거이며, 하나님을 믿는다는 징표이며, 하나님의 용서를 깨닫고 자비를 경험하는 길이기 때문입니다. 그러나 그것이 하나님의 용서를 유발하는 요인이거나 그만한 공덕을 쌓는 길은 아닙니다. 하나님이 아무런 조건 없이 미리 영원하게 용서하셨다는 것을 알면 그런 은혜가 우리를 그분께 더 가까이 나아가게 하고 동행하게 합니다. 우리 삶에 하나님이 계시다는 확신이 없으면 은혜에 대한 확신도 없습니다. 그렇다고 해도 은혜의 근원이 오직 하나님 한 분이라는 사실은 절대로 변하지 않습니다.

회개 이전에 용서가 선행된다고 할 때 하나님 은혜가 악용될 소지가 있는 것은 사실입니다.[11] 하지만 하나님 은혜가 인간의 마음가짐과 행동에 좌우된다고 하면 그것 역시 위험성이 있습니다. 하나님의 축복을 못받을 때, 예를 들어 역경이나 어려움이 닥쳤을 때 우리는 그것이 회개가 불충분한 증거로 생각하거나 하나님 은혜가 무력하다는 의미로 받아들일 것입니다. 조건적인 은혜는 언제나 은혜에 의문을 갖게 합니다.

제가 아는 릭키 그레이Ricky Grey라는 선교사는 최근에 아주 가슴 아픈 일을 겪었습니다. 그에게 순전한 은혜에 대한 믿음이 없었다면 그와 가족은 아마 그 불행을 극복하지 못했을 것입니다. 우간다에서 선교활동을 하던 릭키 선교사는 열일곱 살 난 아들 체스가 '뇌 동정맥 기형'이라는 진단을 받자 가족을 데리고 미국으로 귀국했습니다. 만일 그들이 선교지로 돌아가지 못한다면 아들 체스의 미래는 어떻게 될지, 또한 장애를 가진 다른 자녀의 미래는 어떻게 될지, 가족의 미래는 어떻게 될지 아무것도 예측할 수 없는 상황이었습니다. 릭키 선교사가 쓴 기도 편지의 일부를 읽어드리겠습니다.

"조금이라도 진전이 있으면, 예를 들어 손으로 손뼉을 친다거나, 입으로 잘 씹는다거나, 새로운 말을 하면 우리의 희망은 솟아오릅니다. 그러나 조금이라도 문제가 생기면, 즉 성장 속도가 느려진다거나, 장난감을 떨어뜨린다거나, 다리가 뻣뻣해지면 우리의 가슴은 철렁 내려앉습니다. … 결국, 그 순간의 상황에 따라 우리는 두려움과 믿음 사이를 오락가락하고 있습니다. … 하나님의 은혜와 위대함에 대한 부정적인 생각이 엄습할 때면 그에 대한 최고의 처방은 피로 얼룩진 십자가와 빈 무덤을 상기하는 것임을 우리는 조금씩 배워가고 있습니다."
- 2008년 7~8월 기도편지 중에서 발췌

인간의 행위가 하나님 은혜의 기반이라고 믿는 사람은 결코 이와 같은 글을 쓸 수 없습니다. 신앙생활을 잘해야만 하나님의 은혜를 받게 된다고 생각한다면 두려움과 믿음, 부정적인 생각과 희망, 하나님에 대한 의문과 그분 말씀에 대한 신뢰 사이에서 갈등하는 사실을 인정하지 못할 것입니다. 전심을 다해 충분히 회개해야만 하나님의 자비를 받는다고 믿는 사람이라면 지속적인 두려움과 의심과 분노를 감히 고백할 수 없을 것입니다. 반면에 하나님의 자비가 거저 주어지는 것이며, 완전한 것이며, 회개보다 선행한다는 것을 알고 자신의 생각과 언행이 얼마나 완벽한지에 좌우되는 게 아님을 믿는 사람은 안심하고 자신의 있는 모습 그대로 하나님 앞에 나아가 마음의 고통을 그분께 고백하고 그분의 사랑을 체험할 수 있습니다. 하나님은 우리의 모든 허물과 결점을 아시고도 우리를 사랑하시는 분입니다.

12 제임스 패커, 〈하나님을 아는 지식〉 (IVP, 2008).

제임스 패커James Parker 교수는 그처럼 순전하고, 진실하고, 조건 없는 은혜의 축복을 다음과 같이 이야기했습니다.

> "하나님의 사랑은 참으로 현실적이다. 나의 형편없는 최악의 모습도 미리 아시고 사랑하신다. 따라서 내가 무슨 짓을 해도 하나님은 내가 종종 나 자신에 대해 환상을 갖는 것처럼 나에 대해 환상을 갖지 않으신다. 또한, 나를 축복하려는 그분의 결심도 막지 못한다. 이 사실을 알고 나면 누구든 깊이 안도하지 않을 수 없다."[12]

잘 들으셨지요? 우리는 우리를 축복하겠다는 하나님의 결심을 막을 수 없습니다. 왜냐하면, 하나님의 자비와 축복과 용서는 절대로 우리가 하는 회개나 그 충분함에 근거한 것이 아니기 때문입니다. 그런 하나님을 알고 나면 우리는 그 사랑에 감동해 죄를 고백하고 싶고, 그분과 동행하고 싶은 마음이 속에서 저절로 우러납니다. 배역한 이스라엘 백성을 하나님께 돌아가게 하려고 이사야가 은혜의 하나님을 이야기한 것도 바로 그런 이유에서였습니다.

우리는 죄를 지은 다음에 용서받고, 회개하기 전에 용서받고, 의심에도 불구하고 용서받습니다. 또한 ...

• 결과를 통해

이사야는 분명 회개하기 전에 용서받는다고 말했습니다. 그러나 죄에 대한 결과가 없을 것이라고는 절대 말하지 않았습니다. 바벨론은 여전히 번성할 것이고 이스라엘 백성은 여전히 바벨론에 포로로 잡혀갈 것이었습니다. 그것은 그들을 영원히 구속하고 언제든 구해줄 수 있는 하나님으로부터 등을 돌린 결과였습니다. 하지만 그러한 결과는 이스라엘 백성의 잘못을 바로잡고 하나님의 위대한 목적(결국, 메시아는 이스라엘을 통해 오실 것이므로)을 훼손하는 죄에서 돌이키기 위한 것이었습니다. 비록 바벨론의 침략으로 이스라엘이 징벌을 받기는 했지만, 여전히 하나님은 똑같은 사랑으로 그들을 사랑하셨습니다. 이사야의 말씀을 통해 하나님의 마음을 아는 것이 결단력과 소망을 심어줍니다.

> "여호와께서 이 일을 행하셨으니 하늘아 노래할지어다
> 땅의 깊은 곳들아 높이 부를지어다
> 산들아 숲과 그 가운데의 모든 나무들아
> 소리내어 노래할지어다
> 여호와께서 야곱을 구속하셨으니
> 이스라엘 중에 자기의 영광을 나타내실 것임이로다"
> – 이사야 44장 23절

이스라엘 백성이 하늘에서 줄 수 있는 최악의 징벌을 당할 때조차 그들은 예전과 똑같이 사랑을 받았습니다. 우리도 마찬가지입니다. 우리 죄에 마땅한 끔찍한 결과에 시달릴 때조차 하나님은 우리를 예전과 똑같이 사랑하십니다. 하나님이 우리를 벌하시는 목적은 그분의 품으로 돌아가고, 축복의 길로

13 이사야는 하나님의 백성이 놀라운 은혜를 이해하고 의지하도록 예비했는데 이 단락은 바로 그 은혜를 요약하고 있다.

돌아가고, 그분의 사랑을 다시 체험하게 하려는 것입니다. 구약시대 이스라엘 백성에게는 그렇게 하셨을지 몰라도 지금 우리 시대에까지 하나님이 그렇게 하신다는 보장이 어디에 있을까요? 구약시대 하나님은 성자의 보혈로 인류를 구원하신 바로 그 하나님이십니다. 우리는 이사야가 예언한 그 메시아에 의해 구원받았습니다. 메시아의 구원 사역은 끝났고 계획한 모든 것이 성취되었습니다. 그분이 버림을 받았기에 우리가 용서받았습니다. 우리의 회개가 검열을 통과했기 때문에 용서받은 것이 아닙니다. 세상의 기초가 놓이기 전부터 하나님이 우리를 사랑하셨기에 우리가 사랑받는 것입니다. 오늘 우리가 뭔가를 잘해서 사랑받는 것이 결코 아닙니다. 성부 하나님이 나를 대신해서 독생자를 죽게 하셨기에 우리가 자녀로 받아들여진 것입니다. 우리가 오랜 시간을 울면서 회개했기에 자녀가 된 것이 아닙니다. 우리가 죄를 뉘우치고 용서를 빌기도 전에, 아니 죄인인 것을 깨닫기도 전에 하나님은 우리에게 자비를 베푸셨습니다. 우리 하나님의 은혜가 얼마나 굉장한지를 알고 나면 우리는 자연히 죄를 자백하고 그분과 동행하며 그분의 복음을 전 세계에 전하고 싶어집니다.[13]

결론

오늘 본문의 이사야서 말씀은 우리가 받은 구원의 완전성과 무조건성을 분명하게 보여주고 있습니다. 그러면서 우리가 하나님 앞에 설 수 있는 것은 오로지 예수 그리스도의 보혈의 공로 덕분임을 성경이 일관되게 이야기한다는 사실도 상기시켜 줍니다. 이사야서를 이런 시각에서 보게 되면 성경의 어느 말씀이든지 원래의 맥락과 목적을 벗어나지 않고 그 말씀이 결국은 구세주의 복음과 잇닿아 있다는 것을 깨닫게 됩니다. 하나님의 사랑은 우리의 어떤 것에 좌우되는 조건적인 사랑이 아닙니다. 그 사랑은 전적으로 그분의 자비에 달린 것이고, 그 은혜가 우리 삶 전체를 감싸고 있으며, 우리의 부족함을 메우고 있습니다. 심지어 용서받을 준비나 상태가 전혀 안 되어 있어도 우리를 용서해 주십니다.

가끔 저는 구약을 읽으면서 이런 생각을 합니다. 구약은 마치 오래전에 초대받은 파티장으로 가는 길과 비슷하다고요. 그 파티는 마차를 타고 가는 옛날식의 파티입니다. 사람들은 건초 실은 마차를 타고서 노래를 부르며 흥겹게 파티장으로 갑니다. 그리고 가다가 아는 사람을 만나면 그들도 마차에 태우고 갑니다. 또한, 더 많은 사람이 마차가 지난 길을 걸으며 이미 시작되었을 파티에 참석하려고 갑니다. 우리도 이미 시작된 파티에 참석하려고 길을 가고 있습니다. 그러다가 가끔 우리 자신이 그 파티에 갈 자격이 있는가를 의심합니다. 혹시 너무 늦은 것은 아닌지, 환영받기에 부족하지 않은지 걱정합니다. 그러나 우리보다 앞서 그 길을 갔던 사람들에게 묻은 지푸라기들을 보면서, 그리고 멀리서 들려오는 음악 소리를 들으면서, 우리는 파티가 취소되거나 끝나지 않았다는 것을 알게 됩니다. 파티는 우리가 도착하기 전에 시작

14 설교마다 장단점이 있다. 나는 이 결론의 장점에 대해 확신이 가지 않는다. 이것은 구약의 모든 말씀이 하나님의 은혜를 깨닫도록 우리를 '예비한다'는 사실을 증명해야 했던 상황에서 전한 설교였다. 그 결과, 마지막의 예화는 이 설교 내용의 절정에 적합하기보다는 더 큰 개념에 대한 숙고가 되어버렸다. 나는 이 장의 목적(구약은 그리스도 안에서 완성된 은혜를 깨닫게 하기 위해 우리를 예비한다는 점을 보여주는 것)에 부합하도록 결론을 맺었으나 만일 이 설교를 다시 하게 된다면 더 개인적인 요소들로 대체할 것이다.

되었던 것입니다.14

　마지막으로, 우리는 파티가 진행되고 있는 넓은 마당으로 들어갑니다. 그곳에서는 모닥불이 피어오르고, 맛있는 음식이 차려져 있고, 악단의 리더가 우리를 모아 춤을 추라고 합니다. 늦게 왔든 일찍 왔든, 춤추기에 적합한 신발을 신었든 안 신었든, 춤을 잘 추든 못 추든, 여전히 춤을 추고 파티를 즐기라고 합니다. 게다가 춤을 인도하는 사람은 망설이고 있는 우리의 손을 잡아끕니다. 그는 마치 우리가 각기 다른 시간에, 다른 방법으로, 때로는 넘어지면서, 때로는 부적절한 신발을 신고 파티장에 올 줄을 진작부터 알고 있었다는 듯이 행동합니다. 우리가 춤의 스텝을 잘못 밟아도 그는 우리를 쫓아내거나 싫은 내색을 하지 않습니다. 우리가 서툰 동작으로 이상한 춤을 추어도, 상대방의 발을 밟고 사과해도, 그는 계속해서 음악을 연주하며 춤을 추라고 합니다. 우리가 그의 앞에서 모든 것을 제대로 완벽하게 하지 않아도 그는 아무 상관이 없는 듯이 보입니다.

　길에서 만난 지푸라기들과 음악은 성경 전체에 나타난 은혜가 어떤 것인지를 말해줍니다. 구세주는 우리를 복음의 기쁨으로 초대합니다. 파티는 한창 진행 중입니다. 그것은 예수님의 신약의 은혜와 승리를 그분의 백성이 한껏 즐기는 것을 뜻합니다. 우리에게 춤을 추라고 권하는 분은 우리의 구주 예수님입니다. 그분은 우리가 도착한 시간이나 겉모양을 보시는 분이 아니라 그분이 쓴 초대장에 적힌 우리의 이름만을 보십니다. 우리 중에는 거리를 지나는 마차를 놓친 사람도 있고, 그분이 지시한 길 대신 다른 길로 돌아온 사람도 있고, 그분이 연주한 음악의 감상 요금을 낼 돈이 없는 사람도 있지만, 그분은 그런 것에 아랑곳하지 않으십니다. 그분이 중요하게 여기는 것은 오직 우리가 지금 현재 그분이 마련한 파티에 와 있다는 사실뿐입니다.

물론 우리가 파티에 참석한 것이 이야기의 끝은 아닙니다. 지금은 마차를 타고 파티에 가는 중이라서 결국은 길을 가면서 더 많은 사람을 모으게 될 것입니다. 그러므로 우리는 파티의 일부분을 즐기는 것이고 더 많은 사람이 파티에 참석해 그리스도의 은혜를 누리도록 불러 모으게 될 것입니다. 우리가 그 은혜를 깨달으면 깨달을수록 그 안에 있는 놀라운 축복에 감격하면서 정말로 은혜가 거저 주어짐을 알게 될 것입니다. 풍성하고 거저 주어진 은혜는 우리를 복음의 빛 속에서 춤추게 하며 구세주의 영광을 찬양하게 합니다. 그런 놀라운 은혜를 베푸신 구세주께 우리 자신을 온전히 헌신하고 싶게 만듭니다. 여러분도 그 은혜를 아셨으니 복음의 선율에 맞추어 계속해서 춤을 추시고 다른 사람들도 그 춤에 합류하도록 권하십시오.

설교 예문 07

그리스도의 대속을 반영하는
그리스도 중심 성경 해석

[이야기식 본문의 예]

이번에 소개할 설교는 하나의 구약 말씀(과 신약 말씀의 일부)을 그리스도 중심으로 해석하는 법에 대한 이해를 증가시켜줄 것이다. 앞선 두 개의 설교에서는 구약 말씀들이 그리스도와 그분의 대속 사역을 예언하고 예비시킬 수 있음을 살펴보았다. 이번의 설교는 하나의 구약 말씀이 처음 보기에는 예수님의 대속 사역적 특징들이 드러나지 않았을지라도 은혜의 진리들을 어떻게 반영하고 있는지를 알게 해 줄 것이다.[01] 다시 말하지만, 구약의 이야기에 억지로 예수님이 나타나도록(?) 해서는 안 된다. 단지 예수님과 그분의 대속 사역에 온전하게 드러난 은혜가 현재의 구약 본문에는 어떻게 제시되어 있는지를 증명해 주어야 한다. 본문 말씀은 신비스런 언급으로 예수님을 드러내는 게 아니라 인간과 하나님의 속성의 단면들을 반영함으로써 궁극적으로 그리스도가 제공하는 은혜를 깨닫게 해주는 방식으로 예수님을 드러낸다.

이번에 수록된 설교 예문도 단순히 '...처럼 되라'를 강조해서는 안 된다는 것을 보여준다.[02] '...처럼 되라'는 설교는 부적격한 도덕주의로 청중을 찌르는 치명적 '되라' 메시지'의 한 형태일 뿐이다. 그것은 성경에 나오는 신앙 인물들의 삶에서 본보기가 될 만한 장점만 찾아내어 그들처럼 되라고 권한다. 그런 '위인전 설교'는 성경 영웅들의 행위에만 초점을 맞춘다. 하지만 문제는 완벽하게 본보기가 될 만한 영웅이 성경에는 단 한 분밖에 없다는 것이다. 성경은 거의 모든 인물의 허물을 낱낱이 기록하여 우리의 소망을 구세주 예수님 한 분께만 두어야지 우리의 행위에 두어서는 안 된다는 사실을 깨닫게 해 준다.

물론 성경의 영웅들은 의로움, 용기, 희생 같은 고귀한 정신을 우리에게 가르쳐 준다. 하지만 진정으로 위대한 사람들은 누구나 예외 없이 하나님께만 소망을 두었다. 성경의 영웅들은 의로운 행위와 더불어 하나님만 의존해야 함을 가르치기 위해 기록된 것이다. 따라서 '…처럼 되라'는 설교가 그 자체로 잘못된 것은 아니지만, 청중을 잘못된 방향으로 이끌 가능성이 있다. 의로운 삶을 가능하도록 만들고 의로움의 부족을 구속하는 것이 하나님의 은혜임을 강조하지 않는다면 성경 영웅에 대한 설교는 오직 청중을 교만("나도 그렇게 될 수 있어")과 좌절("나는 결코 그렇게 될 수 없을 거야")로 이끌 수밖에 없다. 모세의 삶에 관한 이번 설

01 어떤 성경 말씀에는 은혜가 '반영'되어 있어서 그것이 그리스도 중심의 강해 설교를 가능하게 한다는 점에 대해서는 이 책의 서론과 〈그리스도 중심의 설교〉 354~359를 참조하라.
02 '…처럼 되라'는 설교와 그 밖의 치명적 '되라' 메시지에 대한 자세한 사항은 이 책의 서론과 〈그리스도 중심의 설교〉 360~368을 참조하라.
03 이야기식 형태의 말씀을 바탕으로 강해 설교하는 법에 대해서는 〈그리스도 중심의 설교〉 152~153, 196~197과 *Christ-Centered Preaching* 개정판, 187~188을 참조하라.
04 이야기 형태에 근거한 설교에 대해 더 자세히 알고 싶다면 〈그리스도 중심의 설교〉 203~205를 참조하고 세 개 이상의 대지가 나오는 설교에 대해서는 〈그리스도 중심의 설교〉 194~195를 참조하라.
05 첫 번째 대지 앞에 나오는 '잘못 인도함'(모세의 실수 대신 이스라엘 백성의 잘못을 다루는 부분)까지 대지로 간주한다면 이 설교에 암시적인 다섯 번째 대지가 있다는 것을 영민한 설교자는 알아챌 수 있을 것이다.

교 예문은 위대한 성경 영웅도 우리처럼 하나님의 은혜가 절실히 필요하다는 사실을 보여주고 있다.

마지막으로, 이번 설교는 성경에 나오는 이야기식 말씀을 강해설교한 하나의 예라는 점을 기억하기 바란다.[03] 흔히 설교의 표준으로 제시하는 '세 개의 요지와 한 편의 시' 구조를 따르지 않은 이유는 성경 이야기의 플롯의 흐름을 반영하기 위해서다.[04] 그 결과, 이번 설교에는 네 개의 대지가 나오고 끝에 '반전'이라고 할 만한 결론을 제시해서 모세의 이야기가 원래의 독자들에게 어떤 영향을 주었을지를 고려하게 했다.[05]

어떤 첫 번째 회개자

민수기 20장 1~13절

1 첫째 달에 이스라엘 자손 곧 온 회중이 신 광야에 이르러 백성이 가데스에 이르더니 미리암이 거기서 죽으매 거기에 장사되니라
2 회중이 물이 없으므로 모세와 아론에게로 모여드니라
3 백성이 모세와 다투어 말하여 이르되 우리 형제들이 여호와 앞에서 죽을 때에 우리도 죽었더라면 좋을 뻔하였도다
4 너희가 어찌하여 여호와의 회중을 이 광야로 인도하여 우리와 우리 짐승이 다 여기서 죽게 하느냐
5 너희가 어찌하여 우리를 애굽에서 나오게 하여 이 나쁜 곳으로 인도하였느냐 이 곳에는 파종할 곳이 없고 무화과도 없고 포도도 없고 석류도 없고 마실 물도 없도다
6 모세와 아론이 회중 앞을 떠나 회막 문에 이르러 엎드리매 여호와의 영광이 그들에게 나타나며
7 여호와께서 모세에게 말씀하여 이르시되

8 지팡이를 가지고 네 형 아론과 함께 회중을 모으고 그들의 목전에서 너희는 반석에게 명령하여 물을 내라 하라 네가 그 반석이 물을 내게 하여 회중과 그들의 짐승에게 마시게 할지니라
9 모세가 그 명령대로 여호와 앞에서 지팡이를 잡으니라
10 모세와 아론이 회중을 그 반석 앞에 모으고 모세가 그들에게 이르되 반역한 너희여 들으라 우리가 너희를 위하여 이 반석에서 물을 내랴 하고
11 모세가 그의 손을 들어 그의 지팡이로 반석을 두 번 치니 물이 많이 솟아나오므로 회중과 그들의 짐승이 마시니라
12 여호와께서 모세와 아론에게 이르시되 너희가 나를 믿지 아니하고 이스라엘 자손의 목전에서 내 거룩함을 나타내지 아니한 고로 너희는 이 회중을 내가 그들에게 준 땅으로 인도하여 들이지 못하리라 하시니라
13 이스라엘 자손이 여호와와 다투었으므로 이를 므리바 물이라 하니라 여호와께서 그들 중에서 그 거룩함을 나타내셨더라

본문 배경 소개 | 모세와 이스라엘 백성은 무려 40년간을 광야에서 방랑하다가 마침내 약속의 땅 앞에 서서 그곳에 들어갈 준비를 하고 있었습니다. 방랑하기 전에도 그 땅에 들어갈 기회는 있었습니다. 그래서 정탐꾼들을 보내어 땅의 비옥함과 위험성을 미리 정탐하도록 했습니다.

그곳은 과연 젖과 꿀이 흐르는 땅이었지만 한 가지 큰 문제가 있었습니다. 기골이 장대한 거인들이 살고 있었습니다. 이스라엘 백성은 그 소식에 벌벌 떨면서 발길을 돌렸습니다. 이제 40년이 지나 광야에서의 온갖 고생을 끝내고 다시 약속의 땅에 들어가려고 했지만, 이번에도 또 한 가지 문제에 부딪쳤습니다. 바로 그곳에 물이 없었습니다. 물이 없다는 것은 인도자가 잘못 인도했다는 증거일 수밖에 없습니다. 모든 사람의 손가락이 모세를 겨누었습니다. 그 순간 모세가 보인 반응은 지도력에 대한 교훈이자 하나님의 은혜가 전혀 예기치 못한 장소에서 전혀 자격 없는 사람들에게 베풀어질 수 있다는 사실을 가르쳐주고 있습니다.

성경 본문 읽기 | 저와 함께 민수기 20장 1절에서 13절까지의 말씀을 읽어 보겠습니다.

> "첫째 달에 이스라엘 자손 곧 온 회중이 신 광야에 이르러 백성이 가데스에 이르더니 미리암이 거기서 죽으매 거기에 장사되니라
> 회중이 물이 없으므로 모세와 아론에게로 모여드니라 백성이 모세와 다투어 말하여 이르되 우리 형제들이 여호와 앞에서 죽을 때에 우리도 죽었더라면 좋을 뻔하였도다 너희가 어찌하여 여호와의 회중을 이 광야로 인도하여 우리와 우리 짐승이 다 여기서 죽게 하느냐 너희가 어찌하여

우리를 애굽에서 나오게 하여 이 나쁜 곳으로 인도하였느냐 이 곳에는 파종할 곳이 없고 무화과도 없고 포도도 없고 석류도 없고 마실 물도 없도다 모세와 아론이 회중 앞을 떠나 회막 문에 이르러 엎드리매 여호와의 영광이 그들에게 나타나며 여호와께서 모세에게 말씀하여 이르시되 지팡이를 가지고 네 형 아론과 함께 회중을 모으고 그들의 목전에서 너희는 반석에게 명령하여 물을 내라 하라 네가 그 반석이 물을 내게 하여 회중과 그들의 짐승에게 마시게 할지니라 모세가 그 명령대로 여호와 앞에서 지팡이를 잡으니라

모세와 아론이 회중을 그 반석 앞에 모으고 모세가 그들에게 이르되 반역한 너희여 들으라 우리가 너희를 위하여 이 반석에서 물을 내랴 하고 모세가 그의 손을 들어 그의 지팡이로 반석을 두 번 치니 물이 많이 솟아 나오므로 회중과 그들의 짐승이 마시니라 여호와께서 모세와 아론에게 이르시되 너희가 나를 믿지 아니하고 이스라엘 자손의 목전에서 내 거룩함을 나타내지 아니한 고로 너희는 이 회중을 내가 그들에게 준 땅으로 인도하여 들이지 못하리라 하시니라 이스라엘 자손이 여호와와 다투었으므로 이를 므리바 물이라 하니라 여호와께서 그들 중에서 그 거룩함을 나타내셨더라."

설교 서론 | 스스로 평가하라고 한다면 주일 설교는 성공적이었습니다. 제가 성함은 밝히지 않겠지만, 그 목사는 주일 예배를 마친 뒤에 쏟아지는 칭찬과 악수 세례를 받고 마음이 흡족했습니다. 설교 중에 그는 자신의 신학대학원 교수도 지나칠 만한 헬라어 원어의 뜻을 정교하게 분석하는 일까지 했습니다. 또한, 어느 가난한 청교도의 순교를 비롯해 우주선의 도킹 시스템에 이르

기까지 풍부하고도 유익한 예화를 사용했습니다. 게다가 말씀의 적용...! 그 적용이란 것은 엔지니어 교인조차 눈물을 글썽일 만큼 통렬하고 감동적이었습니다. 태양은 눈부시고, 성가대 찬양은 은혜롭고, 예배당은 교인으로 가득 차고, 설교는 성공적이었습니다. 정말 완벽한 주일이었지요!

그런데 차를 몰고 집으로 가는 목사의 마음에 한 가지 걸리는 것이 있었습니다. 교인들은 모두 입에 침이 마르도록 설교를 칭찬하는데 목사 사모는 단 한 마디도 입을 열지 않았습니다. 그 점이 점점 더 목사의 마음을 무겁게 짓눌렀습니다. 물론 단도직입적으로 칭찬해 달라고 요구하는 것은 너무 속 보이는 일이었고 목사다운 처신도 아니었습니다. 하지만 사모님은 여전히 목사님 옆 좌석에 앉아서 창문 밖만을 물끄러미 바라보며 아무 말도 하지 않았습니다. 누군가는 그런 태도에 문제가 있다는 것을 지적해 주어야 할 것 같았습니다. 결국, 그는 자신이 나서서 올바른 반응을 유도해내기로 작심했습니다. 그래서 아내가 방어 자세를 취하거나 당황하지 않도록 가급적 무심한 말투로 이렇게 물었습니다.

"여보, 요즘 세상에 정말로 훌륭한 설교자가 몇 명이나 된다고 생각하오?"

사모님은 여전히 대답하지 않고 계속해서 창문 밖만을 응시했습니다. 목사님은 혹시 내가 하는 말을 못 들었나 생각했습니다. 아니면 예배의 환희와 설교의 감동에서 아직 헤어 나오지 못한 것인지도 몰랐습니다. 그래서 목사님이 다시 사모님에게 물었습니다.

"여보, 요즘 세상에 정말로 훌륭한 설교자가 몇 명이나 된다고 생각하오?"

그러자 이번에는 사모님이 대꾸했습니다.

"지금 당신이 생각하는 것보다 하나 적은 숫자라고 생각해요."[01]

이 이야기는 다소 익살스럽긴 하지만 한편으로는 매우 두려운 이야기입니다. 무엇이 두려운가 하면 예배의 초점이 하나님이 아니라 우리 자신에게 맞추어지기가 쉽다는 점입니다. 하나님을 섬기는 중에도, 그리고 아주 열심히 섬기는 중에도 우리는 자신의 이기적 욕망을 충족시킵니다. 더 심각한 것은 그런 사실조차 알아채지 못한다는 것입니다. 우리는 모든 영광을 하나님께 돌린다고 생각하지만, 실상은 우리 자신을 숭배하고 있습니다.[02] 이런 자기 숭배는 너무도 황당한 일이어서 성숙한 영적 지도자들은 그런 죄에 쉽게 걸려들지 않으리라고 생각하실지 모릅니다. 그러나 모세의 이야기를 읽어보면 어느 사역자든 성숙도에 상관없이 자기 자신을 숭배하려는 유혹에 빠질 수 있다는 사실을 알게 됩니다. 우리에게 낯익은 이런 이야기들이 가르쳐 주는

---

01 이 예화의 출처는 다음과 같다. James L. Snyder, "How Many Really Great Preachers Are There?" *Ministry International Journal for Pastors*, 2000년 9월호 www.ministrymagazine.org/archive/2000/Setember/how-many-really-great-preachers-are-there. 나는 이 예화의 출처를 표기했지만 출판된 내용과 나의 예화가 똑같다는 의미는 아니다. 설교는 연구 논문이 아니다. 다만 정확한(그리고 필요한) 출처를 밝힘으로써 어떤 이야기들이 설교자가 지어낸 것이 아님을 알려 주는 것이다. 하지만 말로 전하는 설교이기에 출처의 전문을 그대로 읽어주는 상황이 아니라면 출처의 내용에 엄격하게 묶일 필요는 없다.

02 '타락한 상태에 초점 맞추기'는 주변 단락의 함의들과 더불어 이 문장에 직접 언급되어 있다.

03 논지는 이 문장에 직접 진술되었으나 가장 전형적인 형태로 진술되지는 않았다. 나의 설교에서 가장 흔하게 사용하는 방식에 따라 직접적이면서도 비전형적인 형태로 진술되었다.

04 "모세가 잘못한 것은 무엇인가?"와 "이스라엘 백성이 잘못한 것은 무엇인가?"라는 두 개의 질문은 기본적으로 같은 질문이다. 즉 "이 성경 본문은 구원이 필요한 인간의 속성을 어떻게 보여주고 있는가?"라고 묻는 셈이다. 이 질문은 구약의 '반영'된 은혜를 보게 해 주는 해석적 '안경'의 한 렌즈라고 할 수 있다(《그리스도 중심의 설교》 354~355 참조).

교훈은 단순합니다. 성도들을 이끄는 지도자는 하나님께 순종하면서 동시에 자기가 하나님이 될 수 없습니다.03 이것은 누구라도 알 만한 기본적인 사실이지만 우리가 알아야 할 중요하면서도 받아들이기 힘든 현실은 하나님의 영광을 가로채는 것이 우리가 생각하는 것보다 훨씬 더 보편적으로 이루어지고 있다는 점입니다.

물론 인간이 하나님께 순종하면서 동시에 자기가 하나님이 되는 것은 불가능합니다. 십계명을 받았던 모세도 당연히 그 말에 동의할 것입니다. 하지만 오늘 본문의 마지막 부분을 읽어보면 여호와 하나님이 모세에게 이렇게 말씀하시는 것을 볼 수 있습니다.

"너희가 나를 믿지 아니하고 이스라엘 자손의 목전에서 내 거룩함을 나타내지 아니한 고로" 민 20:12.

이 말씀은 선한 의도로 사람들을 이끄는 지도자가 뭔가에 미혹되어 심각하게 엇나갈 수 있다는 것을 의미합니다. 모세가 무엇을 잘못했는지, 그리고 하나님은 그런 모세를 어떻게 대하셨는지를 알게 되면 우리도 비슷한 길을 걷고 싶은 유혹에서 벗어날 수 있습니다. 아울러 그것은 모든 사역자가 새겨들어야 할 중요한 경고이기도 합니다.

모세가 잘못한 것은 과연 무엇이었을까요?

이것은 대답하기 쉬운 문제가 아닙니다. 이스라엘 백성이 무엇을 잘못했는지는 명백합니다.04 그들은 또다시 불평불만을 늘어놓았습니다. 본문의 첫 구절을 보면 모세의 누이이자 충실한 후원자였던 미리암이 죽었다고 했습니다. 그것은 가나안 땅에 들어가는 것을 방해했던 세대의 사람들이 거의 세상을 떠났다는 것을 말해줍니다 민 20:1. 이제 사십 년이라는 세월이 흘렀습니다. 그런데 다시 가나안 땅에 들어가기에 앞서 새로운 세대는 무엇을 하고 있습니까? 그들도 자기의 부모들처럼 불평하고 있습니다 민 20:3~5. 광야에서 사십 년간이나 하나님이 공급하시는 것들로 먹고 살았던 백성이 선조들에게 약속한 땅에 들어가기 전에 또다시 불평을 쏟아놓고 있는 것입니다. 그것은 잘못된 일이었지만 모세의 죄는 아니었습니다. 그러면 모세의 과실은 무엇이고 그의 행동이 오늘날 우리에게 가르치는 것은 무엇일까요?

1. 지도자의 임무

이스라엘 백성의 죄 앞에서 모세는 대체로 옳은 대응을 했습니다.[05] 실제로 그의 사역은 지극히 모범적이고 현명했기 때문에 아마도 그는 자신의 영성 온도를 확인해볼 필요조차 느끼지 않았을 것 같습니다. 그가 했던 모범적인 사역을 꼽자면 다음과 같은 것이 있습니다.

중보기도_민 20:6

모세와 아론은 이스라엘 백성 앞에서 물러나 회막 안으로 들어갔습니다 민 20:6. 그곳에서 하나님 백성의 지도자(와 하나님 백성의 대제사장)는 하나님의 영광 가운데 얼굴을 바닥에 대고 엎드렸습니다. 이 장면이 주는 메시지는 명확합니다. 영적 지도자는 사람들을 위해서 하나님 앞에 겸손히 무릎을 꿇어야 한다는 것입니다. 이스라엘 백성은 불평했지만 모세는 자신을 낮추고 그들을

[05] 이 설교의 앞의 절반은 전형적인 '위인전 설교'의 형태를 취하면서 우리가 본받아야 할 모세의 영웅적 면모들을 설명하고 있다. 그러나 인간의 긍정적인 모습만을 부각해서 '...처럼 되라'고 권유하는 이런 설교의 위험성에 대해서는 〈그리스도 중심의 설교〉 360~362를 참조하라.

위해 기도했습니다. 그들은 모세에 대해 불만을 터뜨렸지만 모세는 하나님께 그들을 용서해 달라고 빌었습니다. 그들은 죄를 지었지만 모세는 그들을 위해 중보기도를 드렸습니다. 그런 모세를 보면서 영적 지도자는 **먼저 중보기도하는 자**라는 사실을 배우게 됩니다. 모세는 백성의 불평에 맞받아치지 않고 그들을 위해 기도하며 이끌어갑니다.

그것은 교회를 목회하는 목사들에게 귀한 본보기입니다. 특히 교인들의 험담과 장로들의 결점 때문에 고민하는 목사들은 먼저 중보기도자가 되어야 합니다. 물론 목사들에게만 해당하는 이야기는 아닙니다. 육아에 지친 젊은 엄마들을 돕는 상담자, 반항하는 자녀를 둔 부모들도 열심히 중보기도해야 합니다. 죄는 다른 사람이 지었어도 영적 지도자는 불만을 품지 말고 그들을 위해 기도해 주어야 합니다.

용서_민 20:6

이스라엘 백성은 단지 상황적 어려움 때문에 불평했던 것이 아니었습니다. 그 사실을 아는 순간 모세의 중보기도는 더욱 감동적으로 다가옵니다. 그들은 모세를 향해서도 불평을 쏟아내고 있었습니다. 애굽에서 탈출시켜 주고, 기도해 주고, 죽음의 위험도 불사하고, 왕족의 신분도 포기하고, 그들의 죄 때문에 광야에서 사십 년간을 고생해 준 사람에게 비난을 퍼부었던 것입니다. 자신의 헌신과 사랑을 무시한 사람들을 위해 중보기도하는 모세야말로 용서의 본보기가 아닐 수 없습니다.

모세처럼 용서하기는 힘든 일이지만 하나님의 백성을 이끄는 지도자들에게 용서는 꼭 필요한 덕목입니다. 사람들을 섬겼으니 사람들도 자신을 섬겨주기 바라고, 최소한 감사하는 마음이라도 가져주길 바라지만 실상은 그렇지 않습니다. 사람들은 계속해서 지도자를 실망하게 하고 또 실망하게 합니다. 지도자가 그들을 용서하지 않는다면 결코 그들을 이끌 수 없습니다. 영적 지도자는 사람들이 먼저 잘못을 깨닫거나 사과하기를 기다리지 말고 자신이 먼저 용서해야 합니다.

저는 오랜 기간 목회해 왔기 때문에 가까운 사람들에게 험담을 듣고, 비난받고, 배신당하는 것이 드문 일이 아니라는 것을 잘 알고 있습니다. 그런 일들은 아주 빈번하게 다반사로 일어납니다. 인간은 인간일 뿐입니다. 믿는 성도라고 해서 예외가 아닙니다. 그래서 성숙하고 훌륭한 지도자가 필요한 것입니다. 그러나 지도자가 남을 원망하고, 악을 악으로 갚고, 하나님 나라를 위해 문제를 감싸줄 줄 모른다면 사람들을 이끌 수 없습니다. 영적 지도자는 먼저 **용서하는 자**입니다. 교회가 부흥하고 나니까 개척한 목사의 은사를 더는 필요 없다고 할 때, 갖은 고생을 다 하며 자식을 키웠더니 엄마는 날 언제 돌봐줬느냐며 원망할 때, 목사는 공정하게 최선을 다했는데 이기적이고 부정직하다는 오해를 받을 때의 억울함은 이루 말할 수 없습니다. 그러나 아무리 억울한 일을 당한다고 해도 지도자는 하나님의 백성을 용서해야 합니다. 용서를 받을 자격이 없어도 용서해야 합니다. 지도자가 용서하지 않으면 예수님의 은혜는 흘러가지 못합니다.

위험 감수_민 20:10

모세가 보여준 영적 성숙의 또 다른 증거는 자기 유익을 위해 사람들을 기쁘게 하려는 마음을 자제했다는 것입니다. 그는 수많은 이스라엘 백성 앞에서 다음과 같이 소리쳤습니다. "반역한 너희여 들으라 우리가 너희를 위하여 이 반석에서 물을 내랴" 민 20:10. 이것은 꽤 귀에 거슬리는 말입니다. 그러나 모세는 사람들의 인정이나 받으려고 지도자가 된 게 아니었습니다. 그런 모습이 영적 지도자의 또 다른 덕목을 되새겨 줍니다. 그것은 사람들의 비위를 맞추면 안 된다는 것입니다.

성숙한 지도자는 사실을 말해야 할 때 말을 돌리지 않습니다. 단순히 더 많은 사람의 인정을 받고 싶어서 방향을 바꾸지 않습니다. 참된 지도자는 상대가 죄를 회개할 의사가 없더라도 용기를 내서 정면으로 죄를 지적할 줄 압니다. 이런 용기는 사도 바울의 삶에 아주 분명하게 드러나 있습니다.

"오직 하나님께 옳게 여기심을 입어 복음을 위탁 받았으니 우리가 이와 같이 말함은 사람을 기쁘게 하려 함이 아니요 오직 우리 마음을 감찰하시는 하나님을 기쁘시게 하려 함이라" 살전 2:4.

성숙한 지도자는 성도를 위해 중보하지만 그들의 비위를 맞추지는 않습니다. 사람들의 인정을 구하기보다 하나님을 경외하는 마음으로 **먼저 용기를 내는** 자가 정의로운 지도자입니다.

다른 사람의 인정과 호감을 구걸하는 사람은 효과적으로 목회와 상담과 양육과 교육을 할 수 없습니다. 사실 호감을 받고 싶은 마음 자체는 나쁜 것이 아닙니다. 그것은 대인 관계에서 즐거움을 얻으려는 인간의 본능이며 하나님은 그 본능을 사용해 자신의 마음을 깨닫게 하십니다. 그러나 호감을 구걸하게 되면 하나님 백성을 이끄는 지도자가 아니라 사람들 의견에 좌우되는 인간의 종이 되고 맙니다. 물론 비위를 맞추지 않는 지도자는 외로울 것입니다. 그러나 그리스도인들에게는 하나님과의 관계가 견고한 지도자, 영적 문제를 해결할 지도자, 하나님의 말씀을 확실히 알아서 사람들을 질책하고, 훈계하고, 도와줄 수 있는 지도자가 필요합니다. 오늘 본문에 나오는 모세는 정의를 위해 먼저 용기를 내는 지도자의 모습을 보여주었습니다.

그러면 이렇게 중보기도와 용서와 용기로 탁월한 지도력을 보여준 모세가 무엇을 잘못했다는 말입니까? 그 대답은 사람들의 인정에 의존하지 않았던 독립심이 하나님마저 의존하지 않고 마음대로 행동하는 결과를 낳았다는 것입니다.

II. 지도력에서의 우상숭배 06

모세가 하나님의 지침을 어기고 자기 마음대로 행동한 부분 중에는 누구나 쉽게 알아챌 수 있는 것이 있습니다. 하나님은 분명 모세에게 지팡이를 잡고서 반석에게 명하여 물이 나오게 하라고 지시하셨습니다 민 20:8. 그러나 모세는 반석에게 명령하는 대신 사람들에게 이야기한 뒤에 지팡이로 바위를 내리쳤습니다. 그것도 두 번이나 쳤습니다 민 20:9~11. 그건 분명 하나님의 지시를 어긴 것이었지만 솔직히 그것이 왜 잘못인지는 고개가 갸웃거려집니다. 그런 행동을 했다는 이유로 모세를 약속의 땅에 들여보내지 않으신 하나님의 처사가 다소 지나치다는 생각이 들기도 합니다. 이스라엘 백성은 감사하지도 않고 불평만 늘어놓았으니 중죄를 지은 죄인들이 분명했습니다 민 20:12. 그러나 모세는 작은 실수에 왜 그토록 값비싼 대가를 치러야 할까요? 이 질문의 대답을 얻으려면 먼저 모세가 하나님의 지침을 얼마나 어겼는지를 올바로 알아야만 합니다. 궁극적으로 그는 하나님의 말씀과 구원과 권위를 바꿔

06 이 부분은 모세의 죄를 폭로함으로써 '...처럼 되라'는 설교를 하지 말아야 할 이유를 분명히 보여준다.

치기 했고 그럼으로써 하나님이 말씀하신 대로 이스라엘 자손의 목전에서 그분의 거룩함을 나타내지 않았습니다 민 20:12.

말을 바꾸다

모세가 말을 바꾸었다는 것은 쉽게 알 수 있습니다. 하나님은 반석에게 명령을 내리라고 했는데 모세는 이스라엘 백성을 꾸짖으며 그들을 '반역자들'이라고 불렀습니다. 하나님은 위안의 말씀을 하셨건만 모세는 정반대로 질책의 말을 했습니다. 아마도 여러분은 질책을 들어도 마땅하지 않으냐고 생각하실지 모릅니다. 물론 그럴 수 있습니다. 그래도 모세 마음대로 해서는 안 됩니다. 하나님의 대변인인 모세는 하나님이 하신 말씀만을 해야 할 의무가 있습니다. 그런데 모세는 자기 말을 하고 말았습니다. 그런 면에서 모세는 하나님의 말씀을 자기 말로 바꾼 자가自家 선지자가 되었습니다.

구원을 바꾸다

모세가 했던 행동은 더 큰 문제였습니다. 하나님은 모세에게 그동안 여러 번 구원의 도구로 사용되었던 지팡이를 들고서 반석에게 명령을 내리라고 하셨습니다. 애굽에 재앙이 임할 때와 홍해를 가를 때에도 모세는 그 지팡이를 사용했습니다. 따라서 그 지팡이는 하나님의 권능과 임재를 상징했고, 인간의 능력이나 지혜를 넘어서 하나님이 자기 백성을 구원하신다는 구원의 상징이었습니다. 그러므로 모세가 하나님의 허락 없이 이스라엘 백성을 꾸짖고 지팡이로 바위를 두 번 두드리는 행위는 그들을 구원하는 데 하나님의 도움이 필요 없다는 뜻이기도 했습니다. 자기 말을 전파한 자가 선지자에 이어서 이번에는 이스라엘의 구원자를 자처한 자가自家 제사장이 된 것입니다.

모세가 이스라엘의 구원자를 자처했다는 사실은 이전에 일어났던 비슷한 사건을 보면 더욱더 명확해집니다. 그전에도 반석에서 물이 나는 사건이 있었습니다. 미리암으로 대표되는 이전 세대에게 하나님은 값진 교훈을 가르쳐 주셨건만 아마도 모세와 백성은 벌써 그것을 잊어버렸나 봅니다. 이전에도 이스라엘 백성은 광야에서 물이 없다고 불평했습니다. 그때 하나님은 모세에게 지팡이를 들고 광야에 있는 반석을 쳐서 물이 나오게 하라고 말씀하셨습니다. 모세는 그대로 했고 그때 하나님도 뭔가를 하셨습니다.

영광의 구름 속에서 자신을 나타내셨던 하나님은 모세가 지팡이로 쳤던 반석 옆에 서 있겠다고 하셨습니다출 17:6. 뜻이 모호하기는 하지만 '누구 앞에 서 있겠다' 는 말은 보통 하인이 시중드는 자세로 주인 앞에 서 있는 것을 의미합니다. 만일 하나님이 모세가 반석을 치기 전에 겸손하게 그 앞에 서 있겠다고 하셨다면 그것은 반석을 치기 전에 하나님을 먼저 쳐야 한다는 뜻이 됩니다. 이스라엘 백성을 구원한 창조주 하나님이 그들이 필요한 것을 주시기 위해 스스로 자신을 낮추고 매를 맞으셨습니다.07 불평하는 백성이 맞아야 할 징벌의 매를 하나님이 대신 맞음으로써 그들의 중재자가 되어 구원의 물이 솟아나오게 하신 것입니다. 신약의 성도들은 그것이 무슨 의미인지 잘 압니다. 사도 바울은 이스라엘 백성이 "다 같은 신령한 음료를 마셨으니 이는 그들을 따르는 신령한 반석으로부터 마셨으매 그 반석은 곧 그리스도시

07 이 대지에서 파생된 소지들에서는 다음의 질문, 즉 "이 성경 본문은 구원을 베푸신 하나님의 속성에 대해 무엇을 드러내고 있는가?"에 대한 대답으로서 하나님이 자기 백성을 위해 하신 일들을 이야기하고 있다. 이 질문은 성경 전체에 반영된 은혜를 보게 하는 해석적 '안경' 의 두 번째 렌즈를 제공한다.(《그리스도 중심의 설교》 354~355 참조).

라"고 말했습니다 고전 10:4.

하나님이 겸손하게 이스라엘 백성을 구원하신 사건은 이후에 예수 그리스도 안에서 인류를 구원하실 것을 미리 예시하신 것이라고 볼 수 있습니다. 하지만 이번에 모세가 반석을 쳤을 때는 반석 앞에 하나님이 서 계시지 않았고 다만 지도자인 모세가 백성의 구원자인 것처럼 행세했을 따름입니다.

그 결과 모세는 하나님이 백성에게 베푸실 구원의 은혜를 자신이 강탈하고 말았습니다. 그것은 하나님의 은혜가 불충분하다고 말하는 것이나 마찬가지 행동이었습니다. '반역자'라는 비난으로 백성을 질책함으로써 죄의 징벌을 받게 한 것은 예전에 하나님이 스스로 징벌을 받았던 것과 정반대의 상황이었고 하나님이 원치 않는 일이었습니다.

우리의 중재자인 하나님은 자신의 백성이 받아야 할 징벌을 대신 받음으로써 그들을 중보하셨습니다. 그런데 모세는 자신이 백성을 징벌하고 자신의 중재로 그들이 구원받게 된다는 인상을 심어주고 있습니다. 결국, 모세는 자신의 권능과 은혜의 복음이라는 엉뚱한 복음의 제사장이 되어 있었던 것입니다.

권위를 바꾸다

앞서 이야기했듯이 모세는 이스라엘 백성을 질책하고 손에 잡은 하나님의 지팡이로 반석을 두 번씩이나 내리쳤습니다. 모세의 지팡이는 하나님의 권위를 상징하며 그분의 허락과 권능을 나타냅니다. 애굽의 바로 왕에게 가서 말할 때, 십계명을 받을 때, 적군을 물리칠 때도 모세는 그 지팡이를 손에 잡고 있었습니다. 하나님이 명령하신 말을 하거나 행동할 때 지팡이를 손에 잡고 있는 것은 자신의 언행이 하나님의 권위를 가졌음을 의미합니다. 하지만 모세가 아론과 함께 서서 "반역한 너희여 들으라 우리가 너희를 위하여 이 반석에서 물을 내랴"고 말했을 때는 하나님을 대신해서 말한 것이 아니었습니다민 20:10. 언약의 백성을 다스리는 권세가 마치 자신과 자기 형의 권세인 것처럼 행동했던 것입니다. 따라서 모세는 자신과 자기 가족이 이스라엘의 왕족이나 되는 것처럼 굴었고 그중에서도 자신이 최고의 권위를 가진 자처럼 행세했습니다.

　모세의 잘못이 왜 심각한 죄였는지를 결정하는 마지막 퍼즐이 바로 이것이었습니다. 그의 죄는 단순히 참았던 화를 폭발시키고 거친 말을 한 것이 아니었습니다. 그는 스스로 선지자, 제사장, 왕의 신분을 부여함으로써 영적 지도자의 자격을 잃어버렸습니다. 하나님과 자신을 동격으로 놓았으며, 하나님의 중재자라는 신분을 망각했고, 그럼에도 모든 것을 하나님의 권위로 하는 것처럼 위장했습니다. 성경은 분명하게 하나님 백성의 선지자요, 제사장이요, 왕의 역할을 온전히 감당하실 분은 예수 그리스도밖에 없다고 했습니다. 만일 그 역할을 모세 자신이 감당할 수 있다고 한다면 모세는 이스라엘의 구원자를 자처하는 것이나 마찬가지입니다. 그래서 하나님은 모세에게 "이스라엘 자손의 목전에서 내 거룩함을 나타내지 아니한 고로"12절 징벌하겠

08 보통은 각각의 대지마다 적용적인 면들이 첨가되어 있지만, 이 설교에서는 앞선 적용들이 부수적인 것이고 이 하나의 대지로부터 다각도의 적용점이 전개되어 나온다. 그러나 마음의 지레를 움직이는 결정적 적용은 나중에 거론되기 때문에 이 부분의 길이나 복잡성이 이해에 장애가 되어서는 안 된다. 적용은 네 개의 질문(무엇을, 어디에서, 왜, 어떻게 - 〈그리스도 중심의 설교〉 262~270 참조)에 대답하는 것이므로 하나님이 원하시는 것을 하고 싶은 마음이 우러나게 하지 않는 한 이 설교의 영적 능력은 결여되었다고 할 수 있다.

다고 말씀하신 것입니다. 여기에서 '거룩함'이라는 말은 하나님이 자기 백성을 구원하는 데 필요한 유일하고, 구별되고, 순전한 속성을 가리키는 것입니다. 모세는 하나님의 말씀과 행동과 통치를 자신의 것으로 대체함으로써 이스라엘을 구원하는 데 필요한 하나님의 속성과 권위를 부인했습니다. 모세의 언행은 이스라엘 백성이 하나님을 의지하지 않아도 구원받을 수 있다는 암시를 전달한 셈이었습니다.

모세의 죄가 얼마나 심각한 죄이고 그 죄가 얼마나 교묘하게 그의 마음속에 들어갔는지를 이해하게 되면 기독교 지도자들이 항상 가슴에 새겨야 할 귀중한 교훈을 배울 수 있습니다.[08]

1. 우리는 하나님과 무관한 자기 사역을 하지 않도록 조심해야 합니다_ 목회나 사역을 하다 보면 그것이 단순한 의식이나 상투적인 일로 전락하기 쉽습니다. 교회 일에 바빠서 정신없이 사역하다 보면 이런 생각이 들기 시작합니다.

"심방 잘하고, 좋은 프로그램들을 만들고, 계획을 치밀하게 짜고, 적절한 교회 성장 비법을 활용하고, 비전을 제시하고, 감동적인 설교를 하면 교회는 부흥할 거야."

사실 자신의 목회와 신학을 이런 식으로 생각하는 사람은 없지만 날마다 밀려오는 목회의 압박감은 날마다 이런 식의 사역을 하도록 만들어 버립니다. 목회가 하나님을 갈구하는 사역이 아니라 기술을 발휘하는 전문직이 되는 것입니다. 제가 아는 어떤 목사는 세월이 갈수록 설교 준비가 기계적인 작업처럼 되어서 목수가 망치와 못을 들고 목공 일을 하는 것이나 다를 것이 없다고 한탄하는 것을 들은 적이 있습니다.

모세의 이야기는 우리가 다른 사람들을 섬길 때 성령을 의지하기 위해 항상 노력해야 한다는 것을 가르쳐 줍니다. 우리는 자신에게 언제나 다음과 같은 말을 반복해야 합니다.

"다른 말 전하지 말자. 다른 구원자는 없다. 다른 권위는 없다. 내 사역을 통해 오직 예수님만이 선지자요, 제사장이요 왕이 되시게 하자."

2. 우리는 하나님을 의지하지 않고 사람들에게 인정을 받으려는 유혹을 물리쳐야 합니다_ 성도들이 목사의 설교를 좋아하게 만드는 것과 목사를 좋아하게 만드는 것의 구별은 아주 모호하고도 교묘할 때가 많습니다. 물론 영적 지도자는 하나님을 대표하는 사람이므로 존중과 신뢰를 받아야 합니다. 그러나 하나님은 보이지 않고 지도자만 보이게 되면 그것은 굉장히 위험한 일입니다. 목사의 목표는 성도를 그리스도의 제자로 만드는 것이지 자신의 제자로 만드는 것이 아닙니다. 교회가 분열되는 가장 큰 이유는 성도들이 하나님보다 목사를 더 충성되게 섬기기 때문입니다. 또한, 교회 안에서 가장 큰 상처를 받는 사람들은 하나님이 될 수 없는 지도자를 하나님만큼 신뢰한 성도들입니다. 목사의 설교는 항상 "말씀을 존중하자, 하나님만을 구원자로 신뢰하자, 하나님의 권위만을 순종하며 따르자"는 내용이 되어야 합니다. 이것은 교회 성도들만이 아니라 영적 지도자 자신에게도 필요한 메시지입니다.

III. 지도력의 부식

아마 모세도 목회에 관해 지금까지 내린 결론에 동의할 것입니다. 모세 역시 하나님의 말씀과 구원과 권위를 자신의 것으로 대체해서는 안 된다고 말했을 것입니다. 그렇다면 그의 사역이 그토록 심각하게 부식된 이유는 무엇이었을까요? 모세의 삶을 자세히 살펴보면 그 해답을 찾을 수 있습니다.

그동안 모세는 장장 사십 년이 넘는 세월 동안 생존을 위해 투쟁해 왔습니다. 세상에서 가장 막강한 국가를 상대로, 위험한 이방 민족들을 상대로, 목이 뻣뻣한 백성을 상대로 힘겨운 싸움을 계속해 왔습니다. 오랫동안 갖은 난관을 헤치며 살았는데 이제 또다시 위기를 맞이한 것입니다. 백성은 물이 없다고 불만불평을 쏟아냈습니다. 위기는 인간을 강하게도 하지만 지치게도 합니다. 비록 모세가 그때까지 잘 감당했지만 수십만 명의 삶과 영혼을 책임지는 일은 엄청난 스트레스와 부담감을 안겨주었을 것이며 때로는 두려움과 회의를 느끼게 했을 것입니다.

설상가상으로 이스라엘 백성은 그저 불평만 한 것이 아니었습니다. 원망과 비난도 했습니다. 민수기 20장 3절에 보면 백성이 모세와 다투면서 원망에 찬 비난을 퍼부었다고 합니다. 4절에서 5절까지를 읽어보십시오.

"우리 형제들이 여호와 앞에서 죽을 때에 우리도 죽었더라면 좋을 뻔하였도다 너희가 어찌하여 여호와의 회중을 이 광야로 인도하여 우리와 우리 짐승이 다 여기서 죽게 하느냐 너희가 어찌하여 우리를 애굽에서 나오게 하여 이 나쁜 곳으로 인도하였느냐."

백성은 자신들을 위해 온갖 희생을 마다치 않은 모세를 매몰차게 몰아붙였습니다. 그가 한 일에 대해 감사하는 마음도 전혀 없었던 것 같습니다.

모세의 지도력이 부식된 데에는 어쩌면 예전의 일을 반복해 당한 것이 또 하나의 이유일지 모릅니다. 백성은 사십 년 전에도 똑같은 불평을 했습니다. 그런데 새로운 세대로 교체된 후에도 여전히 같은 죄를 반복하고 있으니 시간이 그들을 성숙시킨 것은 결코 아닌 것 같습니다.

백성의 원망, 인신공격, 감사하지 않는 모습이 모세의 마음을 지치고 좌절하게 했습니다. 그에 대해 시편 기자는 모세가 "망령되이" 말하며 응수했다고 했습니다 시 106:33. 쉽게 말하면 모세가 화가 났다는 뜻입니다. 그것이 당시 상황입니다. 모든 것을 바치고 모든 것을 희생해 오랫동안 이스라엘 백성을 이끌었는데 이제 또다시 모세를 원망하고 있으니 울컥하고 부아가 치밀고 말았습니다. 자기 말을 듣지도 않고 존중하지도 않는 모습에 참았던 화가 폭발한 것입니다.

최근 목회자의 탈진에 관한 책들이 많이 출간되었습니다. 처음에 연구자들은 가정과 재정과 목회에 대한 무거운 책임감 때문에 목회자가 교회를 떠난다고 생각했습니다. 그러나 최근에는 분노와 함께 피로감이 문제로 지목되었습니다. 외로움과 과로에 시달리고, 감사하다는 말도 듣지 못하고, 실패감과 모멸감마저 느끼며 분노와 원망을 안고 살아가는 것이 결국에는 목회의 열정을 완전히 죽인다는 것입니다. 그런 연구 결과를 고려할 때 모세의 문제는 오늘날 우리가 겪는 문제와 하나도 다를 바가 없어 보입니다.

모세의 분노를 보면서 "원한은 자기를 부식시키는 산酸이다"라는 말이 생각납니다. 목회나 사역을 하다가 분노가 치미는 상황을 만나면 자제력과 일의 우선순위를 지키는 것과 상처 준 사람을 용서하는 법을 가르쳐 달라고 하나님께 기도해서 올바른 방식으로 하나님을 경외하며 성도들을 이끌 수 있어야 합니다.

사실 말은 이렇게 하지만 제가 지금 권면하는 일들은 저 자신에게 해당하는 일이고 생각보다 빈번하게 반복되는 일임을 고백하지 않을 수 없습니다. 저는 인신공격과 성공의 압박감과 남들의 기대에 못 미칠 때의 좌절감을 잘 알고 있습니다. 사람들의 불평불만이 커질수록 제 안의 원망과 미움도 증폭

됩니다. 그러므로 제가 계속 목회하기 위해서는 무엇보다 **먼저 회개하는 자**가 되어야 합니다. 제 안에 있는 교만과 남들에게 존경받고 싶은 이기심을 주님께 자백해야 합니다. 오직 주님만을 의지하지 않는다면 그분의 영이 아니라 저의 재능으로만 목회하게 될 것입니다. 저는 이 모든 것을 자백하고 회개할 준비가 되었지만 그래도 한 가지 의문이 남습니다. 모세가 지었던 식의 죄를 회개하는 것은 문제가 없지만, 모세에게 내린 하나님의 징벌은 어찌 그리 가혹한지 이해가 되지 않습니다. 그렇다면 저도 비슷한 징벌을 받게 되는지 겁이 납니다. 그렇게 오랫동안 이스라엘 백성을 이끌었는데도 불구하고 하나님은 모세를 약속의 땅으로 들여보내지 않으셨습니다. 저는 하나님께 이렇게 묻고 싶습니다.

"두 번째 기회는 안 주시는 겁니까?"

"당신의 자비와 은혜는 어디에 있습니까?"

"모세의 삶에서, 혹은 우리의 삶에서 은혜를 경험하지 않고 어떻게 우리가 하나님의 은혜를 설교할 수 있습니까?"

이 질문에 대한 대답은 간단합니다. 모세는 하나님의 것을 자기 것으로 했지만, 하나님은 자비롭게 모세의 것을 자기 것으로 하셨습니다. 모세의 이야기가 남긴 교훈은 저같이 은혜가 필요한 지도자들에게 하나님이 정말로 놀라운 은혜를 베풀어 주신다는 사실입니다.

IV. 지도자의 구원

모세는 참담한 잘못을 저질렀습니다. 그에 대한 하나님의 반응은 무엇이었습니까? 사람과 사역을 구원하셨습니다.[09] 광야의 반석에서 물이 나게 하신 사건의 역사적 배경을 살펴보면 그 사실을 알 수 있습니다.

하나님은 지도자의 잘못에도 불구하고 자기 백성에게 필요한 것을 공급하신다

모세는 잘못을 저질렀습니다. 백성에게 망령되이 말했고 지팡이로 반석을 내리쳤습니다. 모두가 하나님의 뜻이 아니었습니다. 그런데 하나님은 어떻게 하셨습니까? 어쨌든 반석에서 물이 나오게 하셨습니다. 몇 방울씩 똑똑 떨어지는 물이 아니라 폭포 같은 축복의 물이 모세의 잘못에도 불구하고 쏟아져 나오도록 하셨습니다.

주일학교 공과자료를 보면 이 장면을 그린 그림들이 있습니다. 그 그림에는 바위틈에서 물이 졸졸 흘러나오고 그 주변에 십여 명의 사람과 동물이 모여서 그 물을 마시고 있습니다. 하지만 실제로 이스라엘 백성이 몇 명이었는지를 생각해 보십시오. 애굽을 떠날 때 6십만 명 이상의 장정들이 가족과 함

---

09 이 마지막 부분이 이번 설교 복음의 중심축이다. 모세와 이스라엘 백성에게 베푸신 하나님 은혜의 증거들로 청중에게 감동을 줄 뿐 아니라 하나님에 대한 사랑을 우러나게 하는 것이 이 부분의 목표다. 하나님의 은혜와 사랑은 지도력(이 설교의 처음 부분에 거론된)을 발휘하게 하는 동기와 능력이 되며 그것은 하나님의 은혜를 떠나서는 불가능하다(《그리스도 중심의 설교》 397~399 참조). 보통 구속적 설교에서는 복음의 동기부여적인 면이 설교의 마지막 부분에 등장한다. 그리하여 적용을 위한 능력(은혜에 기반을 두고 있음)을 제공하고 설교가 명백하게 구속적 설교가 되도록 한다. 그냥 구속적 요소들을 가져다 붙이고 싶은 충동이 일더라도 자제하고 면밀히 통합된 사고를 통해서 앞선 설교 내용의 가장 결정적이고 감동적인 순간을 모두 아우르는 적절한 복음의 무게를 마지막에 실어 주어야 한다.

께 나왔습니다. 그 6십만 명과 직계 가족을 합하면 적어도 2백만에 이르는 사람들이 모세와 함께 애굽을 떠났다는 것을 알 수 있습니다. 그들은 사십 년 동안 광야를 돌아다녔습니다. 혹시 사는 것이 힘들어서 인구가 줄었을까요, 아니면 오히려 늘어났을까요? 어쨌든 간에 여전히 수많은 사람이 광야에서 물을 마시려고 했습니다. 만일 한 사람이 하루에 3리터의 물이 필요하다고 하면(사막에서 생존하기 위해서는 적어도 그 정도의 물이 필요함) 애굽을 떠날 때의 인구가 반으로 줄었다고 해도 하루에 3백만 리터의 물이 필요했을 것이고, 한 시간에 12만6천 리터, 1분에 2,100ℓ 의 물이 필요했을 것입니다.

더욱이 9절에는 그들이 데리고 나온 가축들도 언급되어 있습니다. 가축도 물을 먹어야 합니다. 만일 한 가족당 양 한 마리, 염소 한 마리, 낙타 한 마리(아마도 많은 가족이 그 이상의 가축을 가졌을 것으로 추측함)를 가졌다면 그들을 전부 먹이기 위해 물의 양은 세 배로 늘어나야 합니다. 성경에서 물이 '많이 솟아나 왔다' 라고 한 이유도 졸졸 흐르는 물로는 어림도 없고 적어도 1분에 6천 리터의 폭포수 같은 물이 나와야 했기 때문입니다. 저는 1분에 6천 리터의 물이 쏟아지는 장면이 잘 상상이 안 가지만 분명 샤워기에서 나오는 물이나 소방 호스에서 나오는 물 정도는 아니었을 것입니다. 그것은 홍수였을 것입니다. 하나님은 모세의 잘못에도 불구하고 자신의 백성에게 축복의 홍수를 보내주셨습니다.

저는 지도자의 허물에도 불구하고 하나님이 자신의 백성을 계속해서 축복하셨다는 이 대목을 무척 좋아합니다. 제가 설교를 잘하지 못할 때, 대인 관계에 서투를 때, 의무를 다하지 못할 때, 문제에 과잉 대응할 때, 행사 준비 능력이 부족할 때, 가정에 소홀할 때, 하나님을 의심할 때, 이 이야기를 기억합니다. 저의 모든 허물과 실수에도 불구하고 하나님은 여전히 다스리시고 여전히 축복을 주십니다. 하나님은 저의 결점을 초월해 그분의 은혜를 내려주십니다. 그분은 휘어진 나무로도 일직선을 그을 수 있으시고 세속적인 그릇에도 은혜를 부을 수 있는 분입니다.

하나님이 세속적 그릇을 사용하시는 것을 저는 바로 지난주에 체험했습니다. 딸이 제 말을 안 듣고 기어이 이웃집으로 놀러 갔을 때 제가 얼마나 화를 냈는지 모릅니다. 자식이 부모 말에 거역하는 것을 용납하지 못하는 성격이라 너무 심하게 꾸짖은 것이 나중에 마음에 걸렸습니다. 그렇게 하지 말았어야 했는데 이 나이, 이 목회 경력에도 불구하고 성숙하지 못하게 행동한 것이 몹시 후회되었습니다. 아직도 제게 그런 죄가 있다는 것을 인정하기는 싫지만 그럼에도 이 사실을 여러분에게 고백하는 것은 두 가지 이유에서입니다. 첫째는 여러분이 자녀에게 부적절한 언행을 하거나 여러분이 섬기는 성도에게 잘못했을 때에도 하나님은 부족한 지도자를 통해 그분의 백성을 구원하신다는 사실을 기억하길 바라서입니다. 여러분이 잘못했다고 하나님은 자신의 백성을 저버리지 않으십니다. 따라서 모두 잃는 것이 아닙니다. 여러분의 죄를 고백하고 도움을 청한 뒤에 하나님이 인도하시는 대로 따르십시오. 그리고 제 잘못을 말씀드리는 또 한 가지는 이유는 지도자가 잘못했어도 하나님은 자신의 백성만이 아니라 지도자를 위해서도 계속해서 은혜를 베푸신다는 것을 알려드리기 위함입니다. 이 놀라운 진리가 바로 오늘의 모세 이야기를 공부한 뒤에 저에게 찾아온 감격스럽고도 꼭 필요한 위안이었습니다.

하나님은 지도자의 허물에도 불구하고 지도자에게 은혜를 베푸신다

처음에는 오늘의 본문 말씀에서 모세가 받은 징벌 때문에 저도 여러분처럼 마음이 매우 무거웠습니다. 이스라엘 백성은 축복을 받았지만, 모세에게는 어떤 일이 벌어졌는지 보십시오. 하나님은 그에게 "너희는 이 회중을 내가 그들에게 준 땅으로 인도하여 들이지 못하리라"고 하셨습니다민 20:12.

이런 가혹한 처벌을 받았는데 모세에게 무슨 은혜가 남아 있었을까요? 예! 그는 약속의 땅을 바라볼 수 있었습니다신 34:1~4. 그리고 어떤 성경학자들은 예수님과 함께 변화산 위에 나타났을 때 모세는 마침내 그 땅에 들어간 것이라고 이야기합니다마 17장. 하지만 출애굽 시대에 오랜 역경과 고난을 뚫고 이스라엘 백성을 인도한 사람에게는 그것이 너무도 불충분한 위로처럼 보입니다.

하지만 이 말씀을 기록한 저자의 입장에서 이 이야기를 다시 생각했을 때 저는 은혜의 진정한 면을 깨달을 수 있었습니다. 모세는 하나님의 백성을 잘못 인도했고, 자기 자신에게 불명예를 안겼고, 하나님을 부인했고, 약속의 땅에 들어가는 것을 거부당했습니다. 모세에게 일어난 이 모든 일을 성경에 기록한 사람이 누구입니까? 바로 모세 자신입니다. 민수기는 모세 오경 중 하나입니다. 모세가 자기 자신을 폭로했습니다. 자기 죄와 잘못을 스스로 고백했고, 기록했고, 책으로 엮었습니다.

왜 그랬을까요? 그 해답을 얻기 위해서 저는 우리 가족이 그런 식으로 자기 잘못을 밝히는 순간을 기억해 봅니다. 명절이나 휴가 때 저의 형제자매들이 한자리에 모이면 우리는 저녁 늦게까지 모노폴리 놀이를 합니다. 그러다가 지치고 골치가 아파지면 기분전환 삼아 과거의 짓궂은 장난이나 잘못을 털어놓을 때가 있습니다. 대개는 예전에 발각되어 이미 다 아는 내용, 예를 들면 형들이 차고에서 담배를 피우다가 아버지에게 들킨 것이나 우리 형제들이 집 밖으로 나가던 비밀통로를 어머니가 발견한 사건 같은 것들을 이야기합니다. 하지만 어떤 날에는 한 번도 말하지 않은 것, 예를 들면 형들이 부모

허락 없이 차를 몰고 나갔다거나, 할로윈 날에 장난을 치려고 이웃집 지붕에 쓰레기를 버렸다거나, 누나의 마스카라에 초콜릿 시럽을 묻혀 놓았다거나 하는 일들을 처음으로 고백하기도 합니다.

그러면 저의 부모님은 눈을 둥그렇게 뜨시고 "네가 그런 일을 했단 말이야?"라고 놀라십니다. 하지만 저와 우리 형제들이 과거의 잘못을 가족 앞에 마음 놓고 말할 수 있다는 것은 무엇을 의미합니까? 과거의 잘못에도 불구하고 우리 형제와 부모 간에 그 일을 문제 삼지 않을 것이라는 신뢰가 형성되어 있음을 의미합니다. 물론 실망이나 분노가 느껴질 수도 있으나 비난하거나 징벌하지는 않습니다. 사랑과 용납이 있다는 것을 알게 되면 자신의 죄를 솔직하게 고백할 용기가 생깁니다.

따라서 모세가 자신의 죄를 이야기한 것은 그가 했다는 것뿐 아니라 하나님과도 화해가 이루어졌다는 증거로 볼 수 있습니다. 모세가 자신의 잘못을 공개적으로 고백한 것과 하나님이 계속해서 모세를 사용하신 것을 보아도 그 사실을 알 수 있습니다. 하나님은 수천 년간 모세오경을 통해 세상이 어떻게 만들어졌고, 언약의 백성이 어떻게 형성되었고, 신앙인들이 어떻게 살아야 하고, 메시아가 어떻게 오실 것을 알려 주었습니다. 그러나 모세가 죄를 지었을 때 결론적으로 하나님은 이렇게 말씀하신 것과 같았습니다. "이스라엘 자손이 나 없이도 너 혼자 이끌 수 있다고 생각한다면 나는 네가 나의 백성을 이끌고 약속의 땅에 들어가는 것을 허락하지 않겠다. 네가 그들의 구원자라는 믿음은 너에게도 해가 되고 그들에게도 해가 된다. 이스라엘에는 오직 하나의 구원자밖에 없다." 그러나 하나님은 모세를 버리지 않으셨고 계속해서 이스라엘 백성을 이끌게 하셨으며, 역사를 기록하게 하셨고, 약속의 땅에 있는 변화산에서 예수님을 만나게 하셨습니다.

모세의 자백과 지속적인 사역은 무엇을 의미하는 것일까요? 비록 모세가 죄를 짓기는 했지만, 하나님과 모세의 관계는 여전하다는 것을 의미합니다. 오늘의 성경 본문에서 가장 놀랍고 감동적인 은혜는 바로 그것입니다. 하나님은 지도자의 죄에도 불구하고 이스라엘 백성을 축복하셨고 모세의 허물에도 불구하고 그를 축복하셨습니다. 제가 듣고 싶고, 들어야 하는 것은 바로 그런 은혜입니다. 모세와 저처럼 허물 많은 사람에게 그런 은혜가 부어진다는 것은 얼마나 기쁘고 다행한 일인지 모릅니다.

결론

물론 모세의 이야기가 주는 메시지는 두려운 것입니다. 우리 죄를 고백하는 것이 다른 사람들에게 하나님의 은혜를 깨닫게 한다는 사실은 기독교 사역자가 열심히 사역에 전념할 뿐 아니라 은혜가 필요한 자임을 인정해야 한다는 뜻이기도 합니다.

스티브 브라운 목사는 어느 날 학교에서 돌아온 어린 딸이 현관문을 쾅 닫으면서 "남자애들은 진짜 못 말려!"라고 소리치는 것을 들었습니다.

그래서 딸에게 "왜 그런 소리를 하는 거니?"라고 물으니까 한 남학생이 수영복 입은 야한 여자 사진이 있는 잡지를 학교에 가져왔는데 교실 한쪽에서는 남자애들이 그걸 보며 낄낄거렸고 여자애들은 못마땅해서 날카롭게 쏘아붙였다는 것이었습니다.

브라운 목사는 일단 안전한 길을 택해서 딸에게 남자와 여자의 차이점에 관해 이야기해 주었습니다. 그래서 남자는 시각적 유혹에 약하고 여자는 이상적 관계를 상상하는 경향이 있다는 것을 일러주었습니다. 그런 뒤에 브라운 목사는 다소 안전하지 못한 말을 했습니다. 하나님의 은혜를 깨닫게 해주기 위해서 아버지로서 하기 힘든 말, 그러나 딸이 반드시 알아야 할 말을 했습니다. "애야, 너도 알다시피 나도 남자란다."

그러자 딸이 즉각 이렇게 응수했습니다.

"아니에요, 아빠. 아빠는 다른 남자들이랑 달라요."

"아니야, 애야, 예수님이 구원해 주신 내 안의 일부는 다른 남자들이랑 똑같단다."

어쩌면 여러분은 아버지로서 그런 말을 하는 것은 현명치 못한 일이라고 생각하실지도 모릅니다. 또는 딸이 아버지의 그런 면을 아는 것이 좋은 일이 아니라고 생각하실지도 모릅니다. 솔직히 저도 무엇이 옳은지 확신할 수는 없지만, 어쨌든 이 한 가지는 부인할 수 없습니다. 비록 허물이 있는 아버지라도 그 아버지가 딸의 사랑을 받는다면, 나아가 예수님의 사랑을 받고 있다는 것을 안다면 그 딸은 하나님의 은혜에 대해 아주 중요한 것을 깨우치게 될 것입니다. 그리고 언젠가는 그 딸도 그런 은혜가 필요한 날을 맞이할 것입니다. 브라운 목사가 딸에게 자신의 치부를 드러내고, 모세가 자신의 우상숭배를 고백하고, 여러분에게 저의 결점을 털어놓으면 하나님의 사역을 하는 지도자들이 어찌 그리 흠이 많은가 싶어 여러분의 마음이 불편해질 것입니다. 그러나 불편한 마음 중에 새로운 깨달음이 싹틀 것입니다. 그것은 하나님의 은혜가 모든 인간의 죄보다 위대하다는 확신입니다. 우리의 죄와 허물이 드러나도 하나님은 우리를 버리지 않으십니다. 죄로 인한 대가를 치러야 하겠지만, 하나님은 여전히 우리의 하나님이십니다. 이렇게 말하는 영적 지도자는 **먼저 회개하는 자**이며 그런 모습이 다른 사람들을 회개의 은혜로 인도할 것입니다. 이 세상은 그런 지도자가 필요합니다.

설교 예문 08

그리스도 대속의 결과를 보여주는 그리스도 중심 성경 해석 I

[거시적 방식]

지금까지는 대속을 예언하고, 예비하고, 반영하는 수단으로서의 복음의 면모들을 보여주는 구약의 예언 말씀과 이야기식 말씀들을 탐구해 보았다. 또한, 성경의 다양한 장르들을 숙고하면서 그 각각의 장르들을 통해 하나님의 은혜를 전할 수 있음도 살펴보았다. 여기서 한 가지 문제는 지금까지 등장한 설교 예문들이 예외적인 것이 아니냐는 점이다. 하나님이 자기 백성에게 은혜를 베푸신다는 메시지가 정말로 성경의 일관된 메시지일까? 정말로 성경 전체가 구원, 즉 예수 그리스도의 대속에서 절정을 이룬 그 구원의 메시지를 증언하고 있는가?[01]

앞으로 소개할 두 개의 설교 예문은 바로 이런 의문을 해소하기 위해 제시된 것이다. 첫 번째 설교는 사도 바울 자신의 성경신학이 진술된 신약의 한 대목을 살펴보면서 그가 전체 성경이 가르치는 무엇을 믿고 있는지 알아볼 것이다. 이 설교에서는 또한, 어떤 성경 본문이든 그 말씀에서 복음을 전하는 방법을 마지막으로 소개할 것이다. 일부 성경 본문에 담긴 복음의 진리들은 그리스도가 성취하신 대속 사역의 하나의 **결과**로서만 볼 수 있다.[02] 따라서, 그리스도의 대속의 결과에 의한 은혜를 설교하는 것은 모든 성경이 그리스도 중심이라는 것을 보여주는 또 다른 길이 되는 셈이다. 이 말은 물론 대속의 예언, 예비, 반영, 결과적 차원만을 다루는 설교만이 성경의 그리스도 중심성을 보여주는 유일한 방법이라고 말하는 것은 아니다. 다만 설교자가 이 방법들을 염두에 두면 성경의 어떤 본문에서든 은혜를 발굴해내는 데 요긴한 기본 도구를 갖게 된다고 말하는 것이다.

이렇게 성경 전체에 스며있는 은혜를 보기 위해서는 설교자가 "상황이 본문의 일부"라는 말을 명심해야 한다. 성경의 어느 대목에서든 은혜를 발굴해낼 수 있다는 말은 성경의 모든 단어와 구절과 단락이 전부 다 구원의 어떤 면을 내포하고 있다는 뜻이 아니다. 그보다는 성경의 모든 말씀이 그 상황과 내용 속에서 하나님이 자격 없는 인간을 위해 제공하신 구원의 스토리에 한 부분이 된다는 것이다. 하나님의 구원 스토리는 예수 그리스도의 삶과 사역에서 최고점에 이르지만, 성경의 모든 말씀이 그 스토리를 완전하게 이야기하고 있지는 않다. 그리스도 중심 설교가 풀어야 할 과제는 하나님의 은혜라는 진술된 스토리에서 우리가 어디에 있는지를 보여주고 각각의 말씀이 그 스토리에 어떻게 기여하고 있는지를 알려주는 것이다.

하나님의 구원이라는 은혜로운 속성은 성경 본문의 더 넓은 상황과 문맥(거시적

01 성경신학과 해석에 대한 자세한 내용은 〈그리스도 중심의 설교〉 343~348과 375~383을 참조하라.
02 그리스도 중심 해석은 그리스도와 그분의 대속에 나타난 하나님 은혜의 '결과'라는 점에 대한 설명은 이 책의 서론과 〈그리스도 중심의 설교〉 357~359를 참조하라.
03 거시적 관점과 미시적 관점에 대한 내용은 이 책의 서론과 Christ-Centered Preaching 개정판, 306~308을 참조하라.
04 두 가지 해석 방식의 적법성에 대해서는 〈그리스도 중심의 설교〉 66~68을 참조하라.

관점, macro-perspective)을 통해 수확해야 하는 경우도 있을 것이고, 아니면 본문의 좁은 윤곽선(미시적 관점, micro-perspective) 안에서 하나님 은혜의 증거가 있는 경우도 있을 것이다.⁰³ 성경신학에 결과론적으로 접근하는 첫 번째 설교는 거시적 관점에서 은혜를 다루면서 "무엇이든지 전에 기록된 바"롬 15:4의 목적을 알려하는 바울 자신의 갈망을 반영하고 있다. 그다음에 나오는 설교(설교 예문 09)는 좀 더 좁은 윤곽 속에서 하나님의 은혜를 보여줄 것이다. 이 두 가지 방식들을 접하고 나면 본문을 설명하는 데 있어 그 두 가지(많은 분량의 본문에서 진리를 걸러내는 일이나 적은 분량의 본문에서 진리를 탐구하는 일) 모두 합법적인 강해설교 방식임을 알게 될 것이다.[04]

소망의 여정

로마서 15장 4절

4 무엇이든지 전에 기록된 바는 우리의 교훈을 위하여 기록된 것이니 우리로 하여금 인내로 또는 성경의 위로로 소망을 가지게 함이니라

본문 배경 소개 | 메인 주 동부의 한적한 외곽 도시, 두 개의 고속도로가 교차하는 지점에 미국에서 빈번하게 사진촬영의 대상이 되어 온 한 교회가 있습니다. 외진 곳에 있는 이 작은 교회는 썰렁한 들판 한가운데 있습니다. 하지만 오히려 그런 점이 행인들에게 이 교회가 세상에서의 자기 장소와 시간을 발견하도록 돕고 싶은 책임감을 부여했던 것 같습니다. 이 교회에는 아주 큰 뾰족탑이 세워져 있고 그 탑 양쪽으로 커다란 시계가 달려 있습니다. 굳이 비교하자면 개미가 바나나를 옮기는 모습이나 어린 아기가 풍금을 들고 다니는 것에 비교할 수 있을까요? 정말 어울리지 않는 탑입니다. 그러나 이런 불균형한 모습에도 불구하고 사람들은 그 교회를 주목합니다. 그곳의 위치를 알려주어 길을 잃지 않게 하는 길잡이 역할을 톡톡히 하고 있으니까요. 조금 별난 방식이긴 하지만 그 교회는 오늘 성경 본문의 내용을 이해하는 데에도 길잡이가 되어주고 있습니다. 이 말씀을 보면 로마에 있는 교회가 분쟁과 다툼으로 얼룩져 있는 것을 알 수 있습니다. 로마의 유대인은 물론이고 이방인이었던 사람들도 예수님을 믿고 그리스도인이 되었습니다. 그러나 무엇을 먹고, 마시고, 지킬 것이냐 하는 사소한 문제들을 놓고 그들은 마찰을 일으켰습

01 구속적 설교를 비난하는 사람들은 그런 설교가 죄책감에서의 자유만을 강조해서 이기적인 그리스도인을 양산한다고 주장한다. 그런 불충분한 결과가 양산될 가능성도 없지는 않지만(사실 어떤 형태의 미성숙한 그리스도인도 양산할 수 있을 것이다), 성령이 내주하시는 사람에게는 그런 일이 흔하게 일어나지 않는다. 하나님이 우리를 그리스도에 대한 사랑으로 채워주시면 우리는 그분이 사랑하시는 대상을 사랑하게 된다. 그 결과, 사랑하기 힘든 사람, 억압당하는 사람, 사랑받을 자격이 없는 사람도 사랑할 수 있는 그리스도인 될 수 있다. 그리스도를 향한 우리 사랑의 결과로 주어진 삶의 열매이다. 그런 삶은 하나님의 은혜에 의해 동기부여 되고 가능해지는 것이다.

니다. 그 정도 분쟁이라면 사도 바울이 조금만 중재를 해도 쉽게 해결될 수 있을 것 같은데 바울은 심오한 진리를 편지에 써서 성경 전체의 목적에 관해 이야기하고 있습니다. 비록 그 목적은 한 구절에 담겨있지만, 워낙 심오한 진리이기 때문에 로마의 작은 교회도 편협한 생각을 버리고 모든 시대, 모든 교회를 향한 복음의 목적을 다시금 되새길 수밖에 없었을 것입니다.[01] 사도 바울이 로마 교회에 했던 이야기는 결국 복음의 위대한 목적에 맞게 생각하고 행동하기를 촉구한 것이었습니다.

성경 본문 읽기 | 저와 함께 로마서 15장 4절 말씀을 읽어 보겠습니다.

"무엇이든지 전에 기록된 바는 우리의 교훈을 위하여 기록된 것이니 우리로 하여금 인내로 또는 성경의 위로로 소망을 가지게 함이니라."

설교 서론 | 1929년에 열린 로즈 볼(매년 1월 1일에 열리는 대학 미식축구 선수권전-역주) 게임에서는 조지아 공대와 캘리포니아 대학이 수비팀 최후 열에서 맞붙어 있었습니다. 점수는 0대 0으로 팽팽한 상황에서 조지아 공대의 쿼터백인 땅딸막한 토머슨이 잡고 있던 공을 떨어뜨렸습니다. 그러자 캘리포니아 대학의 수비 센터에 있던 로이 리겔스가 일생일대의 기회를 붙잡게 되었습니다. 공이 바닥에 튕기면서 그의 품에 안기는 순간 그의 앞에는 아무도 없는 드넓은 필드만이 펼쳐져 있었습니다. 수비수였던 리겔스는 공을 다루는 데 익숙한 선수가 아니었지만 기필코 뭔가를 보여주겠다는 각오로 공격수처럼 공을 가슴에 꽉 부여안고 머리를 앞으로 내밀고서 있는 힘을 다해 앞으로 달리기 시작했습니다. 미드필드를 지나 40야드, 30야드, 20야드, 마침내 1야드

선으로 다가왔을 때 같은 팀 선수인 베니 롬이 그를 붙잡고 소리 질렀습니다. "야! 저쪽으로 가야지 반대쪽으로 뛰면 어떡해!" 하지만 몸을 돌려 달리려는 순간, 조지아 공대의 선수들이 그를 저지하고 2점을 얻고 말았습니다. 참으로 어이없는 플레이였습니다. 그 뒤부터 그 불쌍한 수비수는 평생을 '반대쪽 로이 리겔스'라는 별명으로 불렸다고 합니다.

로이 리겔스 이야기가 슬픈 이유는 제대로 한번 해보려다가 그렇게 되었다는 것입니다. 그는 사실 제대로 했습니다. 공을 가슴에 안고 머리를 앞으로 내밀고 있는 힘껏 뛰었습니다. 다만 목적지가 잘못되었다는 것이 문제였습니다. 바울 시대 로마에 있는 교회에서도 비슷한 일이 일어났습니다. 모두가 제대로 하려고 노력했습니다. 제대로 먹고, 제대로 마시고, 제대로 절기를 지키려고 했습니다. 그러나 노력은 가상했을지 몰라도 교회는 분열되고 말았습니다. 그 이유는 목적이 잘못되었기 때문입니다. 본문 말씀에서 바울은 모든 성경의 목적이 무엇인지를 확실하게 밝히고 있습니다. 마치 교회 앞에 붙은 커다란 표지판처럼 모든 시대 사람들에게 목적지를 헷갈리면 안 된다고 말하는 것 같습니다. 그래야만 복음의 가장 중요한 것을 놓치지 않기 때문입니다. 그러면 가장 중요한 것이 무엇입니까? 그것은 **모든 성경의 목적이 소망이라는 사실입니다.** 02

성령의 영감으로 쓰인 모든 말씀은 믿는 성도에게 소망을 주기 위한 것이

02 간단하고도 단도직입적인 논지다.
03 이 경우에는 수사학적 흐름을 위해서 '타락한 상태에 초점 맞추기'가 논지의 뒤에 나오며, 첫 번째 대지 앞에서 간략한 형태로 또 한 번 반복된다.

라고 바울을 이야기합니다. 하나님의 말씀을 믿으려는 사람들에게 그 말이 주는 의미는 광대하고도 구체적입니다. 의무와 교리에 관한 이야기도 필요하지만, 성도에게 소망을 주지 못한다면 하나님 말씀의 목적을 놓치고 있는 것입니다. 우리의 지침이 유익하고, 우리가 말하는 사실이 정확하고, 우리의 교리가 올바르고, 우리가 전하는 진리가 참되다고 해도 상대방에게 소망을 주지 못한다면 우리는 하나님이 전하라고 주신 말씀의 의도를 잘못 알고 있는 것입니다.[03] 중요한 것을 중요하게 만들고 복된 소식을 정말로 복되게 하기 위해서는 성경의 목적이 소망이라는 사실을 절대로 잊어서는 안 됩니다.

I. 모든 성경은 우리의 인내를 위한 것이다

모든 말씀이 소망을 주기 위함이라는, 즉 소망으로 가는 여정이라는 말은 상당히 포괄적인 이야기입니다. 바울은 수천 년 동안 기록된 성경의 말씀을 되돌아보면서 과거에 쓰인 말씀이 "교훈을 위하여 기록된 것"이라고 했습니다. 좁은 의미에서 그것은 앞선 로마서 15장 3절에서 인용했던 시편 69편 말씀을 뒷받침하는 것이라고 볼 수 있습니다. 3절에서는 이웃을 섬기려는 사람들—비록 배경과 문화가 다른 사람들이라고 해도—은 예수님이 그러셨던 것처럼 다소간의 '비방'도 참아야 한다고 바울은 말했습니다(롬 15:1~3). 인용된 시편 말씀은 다른 사람을 위해 희생해야 한다는 것을 강조합니다. 그런 뒤에 바울은 인용한 구약 말씀이 왜 옳은지를 설명합니다. 그것을 시작으로 바울은 구약의 말씀을 예로 들어 교인들이 서로 참아주고 인내해야 한다고 권면했습니다.

다른 사람을 참아주도록 돕는다

바울은 구약의 말씀이 무엇보다 우리에게 인내를 가르친다고 말했습니다. 롬 15:4. **04** 본문의 문맥에서 볼 때 우리에게 인내가 필요한 이유는 무엇입니까? 유대와 이방의 그리스도인들은 서로에게 인내의 한계를 경험하고 있었습니다. 그들의 배경, 전통, 습관은 너무도 달랐기 때문에 유대인 개종자들은 새롭게 '언약'의 관계에 합류한 초신자들의 무식함을 왜 참아주어야 하는지 이해하기 힘들었을 것입니다. 바울은 하나님의 교회 안에서 인내와 격려가 필요하다는 사실을 설명한롬 15:5~7 뒤에 중요한 사실을 짚어주었습니다. 그 초신자들의 합류는 처음부터 하나님의 계획 안에 들어 있었다는 것이었습니다. 바울은 유대인 성도를 향해 다음과 같이 말했습니다.

"내가 말하노니 그리스도께서 하나님의 진실하심을 위하여 할례의 추종자가 되셨으니 이는 조상들에게 주신 약속들을 견고하게 하시고 이방인들도 그 긍휼하심으로 말미암아 하나님께 영광을 돌리게 하려 하심이라" 롬 15:8~9.

04 요컨대 바울은 먼저 하나님 은혜의 결과를 이야기하면서 모든 성경은 우리로 하여금 인내하게(상황과 관계의 시련을) 하려는 것이고 복음적 삶에 오는 난관을 극복하게 하기 위함이라고 말한다. 그런 뒤에 그 결과를 제공했던 이 장의 구속의 진리를 요약했다(비록 그 진리가 로마서 앞 장들에서 길게 다루어졌지만). 〈그리스도 중심의 설교〉 357~359를 참조하라.

05 바울의 성경신학(모든 성경은 하나님의 구속 목적을 말해주는 통합된 메시지라는 것)은 이 부분에서 매우 인상적이다. 구약의 여러 말씀들이 열방 구원의 언약적 약속을 이루려는 하나님의 의지를 일관적으로 보여준다는 걸 말하기 때문이다.

06 바울이 인용한 각각의 말씀들은, 하나님이 신실하게 열방에 은혜를 베푸신다는 사실만이 아니라 죄와 허물 많은 인간에게도 역시 신실하게 은혜를 베푸신다는 걸 말해주고 있다. 복음의 메시지는 다수에게 베풀어진 은혜뿐 아니라 죄인에게 적용된 은혜를 통해서도 명백해진다.

바울은 아브라함이 열방의 아비가 되게 하겠다고 하신 하나님의 약속을 유대인 성도에게 상기시켜 주었습니다. 유일신 하나님을 이방인들도 경배한다는 것은 유대인 선조들에게 하신 하나님의 약속이 실현된 것을 의미합니다. 오랜 세월 동안 온갖 시련 속에서 그 약속은 이루어지지 않을 것처럼 보였지만 하나님은 자신의 목적을 잊지 않으셨고 이제는 유대인들도 열방의 사람들을 참아주어야 할 때가 이른 것입니다.

물론 유대인들이 이방인들을 언약의 민족으로 받아들이는 것은 어려운 일입니다. 그러나 바울은 유대인들에게 잘 알려진 구약 말씀을 인용하면서 과거의 유산을 상기시켜 주었습니다.05 첫 번째 인용한 말씀은 "이러므로 여호와여 내가 모든 민족 중에서 주께 감사하며 주의 이름을 찬송하리이다"라는 다윗의 시편이었습니다 삼하 22:50. 다윗은 밧세바와 간음했고, 밧세바의 남편을 살해했고, 자녀들은 역적이 되었고, 교만해져서 군인들의 수를 세는 죄를 지었습니다. 그런 죄를 짓고 말년에 이르러 쓴 것이 바로 이 시편입니다. 말하자면 다윗은 이렇게 말하는 것입니다.

"내가 죄를 지었으나 하나님은 나를 버리지 않으셨다. 우리의 하나님은 약속의 하나님이시다. 그분은 이방의 나라 중에서 경배를 받으실 것이고 열방을 향한 그분의 목적을 달성하실 것이다."06

다음으로 바울이 인용한 말씀은 신명기 32장 43절에 나오는 모세의 노래입니다. "열방들아 주의 백성과 함께 즐거워하라"롬 15:10.

하나님의 권위를 무시하고 반석을 치는 죄를 범한 모세는 말년에 이르러 하나님이 이스라엘 백성이나 열방의 모든 민족에게 그분의 약속을 신실하게 지키실 것이라고 말했습니다. 그것도 결국은 똑같은 의미입니다.

"나는 죄를 지었지만, 우리의 하나님은 약속의 하나님이다. 그분은 자신의 목적을 반드시 달성하실 것이다."

아울러 바울은 시편 117편의 구절도 인용합니다. "모든 열방들아 주를 찬양하며 모든 백성들아 그를 찬송하라"롬 15:11. 이스라엘 국가가 분열되고 멸망한 지 오랜 세월이 지난 뒤에도 유대인들은 계속해서 성경 시편의 이 부분을 노래했습니다. 그들은 죄를 지었지만, 하나님의 신실하심은 결코 다함이 없다는 것을 보여주는 말씀입니다. 하나님은 여전히 약속에 충실하시고 지구 위의 모든 민족으로부터 경배를 받으실 것입니다.

마지막으로 바울이 인용한 것은 이사야 11장의 말씀이었습니다. "이새의 뿌리 곧 열방을 다스리기 위하여 일어나시는 이가 있으리니 열방이 그에게 소망을 두리라"롬 15:12. 유대의 메시아가 탄생한다는 이 위대한 예언에서 이사야는 이방인들을 위한 소망도 포함했습니다. 이스라엘이 죄 때문에 심판을 받을 것이라는 예언을 생각할 때 이 말씀은 그들에게 더욱더 뼈아프게 들렸을 것입니다. 결국, 이 말씀도 이스라엘 백성의 죄에도 불구하고 하나님이 신실하게 약속을 지키신다는 뜻입니다. 하나님은 언제나 자신의 목적을 인내하며 이루어 내셨습니다.

앞서 인용한 말씀을 통해 바울은 성경의 다양한 장르(모세오경, 역사서, 시편, 예언서)를 훑으며 하나님이 수천 년 전에 이스라엘 백성에게 하신 약속이 이 시대에 이루어졌음을 확인시켜 줍니다.07 성경 전체에 걸쳐 나타난 열방을 향

07 성경신학에서의 이 같은 거시적 관점은 성경의 다양한 형태뿐 아니라 하나님의 구속적 계획이 펼쳐지는 다양한 시대도 고려한다. 우리가 성경의 특정 부분을 해석할 때, 혹은 하나님의 구원 목적들을 명백히 밝히기 위해 여러 개의 성경 말씀들을 비교할 때, 바울의 방식은 하나님이 어떻게 구원의 계시를 전개하시는지를 설명하는 방법을 제공해 준다.

한 은혜뿐 아니라 로마의 교회 안에 유대인과 이방인이 함께 예배를 드린다는 사실도 바울의 성경신학이 옳다는 것을 보여주는 증거였습니다.

물론 유대인들을 통해 열방을 축복하겠다는 하나님의 약속은 수천 년간 이루어지지 않는 것처럼 보였습니다. 그러나 하나님이 약속을 잊으신 것은 결코 아니었습니다. 오랜 세월과 역경은 하나님의 신실하심을 부정하는 것 같았지만, 그분은 열방을 향한 약속을 지키셨습니다. 하나님이 그분의 백성을 위해 인내하신 것처럼 교회 안에서도 배경과 문화의 차이를 극복하고 서로 인내하라고 바울은 권면했습니다. 우리는 고대의 약속을 성취하기 위해 서로 사이좋게 지내는 소망을 포기하면 안 됩니다.

역경을 참도록 돕는다

하나님이 인내하시며 끝까지 약속을 지키신다는 성경 말씀은 우리가 서로를 인내할 수 있는 원동력이자 역경과 시련을 견뎌낼 힘이 됩니다. 시간도, 역경도, 하나님의 목적을 가로막지 못했으니 우리의 상황도 하나님의 사랑을 재는 잣대가 될 수 없습니다. 하나님은 믿는 자들을 통해 그분의 영원한 목적을 이루겠다는 약속을 하셨고 모든 성경이 그 약속을 이야기하고 있습니다. 그 약속은 이 세상의 어떤 어려움이나 죄악에도 흔들리지 않기 때문에 우리는 개인적인 역경을 잘 참고 견뎌내야 합니다.

- 아브라함이 열방의 아비가 되게 하겠다는 하나님의 약속을 믿고 이라크에서 이스라엘까지 걸어갔을 때뿐 아니라 백 살이 다 되도록 여전히 정실 아들을 얻지 못했을 때도 하나님은 여전히 자신의 약속에 충실하셨습니다.[08]

- 다윗이 천천만만의 적군을 죽이고 왕위에 한 발짝씩 다가가고 있을 때만이 아니라 왕권을 남용하여 정부情婦의 남편을 살해했을 때에 하나님은 여전히 자신의 약속에 충실하셨습니다.
- 솔로몬이 이스라엘 왕권을 견고히 했을 때만이 아니라 자식과 손자들이 이스라엘 왕국을 분할했을 때에 하나님은 여전히 자신의 약속에 충실하셨습니다.
- 하나님의 아들이 말구유에서 태어났을 때만이 아니라 십자가에 달려 돌아가셨을 때에 하나님은 여전히 자신의 약속에 충실하셨습니다.

시간과 역경은 하나님의 약속을 취소시키지 못합니다. 우리의 하나님은 약속의 하나님이십니다. 성경 전체가 그 사실을 이야기합니다. 우리가 혹독한 시련을 당할 때에 하나님은 우리를 통해 그분이 정한 영원한 목적을 신실하게 이루십니다. 이 사실이 과거의 기독교 지도자들에게 어떤 영향을 끼쳤는지 생각해 보십시오. 윌리엄 캐리 선교사는 인도인들의 불신앙뿐 아니라 영국 교회의 반대와 무관심에 부딪혀 힘겨운 싸움을 해야만 했습니다. 그러

08 이 단락들의 되풀이 말은 산문으로서는 단조롭지만, 설교자는 그런 반복을 대단한 수사학적 동력으로 사용할 수 있다. 문어적 의사소통보다 구어적 의사소통에서는 과도한 반복을 많이 사용한다.

09 윌리엄 캐리, 다음의 책에서 인용함. Iain H. Murray, *The Puritan Hope* (London: Bannerof Truth, 1971), 140~141.

10 아도니람 저드슨의 이야기는 여러 출처에서 인용했음. John Piper, "How Few There Are Who Die So Hard!, Suffering and Success in the Life of Adoniram Judson, The Cost of Bringing Christ to Burma," 베들레헴 목회자 컨퍼런스, 2003년 2월 4일.

나 시편 22편 27절의 "땅의 모든 끝이 여호와를 기억하고 돌아오며 모든 나라의 모든 족속이 주의 앞에 예배하리니"라는 말씀에 힘을 얻었습니다. 그리고 이렇게 이야기했습니다.

> "이 곳 이교도들의 미신은 그들보다 수천 배나 강하고, 유럽인들의 행태는 수천 배가 한심하고, 나는 모든 사람에게 버림받고 모든 사람에게 핍박을 당하고 있지만, 그럼에도 나의 믿음은 견고하게 하나님의 말씀에만 고정되어 모든 장애물을 뛰어넘고 모든 시련을 극복할 것이다. 하나님의 뜻이 승리한다! … 하나님의 손이 함께하는 일은 성공할 수밖에 없다. 우리는 불확실성 속에 일하는 것도 아니고 결과를 두려워하는 것도 아니다.… 하나님은 사탄이 한 치의 땅도 점령하지 못하도록 통치하신다!" **09**

하나님의 승리에 대한 윌리엄 캐리의 확신을 보면서 큰 감명을 받은 두 명의 젊은 미국인이 있었습니다. 그들의 이름은 아도니람 저드슨과 그의 아내 앤 저드슨입니다. 두 사람은 1812년에 미국을 떠나 인도로 가는 항해 길에 올랐습니다. 당시 앤의 나이는 스물세 살, 아도니람의 나이는 스물네 살이었고 결혼식을 올린 지 14일째 되는 날이었습니다. 두 사람 중 누구도 자기들 앞에 어떤 어려움이 기다리고 있는지, 성경에 약속한 인내의 열매가 어떤 것인지를 알지 못했습니다. **10**

인도를 주무르던 영국의 동인도 회사는 경제적이고 정치적인 계산 때문에 저드슨 부부의 인도 입국을 거부했습니다. 할 수 없이 그들은 미얀마로 발길을 돌렸지만 계속되는 항해로 첫 아이가 사산되었고 둘째 아들 로저 윌리엄은 17개월을 살다가 죽었습니다. 얼마 후, 영국에 첩자 노릇을 했다는 혐의로 아도니람 저드슨이 감옥에 갇히기 직전에 셋째 딸 마리아 엘리자베스가 태어났습니다.

아도니람이 수감된 감옥의 상황은 비참하고 열악하기 그지없었습니다. 감방 안에 얼마나 많은 죄수를 가두어 두었는지 일부 죄수들이 자는 동안 일부 죄수들은 서 있어야 할 정도였습니다. 마실 물도, 화장실도 없었고 찌는 듯한 더위와 고약한 냄새 역시 참기가 힘들었습니다. 고문은 일상적인 삶이었습니다. 간수들은 벌을 주는 차원만이 아니라 그냥 심심풀이로 죄수들을 고문했습니다. 발목이나 엄지손가락에 줄을 감아서 죽기를 바랄 만큼 고통스럽게 죄수들을 매달아 놓곤 했습니다.

다행히 아내 앤의 헌신적인 옥바라지로 아도니람은 겨우 목숨을 연명할 수 있었습니다. 다른 죄수들의 배우자는 무서워서 근접도 하지 못할 때 앤 저드슨은 과감히 불결한 감옥으로 들어가서 간수들의 조롱을 참고 견뎠습니다. 감옥의 창살 틈새로 사랑의 눈길을 보내며 남편의 영혼에 힘을 불어넣어 주었고 그들에게 선교의 열정을 심어준 윌리엄 캐리의 말을 들려주었습니다. "여보, 포기하지 마세요. 하나님은 우리에게 승리를 주실 거예요." 다른 사람들은 소망을 잃고 죽어갔지만, 아내의 반복적인 격려와 위로가 아도니람을 살게 했습니다.

또한, 앤 저드슨은 면회 갈 때마다 아도니람에게 음식을 몰래 가져다 주었습니다. 하지만 그것은 앤이 먹을 유일한 음식이었기 때문에 앤은 먹을 것이 없어 굶주렸고 아기를 먹일 젖조차 나오지 않아서 밤이면 거리를 돌아다니며 현지인 여인들에게 젖동냥을 했습니다. 그러던 어느 날부터 아무런 이유도 없이 앤의 면회가 중단되었습니다. 아도니람의 희망이었던 아내의 면회가 끊어지자 이번에는 아내에 대한 걱정으로 하루하루를 살아갔습니다.

정치 상황의 변화로 감옥에서 풀려난 아도니람은 정신없이 아내가 있는 곳을 수소문하고 다녔습니다. 그러다가 앤이 미얀마 정부의 피난민 수용소에 있다는 것을 알고 아내가 수용된 천막을 찾아갔습니다. 그때 잠시 스쳐 지나간 여자아이는 너무도 더럽고 말라서 아도니람은 처음에 그 애가 자기의 딸인지조차 알아보지 못했습니다. 수용소 천막 안에는 앤이 누더기 담요 위에 죽은 듯이 누워 있었습니다. 병마로 인해 머리카락은 빠져버리고 너무도 초췌해진 모습에 누군지 조차 알아보기 힘들 지경이었습니다. 단지 예전에 "여보, 포기하지 마세요. 하나님은 우리에게 승리를 주실 거예요"라고 말했던 앤의 아름다운 눈과 마음만을 알아볼 수 있을 뿐이었습니다. 그로부터 11개월이 지나서 앤 저드슨은 세상을 떠났고 6개월 뒤에는 딸도 그 뒤를 따랐습니다.

아도니람 저드슨은 그렇듯 혹독한 시련과 엄청난 고통을 겪었지만 결국 하나님의 약속에 기초한 승리를 쟁취했습니다. 이후에 그는 이런 글을 남겼습니다.

"불교, 회교, 힌두교 등 이 세상의 모든 거짓 종교들은 언젠가 사라질 것이고 기독교만이 전 세상에 가득 찰 것이다."

이 말은 허황된 낙관론이나 유치한 감상에 근거한 말이 아니라 성경의 처음부터 끝까지 관통된 하나님의 신실하신 구원 약속에 근거한 말입니다. 하나님은 성경의 모든 영역마다 구원의 위대한 행진을 펼쳐서 우리가 치열한 싸움을 하는 중에도 소망을 잃지 않게 하셨습니다. 시간과 성경이 우리에게 다시금 가르쳐주는 것은 하나님의 목적이 지연되거나 폐지된 것처럼 보여도 결국에는 이루어진다는 것입니다. 하나님은 언제나 자신의 약속을 충실하게 지키시고 우리에게 승리를 안겨 주십니다. 우리가 원하는 시간에, 심지어 생전에 그 승리가 오지 않는다고 해도 하나님의 약속과 목적은 성경 전체에 기록되어 우리로 하여금 소망을 잃지 않게 해 줍니다. "무엇이든지 전에 기록된 바는" 우리가 인내하고 견디도록 교훈하기 위한 것입니다.

II. 모든 성경은 우리를 위로하기 위해서 쓰였다

그러나 우리가 인내하지 못할 때는 어떻게 될까요? 우리 마음은 인내하고 싶은데 삶의 역경이 녹록지 않고 그저 막막하기만 할 때가 있습니다. 심지어 아도니람 저드슨 선교사도 아내와 딸이 죽은 뒤에 도저히 견딜 수가 없어서 성경 번역하던 일을 중단하고, 신학 학위를 부인하고, 신앙에 관련된 모든 편지를 불태워 버렸습니다. 그리고는 정글 속에 오두막 하나를 짓고 혼자 그 안에 살면서 이런 일기를 썼습니다. "나에게 하나님은 위대한 미지의 존재다. 그분을 믿지만 찾지는 못했다." 이 말은 사후에 발견된 마더 테레사의 일기장에 적힌 글을 떠올려줍니다. "만일 하나님이 계신다면 저를 용서하소서. 저의 기도는 하늘에서 내려온 칼날처럼 제 영혼을 찌릅니다." 마더 테레사는 하나님을 가리켜 '부재하는 분'이라고 했습니다.[11] 우리는 마더 테레사를 비난하기 전에 인도 콜카타의 거리에서 수십 년간 굶어 죽는 아기들을 목격한 사람의 심경이 어떨지를 먼저 생각해야 합니다.

---

[11] Helen Kennedy, "Mother Teresa's Letters Reveal Her Crisis of Faith," *St. Louis Post-Dispatch*, 2007년 8월 25일.

우리에게 필요한 위로

시련과 고통에 직면해서 더는 견딜 수 없다고 느낄 때 성경은 우리에게 무엇을 줍니까? 바울은 다음의 말로 대답했습니다.

"무엇이든지 전에 기록된 바는 우리의 교훈을 위하여 기록된 것이니 우리로 하여금 **인내로** 또는 **성경의 위로로** 소망을 가지게 함이니라" 롬 15:4.

성경은 우리를 인내하게 할 뿐 아니라 또한 위로하기 위해서 기록되었습니다.

이 구절에서 사용된 '위로'라는 단어는 성경의 다른 곳에서 성령을 지칭할 때 쓰였던 '위로자'라는 뜻의 '파라클레테'와 비슷한 말입니다. 이 단어의 어근은 '곁으로 부르다'라는 뜻인데 위로자가 슬퍼하거나 두려워하는 사람의 곁으로 와서 위로해 주는 것을 의미합니다. 성경은 단순히 '힘내라', '인내하라'고 응원하기 위해 쓰인 것이 아니라 성령의 감동으로 된 하나님의 말씀에서 위로와 격려를 받게 하려고 쓰인 것입니다.

성경이 인내를 가르친다고 기록된 장에는 또한 성경의 위로가 어떤 것인지도 나와 있습니다. 로마서 15장 7절에서 9절까지를 읽어 보십시오.

> "그러므로 그리스도께서 우리를 받아 하나님께 영광을 돌리심과 같이 너희도 서로 받으라 내가 말하노니 그리스도께서 하나님의 진실하심을 위하여 할례의 추종자가 되셨으니 이는 조상들에게 주신 약속들을 견고하게 하시고 이방인들도 그 긍휼하심으로 말미암아 하나님께 영광을 돌리게 하려 하심이라."

우리에게 위로를 주는 첫 번째 메시지는 "그리스도께서 우리를 받"으셨다

(환영하셨다)는 것입니다롬 15:7. 주님을 믿는 자들에게 이보다 더 마음 든든한 말이 어디 있겠습니까? 우리의 모든 죄와 허물을 아시는 주님이 우리를 받아 주셨습니다. 뒤에 나오는 구절에서 이 메시지는 더 넓어지고 깊어집니다. 유대인들은 예수님을 거부했지만 예수님은 그들을 섬기셨고, 이방인들은 예수님을 십자가에 못 박았지만 예수님은 그들에게 자비를 베푸셨습니다. 바울이 전하는 단순하면서도 감격스러운 메시지는 하나님이 약속에 충실하실 뿐만 아니라 인간들에게 자비롭다는 사실입니다. 하나님은 부족하고 배역한 언약의 백성에게만 자비를 베푸시는 것이 아니라 그 언약의 원수였던 이방 나라 사람들에게도 자비를 베푸십니다. 이런 자비가 펼쳐져 있는 성경의 갈피들은 우리에게 위로를 주려는 것이며 그럼으로써 어려움이 올 때 소망을 잃지 않게 하려는 것입니다.

하나님의 자비에 대한 말씀은 결국 아도니람 저드슨에게 필요했던 위로와 힘을 불어넣어 주었습니다. 그는 정글에서 혼자 생활하는 동안 남동생의 사망 소식을 듣게 되었습니다. 남동생은 하나님을 믿지 않는 알코올 중독자였습니다. 그러나 죽기 전에 교인들이 그를 보살펴서 하나님의 은혜를 받게 했고 결국은 예수님을 영접하고 세상을 떠났다는 것을 알게 되었습니다. 하나님의 자비로 남동생은 죄책감과 수치와 중독의 고통 없이 하늘나라에서 새

12 이 예화는 복음의 소망이 하나님이 성도들에게 주신 사명의 동기와 능력을 부여한다는 점을 시사한다. 은혜는 자기 멋대로 살게 해 주는 면죄부가 아니라 하나님을 기쁘게 하려는 동기와 능력으로 작용한다. 자신을 사랑하는 분을 기쁘게 하는 것이 가장 기쁜 일이기 때문이다. 또한, 하나님을 가장 깊이 사랑하는 사람은 그분의 은혜를 가장 깊이 이해하기 때문에 그렇게 할 수 있다. 따라서 순종이란 은혜의 결과라고 할 수 있다(《그리스도 중심의 설교》 277~278과 400~401 참조).

삶을 살게 된 것입니다. 그 사건은 아도니람에게 중요한 사실을 일깨워 주었습니다. 하나님이 그런 방탕했던 죄인에게 그런 자비를 베푸셨다면 절망에 빠진 자신에게도 자비를 베푸실 것을 믿게 된 것입니다.

그것은 아도니람에게 필요했던 위로와 격려였습니다. 자비의 말씀이 그에게 다시 소망을 준 것입니다. 아내를 잃은 슬픔을 넘어서, 신약성경 번역본이 필요한 수많은 이교도의 죄악을 넘어서, 아도니람 자신의 절망과 믿음의 상실을 넘어서 하나님은 여전히 영원한 치유와 용서와 사랑을 베풀어주고 계셨습니다. 그 덕분에 아도니람은 다시 힘을 내서 선교 사역으로 돌아갔고 그의 사역을 통해 수많은 미얀마 사람이 영생의 소망을 품게 되었습니다.[12]

우리에게 필요한 소망

성경의 모든 말씀은 하나님이 그의 백성에게 자비롭고 약속을 지키는 분임을 가르치기 위해 쓰였다고 바울은 결론 내렸습니다. 또한, 진리가 기록된 이유는 "소망을 가지게 함"이라고 했습니다(롬 15:4b). 하나님이 약속에 충실한(시간과 역경이 그렇지 않게 보여도) 분이며 그분의 백성에게 자비로운(백성이 그분을 부인해도) 분임을 알게 되면 우리는 소망을 품게 됩니다. 이 소망은 단순히 낙관적인 희망이 아닙니다. 과거에 하나님이 얼마나 신실하셨는가를 바탕으로 미래에 대해 확신하는 것입니다. 이런 소망은 행복한 삶을 기원하는 감상적인 소원도 아니고 그런 소원으로 생기는 것도 아닙니다. 성경에서 말하는 소망은 오랜 기다림과 괴로움 속에서 생겨날 수도 있습니다. 힘든 역경을 겪는 사람은 모든 게 잘 될 거라는 공허한 빈말에 인내와 용기가 생기지 않습니다. 힘든 상황을 겪거나 심각한 죄를 저질러도 성경적 소망을 품고 있는 사람만이 하나님의 선하고 영원한 목적이 반드시 성취될 거라는 확신의 끈을 놓지 않습니다. 그 이유는 모든 성경 말씀이 하나님의 굳건한 신실하심과 자비를 이야기하고 있기 때문입니다.

현재 붙들고 있는 믿음이 **신뢰**라면 미래를 위해 붙들고 있는 믿음은 소망입니다. 두 가지 모두 하나님이 약속에 충실하고 그분 백성에게 자비롭다는 확신을 가져다줍니다. 그래서 하나님은 어려운 상황이나, 이해 못할 시련이나, 개인적 잘못에도 불구하고 우리를 위해 그분의 선한 목적을 달성하실 것이라고 믿게 되는 것입니다. 어제와 오늘과 내일은 신실하고 자비로운 하나님의 손에 달려있으므로, 좋은 일이든 나쁜 일이든, 어떤 일이 일어나도 우리는 인내하며 힘을 낼 수 있습니다. 우리의 하나님은 우리의 유익과 그분의 영광을 위해 다스리는 통치자이십니다. 이런 미래의 소망이 현재의 삶에 스며들면 지금 겪는 일들을 인내하며 견딜 수 있고 위로를 받을 수 있습니다.

결론

소비에트 연방이 붕괴한 직후, 벨라루스 공화국의 한 합창단이 우리 교회에 와서 노래를 불렀을 때도 저는 이 소망에 대해 생각하지 않을 수 없었습니다. 그들은 공산주의 치하에서 억압받는 삶을 살았고, 교회에서 쫓겨났으며, 자녀들을 신앙으로 키울 수도 없었습니다. 그리고 지금은 살인적인 인플레이션과 경제 불황, 실업으로 고통을 받고 있었습니다. 그럼에도 그들은 마지막 노래로 헨델의 메시아에 나오는 '할렐루야 합창'을 힘차게 불렀습니다.

사실 벨라루스 합창단은 몰랐겠지만, 우리 교회 성가대도 성탄절 특별 찬송으로 '할렐루야 합창'을 준비하고 있었습니다. 그래서 합창의 첫 소절이 연주되자마자 예배당에 앉아 있던 우리 교회 성가대원들은 자발적으로 앞에 나가서 그들과 함께 노래를 불렀습니다. 그들은 다 같이 입을 모아 "이 세상의 왕국은 우리 하나님과 그리스도의 왕국이 될 것이다"고 노래했습니다.

두 나라의 합창단원들이 한 목소리로 그 가사를 노래할 때 저는 눈시울이 뜨거워졌습니다. 그것은 고통받는 벨라루스 사람들이 이 세상은 하나님과 그리스도의 왕국이 될 것이라고 선언했기 때문이기도 했지만 어려움을 겪고 있는 우리 교회 성가대원들도 같은 소망을 노래했기 때문이었습니다. 헨델이 지은 가사는 사도 바울의 확신을 반영하고 있었습니다. 하나님의 미래 왕국에 대한 믿음이 우리에게 소망을 주어 현재의 시련을 감당하게 할 것입니다. 함께 노래를 부르는 사람들의 얼굴이 그것을 말해주고 있었습니다.

저는 우리 교회 성가대원들의 노래 부르는 모습을 눈물 어린 눈으로 지켜보았습니다. 그중에는 다운 증후군 자녀를 키우는 한 부부가 있었습니다. 그들도 장차 올 하나님의 왕국, 그들의 아이가 온전하게 될 미래의 왕국을 소리 높여 선포하고 있었습니다. 또한, 연세 많은 성도 한 분은 아내가 당뇨합병증으로 얼마 전에 다리를 절단했고 끝내 집으로 돌아오지 못할 수도 있는 상황이었지만 역시 하나님의 왕국을 열정적으로 노래하고 있었습니다. 자녀가 말썽을 피워서 실형을 선고받을 위기에 있는 두 부부도 손을 맞잡고 하나님 안에서의 소망과 자비를 노래하고 있었습니다. 그들은 약속에 충실하고 자비로우신 하나님께 소망을 두었기에 모두 다 '할렐루야'라고 하나님을 찬양했습니다. 하나님의 영원한 왕국이 이루어진다는 소망이 그들에게 현실에서의 어려움을 견디는 힘과 인내심을 주었던 것입니다.

그 소망을 선포하는 것은 우리 교인들에게 소망을 주었을 뿐 아니라 벨라루스에서 온 성도들과도 한마음이 되게 했습니다. 서로 다른 배경과 문화를 가진 그리스도인들이 복음의 소망을 선포하면서 하나가 되었고 그 순간 우리는 그보다 더 강력하고 소중한 힘이 없다는 것을 깨달았습니다. 우리가 예배하고, 설교하고, 봉사하고, 상담하는 일차적인 목적은 소망을 주기 위해서입니다. 이 세상에서 하나님의 약속과 자비가 건재하고 언젠가 그분의 왕국이 이루어진다는 확신은 교회를 연합하고 강하게 하는 원동력입니다. 성경의 모든 말씀이 그 소망에 대한 이유를 말해줍니다. 우리는 그 소망을 놓쳐서는 안 됩니다. 왜냐하면 "무엇이든지 전에 기록된 바는 우리의 교훈을 위하여 기록된 것이니 우리로 하여금 인내로 또는 성경의 위로로 소망을 가지게 함이기" 때문입니다.

설교 예문 09

그리스도 대속의 결과를 보여주는 그리스도 중심 성경 해석 II

[미시적 방식]

이번의 설교는 성경에서 상보적 명령, 비유, 이야기가 함께 나오는 말씀을 위해 준비한 강해설교의 예다.[01] 이 예문은 명령, 비유, 이야기를 설교하는 방법들을 보여주면서 여러 개의 장르들(성경의 문학적 형태들)을 어떻게 함께 설교할지 생각하도록 도와줄 것이다.

이때 설교자가 자주 부딪치는 과제는 성경의 저자가 왜 그런 식으로 말씀을 기록했는가를 잘 전달하는 것이다. 성경에 보면 예수님이 하신 말씀과 행동은 기록된 것보다 훨씬 많다고 했다요 21:25. 따라서 성경의 저자들은 무엇을 기록할지를 놓고 각자의 목적의식에 따라 신중하게 선택하고 배제했을 것이다. 개별적인 말씀도 복음의 진리를 전해주지만, 각각의 말씀들을 배열하고 통합한 방식 역시 저자의 의도를 간파할 수 있게 해 준다. 이 예문의 성경 본문에서 예수님은 제자들에게 명령을 내리신 뒤에 비유 하나를 말씀하신다. 그런 다음에 본문의 저자는 예수님이 하신 행동들에 관한 하나의 이야기를 들려주는데 이것은 앞서 하셨던 명령과 비유의 한 단면을 더 설명하고 강조하는 것이었다.

본문의 저자는 명령/비유/이야기라는 세 가지 장르를 나란히 배치해서 은혜의 메시지를 전달하려 하고 있다. 이번 설교는 그 세 가지의 상호작용을 강화해서 저자가 전하려는 은혜의 메시지를 강조할 것이다. 이 경우, 은혜의 메시지는 폭넓은 역사적 상황(앞선 설교에서 보았던 거시적 방식)에서 도출하는 것이 아니라 본문의 내용과 상황에서 곧바로 도출하게 된다. 이런 미시적 방식은 특정 본문에 나오는 말과 행동에서 은혜가 얼마나 명백하게 나타나는지를 볼 수 있게 해준다.[02] 아울러 그리스도 안에서 최고점에 이르고 그분 사역의 하나의 결과인 하나님의 은혜로운 성품을 보여주기 위해서 설교자가 반드시 더 폭넓은 상황과 문맥을 언급할 필요가 없다는 것도 알게 해준다.[03]

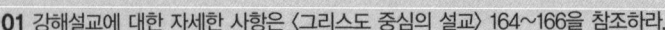

01 강해설교에 대한 자세한 사항은 〈그리스도 중심의 설교〉 164~166을 참조하라.
02 미시적, 거시적 방식에 대한 자세한 사항은 Christ-Centered Preaching 개정판, 306~308을 참조하라.
03 그리스도 중심 해석은 그리스도와 그분의 대속으로 표출된 하나님 은혜의 '결과'라는 점에 대한 설명은 이 책의 서론과 〈그리스도 중심의 설교〉 357~359를 참조하라.

하나님이 내려오시게 하려면

누가복음 17장 1~19절

1 예수께서 제자들에게 이르시되 실족하게 하는 것이 없을 수는 없으나 그렇게 하게 하는 자에게는 화로다
2 그가 이 작은 자 중의 하나를 실족하게 할진대 차라리 연자맷돌이 그 목에 매여 바다에 던져지는 것이 나으리라
3 너희는 스스로 조심하라 만일 네 형제가 죄를 범하거든 경고하고 회개하거든 용서하라
4 만일 하루에 일곱 번이라도 네게 죄를 짓고 일곱 번 네게 돌아와 내가 회개하노라 하거든 너는 용서하라 하시더라
5 사도들이 주께 여짜오되 우리에게 믿음을 더하소서 하니
6 주께서 이르시되 너희에게 겨자씨 한 알만한 믿음이 있었더라면 이 뽕나무더러 뿌리가 뽑혀 바다에 심기어라 하였을 것이요 그것이 너희에게 순종하였으리라

7 너희 중 누구에게 밭을 갈거나 양을 치거나 하는 종이 있어 밭에서 돌아오면 그더러 곧 와 앉아서 먹으라 말할 자가 있느냐
8 도리어 그더러 내 먹을 것을 준비하고 띠를 띠고 내가 먹고 마시는 동안에 수종들고 너는 그 후에 먹고 마시라 하지 않겠느냐
9 명한 대로 하였다고 종에게 감사하겠느냐
10 이와 같이 너희도 명령 받은 것을 다 행한 후에 이르기를 우리는 무익한 종이라 우리가 하여야 할 일을 한 것뿐이라 할지니라
11 예수께서 예루살렘으로 가실 때에 사마리아와 갈릴리 사이로 지나가시다가
12 한 마을에 들어가시니 나병환자 열 명이 예수를 만나 멀리 서서
13 소리를 높여 이르되 예수 선생님이여 우리를 불쌍히 여기소서 하거늘
14 보시고 이르시되 가서 제사장들에게 너희 몸을 보이라 하셨더니 그들이 가다가 깨끗함을 받은지라
15 그 중의 한 사람이 자기가 나은 것을 보고 큰 소리로 하나님께 영광을 돌리며 돌아와
16 예수의 발 아래에 엎드리어 감사하니 그는 사마리아 사람이라
17 예수께서 대답하여 이르시되 열 사람이 다 깨끗함

을 받지 아니하였느냐 그 아홉은 어디 있느냐
18 이 이방인 외에는 하나님께 영광을 돌리러 돌아온 자가 없느냐 하시고
19 그에게 이르시되 일어나 가라 네 믿음이 너를 구원하였느니라 하시더라

본문 배경 소개 | 우리 교회에서 아주 잘 어울리는 한 쌍의 형제자매가 한동안 사귀다가 얼마 전에 헤어졌습니다. 그들을 중매했던 모든 교인의 소망도 함께 무너지고 말았습니다. 두 사람은 몇 주 동안 각각 다른 예배에 나오고 다른 자리에 앉더니 어느 주일은 같은 예배에 나와서 같은 자리에 나란히 앉는 것이었습니다. 물론 그들이 함께 있다는 것이 무엇을 의미하는지 모르는 교인들은 없었지요.

여기 오늘 읽을 누가복음에는 감사를 받지 못하는 종과 감사하지 않는 나병 환자의 이야기가 나옵니다. 내용은 서로 다르지만, 그 형제자매처럼 나란히 기록되어서 우리에게 은혜의 메시지를 전달하고 있습니다.

성경 본문 읽기 | 저와 함께 누가복음 17장 1절부터 19절까지를 읽어 보겠습니다.

"예수께서 제자들에게 이르시되 실족하게 하는 것이 없을 수는 없으나 그렇게 하게 하는 자에게는 화로다 그가 이 작은 자 중의 하나를 실족하게 할진대 차라리 연자맷돌이 그 목에 매여 바다에 던져지는 것이 나으리라 너희는 스스로 조심하라 만일 네 형제가 죄를 범하거든 경고하고 회개하거든 용서하라 만일 하루에 일곱 번이라도 네게 죄를 짓고 일곱 번 네게 돌아와 내가 회개하노라 하거든 너는 용서하라 하시더라

사도들이 주께 여짜오되 우리에게 믿음을 더하소서 하니 주께서 이르시

01 이 이야기는 실화지만 이름과 주소는 바꾸었다.

되 너희에게 겨자씨 한 알만한 믿음이 있었더라면 이 뽕나무더러 뿌리가 뽑혀 바다에 심기어라 하였을 것이요 그것이 너희에게 순종하였으리라 너희 중 누구에게 밭을 갈거나 양을 치거나 하는 종이 있어 밭에서 돌아오면 그더러 곧 와 앉아서 먹으라 말할 자가 있느냐 도리어 그더러 내 먹을 것을 준비하고 띠를 띠고 내가 먹고 마시는 동안에 수종들고 너는 그 후에 먹고 마시라 하지 않겠느냐 명한 대로 하였다고 종에게 감사하겠느냐 이와 같이 너희도 명령 받은 것을 다 행한 후에 이르기를 우리는 무익한 종이라 우리가 하여야 할 일을 한 것뿐이라 할지니라

예수께서 예루살렘으로 가실 때에 사마리아와 갈릴리 사이로 지나가시다가 한 마을에 들어가시니 나병환자 열 명이 예수를 만나 멀리 서서 소리를 높여 이르되 예수 선생님이여 우리를 불쌍히 여기소서 하거늘 보시고 이르시되 가서 제사장들에게 너희 몸을 보이라 하셨더니 그들이 가다가 깨끗함을 받은지라 그 중의 한 사람이 자기가 나은 것을 보고 큰 소리로 하나님께 영광을 돌리며 돌아와 예수의 발 아래에 엎드리어 감사하니 그는 사마리아 사람이라 예수께서 대답하여 이르시되 열 사람이 다 깨끗함을 받지 아니하였느냐 그 아홉은 어디 있느냐 이 이방인 외에는 하나님께 영광을 돌리러 돌아온 자가 없느냐 하시고 그에게 이르시되 일어나 가라 네 믿음이 너를 구원하였느니라 하시더라."

설교 서론 | "엄마는 파업 중!" 미주리 주 콜린스빌에 사는 서른여섯 살의 데비 트리블이라는 여인은 자신의 집 마당에 이런 표지판을 세워 놓았습니다.01 자녀들의 투정과 말대꾸와 비협조에 지쳐 이 젊은 엄마는 파업을 감행한 것입니다. 데비는 앞마당에 표지판을 세워 놓고 집을 나가서 ... 뒷마당 나

무 위에 만들어 놓은 작은 집으로 들어갔습니다. 그리고 가족들이 변하기 전까지는 절대 나무에서 내려오지 않겠다고 선언했습니다.

　그 사실을 알게 된 지역 방송사에서 그 가족을 찾아가 인터뷰를 요청했습니다. 인터뷰 중에 데비가 한 말도 재미있었지만, 그녀의 남편이 응수한 말이 더 인상적이었습니다. 남편은 말하길, "제가 아이들에게 집안일을 다시 하라고 시켰어요. 빈정거리는 말투도 고치라고 했고요. 아내를 나무에서 내려오게 하려고 고칠 건 고치고 우리가 할 수 있는 일은 다 하고 있습니다."

　인간적으로 생각하면 남편이 한 말이 백번 옳다는 생각이 듭니다. 사람과의 관계에서 문제가 생기거나 다른 사람의 기대에 부응하지 못할 때, 남을 속상하게 했을 때, 우리는 보통 자신의 잘못을 고치려고 합니다. 그러나 인간적으로는 지극히 당연한 이런 반응이 하나님과의 관계에서는 문제를 발생시킵니다. 하나님을 실망하게 하고 잘못을 저질렀을 때 우리는 하나님의 파업을 원치 않으므로 잘못을 고치려고 노력합니다. 그것이 무엇이든 천국의 '나무 위 집'에서 내려오시게 하려고 그래서 우리의 삶을 다시 주관하고 축복하시도록 하려고 무엇이든 합니다. 하지만 그러다 보면 어떤 결과가 생깁니까? 너무도 높고 존귀한 하나님을 우리가 대체 무슨 수로 내려오시게 할 수 있겠

02 이 부분의 '타락한 상태에 초점 맞추기'는 사도들의 경험을 지금 '우리'와 관련지어 3인칭의 추상적 본문 말씀을 1인칭의 직접적 말씀으로 변화시켰다(《그리스도 중심의 설교》 54~56, 374 참조).

03 이 부분은 구원을 베푸시는 하나님의 속성과 구원이 필요한 인간의 속성을 이야기함으로써 구속적 관점을 확립하고 있다(《그리스도 중심의 설교》 354 참조).

04 이 논지는 부정적인 면과 긍정적인 면을 동시에 갖고 있다. 이어지는 내용은 복음의 능력을 의지해야만 효과가 생기는 해결책들을 다루는데, 이 논지가 그러한 내용의 개념적 기반을 만들어 준다.

습니까?

그분의 기준이 얼마나 높은지를 알고 싶다면 그저 오늘 본문의 첫 구절만 읽어보면 됩니다. 예수님은 먼저 제자들에게 **죄를 짓지 말라**고 하셨습니다눅 17:1~3a. 그다음으로는 **죄지은 자에게 경고하라**고 하셨습니다눅 17:3. 마지막으로 예수님은 **어떤 죄든지 용서하라**고 하셨습니다눅 17:3b~4. 이러니 정말로 차원 높은 기준이 아니고 무엇이겠습니까!

제자들도 우리가 아는 만큼은 알고 있었습니다. 예수님이 제시하는 기준이 너무 높아서 그 기준에 맞춰 살기는 불가능하다는 것을 알고 있었습니다.02 예수님이 죄와 용서에 대한 기준을 제시하시자 제자들은 "우리에게 믿음을 더하소서"라고 응답합니다눅 17:5. 이 경건한 말을 돌려서 풀이하면 이런 뜻입니다. "주님이 저희를 도와주셔야 하겠습니다. 그것이 정말로 당신이 원하시는 것이라면 그 말을 믿고 당신이 요구하시는 것을 할 수 있는 믿음을 주십시오."

예수님의 말씀을 실천하는데 필요한 힘이 믿음이라고 생각한 것은 일단 옳은 생각이었습니다. 6절에 보면 "너희에게 겨자씨 한 알만한 믿음이 있었더라면 이 뽕나무더러 뿌리가 뽑혀 바다에 심기어라 하였을 것이요 그것이 너희에게 순종하였으리라"고 하셨으니까요. 예, 그렇습니다. 믿음이 있으면 하나님의 능력이 임합니다. 그러나 무엇을 믿는다는 말입니까? 연이어서 나오는 비유와 이야기는 바로 그 질문에 대한 대답입니다. 자기 힘으로는 하나님의 기준에 맞춰 살수 없는 인간들에게 하나님의 성품을 알려주고 무엇이 그분을 움직이는지를 깨닫게 했습니다.03 믿음을 더해달라는 제자들의 간구는 결국 하나님은 우리 행동을 보고 움직이는 분이 아니라 우리의 절실함 때문에 움직이는 분임을 보여주고 있습니다.04

I. 하나님 은혜의 동기

하나님이 우리와 함께하시고 우리를 도와주시도록 하려면 어떻게 해야 할까요? 예수님은 먼저 인간들이 오해하고 있는 것을 바로잡아주는 일부터 시작하셨습니다. 그러기 위해 다음의 비유를 말씀하셨습니다.

하나님은 우리가 하는 행동에 좌우되지 않으십니다

예수님이 말씀하신 비유는 우리를 상당히 당황하게 합니다. 비유에서 예수님 역으로 나온 주인의 태도는 얼마나 냉정하고 몰인정한지 모릅니다. 온종일 일한 종에게 함께 먹자고 권하기는커녕 종에게 감사할 필요조차 없다고 예수님은 말씀하셨습니다. 사실 예수님은 모든 종에게, 그리고 주님을 섬기는 모든 사람에게 우리가 할 일을 다 했으면 "우리는 무익한 종이라 우리가 하여야 할 일을 한 것뿐이라"고 말해야 한다고 가르치는 것입니다 눅 17:10.

이 비유의 상황을 현시대에 맞게 각색한다면 냉정한 주인의 태도를 좀 더 쉽게 이해할 수 있습니다.[05] 우선 여러분이 레스토랑에 들어가서 온종일 일한 웨이터에게 음식을 주문했다고 가정해 봅시다. 웨이터는 온종일 열심히 일했으니 피곤한 것이 당연하겠지만 그래도 웨이터가 여러분이 주문한 음식 외에 자기 음식까지 들고 와서 여러분의 옆자리에 앉는다면 그건 정말 놀랍

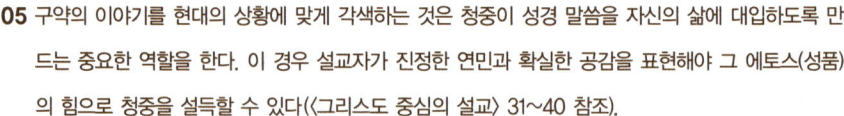

[05] 구약의 이야기를 현대의 상황에 맞게 각색하는 것은 청중이 성경 말씀을 자신의 삶에 대입하도록 만드는 중요한 역할을 한다. 이 경우 설교자가 진정한 연민과 확실한 공감을 표현해야 그 에토스(성품)의 힘으로 청중을 설득할 수 있다(《그리스도 중심의 설교》 31~40 참조).

고도 황당한 일이 될 것입니다. 그리고 태연하게 여러분 옆에서 식사한다면 여러분은 더더욱 어이가 없어질 것입니다. 여러분에게 식사 시중을 잘 들었다고 해서 웨이터도 여러분 옆자리에서 식사할 권한을 얻는 것은 아닙니다. 단순히 자신이 할 일을 한 것뿐이고 그것이 갑자기 손님상에 마주앉을 자격을 주지는 않습니다.

이 상식에서 벗어난 시나리오는 예수님 시대에도 역시 전혀 말이 안 되는 이야기였습니다. 당시 귀족의 식사에 초대받는다는 것은 굉장히 영예로운 일이어서 가문의 영광으로도 여겨질 정도였습니다. 레스토랑 비유보다 더 실감 나는 비유를 들자면 여러분이 부동산 중개업자의 소개로 집을 하나 구매했는데 그 중개업자가 자신도 그 집에 들어가 살 자격이 있다고 생각하는 것과 같습니다. 한 번 이런 장면을 상상해 보십시오. 여러분이 이삿짐센터 트럭에 모든 가구와 세간을 싣고서 새집에 도착했는데 갑자기 또 한 대의 이삿짐 트럭이 들어오더니 트럭 운전사 옆자리에 부동산 중개업자가 떡하니 앉아 있는 것입니다. 여러분이 어찌 된 일이냐고 묻자 부동산 중개업자는 이렇게 대답합니다. "제가 이 집을 사도록 도와드렸으니까 저도 이 집으로 이사해서 제가 노력한 것의 보답을 받으려는 거예요." 그러면 여러분은 "아니, 뭐라고요? 당신은 직업상의 의무를 다한 것이지 내 집에 이사 올 권한을 얻은 건 아니잖아요."라고 말할 것입니다. 예수님도 그와 비슷한 말을 우리와 제자들에게 하셨습니다. 우리가 우리의 의무를 다했다고 해서 천국의 가족이 되는 자격을 얻는 것은 아니라고 말입니다.

제가 방금 말씀드린 현대적 비유를 통해 예수님의 말씀이 무슨 뜻인지를 이해하셨을 것이고, 부동산 중개업자가 구매자의 집으로 이사하는 것이 왜 부적절한 일인지도 아셨을 것입니다. 이제 우리는 왜 예수님이 당시의 청중에게 **의도적으로** 귀에 거슬리는 말씀을 하셨는지를 알아야 합니다. 지금 예수님은 바리새인이 아니라 자신의 제자들에게 말씀하고 계신 상황입니다. 그러므로 예수님의 말씀은 제자들의 순종(아무리 오랜 기간 대단한 일을 했어도)이 천국의 가족이 되게 하거나 하나님의 용납을 받게 하는 조건이라고 생각하지 말라는 뜻입니다. 그 말씀은 오늘날의 우리에게도 동일하게 적용됩니다. 하나님 앞에서 우리가 하는 모든 노력이 천국으로 들어가게 하거나 하나님께 은혜를 받게 하는 조건이 될 수 없습니다. 하나님의 은혜를 받기 위해 우리의 업적을 선전하고 싶어도(혹은 선전해야 한다고 생각해도) 우리의 업적은 절대로 하나님의 은혜를 받게 하지 못합니다.

  몇 년 전에 어떤 목사님 집을 방문했다가 아프리카의 동물사냥대회에서 받은 트로피가 그 집에 많이 진열된 것을 보았습니다. 기린 가죽부터 영양 가죽, 거대한 코끼리 발 같은 것들이 모두 우승배가 되어 집 안 거실에 장식되어 있었습니다. 저는 그것들이 매우 신기해서 어떻게 딴 트로피인가를 물어보았습니다. 그러자 그 동물들을 사냥하게 된 경위와 장소들을 자세하게 설명해 주었습니다. 그런데 목사님이 설명하는 동안 저를 비롯해 그 자리에 있던 다른 손님들의 머릿속에는 공통된 의문이 하나 자리 잡고 있었습니다. 그것은 "이거 모두 멸종 위기에 처한 동물들 아닌가? 보기에는 근사하지만, 집 안에 이런 것을 진열해 놓는 것은 근본적으로 뭔가 잘못된 것 같은데..."라는 생각이었습니다. 그 목사님은 우리의 생각을 간파했는지(아니면 그전에도 그런 질

06 마틴 루터, 다음의 설교에서 인용함 "The Sum of the Christian Life" (Worlitz, 1532년 11월 24일).
07 웨스트민스터 신앙고백, XVI.5.

문을 많이 받았는지) 각각의 트로피를 어떻게 받았는지 설명하기 시작했습니다.

"이 동물들은 희귀동물이 되기 전에, 그러니까 사냥이 금지되기 전에 사냥한 것입니다. 그리고 사실 제가 잡은 것이 아니라 저희 장인어른이 총을 쏘아 잡으셨어요." 결국, 그분은 자신이 진열한 트로피들에 대해 변명할 수밖에 없었습니다.

예수님의 비유도 우리로 하여금 그와 같은 일을 하게 합니다. 우리는 우리 자신의 의로움, 순종, 충성의 트로피를 진열하고 싶지만, 하나님의 은혜를 받기에는 그 어떤 것도 불충분하다는 것을 인정하지 않을 수 없습니다. 처음에 그 사실을 깨달으면 기분이 나쁩니다. 다른 사람과 비교해서 우리의 행동이 얼마나 훌륭한지를 하나님이 알아주시면 좋겠는데 하나님은 전혀 그러시지 않기 때문입니다. 우리는 본능적으로 자신이 한 일이 다른 사람의 일보다 하나님의 사랑을 더 많이 받을 만하다고 생각하고 싶어 합니다. 우리는 하나님의 축복을 받기 위해서 본능적으로 우리가 하는 일을 의존합니다. 따라서 우리가 한 선행이 하나님을 움직이지 못한다는 것을 깨달을 때 우리는 두 가지 이유에서 좌절을 느낍니다. 하나는 다른 사람과 비교할 근거를 잃는 것이고 다른 하나는 하나님을 움직일 지렛대를 잃는 것입니다.

그런 이유 때문에 우리는 마틴 루터의 말을 충분히 공감할 수 있습니다. 루터는 "자신의 의로움을 떨치고 일어나는 것은 엄청나게 가슴 쓰린 일이다. 왜냐하면, 그것은 우리 자신에 대한 자부심과 더불어 하나님의 은혜를 조종할 모든 수단을 앗아가기 때문"이라고 말했습니다.**06** 우리의 선행과 하나님의 진정한 거룩함 간의 이 '엄청난 불균형'('웨스트민스터 신앙고백'이 말하듯)**07** 때문에 우리는 우리의 의로움으로 하나님의 은혜를 맞교환할 수 없다는 것을 알게 됩니다. 우리의 선행이라는 어음은 하나님이 현금화할 수 없는 어음입니다. 내가 열심히 공부했다고 해서 좋은 직장을 잡는다는 보장도 없고, 내가 날마다 기도와 묵상을 했다고 해서 우리 가정에 어려움이 없다는 보장도 없고, 내가 충성되게 봉사했다고 해서 성공한다는 보장도 없습니다. 하나님은 우리에게 빚이나 신세를 지고 있는 분이 아닙니다. 우리의 헌신적인 봉사와, 피나는 노력과, 굳건한 의지로 하나님의 호의를 받으려는 시도는 결단코 하나님의 마음을 움직이지 못합니다.

사실 저도 인간적인 생각으로는 그 사실을 믿고 싶지가 않습니다. 제가 열심히 잘하면 제가 일하는 신학대학원에도 은혜를 베풀어 주시고, 제가 사랑하는 가족에게도 은혜를 베풀어 주시고, 제가 애쓰는 사역에도 은혜를 베풀어 주신다고 믿고 싶습니다. 하지만 저의 의로움과 예수님의 기준을 비교하면서 "내가 정말로 죄를 짓지 않았는가, 다른 사람의 죄를 경고했는가, 어떤 죄든지 용서했는가?"라고 자문해 보면 그 즉시 할 말이 없어집니다. 내가 하는 일이 하나님의 축복을 받기에 불충분하다는 것을 깨닫고 나면 나는 내 능력이 아니라 그분의 은혜를 의지해야 하는 자임을 인정하지 않을 수 없습니

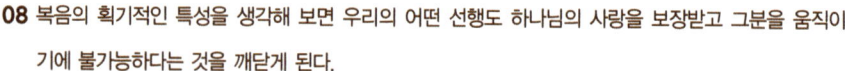

08 복음의 획기적인 특성을 생각해 보면 우리의 어떤 선행도 하나님의 사랑을 보장받고 그분을 움직이기에 불가능하다는 것을 깨닫게 된다.

09 John Calvin, *Institutes of the Christian Religion*, III.xv.4.

10 나는 새로운 대지들을 이런 식으로 소개하는 경우가 많다. 즉, 앞서 말한 대지를 요약해서 반복한 뒤에 유사한 어법으로 새로운 대지를 이야기하는 것이다. 보통 첫 번째 대지는 "~뿐만 아니라"는 표현이 들어가고 두 번째 대지에는 "~도 역시"라는 표현이 들어간다. 그러나 이 부분에서는 첫 번째 대지가 부정적인 면으로 소개되면서 두 번째 대지의 긍정적 함의의 기반을 놓는다(《그리스도 중심의 설교》 325~326 참조). 이런 구조는 성경 말씀의 배열 형태에 영향을 받은 것으로서 이야기 형태에서의 긍정적인 면을 보여주기 전에 비유 형태에서의 부정적인 면을 먼저 보여준다.

다.**08** 어떤 때에는 이 사실이 저를 두렵게 합니다. 저에게 아무 권한도 없고 제가 하는 최고의 선행조차 아무것도 아니라면 제게는 선택의 여지가 없어지기 때문입니다. 성경은 제가 하는 일은 그저 "더러운 옷"에 불과하다고 이야기합니다사 64:6.

장 칼뱅은 이렇게 말했습니다. "인간에게는 이 말밖에 할 것이 없다. 선하다고 하는 바로 그 일의 더러움에 의해서 인간은 더럽게 오염된다. 아무리 완벽한 것 같아도 인간에게서는 얼룩으로 더럽혀진 것 외에 아무것도 나오지 않는다. 인간이 이룩한 최고의 업적들을 하나님께 판단해 달라고 부탁해 보라. 그러면 인간의 굴욕과 수치에 의해서 오직 그분 자신의 의로움만을 발견하게 될 것이다."**09** 그렇다고 해서 하나님이 우리의 선행을 원하지 않거나 축복하지 않는다는 의미는 아닙니다. 하나님의 성품을 드러내는 삶은 그 자체로 축복입니다. 다만 하나님의 축복이 그분의 자비에서 비롯된 것이지 우리의 선행과 미덕으로 말미암은 것이 아니라는 점을 분명히 하고 싶은 것입니다. 우리가 하나님의 기준에 어느 정도 맞는 행동을 했다고 해서 우리 계획대로 하나님의 은혜가 부어진다고 보장할 수 없습니다. 우리가 하는 선행 때문에 우리가 원하는 대로 우리를 축복하고 도와주실 의무가 하나님에게는 있지 않습니다. 하나님은 우리의 선행에 꼼짝 못하는 분도 아니고 우리의 미덕에 감격해 우리 시중을 드는 분도 아닙니다. 하나님의 은혜와 능력을 경험하기 위해 우리의 선행을 신뢰해서는 안 됩니다.

우리의 선행이 하나님을 움직이지 못한다면 그럼 무엇이 하나님을 움직일 수 있을까요? 성경은 비유 뒤에 나오는 이야기를 통해서 그것이 무엇인지를 분명하게 밝히고 있습니다. 열 명의 나병환자 이야기를 보면 하나님은 우리의 선행에 움직이시는 분이 아니라. …**10**

우리의 진실함에 움직이는 분입니다

예수님이 사마리아와 갈릴리 사이를 지나가실 때 나병 환자들이 "소리를 높여" 예수님을 불렀습니다눅 17:13. 그들이 왜 목소리를 높여서 주님을 불러야 했는지 아십니까? 당시 유대 관습상 나병에 걸린 사람은 집을 떠나야 했습니다. 나병에 걸린 사람은 가족의 사랑을 받을 수 없었고 나아가 성전이나 회당에서 영혼의 위로도 받을 수 없었습니다. 마을과 사회에서 완전히 소외되어 도시의 성벽 밖에서 생활했습니다. 혹시 누가 가까이 다가오면 병이 전염되는 것을 막기 위해서 "부정하다, 부정하다!"라고 소리를 질렀습니다. 그들은 건강을 상실했을 뿐 아니라 육신과 마음과 영혼의 위로를 가져다줄 어떤 온정도 기대할 수가 없었습니다. 이런 절박한 상태에서 열 명의 나병 환자들은 "예수 선생님이여 우리를 불쌍히 여기소서"라고 소리를 질렀던 것입니다눅 17:13.

이때, 예수님이 어떻게 하셨습니까? 이 절박한 사람들이 자비를 베풀어 달라고 소리쳤을 때 예수님은 무엇을 하셨습니까? 그들의 말대로 따르셨습니다. 예수님은 절박함밖에는 아무것도 없는 사람들에게 자비를 베푸셨습니다. 도움을 요청하는 그들의 간절한 외침에 마음이 움직이셨던 것입니다.

11 이 부분은 이번 설교에서의 복음적 중심축이다. 그리하여 청중은 절박한 간구를 축복하시는 예수님을 보면서 인간적 노력에 의존하던 것을 바꾸어 하나님의 은혜에 의존하려고 마음먹는다. 본문 말씀 안에 구속적 진리가 명백하게 드러난다는 점을 유의하기 바란다. 이 경우에는 본문 안에서 하나님의 은혜를 선명히 보기 위해 성경의 역사적 전개에 대한 큰 윤곽들로 옮겨갈 필요가 없다(구원의 진리에 대한 거시적 해석과 미시적 해석에 관해서는 *Christ-Centered Preaching* 개정판, 306~308을 참조하라).

그 사실이 저와 여러분에게 전해주는 메시지는 무엇입니까? 하나님은 우리가 하는 행동이 아니라 우리의 절박하고도 진실한 고백에 마음이 움직이신다는 사실입니다.[11]

우리 인간들 간의 관계를 생각해봐도 진실한 마음이 얼마나 상대의 동정심을 유발하는지를 잘 알 수 있습니다. 제가 아는 지인 중에 부모와 하나님께 반항적인 십대 아들을 둔 부부가 있습니다. 그 아이는 말썽을 부릴 때마다 변명을 늘어놓았고, '다시는 안 그러겠다', '앞으로 잘하겠다', '착실하게 살겠다'고 수없이 다짐했지만 전부 빈말에 그치고 말았습니다. 처음에는 그런 변명과 다짐에 속았던 부모도 그것이 모두 거짓과 빈말임이 드러나자 당황하고 고민에 빠졌으며 너무도 좌절한 나머지 그 부인은 이제 자신이 아들을 사랑하는지조차 모르겠다고 말했습니다. 자식에 대한 애정이 점차 식어버린 것입니다.

그러던 어느 날, 아들이 거실에 앉아 예전의 행복하고 단란했던 때의 사진들을 들여다보다가 사진 한 장을 내밀며 엄마에게 보라고 하더랍니다. 그 사진은 자기가 어렸을 때 어머니가 따듯한 미소로 바라봐주는 사진이었습니다. 아들은 그 사진을 가리키면서 이런 말을 했습니다.

"엄마, 이 사진을 보니까 엄마가 왜 나를 더 이상 사랑하지 않는지 알겠어. 사진에 있는 엄마 눈에는 나에 대한 희망이 가득한데 내가 그 희망을 무너뜨려 버렸으니까. 나도 내가 왜 이러는지 모르겠어. 그래도 엄마, 내가 엄마 희망을 무너뜨린 걸 용서해 줘, 응?"

그 말에 엄마는 어떻게 했을까요? 냉랭했던 마음이 눈 녹듯 녹으면서 아들에 대한 새로운 애정이 솟아나 그 자리에서 아들을 껴안아 주었습니다. 그렇다고 아들이 더 이상 말썽을 부리지 않을 것이라는 헛된 소망을 갖지는 않았습니다. 엄마의 마음을 움직인 것은 별로 잘못한 것이 없다는 주장이나 앞으로 잘하겠다는 다짐이 아니었습니다. 엄마의 마음을 움직인 것은 아들의 진실한 한 마디였습니다. 하나님의 마음을 움직이는 것도 마찬가지입니다.

훌륭한 일을 했으니 죄가 없다고 주장하거나(사실 이것은 우리가 하나님의 거룩함에 얼마나 못미치는 자인지를 모르는 처사입니다), 앞으로 더 잘하겠다고 약속한다고 해서 하나님의 마음이 움직이지는 않습니다. 우리가 믿는 복음은 하나님이 우리를 사랑할 아무런 이유가 없는데도 우리를 사랑하신다는 것이 그 본질입니다. 하나님이 우리를 사랑할 이유가 전혀 없다는 사실을 깨닫지 못한다면 우리는 복음을 믿는 것도 아니고 제대로 전파하는 것도 아닙니다. 자신이 한 일에 뿌듯함을 느낄 때가 아니라 "예수 선생님이여 우리를 불쌍히 여기소서"라고 외칠 때 우리의 믿음은 진짜가 되는 것입니다.

하나님 앞에서 자기의 의로움을 주장하는 사람보다 진실하게 간구하는 사람이 하나님의 은혜를 받을 가능성이 더 많습니다. 이 말을 바꿔 말하면 에이즈로 죽어가는 동성연애자가 간절하고 솔직한 심정으로 "제가 성적인 매력에 반해서 동성애자가 된 것이 아닙니다. 나를 사랑해주는 것이라면 저는 뭐든 사랑했을 것입니다."라고 말한다면 설교와 지위와 의로움에 자부심을 느끼는 저보다 그 사람이 천국에 더 가깝다는 의미입니다. 자신의 힘으로는 가정을 파괴한 도박 중독에서 도저히 벗어날 수 없다고 고백하는 변호사는 자신의 능력에 아주 자신만만해 하면서 하나님의 도움을 받으라는 설교 전에 기도하는 것조차 잊어버리는 저보다 훨씬 더 성령이 충만한 사람입니다.

12 감사하는 마음은 나병 환자 이야기의 내용과 주제에 매우 중요한 사항이므로 이 설교의 적용(실천) 동기는 개별적인 대지가 된다(〈그리스도 중심의 설교〉 268~269와 397~402 참조).

저는 언제 어디서나 지속적으로 저의 무력함을 고백해야 합니다. 그렇게 하는 이유는 저의 간절함이 하나님의 마음을 저에게로 향하게 한다는 것을 알기 때문입니다. 하나님은 저의 간절한 간구를 절대로 외면하는 분이 아님을 알기에 그 사실이 오히려 저를 더 정직한 고백과 깊은 회개로 이끌어줍니다. 불쌍히 여겨달라는 저의 외침을 그냥 지나치는 분이 아니기에 저는 제 마음속의 괴물들, 즉 탐욕, 분노, 야망, 음란, 의심, 용서하지 않는 마음 같은 죄들을 더욱더 의식하면서 하나님께 이렇게 고백하게 됩니다.

"하나님, 당신은 저의 하나님이십니다. 그래서 이렇게 구세주의 자비를 간절히 구하는 것입니다." 이런 정직함이 하나님의 동정을 받게 해 줍니다.

이 설교가 아주 위험한 설교라는 것을 저는 잘 알고 있습니다. 우리가 하는 일이 하나님의 마음을 움직이지 못한다고 말하면 하나님을 위해 착하게 살 이유가 뭐냐고 생각하는 분이 있을 것입니다. 우리가 하는 일이 천국의 가족이 되게 할 수 없다고 말하면 하나님을 경외하기 위해 봉사하고 희생할 필요가 뭐가 있느냐고 묻고 싶을 것입니다. 우리는 하나님이 은혜를 주시는 동기를 먼저 깨달아야 합니다.

II. 선행의 동기

우리가 선한 일을 하려는 동기는 무엇입니까?[12] 예수님께 고마움을 표하기 위해 돌아온 나병 환자의 행동이 소중한 교훈을 말해줍니다. 주님이 칭찬을 아끼지 않았던 그의 행동을 통해 우리가 배우게 되는 교훈은 이것입니다. 즉, 하나님을 진실로 경외하는 마음은 무엇을 얻으려는 욕망이 아니라 감사하는 마음에서 우러나온다는 것입니다.

무엇을 얻으려는 마음이 없었다는 것은...

... 나병 환자가 예수님께 돌아왔다는 사실로 증명이 됩니다. 그런데 우리에게 이 이야기는 너무도 익숙해서 나병 환자가 예수님께 돌아온 것이 사실은 위험을 감수한 희생적 행동이었음을 알아채지 못합니다. 그는 건강 상태의 변화와 의사 태도의 변화라는 두 가지 위험요소를 안고서 되돌아온 것이었습니다.

건강 상태가 위험요소라는 이유는 나병 환자의 상태가 급속도로 변했기 때문입니다. 한순간에 기적적인 치유가 일어날 것을 예견했던 예수님은 열 명의 나병 환자들에게 곧장 제사장에게 가서 몸을 보이고 병이 나았다는 선고를 받으라고 하셨습니다눅 17:14a. 과연 그들은 제사장에게 가는 도중에 나병이 깨끗하게 치유되는 기적을 경험했습니다눅 17:14b. 그러자 한 나병 환자가 자신이 나았음을 보고 감사하다고 말하기 위해 예수님께 돌아왔습니다. 중요한 건 제사장에게 가기 전에 돌아왔다는 것입니다눅 17:15. 그 사람이 이렇게 했을 때의 위험요소는 급속도로 나았던 질병이 급속도로 재발할 수도 있다는 것입니다.

만약 여러분이 그 사람이었다고 상상해 보십시오. 몇 개월, 아니 몇 년 동안 가족과 이웃과 회당을 떠나 인정에 굶주려 있는 상태라면 한시라도 빨리 나았다는 선고를 받고 집으로 돌아가고 싶지 않겠습니까? 혹시라도 무슨 일이 생기기 전에 재빨리 제사장에게 달려가서 깨끗해졌다는 공식 인정을 받고 싶지 않겠습니까? 몇 발짝만 더 가면 그의 인생에서 정말로 소중한 모든 것을 되찾게 해 줄 권위자를 만날 수 있는 데에도 그는 발길을 돌려서 자신의 병을 낫게 해 준 분에게로 돌아갔습니다눅 17:16a. 그 나병 환자는 자신의 행복보다 더 중요한 것에 이끌려 질병이 재발할 위험을 무릅 쓰고 예수님에게로 돌아간 것입니다. 하지만 위험 요소는 그것만이 아니었습니다.

그 나병 환자에게는 예수님의 태도가 돌변할 위험이 존재하고 있었습니다. 그때까지 예수라는 유대인 랍비는 열 명의 나병 환자들을 한 무리로 대하면서 치유의 기적을 베풀어 주었습니다. 그러나 주님에게 돌아가 감사를 표한 사람은 유대인들이 미워하는 사마리아인이었습니다16b절. 예수님에게 돌아가면 사마리아인이라는 사실이 단박에 눈에 띌 것입니다. 만일 예수라는 유대인 랍비가 "어이쿠, 내가 치유한 유대인 중에 저런 이교도가 있는 줄은 미처 몰랐네"라면서 기적을 철회한다면 어떻게 되겠습니까? 자신을 보호하려는 마음이 있었다면 감히 그에게 돌아갈 수는 없었을 것입니다. 이렇듯 위험요소들을 감수하고 예수님에게 돌아갔다는 건 다른 사심이 전혀 없었다는 것을 의미합니다. 즉 자기 행복이나 자기 보호의 동기가 없었던 것입니다.

나병 환자의 이야기는 앞선 비유와 동일한 메시지를 던져주고 있습니다. 우리가 하나님을 위해 하는 일은 하나님을 빚쟁이로 만들지 못하고 우리는 이기적인 동기로 그분의 일을 해서도 안 됩니다. 우리가 하는 일에 사심이 들어가 있다면 하나님을 경외하는 참된 순종의 가능성을 상실하고 맙니다. 우리가 하나님을 섬기는 근본 이유가 자기의 이득을 얻기 위한 것이라면 그것은 사실상 자기 자신을 섬기는 게 아니고 무엇이겠습니까? 그러나 수많은 그리스도인이 이 사실을 깨닫지 못하고 있습니다. 하나님의 은혜와 축복을 노리고 사역을 하거나(이 경우 일차적인 동기는 자기 행복입니다), 하늘에 있는 '염라대왕' 같은 분의 노여움을 사지 않기 위해(이 경우 일차적인 동기는 자기 보호입니다) 사역을 합니다.[13] 두 가지 경우 모두 사역의 동기는 이기심 외에 아무것도 아니며 그것은 사실상 하나님을 경외하는 것이 아닙니다. 이런 식으로 사역하면서 하나님께 '점수'를 따려고 하는 것이 실제로 천국에서는 감점을 당하는 일입니다. 천국은 행동과 함께 마음의 동기도 따지는 곳이니까요.

그러면 이런 의문이 일어날 것입니다. 우리의 선행이 하나님의 사랑을 받게도 못하고 우리 자신의 유익을 추구하지도 않아야 한다면 대체 왜 우리가 선행해야 한단 말입니까? 하이델베르크 요리 문답에 보면 이런 질문이 나옵니다. "우리가 오직 하나님의 은혜로 구원을 받았는데 … 왜 우리가 여전히 선한 일을 해야 하는가?" 그에 대한 대답은 이렇습니다. "선한 일을 함으로써 우리를 구원하신 하나님께 감사를 표하고 우리를 통해 그분이 찬송을 받게 하시기 위함이다." 이것이 바로 나병 환자가 예수님께 돌아갔던 동기였습니다. 마음속에서 예수님에 대한 감사가 우러났기 때문이었습니다. 그의 행동과 예수님의 칭찬은 오늘날 우리에게 하나님을 섬기는 동기가 무엇이 되어야 하는지를 가르쳐줍니다. 그것은 개인적 욕심을 버리고 …

감사한 마음을 표하는 것입니다

오늘 본문에 보면 나병 환자는 큰 소리로 하나님께 영광을 돌리며 돌아왔다고 합니다눅 17:15. 이 표현이 중요한 이유는 앞 구절에서 그가 큰 소리로 도와달라고 외쳤던 사실을 상기시키기 때문입니다눅 17:13. 결국, 성경 말씀이 보여주는 사실은 우리가 도움을 청하는 마음이 간절하면 간절할수록 하나님에 대한 감사도 그만큼 깊어진다는 점입니다. 간절하고 절실한 마음이 없

13 '자기방어'와 '자기를 앞세우는 것'이 거룩함의 동기가 될 수 없다는 점에 대해서는 《그리스도 중심의 설교》 391~394를 참조하라.

14 이런 면에서 나병 환자의 행동은 감사하는 마음이 순종의 동기일 뿐 아니라 순종의 힘이 된다는 것을 분명하게 보여준다(《그리스도 중심의 설교》 268~270과 400~402 참조).

다면 하나님께 감사하고 찬양하는 마음도 약할 수밖에 없습니다. 주님의 구원이 뼛속까지 사무칠 정도로 고맙게 느껴질 때 우리는 진정으로 하나님 앞에 엎드려 자신을 헌신하게 되고 그분의 영광을 위해 살게 됩니다.[14]

제가 오랫동안 잘 알고 지내는 목사님이 그와 비슷한 이야기를 들려준 적이 있습니다. 어느 날 딸이 학교에서 선물 교환을 했다며 곰 모양의 초콜릿을 들고 집으로 왔다고 합니다. 다음 날, 엄마가 딸의 방문을 열고 들어갔더니 뜻밖에 다섯 살배기 남동생 조니가 그 방에 들어가 있었습니다. 누나의 곰 초콜릿을 훔쳐 먹다가 현장에서 들킨 것입니다. 그러자 조니는 엄마에게 범행을 숨길 도리가 없다는 것을 깨닫고(손과 얼굴이 온통 초콜릿 범벅이었으니) 막힌 길에 몰린 범죄자처럼 벽 쪽으로 슬금슬금 물러나더니 엉엉거리며 울더랍니다. 그래도 엄마는 단호하게 누나가 학교에서 오면 무슨 짓을 했는지 사실대로 이야기하라고 했습니다.

그때부터 어린 소년에게는 1분 1초가 몇 년처럼 느껴지는 고문이 시작되었고 누나가 어떤 벌을 내릴지 걱정이 태산 같았습니다. 마침내 누나가 집 안으로 들어오는 소리가 들리자 조니는 닭똥 같은 눈물을 뚝뚝 흘리면서 자신의 죄를 고백했습니다.

"누나 미안해. 내가 곰 초콜릿을 먹었어."

고개를 숙이고 훌쩍이며 죄를 자백하는 모습은 영락없이 조니의 미안한 마음을 드러내 주고 있었습니다. 다행히 누나는 마음이 넓고 언제든지 어린 남동생을 사랑해 주려고 하는 착한 누나였습니다. 그래서 남동생을 가슴에 꼭 껴안으며 뺨에 입을 맞추고 "괜찮아, 조니야. 나는 무슨 일이 있든 언제나 너를 사랑할 거야"라고 말했습니다.

누나의 용서를 받은 조니는 훌쩍이며 울다 말고 킥킥대며 웃었습니다. 창피한 마음에 눈에서는 여전히 눈물이 나왔지만, 그와 동시에 좋아서 웃고 있었던 것입니다. 기쁨으로 생기를 되찾은 조니는 누나를 있는 힘껏 껴안아 주었다고 합니다.

이 이야기는 그리스도인들이 하나님의 은혜를 어떻게 받아들여야 하는지를 보여주는 훌륭한 그림입니다. 우리의 죄가 얼마나 흉악하고 심각한지를 깨닫는다면 우리는 응당 수치심과 죄책감으로 눈물을 펑펑 쏟으며 울고 회개해야 합니다. 그러면 하나님은 우리에게 이렇게 말씀하실 것입니다.

"애야, 상심하지 마라. 나는 무슨 일이 있든 언제나 너를 사랑한단다."

그럴 때 우리의 기쁨은 이루 말할 수가 없습니다. 한량없는 자비와 용서로 인해 우리의 마음 깊은 곳에서는 감사와 사랑이 우러나오고 그것이 주님을 믿는 힘과 사역의 동기가 됩니다. 회개의 눈물 속에 반짝이는 기쁨이 순종의 마음을 불러일으켜 줍니다. 그런 마음으로 사역할 때 "여호와로 인하여 기뻐하는 것이 너희의 힘이니라"라고 하신 말씀이 얼마나 진리인지를 알게 됩니다느 8:10.

결론

용서받은 기쁨은 목사들이 교회에서 설교하든, 상담자가 상담하든, 학생이 공부하든, 주부가 살림하든, 직장인이 회사에서 일하든 언제나 누구에게나 반드시 필요한 것입니다. 혹시라도 은혜에 대한 설교로 죄를 가볍게 여긴다면, 그래서 구세주의 필요성이 약화한다면 죄가 얼마나 심각한 것인지 우리 마음이 얼마나 연약하고 간악한지 의로움의 축복을 받기 위해 얼마나 거룩한 삶이 필요한지를 아직 제대로 깨닫지 못한 것입니다. 그와는 반대로 죄책감에 시달리면서 자신의 수치를 끊임없이 곱씹는 것이 진정한 신앙이라고 생각하거나 자기 연민에 눌려 지내는 것이 참된 경건함이라고 착각한다면 우리는 복음의 표상인 은혜를 이해하지 못하고 은혜가 주는 기쁨도 전혀 누리지를 못하는 것입니다. 우리는 복음 전부를 전해야지 죄의 심각성을 축소하거나 은혜의 축복을 가려서는 안 됩니다. 우리의 삶과 마음 자세 역시 복음을 그대로 반영해야 합니다. 그래야 우리가 복음을 전하는 사람들 역시 우리가 마신 복음의 생명수에 영향을 받을 것입니다. 저는 목회하면서 다음과 같은 사실을 알게 되었습니다.

- 죄책감으로 목회하는 목사는 죄책감에 휩싸인 교인들을 양산한다.
- 죄책감이 없는 목사는 염치없는 교인들을 양산한다.
- 감사하는 목사는 감사하는 교인들을 양산하고 하나님의 뜻을 이루는 데 열정적이다.

목사만이 아니라 상담가나 교사나 부모처럼 영적으로 남을 양육하는 사람들은 누구나 마찬가지입니다. 복음을 잘 전하기 위해서는 회개의 눈물과 용서의 기쁨이 감사한 마음을 우러나게 해서 그리스도인의 삶을 능력 있게 한다는 것을 알아야 합니다. 그리고 그것을 알기 위해서는 하나님이 우리의 행동에 좌우되는 분이 아니라 진실하게 죄를 고백하고 기쁨으로 그분을 찬양하는 자에게 자비를 베푸는 분임을 깨달아야 합니다.

나병 환자의 기적적인 치유는 주님이 베푸신 자비와 권능의 증거였지만 우리는 그 자비와 권능의 출처가 어디인지를 곰곰이 생각해야 합니다. 예수님은 사마리아인에게 "네 믿음이 너를 구원하였느니라"라고 말씀하셨습니다눅 17:19. 믿음이라니 무슨 믿음을 말씀하시는 겁니까? 사마리아인은 신앙을 고백하지도 않았고 예수님이 하나님 아들이라고 말하지도 않았습니다. 그가 한 일이라곤 예수님 발밑에 엎드려 "제게 일어난 기적과 축복은 전부 당신이 하신 일입니다."라는 식으로 말한 것밖에 없습니다.

여러분은 속으로 "그게 뭐 믿음이란 말인가? 성경에서 우리가 기대하는 어마어마한 믿음과 비교하면 그거야말로 진짜 겨자씨 만한 믿음이 아닌가?"라고 생각하실 것입니다. 그러나 예수님은 "겨자씨 한 알만한 믿음"이 있다면 하나님의 권능이 임하는 것을 보게 될 것이라고 말씀하셨습니다눅 17:6.

저는 우리의 언행이 겨자씨 믿음이라도 되어서 우리 안에 복음의 권능이 나타나기를 간절히 소망합니다. 우리가 진실한 마음으로 "제게 일어난 기적과 축복은 전부 당신이 하신 일입니다."라고 고백할 수 있기를 바랍니다. 주님이 이루신 놀라운 역사만을 믿으며 전파할 때 복음의 능력이 임하게 될 것입니다.**15**

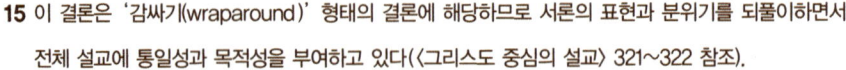

15 이 결론은 '감싸기(wraparound)' 형태의 결론에 해당하므로 서론의 표현과 분위기를 되풀이하면서 전체 설교에 통일성과 목적성을 부여하고 있다(〈그리스도 중심의 설교〉 321~322 참조).

우리는 하나님과 무관한
자기 사역을 하지 않도록 조심해야 합니다.
목회나 사역을 하다 보면 그것이 단순한 의식이나
상투적인 일로 전락하기 쉽습니다.
교회 일에 바빠서 정신없이 사역하다 보면
이런 생각이 들기 시작합니다.
"심방 잘하고, 좋은 프로그램들을 만들고,
계획을 치밀하게 짜고, 적절한 교회 성장 비법을 활용하고,
비전을 제시하고, 감동적인 설교를 하면
교회는 부흥할 거야."
사실 자신의 목회와 신학을
이런 식으로 생각하는 사람은 없지만
날마다 밀려오는 목회의 압박감은
날마다 이런 식의 사역을 하도록 만들어 버립니다.

Part Three

복음

적용

복음 적용

3부에서는 예수님과 우리의 관계를 서술하는 부분(구원받은 사람으로서 우리는 누구인가?)과 그리스도인의 삶을 위해 받은 명령들(어둠에서 주님의 놀라운 빛으로 인도함을 받은 자로서 우리는 무엇을 해야 하는가?) 사이의 상관성을 조명해보고자 한다. 복음의 서술(indicatives)은 현재 우리의 연약함에 상관없이 하나님이 우리를 사랑하시고 그분의 목적을 따라 우리에게 힘을 주신다는 사실을 확증한다. 그리고 명령(imperatives)은 하나님의 목적들이 무엇인지, 그리스도를 경외하며 그분이 사랑하시듯 사랑하기 위해서 우리가 따라야 할 규범들이 무엇인지를 알게 해 준다.

3부에서 덧붙여 강조할 내용은 마음의 동기와 실천을 가능하게 하는 능력 간에 어떤 상관관계가 있는지를 탐구하는 것이다. 마음은 하나님의 뜻대로 살고 싶지만, 그분의 명령대로 행할 능력이 없어서 갈등하는 사람들이 있다. 그런 갈등을 해소하는 길은 그리스도인의 능력 있는 삶이 강한 의지와 피나는 훈련에서 말미암는 것이 아니라 애정의 대상을 재조정하는 것에서 비롯된다는 것을 깨닫는 것이다. 죄에 대한 욕구가 사라지면 죄의 지배력도 사라진다. 그리고 죄에 대한 사랑은 주님에 대한 더 큰 사랑으로 대체된다. 그리스도 중심의 설교가 지향하는 것도 성경에 나오는 그런 주제와 본보기들을 찾아내서 주님에 대한 사랑이 자라게 하는 것이다.

여기에서 소개하는 설교들(특히 열두 번째 설교 예문)은 복음이 동기를 부여한다는 점, 그리고 실천의 능력이 된다는 점에 관해 그 두 가지 진리들의 관계를 탐구하고 있다.

우리가 하는 설교는 하나님에 대한 사랑을 불타오르게 하는 연료가 되도록 고안되어야 한다. 하나님에 대한 사랑이 믿는 자의 가장 큰 기쁨이자 힘이 되고(고후 5:9, 느 8:10), 아울러 하나님 말씀의 진리들을 확신하지 않으면 그 기쁨을 알 수 없으므로 마지막 설교 예문에서는 사도 바울의 "말씀을 전파하라"는 권면을 깊이 있게 살펴볼 것이다.

설교 예문 10

복음의 서술 | 명령의 역동성 I

[서술적인 면이 강조된 설교]

우리가 성경 전체에서 은혜를 발굴하는 이유는 단순히 참신한 해석적 통찰을 주장하기 위함이나 나아가 모든 성경이 우리로 하여금 그리스도의 존재와 사역을 이해하도록 예비한다는 점을 보여주기 위해서만이 아니다. 우리가 은혜를 발굴하는 것은 하나님에 대한 사랑을 강화하기 위함이다. 하나님에 대한 사랑이 성경적 순종의 가장 강력한 동기다.01 하나님의 은혜에 의해 성립되는 복음의 서술(우리가 누구인가?)은 성경적 명령(하나님이 무엇을 원하시는가?)에 따를 힘과 의지를 샘솟게 한다.02

하나님의 사랑이 우리 마음을 감동시킬 때 우리는 가장 깊이, 그리고 가장 강력하게 하나님을 사랑하게 된다. 그렇게 하나님을 깊이 사랑하게 되면 날마다 그분을 경외하며 동행하고 싶어진다. 그래서 성경에는 하나님 심장의 은혜로운 박동이 계속해서 동요 없이 뛰고 있다. 물론 성경에는 명령들도 들어있다. 그러나 우리가 하나님의 명령에 순종하는 것은 하나님을 사랑한 결과이지 하나님의 사랑을 받기 위한 조건이 아니다. 모든 계명을 포괄하는 가장 큰 계명은 하나님을 최고로 사랑하라는 것이다 마 22:37. 그런데 왜 우리는 하나님을 그토록 사랑해야 할까? 성경이 그 해답을 준다.
"우리가 사랑함은 그가 먼저 우리를 사랑하셨음이라" 요일 4:19.

오직 은혜만을 기초로 맺어진 우리와 하나님과의 관계가 바로 그 감격스러운 사랑의 기반이다. 헤르만 리델보스Herman Ridderbos는 "명령은 서술을 바탕으로 하고 이 순서는 뒤바뀔 수 없다"라고 말했다.03 하나님은 "네가 선한 사람이 되어야 내 것이 될 것이다."라고 말씀하지 않으신다. 모든 성경에 계시된 성자의 대속 사역을 통해 하나님은 "너는 내 것이니 나를 따르라"고 말씀하신다.

너무도 많은 그리스도인이 '내가 누구인가'와 '내가 무엇을 해야 하는가'를 혼동한다. '내가 누구인가'는 '내가 무엇을 하는가'에 달려있다고 생각하지만, 복음은 '내가 무엇을 하는가'는 '내가 누구인가'에 달려있다고 말한다. 하나님은 이스라엘 백성을 향해 "너희가 내 명령에 순종하면 내 백성이 될 것이다."라고 말씀하지 않으셨다. 반대로 "나는 너희를 구원한 하나님이고 너희는 내 것이다. 그러므로 내 명령에 순종하라"고 하셨다(신 5:6 참조). 성경의 어디를 보든지 명령은 언제나 서술을 바탕으로 하고 있다. 만약 서술이 직접 언급되어 있지 않더라도 볼 수 있는 눈을 가진 자들을 위해 문맥과 상황 속에 드러나 있다.

성경 전체에 복음의 서술이 스며있다는 명제를 시험해볼 수 있는 가장 좋은 말씀은 골로새서 3장이다. 이 놀라운 말씀에서 사도 바울은 육신에 속한 것은 무엇이든 죽이라(억제하라)고 명령했다. 이보다 명확하고 서슬 퍼런 명령이 없다.

01 은혜가 그리스도인 삶의 동기가 된다는 점에 대해서는 〈그리스도 중심의 설교〉 390~391과 397~399를 참조하라.
02 명령(imperatives)은 하나님과의 관계라는 서술(indicatives)에 기초한다는 점을 더 자세히 알고 싶다면 〈그리스도 중심의 설교〉 399~401을 참조하라.
03 헤르만 리델보스, 〈바울 신학〉(개혁주의신행협회, 1985).

바울은 아무런 타협도 하지 말고 반드시 거룩하게 살아야 한다고 일갈했다. 하지만 그 명령을 실천하는 힘은 버림받음에 대한 두려움이 아니라 하나님 은혜의 다각적인 면들에 의해 성립된 우리의 축복된 지위에 대한 확신이다. 이제 소개할 설교 예문은 복음의 서술이 죄의 변명거리를 제공하는 것이 아니라 거룩함이 기반이 된다는 사실을 보여주고 있다.

살기 위해 죽으라

골로새서 3장 1~5절

1 그러므로 너희가 그리스도와 함께 다시 살리심을 받았으면 위의 것을 찾으라 거기는 그리스도께서 하나님 우편에 앉아 계시느니라
2 위의 것을 생각하고 땅의 것을 생각하지 말라
3 이는 너희가 죽었고 너희 생명이 그리스도와 함께 하나님 안에 감추어졌음이라
4 우리 생명이신 그리스도께서 나타나실 그 때에 너희도 그와 함께 영광 중에 나타나리라
5 그러므로 땅에 있는 지체를 죽이라 곧 음란과 부정과 사욕과 악한 정욕과 탐심이니 탐심은 우상 숭배니라

본문 배경 소개 | 제가 아는 분 중에 연방육군예비대에서 여러 해 동안 군목으로 복무했던 목사님이 한 분 계십니다. 군목이었기 때문에 종종 청년들이 찾아와서 군에 자원입대를 해야 할지 말아야 할지를 상담하곤 했는데 그때마다 목사님은 이렇게 말했다고 합니다.

"자네는 조국을 위해 죽을 준비가 되어 있는가? 이 질문에 대답할 수 있다면 다른 건 아주 쉬울 것이네."

그러면 거의 모든 청년이 생각도 해 보지 않고 준비가 되어 있다고 대꾸한답니다. 그런 대답이 나오면 이번에는 이렇게 물어본답니다.

"자네는 조국을 위해 사람을 죽일 수 있는가?"

이 질문에는 청년들이 약간 생각을 한다는 것입니다. 하지만 만약 그 목사님이 청년들에게 조국을 위해 자기 자신을 죽일 수 있느냐고 물어본다면 과연 어떤 반응이 나왔을까요? 그때는 아마 생각이고 뭐고 그냥 달아나버렸을 것 같습니다. 오늘 본문인 골로새서에서 사도 바울이 명령하는 것도 그와 크게 다르지 않습니다. 바울은 우리 안에 세속적인 것이 있다면 그것이 무엇이든 죽이라고 명령했습니다. 본문의 말씀을 읽으면서 대체 그가 왜 우리에게 그런 명령을 내렸고 어떻게 하면 그 명령을 완수할 수 있는지를 알아보도록 하겠습니다.

성경 본문 읽기 | 저와 함께 골로새서 3장 1절부터 5절까지의 말씀을 읽도록 하겠습니다.

"그러므로 너희가 그리스도와 함께 다시 살리심을 받았으면 위의 것을 찾으라 거기는 그리스도께서 하나님 우편에 앉아 계시느니라 위의 것을 생각하고 땅의 것을 생각하지 말라 이는 너희가 죽었고 너희 생명이 그리스도와 함께 하나님 안에 감추어졌음이라 우리 생명이신 그리스도께서 나타나실 그 때에 너희도 그와 함께 영광 중에 나타나리라 그러므로 땅에 있는 지체를 죽이라 곧 음란과 부정과 사욕과 악한 정욕과 탐심이니 탐심은 우상 숭배니라."

설교 서론 | 중산층의 어느 부모가 일곱 살 난 아들을 1년간 타지의 종교 기관에 보내어 신앙 교육을 받게 했습니다. 소년은 아홉 명의 소년들과 함께 성직자의 가정에서 함께 생활했고 그들은 날마다 새벽에 일어나서 기도와 경전 암송을 하며 신앙 교육을 받았습니다. 오후가 되면 사람들이 붐비는 거리로 나가 전도지를 나눠주고 자신들의 사역을 위해 돈을 모금했습니다.

그렇게 일 년이 지나면서 몇 명의 소년들은 장차 성직자가 되겠다고 서약했고 다른 소년들도 영원히 신을 열심히 믿고 섬기겠다고 다짐했습니다. 마침내 1년의 과정이 모두 끝나 소년이 집으로 돌아오자 부모는 그를 인근의 종교 학교에 입학시켰습니다. 소년은 학교에 들어가서 한동안 열심히 공부했지만 십대가 되자 음악, 놀이, 이성에게 마음을 빼앗겨 부모의 신앙에서 점차 멀어져 갔습니다.

그러다가 신앙에 다시 불이 붙은 것은 대학에 들어가고 난 뒤였습니다. 한때 그토록 신나게 놀았던 파티들도 시간이 가자 점점 시시해졌고 공허감만 남겨 주었습니다. 갈수록 공부에도 흥미가 없어졌고 학위도 결국은 부모의 사회적 신분을 물려받기 위한 수단이라는 생각이 들었습니다. 그런 그의 관심을 끈 것은 세계 권력과 부의 불평등을 논하는 수업들이었습니다. 친구들과 가족들의 퇴폐적인 생활양식, 빈민과 약자들이 처한 곤경과 사회정의에 대한 신념들은 그를 다시 신앙의 세계로 이끌어서 믿음으로 세상을 바꾸고 고통 받는 자들과 함께하려는 사람들과 어울리게 했습니다.

그는 어린 시절의 믿음으로 돌아가 경전의 영원한 약속을 붙잡고 열심히 기도하기 시작했습니다. 그리고 난생처음으로 삶의 진정한 목적을 깨닫게 되었습니다. 등에 진 가방이 더는 무거운 짐으로 여겨지지 않은 것도 공부하면 할수록 새로운 인생의 목표와 미래에 대한 소망이 뚜렷해지고 상상도 못했던 삶의 의미를 발견하게 되었기 때문이었습니다. 그런 이유로 그는 또다시 사람들로 붐비는 거리로 나가 등에 진 배낭을 풀고서 폭탄을 터뜨려 자폭했고 자신의 신앙을 위해 수많은 사람을 죽이고 다치게 했습니다.

정부에서 발표한 이 같은 중동 테러분자의 이야기를 신문에서 읽을 때 그리스도인들은 온몸에 소름이 돋는 것을 느낍니다. 그토록 평범한 사람이 맹목적인 신념 때문에 테러분자가 되는 현실은 두려움 이상의 공포심을 불러일으킵니다. 아울러 우리는 알 수 없는 수치심도 느낍니다. 그 테러분자들은 제정신이 아니었고 그들이 믿는 신은 가짜였으며 그들의 방법은 섬뜩했지만,

01 이 설교에서 '타락한 상태에 초점 맞추기'는 본문의 복음적 진리들이 전해야 하는 인간의 딜레마를 형성하고 있다.

02 이 장황한 논지에는 성경적 유대(《그리스도 중심의 설교》 299~300), 설교 목적의 진술(《그리스도 중심의 설교》 179~180과 298~299), 설교 구조에 있어서의 '게시판(billboard)'(《그리스도 중심의 설교》 329~330)이 결합되어 있다. 더 단순한 형태의 논지는 그다음 문장에 등장하며 역동적인 어조로 강조되어 있다.

03 이 부분은 복음의 서술(예를 들면 그리스도와의 연합 덕분에 얻게 된 우리의 신분과 정체성)을 설명하며 그 서술은 본문에 나오는 명령의 기반과 그 명령을 이행할 수 있는 동기와 능력의 원천이 된다. 이것은 또한 설교의 두 번째 부분에도 설명되어 있다.

그래도 자신의 신념을 위해 남을 죽이고 자기도 죽었습니다. 종교에 대한 그 철저한 헌신은 우리 자신의 나약하고 지지부진한 신앙생활과 너무도 비교됩니다.

우리의 삶에서 주님 외에 다른 것이 지배하려고 하면 우리는 강력히 대항해서 싸워야 할 의무가 있습니다. 하지만 절제는 없이 자기만족만을 부추기는 사회 분위기 속에서 우리는 자신을 죽이는 일은 될 수 있으면 피하려 하고, 우리 안에 그리스도와 어긋나는 것조차 죽일 생각을 하지 않습니다.⁰¹ 거짓 종교가 사람의 마음을 움직이고, 알라의 보상을 바라며 젊은이들이 죽고 죽일 수 있다면 그리스도의 영광스런 보상을 아는 우리는 그보다 더 헌신적으로 그분을 위해 우리 삶을 드리는 것이 마땅하지 않겠습니까?

대체 무엇이 자기 안의 세속적인 지체를 죽일 정도로 예수님에 대한 사랑으로 불타게 할 수 있을까요? 그 대답은 오늘 본문에 나오는 사도 바울의 권면에서 찾을 수 있습니다. 바울은 그리스도의 은혜를 믿어 그분과 적대시되는 것은 무엇이든 억제하라고^(죽이라고) 성도들에게 권면합니다. 그리스도 안에서 우리가 얻는 새로운 지위, 그리스도가 주신 우리 삶의 의무, 그리스도 안에서 우리가 받은 놀라운 능력이 바로 그 은혜입니다.⁰² 그러기 위해서 바울은 와서 죽으라고, 우리 안에 그리스도의 영광을 빼앗는 것은 무엇이든 죽이라고 말했습니다.

I. 우리의 지위 (우리가 무엇인가 – 이미)[03]

살리심과 앉음_골 3:1

첫 번째로 바울은 그리스도께서 이미 주신 지위를 언급하며 우리의 열정에 불을 붙였습니다.

"너희가 그리스도와 함께 다시 살리심을 받았으면" 골 3:1.

이것은 부활을 의미합니다. 그러나 우리는 아직 이 땅에 살고 있으므로 다시 살려면 일단은 죽어야 합니다. 따라서 이 말은 부정확할 뿐 아니라 적어도 시기상조라는 생각이 듭니다. 더 기가 막힌 것은 이 말이 과거형/완료형으로 기록되었다는 사실입니다.

어떻게 죽지도 않은 우리가 이미 부활했다는 말입니까? 사도 바울의 논리는 앞 장에서 이야기한 진리에 근거를 두고 있습니다. 앞 장에서 그는 세례를 받아 그리스도의 몸이 된 성도들은 예전의 삶과 동일하게 살면 안 된다고 했습니다.

우리가 세례를 받았다고 해서 육신적으로 죽지는 않습니다. 세례는 예전의 삶이 죽었음을 선언하는 의식입니다. 이제는 완전히 새로운 사람이 됨으로써 예전의 신념과 생활에 더는 붙잡혀 살지 않겠다는 것을 공개적으로 시인하는 것입니다. 그렇기에 바울은 새로운 믿음으로 이전의 삶을 죽인 골로새 성도들에게 "그를 일으키신 하나님의 역사를 믿음으로 말미암아 그 안에

04 이 예화의 목적은 앞서 말한 것을 명료하게 만들어서 그 의미를 생생하게 전달하는 것과는 다소 거리가 있다(〈그리스도 중심의 설교〉 219~222 참조). 예화의 근본 목적이 앞서 말한 내용을 명료하게 하는 것이라고 믿는 설교자는 내용이 충분히 설명되었다고 생각하면 예화를 사용하지 않으려고 한다. 이런 잘못된 생각이 예화의 일차적 목적을 혼동하게 하는데 예화의 목적은 내용을 명료하게 하는 것이 아니라 동기를 부여하는 것이다. 그래서 성경은 이미 내용이 확실한 명령에도 비유와 예화와 이미지를 많이 사용하고 있다. 예화의 목적을 더 자세히 알고 싶다면 〈그리스도 중심의 설교〉 222~224를 참조하라.

서 함께 일으키심을 받았느니라"고 말했던 것입니다 골 2:12. 옛 삶은 죽었고 새 삶이 시작되었습니다. 골로새 성도들은 그리스도를 믿었기 때문에 새로운 삶으로 들어갔습니다. 그래서 현재의 삶과 미래의 소망을 주님의 은혜에 의존하게 되었습니다. 주님이 그들을 위해 중보하며 다스리시기 때문에 이 세상에서의 삶은 하늘에서의 그분 삶에 좌우되는 것이었습니다. 그들은 얼마나 주님과 하나가 되었던지 그분의 삶과 운명은 곧 그들의 것이 되었습니다. 그들은 그리스도와 연합했고 그래서 그분이 죽음에서 부활했듯이 그들도 그리스도와 연합한 덕분에 부활했습니다.

홍수로 뒤덮인 마을에서 헬리콥터가 조난자들을 구조하듯이 우리는 구세주에 의해 죄의 수렁에서 구조를 받았습니다. 여러분은 이렇게 물으실지 모릅니다.

"우리는 여전히 이 땅에 살고 있는데 어떻게 죄의 수렁에서 구조를 받았단 말인가?"

바울이 말하는 요점은 우리가 구조된 것이 확실한 사실이고, 확실하게 안도할 수 있으니, 죄의 수렁에서 빠져나온 것과 같다는 의미입니다. 씨름은 계속될지라도 새로운 삶은 이미 시작된 것입니다. 구조를 받은 조난자들이 목숨은 건졌어도 새로운 삶을 살기는 여전히 힘든 것처럼 우리도 여전히 죄와 씨름하고 있으나 우리에게는 예수님의 부활로 확보된 구원으로 죽음에서 구조된다는 부인할 수 없고 더없이 귀중한 특권이 있습니다. **04**

부활하신 주님은 어디에 계십니까? 1절 마지막에 보면 "하나님 우편에 앉아 계시느니라"라고 말합니다 골 3:1c. 복음 진리의 많은 부분이 이 한 마디 속에 압축되어 있습니다. 우리의 죄를 대신 지신 예수님은 지금 하나님 우편에 앉아 계십니다. 하나님 우편은 특권 받은 자리를 말합니다. 그 자리에 있다는 사실은 예수님이 거룩한 성부 하나님 존전에 나아가셨고 그분이 담당했던 우리의 죄는 말소되었음을 의미합니다. 예수님은 죽음으로 우리 죄의 벌을 받으셨고 부활로써 우리 죄를 말소시키셨습니다. 우리 죄의 처벌이 완료되었고 완전히 승리했다는 증거가 바로 예수님이 하나님 우편에 앉아계신 사실입니다. 하지만 그 사실은 단순히 예수님에게만 해당하는 것이 아닙니다. 예수님이 하나님께 온전히 용납되었고 존중받으셨다면 그분과 하나 된 우리 역시 모든 죄에도 불구하고 하나님께 용납되었음을 알 수 있습니다.

그 사실을 명확히 하기 위해서 바울은 우리와 연합한 그리스도가 하나님 우편에 앉아 계시다는 점을 세심하게 이야기합니다. 예수님은 '앉아' 계십니다. 즉 쉬고 계신 것입니다. 대속의 역사는 끝이 났으므로 더는 할 일이 없으신 것입니다. 과거, 현재, 미래의 죄에 대한 모든 값은 지급되었습니다. 예수님은 영단번의 희생을 치르셨고 최후 승리자가 되어 부활하셨으며 이제는 하나님과 함께 앉아 계십니다. 히브리 기자는 주님이 위대한 대제사장이라고 말할 때 그분이 '앉아' 계시다는 사실이 얼마나 중요한지를 역설했습니다. "제사장마다 매일 서서 섬기며 자주 같은 제사를 드리되 이 제사는 언제나 죄를 없게 하지 못하거니와 오직 그리스도는 죄를 위하여 한 영원한 제사를 드리시고 하나님 우편에 앉으사" 히 10:11~12.

구약성경에는 성전에 비치된 기구들의 목록이 여러 차례 등장합니다. 일곱 가지로 된 금 촛대와 제단, 진설병, 언약의 궤와 그 안의 내용물. 또한, 우

05 본문의 이 짧은 구절이 성경 역사를 거시적 관점에서 설명하고 있고 수천 년에 걸쳐 이루어진 대속의 계획을 밝히고 있다는 점에 유의하라(*Christ-Centered Preaching* 개정판, 306~307 참조).

리는 성전의 규모와 벽에 사용된 재료와 제사장 예복의 장식 같은 세부사항도 자세히 알고 있습니다. 그러나 단 한 번도 언급되지 않은 물건이 있습니다. 그것은 의자입니다. 왜일까요? 그 이유는 "제사장마다 매일 서서 섬기며 자주 같은 제사를 드리"기 때문입니다. 백성을 위해 희생 제사를 드리는 일은 결코 끝이 없으므로 앉아서 제사를 드릴 수가 없습니다.

수천 년이 지나도록 희생 제사는 끝이 나지 않았습니다. 해마다 수천, 수만의 어린 양을 잡아서 유월절 제사를 드렸고 1년마다 돌아오는 다른 제사에서도 소와 염소를 잡아 그 피를 제단에 뿌렸습니다. 절기마다 드리는 제사에는 가축의 첫 새끼와 첫 수확한 곡식을 드렸습니다. 매달 신월절에도 제사를 드렸습니다. 안식일 제사는 일주일마다 드렸고 제사장들은 날마다 아침저녁으로 제사를 드렸습니다. 게다가 제사장은 사람들이 성전에 가져오는 개인의 속죄제물도 바쳐야 했습니다. 이렇게 천 년이 넘도록 희생 제사는 끝없이 계속되었습니다. 그러다가 한 어린 양이 골고다 언덕에 올라가 세상 죄를 위해 희생 제물이 되었습니다. 그 순간 하나님과 인간 사이의 단절을 상징했던 성전 휘장은 위에서 아래로 찢어졌고 희생제물을 불태우던 제단의 불은 꺼졌으며 우리의 위대한 제사장은 마침내 하나님 우편에 앉으셨습니다.

예수님이 하나님 우편에 앉으셨다는 것은 매우 중요한 사실을 시사합니다. 예수님을 믿는 사람은 더는 하나님께 용납받기 위해 계속 제사를 드릴 필요가 없습니다. 그런 힘겨운 노력은 이제 끝난 것입니다.[05] 하나님이 우리를 완전하게 용납하셨기 때문에 사도 바울은 우리가 여전히 이 세상에 살고 있음에도 불구하고 성도들의 부활을 과거형으로 기록한 것입니다. 우리는 예수님을 믿은 덕분에 하나님과 함께 이미 하늘나라에 앉아 있습니다. 과거의 죄는 우리를 짓누르지 못하고, 현재의 죄는 우리를 멸망시키지 못하고, 미래의 죄는 우리를 주님과 떼어놓지 못합니다. 우리는 하나님과 화해했습니다. 여전히 이 땅에 살아도 우리는 이미 부활해서 그리스도와 함께 하나님 우편에 앉아 있습니다.

죽었고 감추어졌음_골 3:3

그리스도와 함께 앉아 있는 우리의 현재 지위는 장차 부활 뒤에 누릴 특권만이 아니라 과거 삶과의 결별을 의미하기도 합니다. 이어지는 구절에서 바울은 "이는 너희가 죽었고 너희 생명이 그리스도와 함께 하나님 안에 감추어졌음이라"고 골로새 성도들에게 말했습니다_골 3:3. 생존해 있는 성도들에게 "다시 살리심을 받았으면"_골 3:1이라는 말도 이상하지만 "이는 너희가 죽었고"_골 3:3라는 말씀 또한 우리를 어리둥절하게 합니다. 어떻게 그럴 수 있단 말입니까?**06**

우리가 현재 죽었다는 말(비록 생존해 있지만)의 의미는 두 가지로 설명할 수 있습니다. 첫째로, 우리가 죽으신 주님과 믿음에 의해 영적으로 하나 되었기 때문에 그분과 함께 죽었다는 것입니다. 그리스도는 "우리 생명"_골 3:4이시고 우리는 "그리스도와 함께"_1절과 3절하는 자들이기에 그리스도의 과거는 우리의 과거와 분리될 수 없습니다. 그리스도가 죽었다면 그분과 하나 된 우리도 죽은 것입니다. 둘째로, 우리가 죽었다는 사실은 그런 면에서 더욱 긍정적이고 현실적인 의미가 있습니다. 그리스도는 지금 하나님의 우편에 앉아

06 앞선 소지의 거시적 설명과 반대로 이번 소지에서는 해당 구절과 상황의 언어와 신학을 면밀히 관찰하면서 설명하고 있다(*Christ-Centered Preaching* 개정판, 307~308 참조).

계십니다. 여러분이 그분과 연합해 새 삶을 살고 있다면 과거의 삶은 없어진 것입니다. 그 사실을 사도 바울은 다각적인 측면에서 이야기합니다. 고린도 교회에 보내는 편지에서는 우리가 새로운 피조물이니 이전 것은 지나갔다고 말합니다고후 5:17. 갈라디아 교인들에게는 우리가 "그리스도와 함께 십자가에 못 박혔다"고 했습니다갈 2:20.

그런데 그리스도와 함께 죽은 것이 왜 잘된 일이라고 할 수 있는 것일까요? 그 이유는 예전에 하나님과 동떨어져 죄책감과 수치와 상실감에 젖어 살던 삶이 없어지고 죽었다는 뜻이기 때문입니다. 우리의 생명은 그리스도와 함께 "감추어"졌습니다골 3:3下. 그분의 정체성이 우리의 정체성이 되고 우리의 과거 정체성(죄로 인해 하나님과 분리된 죄인)은 죽었습니다. 그렇기에 바울은 우리가 죽었다고 했을 뿐 아니라 "너희 생명이 그리스도와 함께 하나님 안에 감추어졌음이라"고 한 것입니다3절.

저는 저녁 식사를 하고 나서 그릇을 치우기 전에 딸과 게임을 할 때가 종종 있습니다. 우리는 그것을 '냅킨 싸움'이라고 부릅니다. 저는 딸이 한눈을 팔 때를 기다렸다가 냅킨을 공처럼 말아서 딸의 머리에 던져 맞춥니다. 그러면 딸은 항상 저에게 복수하지만 저만큼 정확하게 머리를 맞추지는 못합니다. 냅킨 공격이 몇 번 오고 가면 딸은 자기 엄마 뒤에 가서 숨습니다. 제가 엄마에게는 냅킨 공을 던지지 못할 거라는 걸 알고 있기 때문이지요. 엄마 뒤에 숨은 딸은 완전히 가려서 안 보이기 때문에 오롯이 보호를 받게 됩니다. 여러분은 제가 무슨 말씀을 드리려는지 이미 짐작하셨을 것입니다. 우리가 그리스도 뒤에 숨으면 그분의 정체성이 우리를 완전히 가려줍니다. 그래서 우리 죄를 향한 하늘의 의로운 분노가 결코 우리를 때리지 못하는 것입니다.

하나님이 사랑하시는 예수님 뒤에 숨어 있으면 아무리 죄가 흉악해도, 아무리 삶이 망가졌어도, 아무리 허물이 치욕스러워도, 아무리 반항이 격렬해도, 아무리 결점이 확연해도, 아무리 실수가 용서받을 수 없어도, 아무리 나약하고 부족해도 우리는 절대 하나님의 사랑에서 제외되지 않습니다. 우리는 하나님 안에 그리스도와 함께 숨어서 성부의 사랑과 돌봄을 받고 있습니다. 우리의 어떤 과거나 현재나 미래도 하나님의 사랑에서 우리를 떼어 놓지 못합니다. 우리의 과거는 죽었고 우리는 지금 하나님 안에 그리스도와 함께 숨어 있기 때문입니다.

그리스도께서 나타나실 그 때_골 3:4

사도 바울은 현재의 정체성과 미래의 사건에 따른 우리의 지위에 관해 마지막으로 이렇게 이야기했습니다. "우리 생명이신 그리스도께서 나타나실 그 때에 너희도 그와 함께 영광 중에 나타나리라"골 3:4**07**

"우리 생명이신 그리스도…" 여러분은 이 말이 감격적으로 들리지 않습니까? 우리가 아무리 과거 잘못을 정당화하고 적절한 처벌을 받는다 해도 우리는 결코 하나님 앞에 설 수 없습니다. 다만 우리가 구세주와 같아졌기 때문에 그분 앞에 설 수 있는 것입니다. 우리는 죽었고 그리스도는 우리는 생명입니다. 이것은 정말 굉장한 사실입니다. 이 말을 풀어서 이야기하자면, 그리스도 안에 있는 놀라운 모든 것, 그분의 의로움, 그분의 긍휼, 그분의 용기, 그분의

07 이 소지의 설명에는 거시적 관점과 미시적 관점이 동시에 필요하다. 또한, 신빙성 있는 출처의 예화를 사용해 청중의 이해를 돕고 있다. 강해설교에서는 적절한 곳에서 적절한 설교 기법을 사용하는 것이 중요하다(*Christ-Centered Preaching* 개정판, 186~190과 306~309 참조).

영광이 전부 그분과 하나 된 믿음을 통해서 우리 것이 된다는 뜻입니다. 믿음에 의해 우리 생명이 그리스도 안에 감추어져 있으면 우리는 죽은 것이고 우리의 과거 정체성은 사라진 것입니다. 이제 예수님은 우리의 자리에 서서 그분의 특권과 축복이 우리의 것이 되게 하십니다. 그리스도는 우리의 생명입니다. 이 얼마나 놀랍고도 감격스러운 일입니까!

그리스도 안에서 저의 정체성이 더욱 놀라운 이유는 저의 생명이신 그리스도에게 장차 이루어질 일 때문입니다. 예수 그리스도는 다시 오실 것입니다. 말세에 권능과 영광으로 재림하실 것입니다. 우리는 그리스도와 연합한 사람들이기 때문에 그분이 오실 때 우리도 "그와 함께 영광 중에 나타"나게 될 것입니다. 이 '영광'은 우리가 가게 될 천국의 영광만을 의미하는 것이 아닙니다. 우리가 갖게 될 천국에서의 신분도 의미합니다. 그리스도와 함께 연합함으로써 우리는 그분과 함께 있게 될 것이고 그분과 같이 될 것입니다. 사도 요한이 한 말을 기억해 보십시오.

"사랑하는 자들아 우리가 지금은 하나님의 자녀라 장래에 어떻게 될지는 아직 나타나지 아니하였으나 그가 나타나시면 우리가 그와 같을 줄을 아는 것은 그의 참모습 그대로 볼 것이기 때문이니" 요일 3:2.

우리는 영광 중에 계신 예수님과 같아질 것입니다. 우리에게 그럴 만한 자격이 있어서가 아닙니다. 오직 주님과 함께 연합한 덕분에 그렇게 되는 것입니다.

C. S. 루이스는 〈영광의 무게〉라는 책에서 그 사실을 언급하며 우리에게 지금 천국을 보는 능력이 있다면 그곳에서 가장 평범한 사람을 보더라도 그 앞

에 엎드려 절을 하고 싶어질 것이라고 말했습니다. 거짓말 같고, 심지어 이단적 교리처럼 들리지만 사도 바울이 우리의 지위에 관해 이야기했던 모든 것을 다시 한 번 생각해 보십시오. 우리가 그리스도와 연합함으로써 우리는 그분과 함께 이미 부활했고, 하나님의 우편에 앉았고, 죄에 죽었고, 하나님 안에서 그리스도와 함께 감추어졌고, 그리스도가 우리의 생명이 되셨습니다. 그래서 예수님이 나타나실 때 우리도 영광 중에 그분과 함께 나타날 것입니다. 여기서는 의도적으로 강도를 점점 세게 기록했습니다. 사도 바울은 우리가 점차 더 커지는 하나님 영광에 대해 깨닫고, 그 영광이 우리에게 그토록 영예로운 지위를 부여했으며, 그로 인해 우리가 천국의 보장받은 것에 근거해 생활할 수 있다는 것을 알게 되길 바랐습니다.

II. 우리가 받은 명령(하나님은 무엇을 하기 원하시는가 – 지금)[08]

하나님의 은혜로 우리가 어떤 지위를 받았는지를 이야기한 사도 바울의 의도는 본문 초반의 명령문에 분명히 드러나고 있습니다.

---

[08] 보통 은혜 중심의 설교를 할 때 우려되는 점은 성경의 명령을 소홀히 할(중시하지 않을) 가능성이 있다는 것이다. 하지만 성경 본문에서 하나님이 말씀하시는 것을 전하는 설교자는 그런 오류를 범하지 않는다. 본문의 내용을 충실하게 전하다 보면 본문의 명령도 충실하게 전할 수밖에 없다. 다만 해당 본문이나 그 주변 말씀에 있는 복음의 서술 내용을 제외하지 않도록 주의해야 한다(《그리스도 중심의 설교》 388, 397~399 참조). 또한, 그럼으로써 강해설교의 원칙에 따라 말씀을 전해야 한다(《그리스도 중심의 설교》 140~141, 337, 343, 352 참조).

찾으라

사도 바울은 먼저 이렇게 이야기합니다. "너희가 그리스도와 함께 살리심을 받았으면 위의 것을 찾으라"골 3:1. 어떤 성경 번역본에는 "위의 것에 마음을 두라"고 번역되어 있습니다. 이 말씀은 헌신적인 추구, 혹은 몰입을 뜻합니다. 다른 성경 번역본은 '초점'이나 '뒤쫓다'와 같은 단어를 사용합니다. 우리는 그리스도와 함께 다시 살아났으므로 하나님 앞에 서 있다는 점을 염두에 두고 언제나 하늘의 것을 추구해야 합니다.

생각하라

2절에 나오는 "위의 것을 생각하고"라는 말씀은 앞서 "찾으라"고 했던 말과 동일한 뜻입니다. 다른 성경 번역본들은 이 구절을 "맛보라, 의도하라, 사고하라, 애정을 가지라" 등의 여러 가지 표현을 사용해 번역했습니다. 바울은 그리스도와 연합된 결과들을 하나하나 설명하면서 단순히 우리가 그것을 깨달을 뿐만 아니라 마음속으로 생생하게 느끼게 되길 원하고 있습니다.

"위의 것"을 생각하는 것에서 "위의 것"을 간절히 열망하는 것으로의 이동 과정은 마치 허리케인 카타리나의 재앙에서 살아난 사람이 텔레비전에 나와 인터뷰할 때 감정의 변화 과정과 비슷합니다. 리포터가 그에게 "어떤 일이 일어났습니까?"라고 묻자 그 생존자는 일어났던 일들을 그대로 묘사했습니다.

"처음에는 차를 타고 나가도 될 것 같았습니다. 그런데 갑자기 집안으로 물이 들어오더니 5분도 채 못되어 천장까지 차올랐습니다. 제 몸은 다락이 있는 곳까지 올라갔는데도 물은 계속해서 불어나고 있었습니다. 그래서 익사하지 않기 위해 ... 천장 옆을 발로 차서 구멍을 냈습니다."

처음에는 마치 책을 읽듯이 담담하게 이야기를 하고 있던 그는 "익사하지 않기 위해"라는 말을 할 때 감정이 복받쳐 목소리가 갈라졌고 끝내 눈물을 보이고 말았습니다. 죽음에서 구조된 사실이 그의 가슴을 절절하게 파고들었기 때문입니다.

사도 바울이 원하는 것도 파멸의 지옥에서 구조되어 천국에서 살게 된 사실이 절절하게 우리의 가슴을 파고드는 것이었습니다. 결국, 그가 말하는 요점은 이것입니다.

"너희가 그리스도와 함께 살아났고 그분은 하나님 우편에 앉아 계시니 오직 위의 것에만 집중해라." 그러나 "예, 예. 그러지요"라는 무심한 대답이 나오지 않도록 바울은 우리의 옷깃을 부여잡고 다시 한 번 이렇게 역설합니다.

"이 사실을 명심하라. 너희는 그리스도와 함께 죽었고 너희 생명은 하나님 안에서 그리스도와 함께 감추어졌으니 그가 나타나실 때 너희도 그분과 함께 영광 중에 나타날 것이다."

죽이라

이 세상의 고달픈 삶보다 더 멋지고 더 뜻깊고 더 위대한 천국의 삶을 머리와 가슴으로 이해했을 때에만 우리는 사도 바울이 주는 강력한 최종 명령을 수행할 준비가 된 것입니다. 5절에 보면 천국에서의 지위와 대조적으로 바울이 이런 이야기를 합니다.

"그러므로 땅에 있는 지체를 죽이라 곧 음란과 부정과 사욕과 악한 정욕과 탐심이니 탐심은 우상 숭배니라" 골 3:5.

사실 영어 번역으로는 이 말씀의 강한 어조를 표현하기가 쉽지 않습니다. 흠정역 성경에는 "이 세상에 있는 너의 지체들을 억제하라"고 되어 있습니다. 서양의 신학 전통에 맞추어 '억제하라'와 같은 점잖은 표현을 사용했지만 사실 그 말은 바울의 명령에 담긴 강한 어조를 약화하고 있습니다. 더욱 정확하게 표현하려면 딱 잘라서 "죽이라!"고 해야 합니다.

죄의 결과는 죽음과 멸망입니다. 그런 죄를 다룰 때는 죄가 우리를 다룰 때와 똑같이 해야 합니다. 사탄이 우리를 죽음으로 유혹할 때 사정을 봐 주면서 살살 할 것이라고 착각하지 마십시오. 절대로 죄를 가볍게 여기면 안 됩니다. 인정사정없이 단칼에 죽여야 합니다! 그래야만 하나님이 의도한 삶을 살아갈 수 있습니다.

아론 랠스톤Aron Ralston이라는 암벽 등반가는 2003년 4월 26일 오후에 블루존 캐니언을 등반하다가 3m 아래에 있는 낙하지점 하나를 발견했습니다. 보기에는 손쉽게 뛰어내릴 수 있을 것 같았으나 현실은 그렇지 못했습니다. 중간에 350kg이나 되는 육중한 바위가 그의 몸을 가로막으면서 협곡 바위틈에 오른손이 끼고 말았습니다. 6일이 지나도 그는 여전히 암벽에 매달려 있었고 탈수현상으로 서서히 죽어가고 있었습니다. 그때 랜스톤은 무엇을 해야 살아날 수 있는지를 깨달았습니다. 후에 그는 이런 기록을 남겼습니다.

"나는 칼로 내 엄지손가락을 두 번 찔렀다. 두 번째에 칼날이 피부를 뚫고 들어가는 모습이 마치 상온에 놓아둔 막대 버터를 후비는 것과 같았다. 이어서 피식하는 소리가 들렸다. 하지만 새어나온 가스는 좋지 못했다. 생각했던 것보다 더 빠르게 부패가 진행되고 있었다. … 나는 화가 나서 욕을 하며 바위에 낀 손을 잡아당겨 빼려고 애를 썼다. 오직 부패한 손가락과의 모든 연결을 끊어버리겠다는 마음밖에 없었다."

그는 죽어버린 자신의 지체를 향해 "나는 너를 원하지 않는다. 너는 내 신체의 일부분이 아니라 쓰레기일 뿐이다."라고 말하고 있었던 셈입니다. 그는 과감히 손을 절단해 버렸습니다. 그러지 않았다면 부패한 손으로 인해 결국 목숨을 잃고 말았을 것입니다.

끔찍한 경험이었지만 랠스톤은 나중에 이렇게 말했습니다.

"손을 절단한 일은 내 생애 가장 환상적인 경험이었다. 바위틈새 무덤에서 엿새 동안 죽어 있다가 비로소 생명을 되찾은 순간이었기 때문이다."

사도 바울이 골로새서를 통해 저와 여러분에게 이야기하고 있는 것도 하나님이 그리스도 안에서 새 생명을 주셨다는 것입니다. 그러므로 우리는 사탄과 죄로 그 생명을 망가뜨리면 안 됩니다. 여러분을 세속적인 것에 묶어놓는 것이 있다면 무엇이든 가차 없이 죽일 정도로 그리스도 안에서의 생명을 끔찍이 사랑하십시오. 그런 죄들로 말미암아 하나님의 진노가 임한다고 바울은 말했습니다 골 3:6. 비슷한 죄들이 여러분에게 어떤 영향도 주지 못하도록 하십시오(비록 그것이 주님의 사랑을 끊을 수는 없더라도). 하나님이 허락하신 축복의 삶에서 멀어지게 하는 것이라면 무엇이든 죽이십시오. 아론 랠스톤의 사례는 비록 극단적이긴 하지만 사도 바울은 오히려 그보다 더욱 강렬한 어조로 그리스도와의 동행을 막는 것을 처단하라고 했습니다.

III. 우리의 능력

삶의 일부분이 되어버린 나쁜 습관과 행동 양식과 죄들을 끊는 것이 얼마

09 은혜가 있다고 해서 인간의 노력이 필요 없는 것이 아니다. 은혜는 노력의 동기와 능력을 제공한다 (《그리스도 중심의 설교》 399~402 참조).

나 힘든지 사도 바울도 잘 알고 있었습니다. 그래서 우리를 유혹하면서 동시에 공격하는 죄들을 어떻게 하면 죽일 수 있는지 그 원동력이 되는 말들을 다음과 같이 이야기했습니다.

능력은 우리의 싸움에 있다[09]

바울은 우리의 지위에 대한 말씀을 과거형으로 기록했습니다. 즉 "너희는 다시 살리심을 받았다"골 3:1, "너희가 죽었다"골 3:3와 같은 식으로 말했습니다. 그런데 명령은 현재형으로 했습니다. "위의 것을 찾으라"골 3:1, "위의 것을 생각하라"골 3:2, "땅에 있는 지체를 죽이라"골 3:5 같은 말들은 모두 현재형으로서 지금 현재 싸움이 진행되고 있다는 사실을 암시합니다. 그리스도 안에서 확고한 지위를 받은 사람도 죄와의 전쟁을 끝낸 것은 아닙니다. 전쟁이 끝나지 않았는데 끝났다고 생각한다면 사탄의 공격에 무방비 상태가 될 것입니다.

대표적인 청교도 신학자인 존 오웬John Owen은 그 유명한 〈내 안의 죄 죽이기〉라는 책에서 성도들이 더는 죄의 유혹과 싸우지 않아도 된다고 착각할 때가 보통 다음의 두 가지 경우라고 말했습니다. 그 하나는 유혹에 넘어가 막 죄를 지었을 때입니다. 그때는 수치심과 죄책감의 여파로 죄가 꼴 보기도 싫어집니다. 두 번째 경우는 성도들이 위기나 역경에 처했을 때입니다. 그때는 죄를 단념할 의지가 생깁니다. 두 가지 경우에 일시적으로 죄의 힘이 저하되는 이유는 현재의 고통 때문입니다. 그 순간에 성도들은 미래에는 죄가 강하게 유혹하지 않으리라 생각합니다. 그러나 그 생각은 착각일 뿐입니다. 죄책감이 수그러들고 위기가 사라지면 죄의 유혹이 또다시 찾아온다고 오웬은 말했습니다.

죄는 우리를 주장하지 못하고 우리에게는 죄를 물리칠 실제적인 힘이 있지만롬 6:14 그럼에도 죄는 점령당한 국가의 반란군처럼 행동합니다. 이미 패배를 했음에도 불구하고 점령군이 계속해서 싸우지 않으면 반란군은 여전히 점령군에게 심각한 피해를 주려고 합니다. 더는 어떠한 전쟁도 없을 것이고, 굳은 의지가 필요한 일도 없을 것이고, 주의할 일도 없을 것이고, 신앙 훈련도 불필요할 거라는 잘못된 망상은 우리를 약하고 무력하게 만듭니다. 그러므로 존 오웬은 마음과 생각에서 죄에게 발판을 내어주지 말고 성령이 주시는 무기로 계속해서 싸우라고 권면했습니다.

마음속에 죄가 발판을 마련하지 않도록 경계시키는 의미로 바울은 여러 가지 죄악들을 경고했습니다골 3:5. 우선은 '성적인 죄'를 죽이라고 했고 그 뒤에 우리 마음속에 들어올 수 있는 다른 죄들의 목록을 차례로 거론했습니다. 그 중 첫 번째는 "음란"이었습니다. 우리는 저속한 음담패설이나 농담, 오락 같은 것들을 악의가 없다는 핑계로 허용합니다. 그런 음란함은 우리 마음에 "정욕"을 심어놓고 그 정욕에서부터 죄에 대한 실제적인 욕구가 자라납니다. "사욕"은 "탐심"으로 이어집니다. 하나님이 우리에게 허락하지 않은 것을 갖고자 하는 것이 탐심이며 그것은 "우상숭배"입니다. 하나님보다 그것을 더 우선시하기 때문에 그렇습니다. 바울은 "이것들로 말미암아 하나님의 진노가 임하느니라"고 경고했습니다골 3:6. 물론 하나님이 궁극적인 진노에서 성도들을 보호하시는 은혜는 여전하지만 우리는 이미 '그리스도와 함께 다시 살

10 믿음과 사랑에 의해 생겨나는 능력의 속성에 대해서는 〈그리스도 중심의 설교〉 390~391과 400~401을 참조하라.

리심을 받았고', 그리스도가 '우리 생명' 이시므로) 인간의 삶을 파괴하는 죄가 우리에게는 부정적인 영향을 주지 않으리라 생각해서는 안 됩니다.

바울은 단지 죄가 주는 나쁜 영향만을 우려했던 것이 아니었습니다. 그리스도 안에서 우리가 가진 지위를 명심하고 그 사랑에 감동되어 다른 사람을 사랑하길 원했습니다. 그래서 성도들 안에 침투하는 죄들을 언급하며 "분함과 노여움과 악의와 비방과 너희 입의 부끄러운 말"을 버리라고 했던 것입니다골 3:8. 그런 것들은 기만으로 이어지기 때문에골 3:9 "긍휼과 자비와 겸손과 온유와 오래 참음"으로 대체하라고 했습니다골 3:12절. 후자의 성품들은 우리 안에 있는 그리스도의 성품을 반영합니다. 그런 성품들을 통해서 서로를 용서하고 사랑하는 법을 배우며 문화와 배경에 상관없이 모든 성도가 그리스도 안에서 하나로 연합할 수 있는 것입니다골 3:9~14.

결국, 바울의 말은 그리스도 안에서의 축복된 삶을 방해하는 죄들을 초기 단계에서 진압하라는 것입니다. 생각과 말에 더러운 것을 허용할 때 음란이 자리를 잡습니다. 하나님보다 다른 것을 우선시할 때 우상 숭배라는 종착역에 도착합니다. 사탄에게 아무런 발판도 제공하지 말아야 대인 관계가 건강해집니다. 죄의 위험성을 무시하거나, 죄의 얕은 물은 넉넉히 헤어나올 것으로 생각하거나, 죄의 꼬리를 잡고 장난치거나 하면 영락없이 사탄에게 덜미를 붙잡힌다는 사실을 경고합니다. 더는 싸울 필요가 없다고 믿는 사람은 필요한 힘을 발휘하지 못하게 됩니다.

우리의 믿음에 능력이 있다[10]

우리가 죄와 싸워야 한다면 대체 어떤 무기로 싸워야 할까요? 진정한 힘은 싸워야 한다는 것을 아는 게 아니라 우리가 전쟁에서 승리할 수 있다는 것을 믿는 믿음에서 나옵니다.

여러분은 하나님이 원하시는 사람이 될 수 있다는 사실을 믿어야 합니다. 여러분은 그리스도와 함께 다시 살아났고 그분은 하나님 우편에 앉아 계십니다골 3:1. 그 말은 곧 부활하신 주님이 여러분에게 필요한 것을 하나님 아버지께 요청하고 계시다는 뜻입니다. 더 나아가 여러분은 그리스도와 하나 되었고 성경이 내주하시기 때문에 주님의 부활 능력이 여러분 안에 있습니다. 사탄은 우리가 죄를 이길 힘이 없어서 죄를 지을 수밖에 없다는 식으로 생각하기를 바랍니다. 그런 거짓말은 우리를 낙담시키고 약하게 하려는 계략입니다. 성경은 우리 안에 계신 분이 사탄보다 위대하다고 말합니다요일 4:4. 죄에 대항할 능력이 없었던 우리의 옛 자아는 죽었습니다골 3:3. 우리는 이제 그리스도 예수 안에서 새로운 피조물이 되었습니다. 성령은 우리의 죄를 깨닫게 하심과 동시에 그 죄를 이길 능력도 함께 주십니다. 그 말은 우리가 승리할 수 있다는 뜻입니다. 죄는 더 이상 우리를 지배하지 못합니다. 우리가 싸워야 할 전쟁에서 우리는 반드시 승리합니다. 내일의 삶은 어제의 삶과 똑같지 않을 것입니다. 그런 확신이 있을 때 하나님의 능력이 우리 안에 거합니다.

청교도들은 그리스도인의 삶을 '믿음의 발걸음'이라고 불렀습니다. 우리가 듣기에는 성자의 뛰어난 용기로 인간의 영혼을 파고들 만한 위대한 영성을 소유한 사람들이나 가능한 삶인 것처럼 여겨집니다. 그러나 믿음의 발걸음은 전혀 그런 것이 아닙니다. 어린아이 같은 믿음, 즉 하나님 말씀대로 하루하루를 살아가는 순수한 삶의 자세를 말합니다. 새로운 피조물이 된 우리에게는 부활의 능력이 있어 죄를 대항할 수 있고, 하나님이 우리 기도를 들어 주시고, 성경 말씀은 우리를 가르치고, 성령은 하나님을 기쁘게 할 힘과 의지를 이미 우리에게 주셨고, 다른 성도들도 우리를 도와줄 것이라고 주님은 말씀하셨습니다. 그 사실을 믿기 위해 비범한 열정과 능력이 필요한 것은 아닙니다. 믿기만 하면 하나님의 능력이 함께합니다. 혹시 여러분이 변화를 믿으신다면, 정확히 말해서 그리스도와 하나 되었기에 여러분 안에 변화의 힘이 있다고 믿으신다면 여러분은 영적 능력을 소유한 것입니다.

하나님의 사랑에 능력이 있다

우리에게는 지위의 능력과 믿음의 능력이 있습니다. 그러면 우리가 왜 그런 능력을 사용해야 할까요? 사도 바울은 이 질문에 사랑의 힘을 이야기합니다. 성도들 지위의 의존 순위와 하나님의 명령은 이 말씀에 내포된 사랑을 이해하는 중추입니다. 거룩하게 살라(지체를 죽이고 위의 것을 생각하는 것)는 명령은 성도의 신분에 근거한 것입니다. 하나님의 명령을 순종하는 행위에 근거해 우리의 신분이 형성되는 것이 아닙니다. 우리가 위의 것을 추구해야 하는 이유는 우리가 이미 부활했기 때문입니다. 우리가 죽었고 하나님 안에서 그리스도와 함께 감추어졌기에 우리는 위의 것을 생각해야 합니다. 지체를 죽여야 하는 이유 역시 우리가 이미 하나님을 위해 살고 영광 중에 그리스도와 함께 나타날 것이라서 그렇습니다.

오늘 본문은 명령(우리가 하는 일)이 서술(우리가 누구인가)에 근거하고 있음을 보여줍니다. 우리가 하나님께 순종하는 이유는 우리가 하나님의 것이기 때문입니다. 순종하므로 하나님의 것이 되는 것이 아닙니다. 명령과 진술을 혼동하지 않기 위해서 하나님의 은혜가 그분에 대한 사랑을 우러나오게 하고 그로 인해 기쁨으로 그분 말씀에 순종하는 것임을 바울은 확실하게 짚어주고 있습니다. 우리의 순종이 하나님의 사랑을 '얻는' 길이라고 착각하면 안 됩니다. 우리의 순종은 하나님에 대한 사랑의 표현일 뿐입니다.

우리는 능력과 믿음을 갖고 있으며 그에 따라 행동합니다. 왜냐하면, 하나님에 대한 우리의 사랑이 그렇게 행동하는 동기이기 때문입니다. 예수님도 그런 동기에 의한 능력을 다음과 같이 말씀하셨습니다. "너희가 나를 사랑하면 나의 계명을 지키리라" 요 14:15. 하나님이 자격 없는 죄인들에게 구원을 베푸셨고, 그리스도 안에서 새로운 정체성을 갖고 올바른 삶을 살 수 있게 힘과 은혜를 주신다는 사실보다 하나님에 대한 사랑을 더 우러나오게 하는 것이 어디에 있겠습니까? 그러므로 일반적인 통념과는 반대로 순종이 은혜를 유발하는 것이 아니라 은혜가 순종을 유발하는 것입니다. 하나님은 잘한 것도 없고, 잘할 능력도 없는 우리를 자녀 삼아 주셨습니다. 그러니 그런 하나님을 기쁘게 하고 싶은 것은 지극히 당연한 일이 아닐 수 없습니다. 자신이 어떤 사람인지를 알게 되면 하나님이 원하시는 삶을 살 수 있는 위력이 생깁니다.

결론

'신데렐라맨'이라는 영화에는 자신이 누구인지를 앎으로써 생기는 효과와 능력이 매우 잘 표현되어 있습니다. 전직 권투선수였던 제임스 브래독은 경제 대공황 시기에 일자리를 잡지 못해 전전긍긍하며 살아갑니다. 그러던 중 우연찮은 계기로 다시 링 위에 서게 되지만 그는 이미 부상의 후유증과 관절염에 시달리는 노장의 복서였습니다. 가족의 생계가 위협을 받는 상황에서 다행히 브래독은 연승 행진을 이어가며 일약 서민의 우상으로 떠오릅니다. 그리고 그의 불타는 투혼은 마침내 챔피언 타이틀을 딸 기회를 잡고 맙니다.

하지만 한 가지 큰 문제가 있었습니다. 그가 싸울 상대가 막강한 챔피언인 맥스 베어였습니다. 그는 이미 두 명의 복서를 사망에 이르게 한 전적이 있습니다. 그런 베어와 맞서 브래독은 목숨을 건 타이틀전을 벌여야 했습니다.

경기가 열리는 날 저녁, 장내에는 팽팽한 긴장감이 감돌았고 라커룸에서는 트레이너들이 생명을 건 사투를 위해 브래독을 준비시키고 있었습니다. 경기를 앞두고 브래독의 아내가 라커룸으로 들어가려고 하자 트레이너 중 한 명이 경기 집중을 방해할까 봐 들어오지 못하게 가로막았습니다. 그러자 브래독의 아내는 "당장 비켜요."라는 듯한 날카로운 눈빛으로 그를 제압하고 라커룸으로 들어갔습니다.

그리고는 남편의 눈을 바라보면서 이렇게 이야기했습니다.

"여보, 당신이 누구인지만 기억하세요. … 당신은 벨젠의 브래독이고, 뉴저지 주의 자랑이고, 모든 사람의 희망이고, 아이들의 영웅이고, 제 마음의 챔피언이에요." 아내의 메시지는 자신이 누구인가를 기억하고 그에 걸맞게 싸우라는 것이었습니다.

사도 바울의 충고도 우리에게는 그런 격려로 읽힙니다. 그는 거룩함을 위한 싸움이 어렵고 힘들다는 사실을 숨기지 않았습니다. 그러면서 우리가 누구인가를 기억하며 싸우라고 말했습니다. 그러면 우리가 누구라고 그는 이야기할까요? 우리는 십자가에 못 박히고 부활해서 세상을 통치하시며 하나님 우편에 앉아 계신 예수님과 하나 된 사람이고, 그분을 위한 삶을 살기 위해서 자신을 죽이는 싸움을 해야 하는 사람입니다. 이 싸움은 우리의 모든 힘과 믿음과 헌신을 다 바쳐야 하는 싸움입니다. 하나님으로 인해서 우리가 어떤 사람이 되었는지를 확실히 알아야만 그 싸움에서 승리할 수 있습니다. 우리는 그리스도와 함께 다시 살았고 그분과 연합되었으며 하나님의 사랑과 영광을 그분과 함께 누리고 있습니다. 우리는 세속적인 모든 것을 죽이고 그분의 뜻대로 살아야 합니다. 주님은 그럴 힘을 우리에게 주십니다. 그분은 우리의 연약함과 죄를 알고 계시면서도 우리 안에 챔피언의 마음을 넣어주십니다. 이제 여러분은 자신이 누구인지 알았으니 열심히 싸우십시오. 예수 그리스도로 인해서 여러분은 하나님 마음의 챔피언입니다.[11]

[11] 이 마지막 문장은 설교 결론의 목적을 충족시키기 위해 설교의 내용을 요약하고 실천(주님이 우리에게 사랑과 특권을 베푸셨으니 그분의 뜻대로 자신을 죽이라)을 권면하고자 했다(《그리스도 중심의 설교》 314~315 참조). 또한, 그리스도 안에서 우리가 누구인가를 상기시키는 복음의 서술 부분을 강조하면서 마무리를 지었다.

설교 예문 11

복음의 서술 | 명령의 역동성 II

[명령이 강조된 설교]

하나님 사랑의 무조건적인 속성을 강조하는 설교는 성경이 거룩한 삶을 요구한다는 당연한 주장을 펼치는 많은 사람들의 우려를 낳기도 한다. 우리의 순종이 하나님의 사랑을 받는 조건이 아니라고 한다면 결과적으로 사람들이 마음대로 불순종할 자유를 허락받는 게 아니냐고 그들은 걱정한다. 그런 걱정이 제기될 때 복음의 진리에 매달리는 우리는 그 걱정의 당위성을 인정할 수밖에 없다. 여기에는 피할 수 없는 머릿속 계산이 있다. 즉 내가 죄를 지어도 거룩한 하나님이라는 분이 동일하게 나를 사랑한다면 그건 죄지을 자유를 주는 것이나 마찬가지라는 것이다. 하지만 그 생각의 계산과 마음의 작용과 다르다.

인간의 마음은 단순한 논리를 넘어서 작용한다. 예수님은 "너희가 나를 사랑하면 나의 계명을 지키리라"고 말씀하셨다요 14:15. 예수님에 대한 사랑은 죄에서 돌이켜 그분을 위해 살고 싶게 만든다. 그리스도에 대한 사랑이 그분의 뜻을 행하고 싶도록 우리를 충동하는 것이다고후 5:14. 실제로 죄에 매력을 느껴야 죄가 우리를 지배하는 법이다. 죄에 대한 사랑이 주님에 대한 사랑으로 대체되면 죄의 지배력은 끊어지게 된다.

주님에 대한 사랑을 극대화하는 성경적 진리는 우리를 향한 그분의 은혜다. 성경의 한결같은 주제가 은혜인 까닭도 하나님의 사랑을 깨달을 때 진정한 순종의 힘이 되는 하나님에 대한 사랑을 우러나게 할 가능성이 가장 높기 때문이다.01 은혜가 성경의 한결같은 주제라고 해서 복음의 명령이 약화하는 것은 아니다. 오히려 하나님을 사랑하는 사람은 마땅히 하나님을 섬겨야 한다. 그러나 그 섬김이 하나님의 사랑을 유발하거나 보장하는 건 아니다. 다만 하나님을 사랑하고 그 결과 그분이 사랑하는 사람들을 사랑하는(기독교 윤리와 긍휼 사역의 최고 기반) 사람들에게 순종은 강한 욕구이자 기쁨이다.

은혜가 우리를 혼동시키는 이유는 대부분의 인간관계가 결과적이고 호혜적이기 때문이다. 우리는 일을 해야 돈을 벌고, 무언가를 잘해야 상을 타고, 사랑을 해야 사랑을 받는다. 반면에 은혜의 복음은 그와 성격이 전혀 다르다. 우리가 아직도 하나님의 원수였을 때에 그리스도는 우리를 위해 죽으셨다롬 5:10. 우리는 하나님을 배신했지만, 하나님은 언제나 신실하셨다딤후 2:13. 하나님의 사랑과 그분의 지속적인 애정은 우리의 과거, 현재, 미래의 행동에 근거한 것이 아니다. 물론 조건 없는 사랑을 베푼다고 해서 우리 행동에 아무런 책임을 묻지 않으신다는 의미는 아니다.

하나님의 은혜로 구원받고 살아가는 사람들은 그분의 조건 없는 사랑의 보답으로 누구보다 더 거룩한 삶을 살아야 한다. 앞선 설교에서는 성경의 명령들의 기

01 은혜가 거룩함을 이끌어낸다는 사실을 자세히 알고 싶다면 〈그리스도 중심의 설교〉 389~390을 참조하라.
02 하나님과의 관계에서 명령은 서술을 기반으로 한다는 점을 자세히 알고 싶다면 〈그리스도 중심의 설교〉 400~402를 참조하라.

반이 되는 복음의 서술들을 강조한 성경말씀 한 군데를 상세히 살펴보았다.[02] 이번 설교에서는 서술들에서 흘러나온 명령들을 강조하는 성경 말씀을 살펴보게 될 것이다. 두 설교의 본문에서 명령들은 서술들을 기반으로 하고 있지만, 이번 본문에서 사도 바울은 하나님의 은혜를 남용할지도 모를 사람들을 향해서 단호하게 말하길, 진정으로 하나님을 사랑하는 사람에게 있어 복음의 서술은 명령을 결코 무효화하지 않는다고 했다.

완고한 은혜

디도서 2장 11~15절

11 모든 사람에게 구원을 주시는 하나님의 은혜가 나타나
12 우리를 양육하시되 경건하지 않은 것과 이 세상 정욕을 다 버리고 신중함과 의로움과 경건함으로 이 세상에 살고
13 복스러운 소망과 우리의 크신 하나님 구주 예수 그리스도의 영광이 나타나심을 기다리게 하셨으니
14 그가 우리를 대신하여 자신을 주심은 모든 불법에서 우리를 속량하시고 우리를 깨끗하게 하사 선한 일을 열심히 하는 자기 백성이 되게 하려 하심이라
15 너는 이것을 말하고 권면하며 모든 권위로 책망하여 누구에게서든지 업신여김을 받지 말라

본문 배경 소개 | 부흥이라는 주제는 이제 어떻게 된 것일까요? 불과 십여 년 전만 해도 기독교 서점에는 부흥에 대한 책들이 넘쳐났습니다. 기독교 라디오 방송과 텔레비전 방송에서도 어떻게 부흥이 일어날지를 놓고 열띤 토론이 벌어지곤 했습니다. 저술가와 기자들은 과거의 부흥 사례를 연구하며 이 시대 부흥을 위한 공통분모를 찾고자 했습니다. 그런데 지금은… 아무 말이 없습니다. 단지 몇 명의 목사들만이 교인들의 시들어진 열정을 되살리고자 아직 오지 않은 부흥을 위해 기도하라고 이야기하지만, 그 북소리는 멀고도 약하게만 들립니다. 왜 그럴까요? 어쩌면 그동안의 모든 담화를 통해서 부흥의 주체와 객체는 타락한 사회의 믿지 않는 사람들이 아니라 바로 우리, 교회에서 하나님의 백성으로 불리는 우리라는 사실을 감지했기 때문이 아닐까 싶습니다.

오늘 제가 할 설교의 목적은 부흥의 북소리를 다시 울려 퍼지게 하는 것입니다. 그러나 불붙은 열정이 또다시 꺼지지 않도록 그에 대한 대가도 꼼꼼히 따져 볼 것입니다. 성도들이 남을 위해 헌신하고 쾌락의 우상들을 버린다면 적어도 그것은 부흥의 한 수단이며 증거가 될 것입니다. 오늘 본문에서 바울도 디도에게 그레데 교회를 권면해 사회를 변화시키라고 말했습니다. 우리 사회가 우리를 통해 진정한 변화를 경험하게 하려면 그의 이야기를 귀담아들어야 합니다. 디도서 2장 초반에 보면 성도들이 지켜야 할 사항(명령)이 자세하게 나와 있습니다. 저는 그 말씀을 하나하나 짚어가면서 은혜의 홍수에 잠기기 위해 그 명령을 지켜야 할 필요성이 무엇인지를 이야기하겠습니다.

성경 본문 읽기 | 저와 함께 디도서 2장 11절에서 15절까지의 말씀을 읽어 보겠습니다.

"모든 사람에게 구원을 주시는 하나님의 은혜가 나타나 우리를 양육하시되 경건하지 않은 것과 이 세상 정욕을 다 버리고 신중함과 의로움과 경건함으로 이 세상에 살고 복스러운 소망과 우리의 크신 하나님 구주 예수 그리스도의 영광이 나타나심을 기다리게 하셨으니 그가 우리를 대신하여 자신을 주심은 모든 불법에서 우리를 속량하시고 우리를 깨끗하게 하사 선한 일을 열심히 하는 자기 백성이 되게 하려 하심이라 너는 이것을 말하고 권면하며 모든 권위로 책망하여 누구에게서든지 업신여김을 받지 말라."

설교 서론 | 엘니뇨 현상으로 인해서 얼마 전 겨울, 남 캘리포니아에서 홍수가 발생했습니다. 그때 한 가족이 진흙 사태로 큰 곤욕을 치렀습니다. 모두가 자는 한밤중에 진흙더미가 집안으로 밀려들어 오더니 온 집안을 엉망으로 만들고 자고 있던 아기를 밖으로 떠밀어낸 것입니다. 부모는 어둠 속에서 아기를 찾아 헤매기 시작했습니다. 진흙 천지가 되어버린 동네를 미친 듯이 돌아다니며 발이 푹푹 빠지는 진흙 속에서 아기의 이름을 부르고 여기저기를 파며 온 밤을 헤맸지만, 아기의 모습은 어디에도 보이지 않았습니다. 그러다 날이 밝은 뒤에 구조 요원이 진흙으로 뒤덮인 아기를 부모에게 건네주었습니다. 그들의 품에 안긴 아기는 더러웠지만, 다행히 살아 있었습니다. 여러분, 그때 아기의 엄마가 어떻게 했는지 아십니까? 그 더러운 아기를 가슴에 꼭 껴안고 자기 손으로 진흙을 씻어주면서 다시는 아기를 떼어놓지 않겠다고 다짐했습니다.

 이 이야기는 오늘 본문의 의미를 이해하는 데 큰 도움을 준다고 생각합니다. 우리는 하나님의 은혜를 오해할 때가 너무도 많습니다. 우리가 알기에 은혜는 하나님의 사랑을 확보하는 수단으로서의 행위를 무효화시킵니다. 그러면 우리는 자연스레 이런 생각이 듭니다. 선한 행위가 하나님의 사랑을 보장하지 못한다면 그런 행위를 할 필요가 있겠느냐는 것입니다.**01** 은혜로 구원을 받는데 굳이 의롭게 살려고 노력할 이유가 뭐가 있겠습니까? 하지만 성경은 우리의 죄가 우리를 영원한 죽음으로 밀고 갈 때 우리 하나님이 구조 요원이자 어머니로서 이 땅에 오셨기 때문이라고 말합니다. 그분은 진흙으로 덮인 이 세상에서 우리를 구조하시고 우리의 더러움에도 불구하고 우리를 가슴에 꼭 껴안아 주셨습니다. 그리고 다시는 그 진창에 뒹굴지 않기를 바라십니다. 우리는 죄를 씻겨준 그 은혜가 너무도 감격스러워 하나님을 사랑하게 되고 그분을 거역하는 것이나 진창에 빠뜨리는 것이면 무엇이든 견딜 수 없어집니다. 사도 바울은 그 사실을 강조하면서 하나님의 은혜가 "경건하지 않은 것과 이 세상 정욕"을 버리도록 가르친다고 말했습니다 딛 2:11~12.

은혜는 – 제대로 알게 되면 – 거룩함으로 인도합니다.**02** 물론 일반적인 논리와는 들어맞지 않습니다. 은혜로운 사람이면 보통 "좋아, 됐어, 괜찮아, 그냥 해"라고 말한다고 생각합니다. 그러나 오늘 본문에 의하면 은혜가 불경건과 세상 정욕에 "안 돼!"라고 말한다고 합니다. 대체 이 은혜는 어떤 은혜입니

---

01 이 문장은 이번 설교에서의 '타락한 상태에 초점 맞추기'에 해당한다(《그리스도 중심의 설교》 51~58 참조).

02 이 문장은 간결하게 표현된 비전형적 논지다(《그리스도 중심의 설교》 186 참조).

03 이 게시판의 말들은 매끄러운 표현을 위해서 대지들에 나오는 용어들과 약간 다르게 바꾸었다. 그러나 중심 주제들과의 유사성으로 인해서 청중이 뒤에 나오는 설교 구조와 내용을 파악하는 데 어려움이 없을 것이다(《그리스도 중심의 설교》 329~330 참조).

까? 바울은 예수님의 구원 능력, 그분이 요구하신 것의 특성, 구원받은 자의 성품을 열거하며 그 질문에 대답합니다.03

I. 은혜의 구원_딛 2:11

사도 바울은 먼저 인간을 변화시키는 은혜의 속성을 설명하며 하나님이 우리를 위해 무엇을 성취하셨는지를 상기시킵니다. 디도서 2장의 앞부분 1~10절을 보면 "바른 교훈에 합당한 것"1절을 모든 사람들(늙은 남자들, 늙은 여자들, 젊은 여자들, 종들)에게 말하라고 디도에게 가르쳤습니다. 그들은 "우리 구주 하나님의 교훈"딛 2:10을 다른 사람들에게 전해 줄 사람들입니다. 그 말씀 뒤에는 그런 명령을 하는 이유가 밝혀집니다.

"모든 사람에게 구원을 주시는 하나님의 은혜가 나타나"딛 2:11.

본문의 내용을 잘 읽어보면 바울은 세계 복음화가 이미 시작되었다고 말하는 것이 아니라 하나님의 은혜의 복음이 모든 사람에게 이르렀음을 말하고 있습니다. 다시 말해 나이와 신분과 성별에 따라 구주의 복음이 제한된 것이 아니라는 뜻입니다. 사회적 장벽 때문에 남에게 전도하기를 꺼리던 당시 교인들에게 그런 차별을 철폐하라고 당부한 것입니다.

게다가 바울은 그들 자신도 구원받을 자격이 없는 자들이었음을 상기시키며 차별의 부당성을 재차 거론합니다. "구속하심"(하나님의 "건지심", 혹은 "구원하심"을 뜻하는 서술 형용사)은 모든 사람이 받을 수 있으며 그것은 "하나님의 은혜"(자격 없는 자에게 베푼 하나님의 호의를 묘사하기 위해 바울 서신서에서 15번 언급된 단어)로 인해 가능한 것입니다. 이 세상 누구도 자신의 업적이나 고행으로 구원받을 수 없습니다. 우리는 우리 자신의 선행이나 신분이나 계급에 근거해 구원받는 것이 아니라 오로지 우리를 위한 하나님의 주권적 행위로 구원받습니다.

바울은 이 사실을 강조하면서 그 은혜가 "나타났다"는 말로 의미의 폭을 넓혀 주었습니다. 헬라 문학에서 이 말은 영웅(혹은 신)이 위험에 처한 무력한 인간을 구출해낼 때 사용하는 전문 용어입니다딛 2:11. 바울은 과거와 미래에 예수님이 오셔서 사람들을 구해내는 것을 묘사할 때 이 용어를 주로 사용했습니다딛 2:13. 은혜의 오심을 묘사할 때도 같은 단어를 사용한 것은 예수님의 존재와 그분의 업적을 따로 떼어서 생각할 수 없다는 것을 시사하고 있습니다. 은혜는 추상적인 교리나 신학적 가설이 아닙니다. 은혜는 예수님이 오신 것처럼 우리에게 임하는 것입니다. 예수님이 인격체이듯 은혜도 인격체입니다. 풀어서 이야기하면 예수님은 바울이 말하는 바로 그 은혜라는 뜻입니다. 하나님의 조건 없는 은혜는 예수님이 하시는 일인 동시에 예수님 자신이기도 합니다. 그러므로 은혜는, 진실한 사랑으로 무력한 인간을 구해주는 인격체 하나님의 자발적 행동이라고 할 수 있습니다.

존귀한 하나님이 우리를 애틋하게 사랑하신다는 것이 바울의 요점이지만

04 이 대지(은혜에는 조건이 따른다는 것)와 설교 내용은 은혜에 기초한 설교의 일반적인 통념과 어긋나는 면이 있다. 보통 은혜에 무게를 두면 하나님의 명령이 그만큼 무게가 줄어든다고 생각한다. 사도 바울의 말(과 그에 대한 해설)에 따르면 그리스도 중심의 설교에서 '규범'이 바뀌는 것이 아니라 이유가 바뀐다고 했다. 은혜가 우리 마음을 사로잡으면 하나님을 사랑하고 그분을 기쁘게 하고 싶어서 그분 말씀에 순종하게 된다. 그분이 우리를 사랑하게 하고 기쁘게 만들도록 하고 싶어서 순종하는 게 아니다. 거룩한 삶을 알려주고, 동기를 주고, 가능하게 하는 서술과 명령의 관계에 대해서는 〈그리스도 중심의 설교〉 391~394를 참조하라. 아울러 나의 책 *Holiness by Grace: Delighting in the Joy That Is Our Strength* (Wheaton: Crossway, 2001) 91~158을 참조하라.

그 사랑만이 메시지의 전부는 아닙니다. 고대 사람들은 개인이나, 마을이나, 나라가 위기에 처했을 때 신이 내려와 구해준다는 신화를 익히 들어 알고 있었습니다. 예로부터 그리스와 로마에서는 '데우스 엑스 마키나'(기계에서 내려온 신)라는 기법이 연극에서 널리 사용되었습니다. 이것은 위기 상황이 닥쳤을 때 신이 개입해 인간을 구해준다는 설정을 의미합니다. 하지만 앞서 이야기했듯이 신의 나타남은 한 인간이나 민족에게 국한되어 있지 않습니다. 기독교의 독특한 메시지는 하나님이 '모든 인류'에게 구원을 베푸셨고 그것으로 충분하다는 것입니다. 여기서 인간의 타이틀이나 결함은 아무런 문제가 되지 않습니다. 그래서 하나님의 구원은 심오하면서도 굉장한 것입니다.

II. 은혜가 요구하는 것_딛 2:12~13[04]

바울은 그토록 심오하고도 굉장한 구원이 우리에게 어떤 영향을 주는지를 덧붙여 이야기했습니다. 즉 우리 마음에는 그로 인한 놀라움과 감사와 기쁨이 용솟음친다는 것입니다. 아울러 또 한 가지가 생기는데 그것은 결단입니다. 우리 힘으로는 도저히 벗어날 수 없는 죄의 속박에서 구원받았을 때 우리는 자연히 그런 상태로 돌아가지 않겠다고 결심하게 됩니다. 두 번 다시는 악의 손아귀에 붙잡히고 싶지 않습니다. 그래서 은혜의 구원은 요구사항을 낳게 됩니다. 요구사항을 이행했다고 구원받는 것이 아니라 우리 자신이 얼마나 큰 위험과 불행에서 건짐을 받았는지 절실히 깨달았기 때문에 다시는 그런 위험에 처하지 않기 위해서 그런 것입니다. 바울은 죄의 위험에서 벗어나기 위해 우리에게 요구되는 것들을 부정적으로, 또한 긍정적으로 이야기했습니다 12절.

"안 돼!"라고 말하라_딛 2:12a

첫째로 바울은 은혜가 "경건하지 않은 것과 이 세상 정욕을 다 버리"게 한다고 했습니다(여기에서 '버린다' 는 단어는 "지속적으로 거부한다"는 뜻이 있음)12a절. "경건하지 않은 것"이란 성도의 행동을 의미하는데, 부정적인 표현이므로 성도의 잘못된 행동을 뜻합니다. 개중에는 '경건' 이라는 단어를 "행동에 드러난 존경스러움"으로 풀이해 성도인 우리의 행동에만 초점을 맞춘 주석가가 있습니다. 그러나 바울은 외적인 경건만을 의미한 것이 아니었습니다. 또한, 그는 "세상 정욕"에 대해서도 '안 돼!' 라고 말해야 한다고 했습니다. 이 말은 하나님 뜻에 어긋나는 외적인 행동을 삼갈 뿐만 아니라 흠정역에서 "정욕"이라고 번역한 내적인 충동도 버려야 함을 의미합니다. 다른 성경 번역본은 이 단어를 "욕망", "욕구", "갈망" 등으로 번역했습니다. 그 안에 성적 충동이 포함된다는 것은 의문의 여지가 없어 보입니다. 하지만 그 외에도 분노, 증오, 야망, 무절제한 언행을 일으키는 악감정과 같은 것들도 여기에 포함됩니다.

그러면 이러한 금지조항들이 어디에서 나왔는가를 한 번 생각해 봅시다. 이것은 하나님께로 가기 위한 수단이 아니라 은혜인 그리스도가 '나타나심'으로 인해 생겨난 결과입니다. 하나님의 영광과 거룩함을 목격한 이사야 선지자는 머리를 땅에 조아리면서 "내가 망했구나!"라고 부르짖었습니다. 하나님의 거룩함 앞에서 자신의 흉측한 죄를 보며 절망에 빠진 것입니다. 불타는 떨기나무 사이로 하나님이 나타나셨을 때도 모세는 두려워 몸을 숨겼습니다. 바울은 하나님의 '나타나심'으로 주의 은혜가 환하게 비칠 때 그와 같은 일이 일어난다고 했습니다.

주의 은혜가 나타날 때 하나님을 분명히 체험한 사람은 자신이 얼마나 더러운 자인지를 똑똑히 인식하게 됩니다. 본문의 첫 구절에는 은혜가 "우리를 양육"한다고 했습니다. 은혜를 진정으로 깨달았을 때 우리의 죄가 확대되어 혐오감이 생길 수밖에 없다는 의미입니다. 그래서 바울은 하나님의 은혜가 우리의 불경건함을 버리게 한다고 했습니다. 하나님의 감격스러운 은혜와 그 광채 앞에서 더러운 얼룩은 무엇이든 없애고 싶어진다는 얘기입니다. 그러나 "안 돼"라고 말하는 것만이 우리의 의무는 아닙니다. 이사야는 자리에서 일어나 하나님께 자신을 사용해 달라고 말했습니다. 모세는 하나님이 말씀하시는 것을 행하기 위해 불타는 떨기나무를 떠났습니다. 이것은 은혜로 말미암은 긍정적인 충동입니다.

"예"라고 대답하라_딛 2:12b

은혜는 경건하지 않은 것과 이 세상 정욕에 대해 "안 돼"라고 말하도록 가르치지만, 하나님의 뜻에 부합하는 것에는 "예"라고 대답하며 그대로 행하라고 가르칩니다. 그 가르침이 그리스도인들로 하여금 "신중함과 의로움과 경건함으로" 살게 합니다12b절. 경건함과 의로움은 앞서 나온 불경건과 세상 정욕의 정반대 단어라고 할 수 있습니다. 앞에서는 부정적인 의미로 불의함과 무절제함이라는 단어가 사용되었습니다. 여기에 대응하는 긍정적인 단어 두 개는 신중함(충동을 올바로 자제함)과 의로움(대인 관계에서의 의로운 행동)입니다. 현재까지 이 구절이 강조한 것은 절제된 행동이기 때문에 은혜가 가르치는 긍정적 성품인 '경건함'에는 특별한 의미가 담겨 있습니다.

만일 그리스도인이 욕심을 자제하고 사람들 앞에서 의로운 행동만 한다면 그리스도인의 삶이란 결국 일정한 규범과 원칙 안에서만 살아가는 금욕적 삶으로 보일 것입니다. 하지만 은혜는 여기에 '경건함'을 덧붙여서 그리스도인의 삶이 성령의 힘으로 살아가는 것임을 알려주고 있습니다. 경건함은 인간의 의지나 각오로 생기는 결과가 아니라 하나님을 경외하는 삶에서 자연스럽게 파생되는 사랑의 표현입니다. 따라서 은혜가 가르치는 긍정적 요소 3가지를 차례로 실천하면 은혜는 자신과 타인과 하나님과의 관계에까지 폭넓게 확대되는 것입니다.

이제 행동하라_딛 2:12c~13

그러면 그리스도인은 언제까지 그렇게 살아야 할까요? 거룩한 삶은 과거 율법 시대에만 국한되었던 것일까요? 아닙니다. "이 세상에 살고 복스러운 소망과 우리의 크신 하나님 구주 예수 그리스도의 영광이 나타나심을 기다리게 하셨으니"12c~13절라는 말씀을 통해 바울은 하나님을 경외하면서 살라고 했습니다. 따라서 지금의 은혜 시대에는 따라야 할 규범이 없다고 말하면 안 됩니다. 경건하게 사는 것은 예수님이 재림하실 때까지 우리가 해야 할 당연한 의무입니다.

이 세상의 악과 고통에서 최종적으로 자유롭게 되는 예수님의 영광스러운 나타나심, 즉 주님의 재림이 이루어질 때(앞서 11절에 나오는 '나타나심'의 내용을 참조하라)가 우리의 "복된 소망"이라고 말했습니다. "나타나심"과 "소망"은 똑같은 정관사를 사용해 그 두 가지가 같은 사건임을 가리키고 있습니다. 바울은 "복된 소망"이라는 표현을 통해 나타날 영광에 어떤 것이 포함되어 있는가를 알려주었습니다. 바울의 다른 서신서에서 그런 단어들이 사용될 때는 예수님의 재림 시에 알게 될 구원의 다각적인 면(예를 들면 롬 8:24, 갈 5:5, 골 1:5)과 그 축복을 가져다줄 구원자 예수님의 새로운 모습(그분은 "영광의 소망"이므로, 골 1:27)을 모두 의미하는 것으로 사용되었습니다. 따라서 이 복된 소망 안에는 예수님의 재림, 그리스도 안에서 죽은 자들의 부활, 다시 살아난 성도들과 그리스도의 연합, 신실한 산 자와 죽은 자의 재회, 그리스도와의 영원한 삶이 모두 포함되어 있습니다 살전 4:13~18.

바울은 구원자가 "우리의 크신 하나님 구주 예수 그리스도"라고 밝히면서 이 소망의 확실성을 재차 강조했습니다. 언뜻 읽으면 예수님의 신성을 직접 언급한 것인지 잘 모를 수도 있지만, 이 구절은 성도들의 축복을 보증하는 예수님의 신성을 신약에서 가장 잘 보여주는 말씀입니다 딛 2:10~11, 3:4, 6. 예수님은 그리스도(하나님의 양으로서 과거의 언약을 이행하고 현재의 은혜를 베풀어주실 기름부음 받은 자, 메시아)일뿐 아니라 우리의 "크신 하나님"으로서 미래 은혜의 축복을 가져다주는 분입니다. 우리의 하나님이 다시 온다는 기대감은 하루하루를 더욱 성실히 살게 하고 어떤 시련도 인내하는 힘이 되어줍니다. 그리스도가 오시기 때문에 우리는 그분에게 충성하기를 원합니다. 언젠가 모든 시련에서 우리를 구하며 그분과 우리의 원수들을 무찌를 것을 알기에 충성하는 일이 가능한 것입니다. 우리의 크신 하나님 구주 예수 그리스도의 영광이 나타나신다는 사실이 우리가 이 세상에서 경건하게 살고자 하는 이유입니다.

요컨대 우리의 과거, 현재, 미래의 삶에서 하나님이 베푸시는 은혜는 세상에 "안 돼"라고 말하고 지금 당장 하나님께 "예"라고 말하라고 요구합니다. 은혜가 있어도 그리스도인이 거룩하게 살아야 하는 의무는 변하지 않습니다. 다만 사도 바울의 표현이 일반적이기 때문에 성도들은 자신의 구체적인 행동을 살펴보지 않고 그냥 순종하며 산다고 생각할 수 있습니다. 우리가 지금 세상에 "안 돼"라고 말하고 하나님께 "예"라고 말할 용의가 있는지를 알아보는 길은 세상이 그리스도인들을 시험하는 삶의 영역들을 생각해보면 됩니다. 대중문화와 같은 특정 영역에서 하나님이 요구하시는 사항이 삶의 다른 영역에서도 하나님이 원하시는 경건함의 지표가 될 것입니다.

예전에 십대인 우리 아들이 친구들과 함께 어떤 인기 있는 영화를 보러 갔습니다. 부모인 우리는 '청소년 관람가'라는 문구만 보고 영화관람을 허락했는데 알고 보니 굉장히 선정적인 장면이 나오는 영화였습니다. 우리 아들은 그 장면에서 친구들과 함께 영화관을 나와 버렸습니다. 저는 아들의 지각 있는 행동이 참으로 자랑스러웠습니다. 하지만 그 뒤에 우리 아들에게 일어난 일들은 저를 놀라고, 낙심되고, 화나게 만들었습니다. 그 다음 몇 주 동안 그리스도인인 그 친구들과 성인 지도자들이 거의 예외 없이 아들의 행동을 잘못이라고 지적한 것입니다. 우리처럼 선진국에서 문화생활을 하는 성숙한 그리스도인이라면 그런 영화를 안 보고 산다는 건 합리적인 이유가 아니라고 말했던 것입니다. 그 말을 들은 우리 아들은 당연히 혼란스러웠고 믿음이 흔들렸습니다.

하나님의 은혜에 경건함으로 보답하라고 바울은 말했습니다. 그 말을 따르기 위해 그리스도인들은 대중문화에 어떻게 반응해야 할까요? 물론 어느 시대를 막론하고 우리는 문학과 예술 작품의 세속성을 따진다며 사용된 단어와 주제를 일일이 살피면서 엄격한 잣대를 들이대는 우를 범해서는 안 됩니다. 그와 동시에 지금 이 자리, 이 문화, 이 시대에서 불경건함과 세상 정욕에 "안 돼"라고 말하고 신중함과 의로움과 경건함에 "예"라고 말하는 진정한 헌신을 보여주라는, 그래서 그들의 오락과 습관과 욕구가 경건한 삶에 부합해야 한다는 하나님의 요구를 충족시키고 있는지도 돌아봐야 합니다. 역사와 문화 속에서 생성된 예술 작품에 섣불리 선을 그어서도 안 되지만 그렇다고 현재 우리가 하는 일들(아울러 우리를 보며 다른 사람들도 하게 되는 일들)이 하나님 뜻에 합당한 건지를 따져볼 의무를 저버려서는 안 됩니다.

개신교 지식인 중에는 대중문화의 유해성을 따지는 것에 반론을 제기하는 사람들이 많습니다. 그들은 기독교 철학자인 프란시스 쉐퍼 박사가 '문화의 변두리'에서 살지 말라고 한 것을 예로 들어 이야기합니다. 쉐퍼 박사는 우리가 기독교 집단문화 속에 갇혀서 세상 문화를 이해하지 못하고, 세상 문화와 대화하지 못하고, 결국 세상 문화를 복음으로 꿰뚫지 못하는 것을 우려했습니다. 그것은 성경의 명령과도 한 치 어긋남이 없는 올바른 이야기입니다. 하지만 그와 동시에 쉐퍼 박사는 대중문화의 세속적 가치관이 주는 위험을 의식하고 맹목적 탐닉을 주의하라는 경고도 잊지 않았습니다. 율법주의에서의 자유가 세상 마취제의 속박으로 이어지는 것을 원치 않았던 것입니다. 다음은 쉐퍼 박사의 책에 나오는 내용입니다.

> "거듭난 사람들이 종종 '이제 무엇을 해야 하나요?'라고 물어볼 때가 있다. 그러면서 여러 가지 것들을 이야기하는데 보통은 제한적이고 부정적인 것들이다. ... 진정한 그리스도인의 삶은 ... 단순히 소수의 것들을 '하지 말아야' 하는 부정적인 삶이 아니다. 설령 그 일들이 특정한 역사적 상황에서 아주 훌륭한 일로 평가받는 것이라고 해도 우리는 여전히 그리스도인의 삶이, 영성이, 외적인 금기 사항을 기계적으로 그만두는 것 이상의 것임을 알아야 한다.
> 이 말은 진리이기 때문에 거의 언제나 역반응을 일으킨다. 그리스도인들이 모여서 금기 사항에 역행하는 일들을 시작하는 것이다. 그래서 기독교에는 특정한 금기사항 목록을 만들려는 사람들과 그것이 잘못되었다고 느껴서 "금기사항을 무시하고 모든 목록을 무시하라"고 말하는 사람들 간에 갈등이 지속되어 왔다. 그들이 어떤 식으로 문제에 접근하느냐에 따라 둘 다 옳을 수도 있고 둘 다 틀릴 수도 있다.

나는 우리 라브리 공동체에서 어느 토요일에 가졌던 토론 시간을 잊지 못한다. 그 날 저녁 토론에 참석한 사람은 모두 그리스도인이었고 금기 사항이 매우 강조되는 나라의 사람들이었다. 그들이 금기 사항에 관해 이야기하고 있을 때 나는 그 이야기의 방향에 동감하는 쪽으로 기울고 있었다. 그러나 이야기가 계속될수록 내가 깨달은 것은, 그들이 자기 나라의 금기사항들을 언급하고 있지만, 사실은 그 금기들을 깨보고 싶다는 속셈이 숨어있다는 점이었다. 그들이 정말로 원했던 것은 더 느슨한 그리스도인의 삶이었다. 하지만 그런 금기사항을 만들지 않거나, 금기에 갇혀 있다는 정신으로 산다면 그것은 단순히 패배자의 삶을 살지 않기 위해 그런 일을 하지 않는다는 것밖에 되지 않는다. 우리에게는 그보다 더 깊은 이유가 있어야 한다." 05

그리스도인들은 대중문화의 가치관과 유행과 관심사에 예민하게 반응하는 면이 있습니다. 우리는 쉐퍼 박사의 주장처럼 그 이유를 기억해야 합니다. 그 평가의 밑바닥에는 분노와 슬픔이 있었습니다. 쉐퍼는 문화의 대중성을 위해서 피조물의 아름다운 것이 창조주를 거역하는 일에 이용될 수 있음을 우려했습니다. 그리고 청년들이 그런 문화에 동조하는 현상은 심각하고도 위협적이라고 했습니다. 사람들이 구원에 걸맞은 삶을 사는 것이 쉐퍼의 바람이었고 그것은 우리의 바람이기도 합니다. 우리는 서로에게 이런 질문을 던져야 합니다.

05 프란시스 쉐퍼, 〈프란시스 쉐퍼 전집 3: 기독교 영성관〉 (생명의말씀사, 1994).

"정신을 병들게 하고 이 사회의 도덕성을 해치는 저런 대중문화에 참여하는 것이 저들을 구원하는 길이라고 생각하는가?" 성경은 우리에게 선을 행하고 악을 미워하라고 가르칩니다롬 12:9. 비록 다른 사람의 마음을 읽지는 못한다 하더라도 우리는 자기 자신의 마음을 살펴서 우리가 정말로 불의하고, 부도덕하고, 외설적인 것들을 미워하고 있는지 따져보아야 합니다. 우리는 구원을 위해서 그런 것들에 분노하고 있습니까, 아니면 남들이 하는 대로 토요일 밤의 쇼를 즐기고 있습니까?

은혜의 윤리는 우리의 문화생활에서도 정직한 질문을 던지길 요구하고 있습니다. 우리는 문화를 구속하고 있습니까, 아니면 그냥 생각 없이 흡수하고 있습니까? 우리는 악에 예민합니까, 아니면 악에 마취되어 있습니까? 우리는 제대로 판단합니까, 아니면 그냥 즐기고 있습니까? 우리는 거룩한 것과 세속적인 것의 경계가 없는 삶을 살고 있습니까? 우리는 환한 교회에 있든지, 컴컴한 영화관에 있든지, 혼자 자기 방에 있든지, 언제나 하나님 앞에 있는 것처럼 대중문화를 보고, 듣고, 읽고 있습니까? 우리는 어디에서든 거룩한 땅에 서 있는 것처럼 행동합니까? 우리를 죽음의 죄에서 구원하신 거룩한 하나님이 어디든 우리와 함께하시고 큰 영광과 권능 가운데 나타나실 것이라는 사실을 늘 의식하면서 살고 있습니까? 우리가 하는 모든 말과 행동이 하나님의 영광을 반영하고 있습니까?골 3:17, 아니면 불이 꺼짐과 동시에 하나님도 사라지고 맙니까?

이것은 묻는 저에게도 역시 대답하기 곤란한 질문들입니다. 저는 저 자신의 인생 해답을 찾기도 벅찬 사람이고 그런 질문을 통해 제 습관을 검토하기를 원하는 사람입니다. 그러면 우리는 어떻게 자신의 삶을 평가해야 하고, 어떻게 하면 더 양심을 예민하게 갈고 닦을 수 있을까요? 우리가 하나님이 정한 경계를 벗어나서 또다시 진흙탕, 즉 세상의 더러움 속에 뒹굴 위험에 처한 것을 어떻게 하면 알 수 있을까요? 사도 바울의 명령에 근거한 정직한 질문이 그 열쇠가 될 것입니다. 우리가 용감하게 질문할 자세만 갖고 있다면 답은 분명해집니다.⁰⁶

I. "안 돼"라고 말할 힘을 상실한 것은 아닙니까?

우리는 정직하게 자신의 내적 충동, 즉 세속적 욕구를 점검해 봐야 합니다. 그런 욕구가 우리를 지배하고 있습니까? 여러분이 영화를 보고, 쇼를 시청하고, 책을 읽고, 음악을 듣는 이유가 그것들의 예술적이고 미적인 가치 때

06 이런 사항들은 누구에게나 어려운 문제이고 논란이 되는 부분도 있으므로 여기에서의 적용은 다른 때보다 내용이 길고 더 조직적이다. 그래서 분석적 질문들이 적용에 나오는 개별적 내용의 토대가 되게 했고, 각각의 분석적 질문은 앞선 설명에 나오는 용어들로 문장을 만들었다. 또한, 설명이 '빗발치듯'(말하자면 앞선 설명의 핵심 용어들이 빗발치듯 나온다) 등장해서 명령들에 구조와 권위를 부여하고 있다(《그리스도 중심의 설교》 270~273 참조).

07 적용에서의 이 부분은 앞서 설교자가 거론하지 않았던 상황에서의 명령들에 대한 원칙들을 짧게 '펼쳐서(unroll)' 보여준다. 그 이유는 적용이 한 가지 특정한 문제나 상황에 국한되지 않도록 하기 위해서다. 적용에서 상황의 특수성을 고려하는 목적은 설교가 단순히 하나의 추상 이론이 되지 않게 하려는 것이다. 다시 말해, 부가적 상황들을 짧게 '펼치는' 이유는 설교자가 언급하려고 생각하는 특정한 사항들에 의해서 설교가 '갇히는' 것을 예방하기 위함이다. 이렇게 특수한 상황과 특수하지 않은 상황을 펼치는 방법을 사용함으로써 이 설교에 나오는 명령들이 구체적이고, 실생활에 적용 가능하다는 점을 확실히 하려는 것이지만 한편으로는 성령의 능력(양심을 일깨우고 죄를 깨닫게 하는)을 그 하나의 적용에만 제한하지 않으려는 것이다(《그리스도 중심의 설교》 272~276 참조).

08 프란시스 쉐퍼, 《프란시스 쉐퍼 전집 3: 기독교 영성관》(생명의말씀사, 1994).

문입니까, 아니면 자극적인 섹스나 통쾌한 폭력 때문입니까? 여러분이 직장에서의 승진을 원하는 것은 단지 더 많은 권력과 명예를 갖고 싶어서입니까? 누구도 우리를 대신해서 대답해 줄 수 있는 사람은 없습니다. 진정으로 하나님을 경외하기 원한다면 우리 각자 자신의 마음을 솔직하고 엄밀하게 살펴보아야 합니다. 우리 문화의 모든 우상들(돈, 섹스, 권력)은 주님 앞에 절해야 합니다.[07] 만일 그런 우상들이 우리의 생각과 행동과 의지를 지배하게 된다면 그것은 우리가 그 우상들 앞에 절하는 것입니다.

그리스도인들이 세상 사람들과 아무런 구별 없이 살아간다는 것은 뭔가가 단단히 잘못되었다는 증거입니다. 세상은 스스로 무가치한 것임을 드러내고 있지 않습니까? 프란시스 쉐퍼 박사는 벌써 1세기 전에 세속적 문화의 위험성을 그리스도인들에게 경고해 주었습니다.

> "우리는 어떤 것에도 '안 돼'라고 말하지 않는 세상에 살고 있다. 이런 풍조에 둘러싸여 있으면 … 그리스도인의 삶에는 무언가에, 그리고 자신에게 '안 돼'라고 해야 하는 부정적인 면이 있다는 것을 듣는 순간에 큰 갈등에 빠지게 된다. 만일 갈등을 느끼지 않는다면 그건 진정으로 '안 돼'라는 말을 하지 않은 것이다."[08]

하나님의 은혜를 깨달은 뒤에도 불경건한 것에 "안 돼"라고 말하지 못한다면 우리는 여전히 세상의 가치관에 젖어서 사는 것이며 그것은 하나님의 뜻과 정면으로 대치되는 일입니다.

2. "예"라는 대답을 하지 않고 사는 것은 아닙니까?

순결함과 신중함으로 대중문화를 누리고자 하는 그리스도인들은 이제부터 이런 반응을 보이기를 소망합니다. "너(대중문화)는 나의 자유를 빼앗아갈 수 없다. 나는 은혜 아래 있다. 나는 율법 아래 있지 않다." 저는 타인의 생각과 동기를 알아채는 초능력자가 아니므로 성경에 직접 거론되지 않은 문제에 대해서는 명쾌한 선을 그을 능력과 권리가 제한적일 수밖에 없습니다. 그러나 이러한 제한성이 있다고 해서 우리가 타인에게 미칠 언행의 영향력을 도외시해서는 안 됩니다. 그리스도인은 자기 마음대로 살아갈 자율성이 없습니다. 경건한 삶을 살겠다고 결심했다면 언행에 있어 남에게 미칠 영향력을 고려해야 합니다.

하나님이 성도들에게 기대하시는 규범을 나열할 때 바울은 성도 각자의 행동이 다른 사람들과 무관할 수 없다는 점을 이야기했습니다. 늙은 남자들은 다른 사람들의 본보기가 되어야 하고딛 2:2, 늙은 여자들은 행실을 바르게 하여 젊은 여자들을 가르쳐야 한다고 했습니다딛 2:3~4. 디도 역시 타인의 모범이 되어야 한다고 말했습니다딛 2:7. 그리스도인의 삶은 독립적이지 않습니다. 우리는 공동체의 일부이므로 남들에게 미치는 영향력을 고려해 신중하게 행동해야 합니다. 다시 프란시스 쉐퍼의 말을 인용해 보겠습니다.

> "하나님과 [이웃을] 사랑하라는 명령이 진정한 의미를 가지려면, 자기 자신에게, 그리고 불경건한 것들에 '안 돼'라고 말할 수 있어야 한다."

09 프란시스 쉐퍼, 〈프란시스 쉐퍼 전집 3: 기독교 영성관〉 (생명의말씀사, 1994).

설령 나에게 허용된 것이라도, 즉 십계명을 어기지 않는 것이라도, 나 자신의 유익이 아닌 다른 사람의 유익을 위해서 해야 한다."**09**

불경건한 대중문화를 향해 "나는 아무런 영향을 받지 않아."라고 무시하는 것은 충분치 못합니다. 어쩌면 당신은 선정적인 장면이나 폭력물이나 편향적인 내용이나 미국 문화의 고질적인 인간 경시 풍조 같은 것들에 아무런 영향을 안 받을지도 모르지만, 우리의 교회나 청년들은 영향을 받습니다. 개신교 교회에 다니는 청년들의 낙태와 성적 문란함의 문제는 세상 사람들의 문제와 거의 비슷한 수준입니다. 희생자의 고통에 전혀 공감하지 못하고 재미로 휘두르는 폭력의 문제도 갈수록 심각해지고 있습니다. 어떤 교회를 보더라도 사회 규범을 벗어나 자신과 타인에 대한 책임감을 팽개치고 음란물, 게임, 자학, 음악, 마약, 술, 스타병에 중독되어 사는 십대와 청년들의 숫자가 점점 더 많아지고 있습니다.

이런 비인간화의 세태로 인해서 성적인 학대, 인신매매, 폭력 범죄 같은 것들이 빠르게 증가하는 추세입니다. 우리의 대중문화가 어떤 윤리와 관습을 만들어냈는지를 생각하면 우리는 가장 하기 힘든 질문을 하지 않을 수가 없습니다. 그것은 우리가 사회의 문제를 걱정하는 것만큼 우리 자신이 공범이라는 사실도 걱정하고 있는가 하는 것입니다. 하나님의 은혜를 아는 사람은 그분이 사랑하는 사람들의 상황에 무관심한 채 살아갈 수 없습니다. 우리의 행동과 취미는 우리의 가치관과 하나님의 가치관을 드러내는 것입니다. 따라서 우리의 삶은 사람들에 대한 하나님 사랑을 고스란히 드러내는 것이어야 합니다. 우리가 하는 행동이 하나님에게나 다른 사람들에게 아무런 문제가 안 된다고 말하는 것은 이기적이고, 불경건하고, 복음을 훼손하는 처사입니다.

3. 지금 행동할 준비가 되어 있습니까?

고대의 사도가 현대 사회에 왈가왈부하는 것이 못마땅한 사람들은 이렇게 말할 것입니다. "나의 신앙적 자유를 아무도 빼앗을 수 없다. 내가 그런 문제들을 이야기하면 우리 교회는 도로 율법주의에 빠질 것이다. 게다가 성경은 나의 특정한 행동과 습관과 취미에 대해 아무런 언급도 하지 않는데 왜 내가 제한을 받아야 하는가?" 여기에 대한 성경적인 대답은 이렇습니다. 물론 성경에 구체적인 언급이 없는 문제를 놓고 남의 행동을 섣불리 판단하거나 양심을 공격해서는 안 됩니다. 그러나 그리스도인들이 하나님과 이웃을 사랑하고 그분의 목적을 실현하기 위해 고수하는 원칙들은 성경의 증거 이전에

10 이 설교에서는 복음의 서술(하나님의 은혜로 말미암아 우리는 어떤 사람이 되었는가)이 명령(하나님을 은혜를 받은 자로서 우리는 무엇을 해야 하는가)의 뒤에 나온다. 이 책의 앞부분에 있는 설교들과 비교하면 순서가 바뀌었지만, 신학적인 순서에는 변함이 없다. 즉 서술은 명령을 기반으로 한다는 (신학적) 순서는 절대 바뀌지 않는다(Christ-Centered Preaching 개정판, 325~327 참조). 그런 식으로 명령과 서술의 순서를 바꾸는 일은 얼마든지 가능하며 (보통 은혜를 기반으로 한 설교에는 명령에 대한 강조가 없는 것처럼 생각하기 쉽지만 그렇지 않다) 경우에 따라서는 본문의 내용과 상황과 언급하는 죄의 성격에 따라 그런 일이 필요할 때도 있다(〈그리스도 중심의 설교〉 390~398). "하나님이 너를 사랑하니 이것을 행하라"고 하는 것이나 "이것을 행하라. 왜냐하면, 하나님이 너를 사랑하시니까"라고 하는 것이나 결국은 마찬가지 이야기이기 때문이다. 성경에도 두 가지 형태가 모두 사용되었음을 볼 수 있다. 말의 순서만 바뀐 것뿐이지 하나님의 은혜가 순종의 동기와 능력이라는 사실에는 아무런 변화가 없다(〈그리스도 중심의 설교〉 366~367과 388 참조).

관계의 문제입니다.

우리가 자기 자신만을 생각하며 자유를 추구한다면, 그런 권한을 누리는 자신의 성숙함을 자랑할 수는 있겠지만 죄 속에 멸망해가는 사람들을 향해 하나님 은혜를 전파하기는 부적절할 것입니다. 경건한 삶을 사는 목적은 우리가 전하는 복음에 신빙성을 더하고 우리의 삶으로 그 능력을 드러내기 위함입니다. 불경건함과 세상 정욕을 탐닉하는 삶은 결국 하나님 말씀과 구세주의 메시지를 부인하는 처사입니다. 하나님의 은혜가 정말로 그분에 대한 사랑을 우러나게 한다면 그분이 사랑하는 자들을 우리도 사랑하고 그들을 위해 희생할 수 있어야 합니다.

우리 행동이 주님의 뜻과 어긋나거나 남의 마음을 상하게 한다는 것을 성령이 일깨워 주시면 우리가 의지하는 주님의 은혜가 우리 행동이 변화되도록 도우실 것입니다. 그렇기에 경건한 삶은 전적으로 하나님을 의지해야만 가능해집니다. 양심의 가책을 느끼게 하고 마음을 바꾸어주는 성령의 역사가 없다면 항상 자기 죄를 합리화하며 계속 그 길을 가려고 할 것입니다. 하나님에 대한 사랑이 커질수록 그분과의 관계를 가로막는 것이 점점 더 불쾌해집니다. 또한, 자신의 마음을 지켜서 하나님과 타인들을 멀어지게 만드는 그 어떤 것도 용납하지 않게 됩니다.

III. 은혜로 구원받은 자 _딛 2:14~15[10]

하나님의 은혜를 받은 자들에게 하나님이 요구하시는 것이 무엇인지를 설명한 바울은 그것이 하나님이 우리를 사랑하시는 이유는 아니라고 분명하게 못 박았습니다.

우리의 신분_딛 2:14

예수님은 "모든 불법에서 우리를 속량하시고 우리를 깨끗하게 하사 선한 일을 열심히 하는 자기 백성이 되게 하려" 하셨습니다14절. 우리는 지금 그 예수님이 나타나시길 기다리고 있습니다. 구원의 역사는 주님께 속했고 우리는 그분께 속했습니다. 이 구절에는 예수님의 구원 사역과 그로 인해 성도들이 갖게 된 새로운 신분의 경이로움이 곳곳에 스며 있습니다. 먼저 바울은 예수님께서 "우리를 대신하여 자신을 주심"을 언급했습니다14a절. 이 말씀은 원래 주님의 희생이 선물이라는 사실을 상기시켜 줍니다. 우리가 얻을 수 있거나 받을 자격이 있어서 받은 것이 아니라는 뜻입니다. 다음으로 그 선물은 하나님이 "우리를 대신해서" 역사하신 결과임을 이야기합니다. 주님은 우리의 변호인이 되셔서 우리가 여전히 죄인일 때에 우리를 위해 희생 제물이 되셨습니다. 바울은 좋아하는 표현을 되풀이 사용해 하나님의 조건 없는 은혜를 강조했고롬 8:31~32, 갈 1:4, 2:20 참조 예수님이 성도들을 위해 드린 희생으로 무엇이 성취되었는가를 이해시키려 노력했습니다.

속량하심_딛 2:14b

예수님은 "모든 불법에서 우리를 속량하시"기 위해 자신을 내어주셨습니다딛 2:14b. 여기에서 '속량'이라는 말은 문자적으로 몸값을 지급하고 풀려난다는 뜻입니다. 예수님은 자신이 우리의 몸값이라고 하셨고막 10:45, 시 130:8, 겔 37:23 참조, 바울은 그 개념을 빌려와서딤전 2:6 구세주가 우리의 악함(문자적으로 "모든 불법")에 대한 대가를 지급했다고 말했습니다. '위해for'라고 번역된 전치사는 '~를 대신해서'라는 뜻으로도 풀이되어 하나님의 공의를 실현하고 우리를 죄에서 자유롭게 하기 위해 우리 죄의 몸값이 되셔서 우리를 구원하신 예수님의 대속을 말해주고 있습니다.

깨끗하게 함_딛 2:14c

예수님의 구원은 우리를 속량했을뿐 아니라 "우리를 깨끗하게" 해 주셨습니다딛 2:14c. 이 말은 더러운 죄를 깨끗하게 씻어야 한다는 것을 보여주기 위해서 하나님이 언약의 백성인 이스라엘에게 여러 가지 제사와 법규를 지키도록 했던 사실을 되새겨줍니다. 제사와 법규를 완성하신 예수님의 희생과 보혈이 현재 주님을 영접한 모든 사람을 깨끗하게 했습니다. 하나님은 독생자의 피로서 우리의 더러움을 정결하게 씻어주셨습니다고후 7:1, 엡 5:26, 히 9:14.

소중히 여기심_딛 2:14d, e

그토록 엄청난 대가를 치르고 구원했으니 하나님은 우리에게 분노나 혐오하는 마음을 가질 수도 있었을 것입니다. 그러나 하나님은 값을 치르고 구원해 정결케 한 자들을 "자기 백성"으로 삼으셨다고 성경은 말합니다딛 2:14b. 이 구절의 헬라어 원어는 출애굽기 19장 5절에서 하나님이 이스라엘 백성에게 "내 소유"라고 했던 말씀을 떠오르게 합니다겔 37:23, 엡 1:11~14 참조. 구원받은 자를 향한 구원자의 태도는 그런 값진 대가를 내게 한 죄에도 불구하고 우리가 소중하다는 것을 나타내고 있습니다. 이 말이 곧 우리 하나님의 성품을 대변해주고 그분을 기쁘게 할 만한 선한 행동으로 이끌어 줍니다. 하나님의 한량없는 은혜와 희생 덕분에 그분의 백성이 된 사람들은 "선한 일을 열심히 하는" 자가 될 수밖에 없습니다딛 2:14e. 이 대목도 역시 은혜가 선한 행실로 이끈다는 사실을 보여줍니다.

예수님의 공로로 우리의 신분이 혁신적으로 바뀌었다는 점이 율법주의에 대한 보호막이자 경건한 생활을 향한 추진력입니다. 보혈의 피 값으로 우리의 구원을 이루셨으니 예수님의 대속만이 우리를 모든 죄에서 깨끗하게 합니다. 따라서 우리는 더 이상 선한 행실을 구원의 조건으로 삼을 필요가 없습니다. 하나님의 뜻대로 했다고 그분의 소유가 되는 것이 아니라 온전히 그분의 은혜 덕분에 소유가 되었으니 우리를 먼저 사랑하신 그분을 우리도 이제는 사랑하지 않을 수가 없습니다요일 4:19. 이 사랑은 우리의 마음가짐과 행동에 지대한 영향을 미칩니다.

언젠가 우리 막내딸이 엄마에게 이런 말을 했습니다. "나는 엄마의 온 마음을 다해서 엄마를 사랑해요." 저는 다섯 살배기 아이가 왜 그런 말을 했는지 알게 되었습니다. 엄마에게 사랑을 표현하려고 엄마가 하던 말을 그대로 흉내 낸 것입니다. 그래서 "캐시야, 나는 내 온 마음을 다해서 너를 사랑한단다"라고 한 것을 그렇게 따라 한 것이었지요. 그러나 오늘 본문에서 하나님이 그분의 온 마음으로 우리를 사랑하신다는 말은 결코 실수가 아닙니다. 그분은 우리 앞에 사랑의 증거를 쏟아놓고 우리로 하여금 그분을 사랑하고 남들도 그렇게 사랑하기를 바라십니다.

하나님의 극진한 사랑을 받았으니 그로 인해 어떤 결과가 나타날까요? 죄에 더욱 민감해집니다. 사도 바울이 말한 하나님의 은혜와 그에 대한 반응의 순서를 잘 기억하기 바랍니다. 성도들은 먼저 주님의 대속으로 구원받고 그 다음으로 죄가 깨끗하게 씻겨 그분의 백성이 됩니다. 그다음에 선한 일을 열심히 하게 됩니다. 그런데 이 순서를 뒤집어서 생각하는 사람들이 많습니다. 우리는 자기 죄의 심각성을 절실히 깨달아야만 하나님의 사랑을 보게 된다고 생각합니다. 그러나 바울은 하나님의 사랑이 우리의 죄를 보게 한다고 말했습니다.

그리스도 안에서 하나님의 자비를 깨달은 사람은 그분을 사랑하는 마음이 너무도 강렬해서 그분의 마음을 아프게 하는 죄를 참을 수 없게 됩니다. 저는 아내와의 결혼생활에서도 그 사실을 실감합니다. 젊은 날에 제가 보였던 차갑고 이기적인 모습에도 불구하고 아내가 나를 변함없이 사랑한다는 사실이 갈수록 제 마음을 뭉클하게 합니다. 아내가 저를 얼마나 사랑하는지를 알면 저의 무심함을 반성하게 되고 아내가 기뻐할 일을 하고 싶어집니다. 아내의 사랑을 더 많이 느낄수록 아내에게 짓는 죄가 더 싫어집니다. 마찬가지로 우리가 주님의 사랑을 더 깊이 알게 될수록 우리 삶의 죄에 더욱 민감해지고 그분을 기쁘시게 할 일을 찾게 됩니다.

하나님 사랑의 이런 역동성이 죄를 묵인하지 않는 단호한 태도를 갖게 하고 믿음의 선조들은 그것을 "새로운 사랑의 힘"이라고 불렀습니다. 궁극적으로 우리를 거룩하게 만드는 것은 의지나 죄책감이나 감동적인 설교가 아니라 그리스도 안에서 하나님의 자비를 깊이 깨닫는 것입니다. 하나님을 향한 사랑이 죄로 끌리는 마음을 몰아내 줍니다. 미국 건국 초기의 성도들은 유럽에서 볼 수 없는 참나무를 빗대어 그 사실을 설명했습니다. 참나무는 죽은 이파리들조차 겨울 동안 가지에 꼭 달라붙어 있습니다. 그 이파리들이 마침내 나무에서 떨어지게 만드는 힘은 겨울 추위나 강풍이 아니라 가지 안에서 솟아나는 새싹들입니다. 새싹이 자라나면서 죽은 잎들이 떨어집니다. 마찬가지로 우리가 주님을 영접해도 악에 대한 애정은 여전히 남아있습니다. 그 애정이 없어지는 길은 예수님에 대한 사랑으로 대체되는 것입니다. 그분의 은혜에 감사해서 선한 일을 하고 싶은 마음이 우러나면 새로운 생명이 예전의 애정을 몰아내게 됩니다.

새로운 기준_딛 2:15

그 사실은 너무도 경이로워서 디도가 전할 메시지의 기준으로 삼기를 바랐습니다. 그래서 바울은 디도에게 "이것을 말하고"라고 했습니다딛 2:15a. 여기에서 '이것'은 무엇입니까? 본문의 맥락을 볼 때 '이것'이란 은혜의 메시지를 말합니다. 디도는 그 메시지로 복음의 자비가 필요한 사람들을 "권면"하고(헬라어로 '파라칼레이'이며 그 뜻은 '위로하다, 격려하다' 임. 딤전 6:2, 딛 1:9, 2:6 참조) 죄짓는 사람들을 "책망"해야(또는 '꾸짖고', 딛 1:9, 13 참조) 한다고 했습니다. 두 가지 명령을 통해 발견하게 되는 것은 은혜가 우리를 죄에서 구원하지 못하고 파괴적 삶을 경고하지 못할 때 선물이 되지 못한다는 사실입니다.

우리가 "이것"(죄에도 불구하고 베푸신 은혜와 은혜를 통한 순종)을 가르치면 한 편에서는 죄를 허용한다고 비난하고 다른 한 편에서는 율법주의를 조장한다고 비난할 것입니다. 그래도 우리는 은혜의 복음을 계속해서 전파하고 경건함을 우리 삶의 기준으로 삼아야 합니다. 내숭을 떤다고 비난하건, 옹졸하다고 비난하건 간에 영적 지도자는 누구에게서든지 "업신여김"을 받아서는 안 된다고 바울은 말합니다딛 2:15b. 우리는 남의 의견에 흔들리지 말고 성경이 말씀하는 '모든 것'을 권위 있게 이야기해야 합니다.

결론

몇 달 전에 어느 목사님이 가족을 데리고 해변에 놀러 갔습니다. 몇 시간을 놀고 났을 때 그 가족이 앉아 있던 자리에 한 무리의 불량배들이 몰려와서 목사님의 자녀들을 포함해 사람들이 보는 앞에서 낯부끄러운 짓을 하기 시작했습니다. 목사님은 가족들을 데리고 그곳을 떠나면서 불량배의 우두머리

격인 남자에게 가족들은 그런 부도덕한 행위를 절대 좋아하지 않는다고 말해주었습니다. 그런데 그것이 문제를 일으켰습니다. 목사님의 항의를 들은 불량배 우두머리가 목사님을 때려눕힌 뒤 죽이겠다고 위협했습니다. 옆에 있던 다른 불량배들이 그를 말리는 동안 목사의 사모는 해변 순찰대로 달려가 신고했고 목사님 가족은 겨우 그 자리를 빠져나올 수 있었습니다.

얼마 후 목사님 가족이 차에 오르려는 데 불량배 한 명이 깨진 유리병을 손에 들고서 험악한 표정으로 다가왔습니다. 그리고는 "나랑 내 친구들이 당신을 다치지 않게 막아 주었는데 왜 해변 순찰대를 부른 거지?"라고 물었습니다.

그러자 목사님은 이렇게 대답했습니다.

"내가 부른 게 아니라 우리 아내가 너무 무서워서 부른 거라네. 그리고 자네가 나를 막아준 것은 감사하네. 자네 친구를 자극할 뜻은 없었지만, 아비로서 아이들이 걱정되어 그런 것이네."

이 정직한 대답은 불량배의 닫힌 마음을 열어놓았습니다. 그래서 그는 "나도 아버지요. 하지만 엉망으로 살다 보니 마누라한테 쫓겨나고 아이들은 몇 년 동안 보지 못했소"라고 말했습니다. 목사님은 "안 됐구려. 나는 기독교인이고 목사요. 내가 당신을 위해 기도를 해도 괜찮겠소?"라고 물었습니다. 좋다는 대답을 듣고 기도를 해주자 그는 목사님을 껴안고 울면서 용서를 구했습니다. 그리고는 현재의 타락한 삶에서 벗어나게 해줄 예수님의 복음을 더 들려달라고 부탁했습니다.

복음은 바로 이렇게 전달되어야 합니다. 죄를 눈감아주지 말되 하나님의 조건 없는 사랑으로 사람들의 마음을 녹여야 합니다. 그래서 세상 더러움에 중독된 자들이 하나님을 섬기는 기쁨의 삶으로 나아갈 수 있게 해야 합니다.

여러분이 이 은혜의 복음을 전하면서 사람들을 죄에서 돌이키게 하려고 노력한다면 인간적으로 여러분의 삶이 형통할 것이라는 보장을 해 줄 수 없습니다. 사실은 사방에서 공격받을 가능성이 높습니다. 은혜를 이해 못하는 율법주의자란 비난을 비롯해 삶의 규범이 없는 은혜 광신자라는 비난도 받게 될 것입니다. 그래도 저는 "누구에게서든지 업신여김을 받지 말라"고 말씀드리겠습니다. 여러분 자신을 위해, 하나님의 백성을 위해, 그리스도의 복음을 위해 은혜를 분명히 전하고 악을 용납하지 마십시오. 우리가 인신공격과 억울함의 대가를 치르지 않는 한 부흥은 절대 일어나지 않습니다. 과거에도 교회 성도들과 사회 구성원들의 삶이 혁신적으로 변화되었을 때에만 부흥이 일어났습니다.

현재 우리의 습관과 욕구와 가정을 점령하고 있는 문화적 죄의 수렁에서 탈출하려면 교회 안팎에서 엄청난 싸움을 치러야 합니다. 우리는 하나님의 조건 없는 사랑을 힘입어 경건한 삶을 필사적으로 고수하면서 그 사랑을 사람들에게 전파해야 합니다. 그 이유는 간단합니다. 부흥의 어슴푸레한 새벽을 통해 영적 지도자들이 아직도 하나님의 백성을 죄의 늪에서 구원하기 위해 애쓴다는 사실을 깨닫고 용기를 얻게 하기 위함입니다. 우리는 은혜에 기초하지 않는 복음을 용납해서는 안 되며 거룩함의 동기가 되지 못하는 은혜도 허용해서는 안 됩니다. 부디 여러분 안에 그리스도에 대한 사랑이 불타올라서 그 사랑이 세상에 대한 사랑을 몰아내기를 소망합니다.

설교 예문 12

그리스도와의 연합
_동기와 능력

앞선 두 개의 설교 예문에서는 은혜의 서술이 명령들을 순종할 수 있게 하는 동기부여와 능력이 되어주는 이유를 살펴보았다. 그러나 지금까지는 주로 순종의 과정에서 작용하는 인간의 반응들에만 초점을 맞추었다. 앞선 설교들이 강조한 것도 은혜가 사랑을 우러나게 해서 감사한 마음을 표현하기 위해 하나님께 순종하게 된다는 내용이었다. 또한, 그 사랑이 다른 애정들을 능가할 때 인간의 마음에서 죄에 대한 매력이 힘을 잃는다는 것도 알게 되었다. 은혜는 순종의 동기를 부여할 뿐 아니라 순종을 가능하게 해 준다.

그러나 거룩한 삶의 동기와 다른 애정을 능가하는 그 사랑, 그래서 순종을 가능케 하는 그 사랑은 여전히 인간의 마음에서 우러나오는 것이다. 사랑의 힘이 대단하기는 하지만 우리의 인간성에 제한받을 수밖에 없다. 인간의 애정에는 굴곡이 있고 인간의 의지는 시들거나 꺾인다. 인간의 한계성을 뛰어넘는 능력을 하나님이 공급하시지 않는 한 우리의 영적 원수들은 하나님을 경외하려는 결심을 짓밟으려 할 것이다.

이번 설교는 순종을 위해 필요한 능력에 대해 더 상세하게 살펴볼 것이다. 그 능력이 우리 것이 될 수 있는 이유는 '그리스도와의 연합'이라는 하나님이 제공하신 방법이 있기 때문이다. 이 연합으로 인해 성도들은 옛 자아에서 벗어나 새 사람이 될 뿐 아니라 죄의 유혹을 물리칠 수 있는 새로운 능력을 갖추게 된다. 나아가, 이 연합은 온 세상을 향한 그리스도의 목적들을 달성하는데 우리가 그분과 함께 협력하도록 만들어 준다. 우주를 창조하고 다스리시는 그리스도와의 연합이 없다면 우리는 죄를 물리칠 수도 없고 세상을 구원하는 일에 참여할 수도 없다. 그리스도와의 연합으로 생긴 능력은 순종을 가능하게 할 뿐 아니라 이 놀라운 은혜로 인해 받은 능력을 사용해서 행동할 수 있는 부가적 동기도 부여해 준다.[01]

---

[01] 그리스도와의 연합이 주는 동기와 능력에 대해서는 〈그리스도 중심의 설교〉 357~359와 388을 참조하라. 아울러 나의 책 *Holiness by Grace*(Wheaton: Crossway, 2001)의 "United for Life", 39~65를 참조하라.

그리스도와의 연합

로마서 6장 1~14절

1 그런즉 우리가 무슨 말을 하리요 은혜를 더하게 하려고 죄에 거하겠느냐
2 그럴 수 없느니라 죄에 대하여 죽은 우리가 어찌 그 가운데 더 살리요
3 무릇 그리스도 예수와 합하여 세례를 받은 우리는 그의 죽으심과 합하여 세례를 받은 줄을 알지 못하느냐
4 그러므로 우리가 그의 죽으심과 합하여 세례를 받음으로 그와 함께 장사되었나니 이는 아버지의 영광으로 말미암아 그리스도를 죽은 자 가운데서 살리심과 같이 우리로 또한 새 생명 가운데서 행하게 하려 함이라
5 만일 우리가 그의 죽으심과 같은 모양으로 연합한 자가 되었으면 또한 그의 부활과 같은 모양으로 연합한 자도 되리라
6 우리가 알거니와 우리의 옛 사람이 예수와 함께 십자가에 못 박힌 것은 죄의 몸이 죽어 다시는 우리가 죄

에게 종 노릇 하지 아니하려 함이니

7 이는 죽은 자가 죄에서 벗어나 의롭다 하심을 얻었음이라

8 만일 우리가 그리스도와 함께 죽었으면 또한 그와 함께 살 줄을 믿노니

9 이는 그리스도께서 죽은 자 가운데서 살아나셨으매 다시 죽지 아니하시고 사망이 다시 그를 주장하지 못할 줄을 앎이로라

10 그가 죽으심은 죄에 대하여 단번에 죽으심이요 그가 살아 계심은 하나님께 대하여 살아 계심이니

11 이와 같이 너희도 너희 자신을 죄에 대하여는 죽은 자요 그리스도 예수 안에서 하나님께 대하여는 살아 있는 자로 여길지어다

12 그러므로 너희는 죄가 너희 죽을 몸을 지배하지 못하게 하여 몸의 사욕에 순종하지 말고

13 또한 너희 지체를 불의의 무기로 죄에게 내주지 말고 오직 너희 자신을 죽은 자 가운데서 다시 살아난 자 같이 하나님께 드리며 너희 지체를 의의 무기로 하나님께 드리라

14 죄가 너희를 주장하지 못하리니 이는 너희가 법 아래에 있지 아니하고 은혜 아래에 있음이라

본문 배경 소개 | 사도 바울은 아주 멋진 말을 했습니다. 그러나 그 말 때문에 반대자들의 엄청난 비난에 시달려야 했습니다. 그가 했던 말은 "죄가 더한 곳에 은혜가 더욱 넘쳤나니"라는 것이었습니다롬 5:20. 그 말을 들은 반대자들은 당연히 이렇게 물었습니다.

"그래? 죄가 더한 곳에 은혜가 더욱 넘친다면 그러면 우리는 은혜가 더욱 넘쳐나게 하기 위해서 죄를 더 지어야 하겠네?"

W. H. 오든이라는 저자의 글을 보면 바로 그런 태도를 엿볼 수 있습니다. "나는 죄짓기를 좋아하고 하나님은 죄를 용서하기 좋아하시니 이 세상이 제대로 돌아가는 거지." **01** 사도 바울은 정말로 그런 뜻으로 말했던 것일까요? 대답은 로마서 6장 1절부터 14절까지의 말씀 속에 있습니다.

성경 본문 읽기 | 함께 로마서 6장 1절부터 14절까지를 읽어 보겠습니다.

"그런즉 우리가 무슨 말을 하리요 은혜를 더하게 하려고 죄에 거하겠느냐 그럴 수 없느니라 죄에 대하여 죽은 우리가 어찌 그 가운데 더 살리요 무릇 그리스도 예수와 합하여 세례를 받은 우리는 그의 죽으심과 합하여 세례를 받은 줄을 알지 못하느냐 그러므로 우리가 그의 죽으심과 합하여 세례를 받음으로 그와 함께 장사되었나니 이는 아버지의 영광으로 말미암아 그리스도를 죽은 자 가운데서 살리심과 같이 우리로 또한 새 생명 가운데서 행하게 하려 함이라

만일 우리가 그의 죽으심과 같은 모양으로 연합한 자가 되었으면 또한 그의 부활과 같은 모양으로 연합한 자도 되리라 우리가 알거니와 우리의 옛 사람이 예수와 함께 십자가에 못 박힌 것은 죄의 몸이 죽어 다시는 우

리가 죄에게 종 노릇 하지 아니하려 함이니 이는 죽은 자가 죄에서 벗어나 의롭다 하심을 얻었음이라 만일 우리가 그리스도와 함께 죽었으면 또한 그와 함께 살 줄을 믿노니 이는 그리스도께서 죽은 자 가운데서 살아나셨으매 다시 죽지 아니하시고 사망이 다시 그를 주장하지 못할 줄을 앎이로라 그가 죽으심은 죄에 대하여 단번에 죽으심이요 그가 살아 계심은 하나님께 대하여 살아 계심이니 이와 같이 너희도 너희 자신을 죄에 대하여는 죽은 자요 그리스도 예수 안에서 하나님께 대하여는 살아 있는 자로 여길지어다

그러므로 너희는 죄가 너희 죽을 몸을 지배하지 못하게 하여 몸의 사욕에 순종하지 말고 또한 너희 지체를 불의의 무기로 죄에게 내주지 말고 오직 너희 자신을 죽은 자 가운데서 다시 살아난 자 같이 하나님께 드리며 너희 지체를 의의 무기로 하나님께 드리라 죄가 너희를 주장하지 못하리니 이는 너희가 법 아래에 있지 아니하고 은혜 아래에 있음이라."

설교 서론 | 은혜가 죄의 면죄부 노릇을 하는 것일까요? 이 질문은 목회 세미

01 W. H. Auden이 지은 장시에서 헤롯이 한 말을 인용함. "For the Time Being in Collected Poems" ed. Edward Mendelson (New York: Random House, 2007), 394.
02 이 '타락한 상태에 초점 맞추기' 문장이 현대인의 상황에 적절하고, 서론의 예화에 나오는 내용과도 일치한다는 점에 유의하라. 최고의 '타락한 상태에 초점 맞추기'는 인간의 타락으로 빚어진 문제만이 아니라 그런 문제가 설교를 듣는 청중에게 어떤 영향을 주는지도 고려한다. 말하자면, 3인칭인 그들만의 문제가 아니라 1인칭인 우리의 문제도 되는 것이다. 이 부분에 대한 상세한 설명은 〈그리스도 중심의 설교〉 130과 190~193을 참조하라.

나마다 끊임없이 논란의 대상이 되고 있습니다. 그러나 실제의 삶에서는 이 질문이 참으로 안타까운 대답을 얻고 마는 것을 보았습니다. 예를 들어 보겠습니다. 언젠가 우리 교회에 젊은 부부가 왔는데 주님의 은혜가 강하게 그들 삶에서 역사하고 있었습니다. 아내는 형식적인 신앙인 가정에서 성장했고 남편은 전혀 교회를 다녀본 적이 없는 사람이었습니다. 두 사람은 우리 교회의 가족이 되었고 상담을 통해 부부관계도 좋아졌습니다. 그러던 중 아내 건강에 이상이 생겨서 병원에 입원하게 되었는데 어느 날 그녀의 옛 애인이 찾아왔습니다. 남편은 그 사실을 싫어했지만, 아내는 왜 그리 속 좁게 구느냐며 남편에게 핀잔을 주었습니다. 그 말에 화가 난 남편은 그 길로 집을 나가서 옛날의 여자친구를 만나 그녀의 트레일러에서 함께 지냈습니다. 목사인 저는 가만히 보고 있을 수가 없어서 그 트레일러를 찾아가 남편에게 집으로 돌아가라고 권했습니다. 그래야 아내와 함께 문제를 해결할 길이 열린다고 했는데 그때 남편이 했던 말을 잊을 수가 없습니다. 그는 제게 "나중에 하나님이 저를 용서하실 텐데요, 뭘. 지금은 그냥 여기에 있겠어요."라고 했습니다.

"나중에 하나님이 나를 용서하실 것이다"는 말은 주님으로부터 도망가고 싶을 때마다 우리가 마음속에 속삭이는 신학입니다.[02] 잠깐의 쾌락, 명예, 인간관계, 이익 등을 위해서 하나님을 멀리하려고 할 때 우리는 나중에 와서 잘못을 빌면 하나님이 용서해주실 것이라고 합리화합니다. 야한 동영상에 접속할 때, 홍등가로 차를 몰아갈 때, 헐뜯고 모함하는 댓글을 올릴 때, 남의 고통을 외면할 때, 우리는 꿍꿍이 속셈을 가리고자 주님의 한량없는 은혜를 들먹거립니다.

이런 사고방식은 무엇이 잘못된 것일까요? 논리적으로 틀린 말은 아니고 은혜가 역사하는 것도 사실입니다. 하나님은 나중에 정말로 그런 죄들을 용서하실 것입니다. 그렇다고 해도 은혜를 구실로 죄를 지어서는 안 됩니다. 오히려 은혜 때문에 죄에서 멀어져야 합니다. 여기 로마서 6장에서 바울이 이야기하는 것이 바로 그 점입니다. 우리 같은 죄인들을 위해 하나님이 베푸신 은혜가 얼마나 놀랍고 굉장한가를 말했지만, 그 목적은 방탕의 구실을 주기 위한 것이 아니라 은혜가 죄의 권세에서 우리를 자유롭게 한다는 것을 알려 주기 위해서였습니다. 분노, 음란, 탐욕, 원망, 두려움, 야망 등의 내적 욕구는 우리 생각을 점령해 충동적인 행동과 삶의 파멸로 이끌고 갑니다. 하지만 우리는 그런 구속에 묶여 있을 필요가 전혀 없습니다. 그리스도의 은혜는 우리를 속박에서 자유롭게 하는 힘이지, 죄로 돌아가게 하는 인센티브가 아닙니다. 우리는 은혜의 통치 아래서 우리를 죄에서 자유롭게 하신 주님과 하나 되었습니다. 주님은 죄의 권세와 죄책감에 대한 해독제입니다. 따라서 바울이 말하고 있는 요점은 분명합니다. 우리가 그리스도와 연합했으니 다시는 우리를 구속하는 죄에게 돌아가지 말라는 것입니다.

이 자유를 누리기 위해서는 은혜가 어떻게 우리를 그리스도와 연합하게 하고 어떻게 그 연합이 죄의 속박을 끊는 힘을 주는지를 알아야 합니다. 그러기 위해 바울은 이 연합을 통해 그리스도가 우리에게 새로운 **정체성**과 새로

03 대지와 소지를 만드는 좋은 방법의 하나는 어떤 주제에 대한 부정적인 면과 긍정적인 면을 파악하는 것이다. 심지어 본문이 의미하는 것을 이야기하기 전에 의미하지 않는 것(예를 들면 흔한 착각)까지 파악한다.

04 사도 바울은 은혜가 면죄부를 주지 않는다는 것으로 이야기를 시작한다. 은혜 중심의 설교를 하는 설교자들도 반드시 그렇게 해야 한다. 혹시 당신이 비슷한 비난에 시달리며 그에 대해 해명하는 게 괴롭게 느껴진다면 사도 바울 역시 똑같은 곤욕을 치렀다는 걸 명심하라.

운 **사명**을 주신다고 이야기했습니다.

I. 그리스도와의 연합이 새로운 정체성을 줍니다

그리스도와의 연합이 우리에게 주는 것은 구체적으로 무엇입니까? 이 질문에 대답하기 위해서는 몇 가지 그에 합당한 자격 요건을 되돌아볼 필요가 있습니다.

죄에 대한 면죄부가 아니다 - 롬 6:1~2a, 15[03]

사도 바울은 그리스도와의 연합이 무엇을 주든지 죄에 대한 면죄부는 그 속에 없다고 잘라 말했습니다.[04] 매우 단호하고 강력한 어조입니다. 바울은 먼저 앞선 구절, 즉 "죄가 더한 곳에 은혜가 더욱 넘쳤나니"라는 구절을 왜곡하는 사람들에게 이렇게 물었습니다. "그런즉 우리가 무슨 말을 하리요 은혜를 더하게 하려고 죄에 거하겠느냐?" 롬 6:1. 그런 뒤에는 헬라어로 할 수 있는 가장 강렬한 표현을 써서 "그럴 수 없느니라 죄에 대하여 죽은 우리가 어찌 그 가운데 더 살리요"라고 했습니다 롬 6:2. 바울은 행여 말귀를 못 알아들을까 봐 마지막에 한 번 더 부정문을 강조했습니다. "그런즉 어찌하리요 우리가 법 아래에 있지 아니하고 은혜 아래에 있으니 죄를 지으리요 그럴 수 없느니라" 롬 6:15.

이처럼 바울은 극단적인 표현까지 마다치 않으면서 어느 시대건 설교자가 맞닥뜨리는 은혜에 대한 논란을 종식하고자 했습니다. 인간의 의로움이 아니라 하나님의 은혜로만 구원받는다고 설교하면 언제나 의로운 행위가 선택사항이냐는 비난이 날아듭니다. 바울은 그 같은 논리의 비약을 부정하면서 성도들의 실체를 확인시켜 줍니다. 즉 죄에 대해 죽었으면 더는 계속해서 죄 속에 살 수 없다는 것입니다. 이런 사실을 이해하고 죄의 속박에서 풀려난 기쁨을 아는 것이 그다음으로 사도 바울이 이야기하는 주제입니다.

사망진단서

그리스도와의 연합을 통한 새로운 삶은 사망 진단서를 받는 것에서부터 시작됩니다. 은혜를 받은 사람은 "죄에 대하여 죽은" 자라고 바울은 말했습니다롬 6:2. 사망 진단서는 곧 성도의 세례입니다!

보통 우리는 세례를 사망진단서로 생각하지 않습니다. 그 이유는 세례식을 죽음 의식으로 보지 않기 때문입니다. 그러나 바울은 이렇게 이야기합니다. "무릇 그리스도 예수와 합하여 세례를 받은 우리는 그의 죽으심과 합하여 세례를 받은 줄을 알지 못하느냐"롬 6:3. '예수와 합하여 세례를 받았다'는 말은 우리를 그분의 뜻과 목적에 일치시킨다는 뜻입니다. 예수님이 죽으셨으므로 그분과 하나 된다는 것 역시 우리의 존재도 어떤 의미에서 죽었다는 것을 의미합니다.

그리스도의 죽음과 연합함

사도 바울이 살던 1세기의 상황에 우리를 대입시켜보면 그의 말이 더 가슴에 와 닿을 것입니다.

- 과거에서 분리되었다

애굽을 탈출한 이스라엘 백성을 언급할 때에도 바울은 세례와 비슷한 이야기를 했습니다. 즉 그들이 "다 구름 아래에 있고 바다 가운데로 지나며 모세에게 속하여 다 구름과 바다에서 세례를" 받았다는 것입니다 고전 10:1~2. 이스라엘 백성이 하나님의 지시에 따라 구름과 바다를 지날 때 어떤 일이 일어났습니까? 그들은 애굽과 분리되었고 모세에게 속하게 되었습니다. 노예 상태에서 자유롭게 되어 자유를 찾은 것입니다. 그리하여 애굽의 족쇄에 갇혀 있는 예전의 삶이 아니라 모세의 삶과 목적과 새 생명과 동일해진 삶이 되었습니다. 일부 주석가들은 세례와 죽음을 연결한 말씀이 몸을 물에 담그는 세례 의식(예수님의 장례와 부활을 상징하는 행동)이 성경적임을 뒷받침하는 증거라고 주장합니다. 그러나 고린도전서 말씀에서 물에 잠긴 것은 이스라엘 백성이 아니라 애굽인들이었습니다. 이스라엘 백성의 세례는 물에 잠기는 세례가 아니라 고통스러운 과거에서 분리되어 새로운 미래(세례의 참된 의미에 더 가까운 비유)로 들어가는 세례였습니다. 과거의 노예 생활은 죽고 자유의 새 삶이 열렸던 것입니다.

우리가 세례를 죄악 된 과거의 사망진단서로 보지 않는 이유는 세례의 진정한 의미가 상실되고 하나의 통과의례로 세례를 주는 시대에 살고 있기 때문입니다. 그러나 우리가 1세기에 살던 이방인이나 유대인이었다면 우리는 그 상관성을 충분히 이해하고도 남았을 것입니다. 그 당시의 세례식은 과거의 가족과 신앙에서 자신을 분리하는 의식이었습니다. 예수 그리스도를 구주로 영접한 사람들과 하나 됨으로써 한 때 자신을 사랑했던 모든 사람으로부터 분노와 핍박의 대상이 될 수 있었습니다. 오늘날에도 이슬람교나 힌두교나 다른 종교를 믿는 사람이 그리스도인이 될 때 그런 일이 일어나곤 합니다. 그들이 세례를 통해 그리스도인에 합류한다는 것은 사실상 그들의 가족으로부터 "너는 우리에게 죽은 사람이다"라는 통보를 듣는 것이나 마찬가지입니다. 2011년 가을에 모로코에서는 기독교로 개종한 모슬렘 남자가 교회

밖에서 칼에 찔려 죽을 뻔한 사건이 일어났습니다. 한 그리스도인 가정이 그를 돌봐주고 미국으로 도피시켜 주었는데 나중에 알고 보니 그의 가족이 그를 죽이려고 계획적으로 범행을 저지른 것이었습니다. 결국, 그의 세례는 가족에게 죽은 자식이 되게 했고 목숨까지 노리는 상황을 만들었습니다. 지금 이 시대의 일부 사람들, 바울 시대의 모든 사람, 그리고 그 의미를 제대로 아는 사람들에게 세례는 옛 생활에 대한 사망진단서입니다.

- 그리스도와 동일하게 됨

세례는 과거 삶의 종말을 상징할 뿐만 아니라 우리를 위하여 죽으신 그리스도와 하나 됨을 상징하기도 합니다.⁰⁵ 로마서 6장에서 바울은 이렇게 말했습니다.

- 우리는 "그(그리스도)의 죽으심과 합하여 세례를 받았다"⁴절
- "우리가 그의 죽으심과 같은 모양으로 연합한 자가 되었다"⁵절
- "우리의 옛사람이 예수와 함께 십자가에 못 박혔다"⁶절

이것은 간단히 설명할 수 없는 영적 신비이지만 우리의 옛사람이 죽었다는 것이 과거 상황과의 단절 이상을 의미한다는 건 분명합니다. 한때 우리는 "옛사람"이었지만 죽으신 그리스도와 동일하게 됨으로써 옛사람도 죽었습니다. 그리스도와 함께 십자가에 못 박힌 '옛사람'은 누구입니까? 이 구절에서

05 이 문장은 "…뿐 아니라 …도"라는 형태의 전환이 다르게 변형된 것이며 이런 형태는 청중에게 설교 전략을 알리는 데 도움을 준다(《그리스도 중심의 설교》 325~326 참조).

'사람'으로 번역된 단어는 앞서 우리의 인간성, 즉 인류의 조상인 아담과 우리를 동일시할 때에도 사용되었습니다.

- "한 사람으로 말미암아 죄가 세상에 들어오고 죄로 말미암아 사망이 들어왔나니 이와 같이 모든 사람이 죄를 지었으므로 사망이 모든 사람에게 이르렀느니라" 롬 5:12.
- "한 사람의 범죄로 말미암아 사망이 그 한 사람을 통하여 왕 노릇하였은즉" 롬 5:17a.
- "한 범죄로 많은 사람이 정죄에 이른 것 같이" 롬 5:18a.
- "한 사람이 순종하지 아니함으로 많은 사람이 죄인 된 것 같이" 롬 5:19a.

그리스도와 함께 십자가에 못 박혀 죽은 "옛사람"은 아담과 연합한 인간, 즉 그리스도와 연합하기 이전의 인간을 말합니다. 그 사람 안에서 죽음이 "왕 노릇" 롬 5:17a 한 이유는 아담의 죄성이 주도권을 잡아 그를 죽어 마땅한 자로 만들었기 때문입니다. 그러나 지금 믿음으로 그리스도와 연합한 우리는 그 "옛사람"이 죽었습니다. 죽으신 그리스도와 연합했기 때문에 아담과 연합했던 사람도 죽은 것입니다.

• 옛사람의 죽음은 죄에서 우리를 자유롭게 한다

"옛사람"의 죽음이 왜 반가운 일일까요? 우리가 정죄를 받는 이유는 하나님의 법을 어겼기 때문이라는 사실을 기억하면 이 질문의 답이 나옵니다. 하지만 바울은 다음 장의 첫 구절에서 그런 정죄에 대한 예리한 통찰을 보여줍니다. "너희는 그 법이 사람이 살 동안만 그를 주관하는 줄 알지 못하느냐" 롬

7:1. 사람이 죽으면 법은 더 이상 그 사람에게 효력을 발휘할 수 없습니다. 법이 효력을 발휘하지 못하면 그 사람을 정죄할 수도 없습니다. 이것이 앞 장에서 바울이 말한 핵심이었습니다.

"율법이 없었을 때에는 죄를 죄로 여기지 아니하였느니라" 롬 5:13.

따라서 율법이 죽은 사람을 정죄하지 못하기에 율법의 정죄를 받지 않는 사람은 유죄가 아닙니다. 결국, 그리스도와 함께 죽은 사람은 무죄입니다. 바울은 그다음 장에서 무죄의 기쁨을 이렇게 이야기했습니다. "그러므로 이제 그리스도 예수 안에 있는 자에게는 결코 정죄함이 없나니" 롬 8:1.

우리가 사는 세상의 법도 그 사실을 반증합니다. 몇 년 전 우리 집 근처의 고속도로에서 큰 교통사고가 났습니다. 트럭 운전사가 휴대전화를 사용하며 한눈을 팔다가 언덕에서 구르는 바람에 정차해 있는 차들이 박살이 나고 네 명이 죽었습니다. 하지만 그렇게 많은 사상자가 발생했음에도 불구하고 트럭 운전사는 처벌은커녕 교통위반 딱지조차 떼이지 않았습니다. 왜 그랬을까요? 그 운전사도 죽었기 때문입니다. 우리는 죽은 사람을 처벌하지 않습니다. 따라서 그리스도 안에 죽은 사람은 율법의 정죄를 받지 않습니다.06

• **옛사람의 죽음은 죄의 지배에서 우리를 자유롭게 한다**

옛사람의 죽음은 우리를 죄에서 벗어나게 할 뿐만 아니라 죄의 지배에서도 벗어나게 합니다. 바울은 "옛사람이 예수와 함께 십자가에 못 박힌 것은

06 이 부분에는 많은 예화가 등장하는데 예화들은 단지 내용을 명확히 하고 청중에게 동기를 부여해 주는 것만이 아니라 깊은 사고(이것이 계속해서 설교에 집중하는데 어려움을 줄 수 있음)에서 벗어나 잠시 머리를 식히게 하는 역할도 하고 있다.

죄의 몸이 죽어 다시는 우리가 죄에 종노릇하지 아니하려" 함이라고 말했습니다(롬 6:6). 옛사람이 십자가에 못 박힌 것이 어떻게 죄의 종살이에서 벗어나게 해줄까요? 간단히 답하자면 죽은 사람은 죄를 짓지 않기 때문입니다. 죽은 자는 나쁜 일을 하지도 않고 나쁜 일을 하라는 꾐에 빠지지도 않습니다. 죽었으니까요! 현세를 초월한 영적 세계에서 성도들은 죄의 지배를 받지 않습니다. 이 사실은 절박한 순간에 더욱 큰 소망을 가져다줍니다.

저는 목회를 시작한 지 얼마 안 되어 한 소녀의 가슴 아픈 장례식을 집례한 적이 있습니다. 그 아이는 아버지와 같이 트랙터를 타고 가다가 변을 당했습니다. 농촌 아이들이 그렇듯이 그 아이도 트랙터 타는 것을 좋아해서 아빠가 모는 차의 조수석에 앉아 있었습니다. 그런데 처음 가 보는 생소한 길을 가다가 갑자기 트랙터가 웅덩이에 빠지는 바람에 조수석에 있던 아이가 밖으로 튕겨 나가 그대로 즉사하고 만 것입니다.

장례식이 끝난 뒤에 저는 그 가족과 함께 집으로 가서 멀리서 온 친척들과 전통음식으로 식사했습니다. 너무도 침통한 분위기였기 때문에 부모들은 아이들을 거실 한쪽에 데려가서 텔레비전을 보며 조용히 하라고 시켰습니다. 그런데 텔레비전을 켜는 순간에 아이들의 마약 사용을 경고하는 공익광고가 화면에 떴습니다. 그 광고에는 야비한 인간들의 유혹에 넘어가 어두운 골목길로 들어가는 한 소녀의 모습이 나왔는데 희한하게도 그 소녀의 얼굴은 조금 전에 장례를 치른 죽은 소녀와 너무도 똑같았습니다. 그곳에 있던 사람들은 그 사실을 눈치채고 당황해 하면서 죽은 아이의 엄마가 딸 생각에 또 눈물을 쏟을 것으로 생각했습니다. 그러나 아이 엄마는 자리에서 벌떡 일어나더니 텔레비전을 향해 손가락질하면서 결연한 표정으로 이렇게 말하는 것이었습니다. "너는 우리 아이를 건드릴 수 없어. 그 애는 지금 예수님과 함께 있으니까!"

아이 엄마의 말은 백번 옳은 이야기였습니다. 아이는 이제 예수님과 함께 있으니 어떤 죄도 아이를 건드릴 수 없습니다. 육체적인 죽음이 그렇게 만든 것입니다. 바울은 믿는 성도들에게도 그와 같은 사실이 적용된다는 것을 알려주었습니다. 우리가 그리스도의 죽음과 영적으로 하나 되었기 때문에 우리의 옛사람(아담의 본성에 지배당했던 자아)은 죽었고 저항할 수 없었던 죄의 충동도 더 이상 우리를 지배할 수 없습니다. 물론 여전히 죄의 유혹은 받겠지만, 죄의 손아귀에서 자유롭게 되었으므로 우리가 죄를 짓는 것은 선택의 결과일 뿐 속박의 결과는 아닙니다.

죄에 노예가 되었던(죄에 저항할 수 없었던) 옛사람은 죽었습니다. 그 사실이 우리 삶에 주는 효과는 즉각적입니다. 사탄은 아직도 자신이 우리 마음과 생각을 지배하는 것처럼 믿게 하려고 합니다. 그러나 우리는 사탄의 거짓말이 아니라 성경의 진리에 따라 유혹을 다루어야 합니다. 옛사람은 죽었고 그리스도와 함께 못 박혔습니다. 우리가 회심하기 전에 가졌던 아담의 본성으로는 죄를 대항할 수 없었기 때문에 우리는 죄의 노예가 되어 끌려다녔습니다.

07 이 부분의 소지들은 점진적인 동시에 음절과 소리(원문에는 각 소지의 운에 있는 두 번째 단어들이 동일함-역주)에 있어 비슷한 형태를 취함으로써 각각의 소지가 상응하는 소지들과 상대적 중요성을 갖고 있다는 걸 알게 한다. 이런 구조상의 기교가 초보 설교자에게는 인위적으로 보이거나 부담스러울 수도 있겠지만, 실상은 우리가 일상의 대화에서 의미를 전달할 때 자연스레 사용하는 기법이기도 하다. 설교에서 언제, 어떻게 그런 기법을 사용해야 하는지의 문제는 규정이나 법칙보다 설교자의 느낌과 말의 운율에 달린 것이다. 말로 하는 설교에서 그처럼 듣기 좋은 어법을 적절히 사용하면 자연스레 의미전달이 확실해진다.

그러나 주님을 믿은 뒤에는 예전의 자아와 정체성이 죽었습니다. 이제 그리스도의 죽음과 연합함으로써 무죄 선고를 받았을 뿐 아니라 죄의 권세도 무력해졌습니다. 옛 본성을 가진 자아가 죽었으므로 우리는 더 이상은 죄의 노예가 아닙니다.

그리스도의 생명과 연합함

하지만 그리스도의 죽음과 연합한 것만 이야기해서는 그리스도와 연합한 영광을 온전히 이해할 수 없습니다. 이 말은 예수님의 죽음과 연합한 사실만 언급해서는 그분과의 연합이 갖는 의미를 충분히 파악하지 못한다는 뜻입니다. 그것이 대속 사역의 전부가 아니기 때문입니다. 예수님은 단순히 죽기만 하신 것이 아니라 또한 살아나셨습니다. 예수님은 다시 살아나셨고 우리는 그분과 연합했기 때문에 우리 역시 그분의 생명과 하나 되었습니다. 또한, 그리스도와의 연합으로, 사망 진단서를 받은 우리가 그리스도의 부활 덕분에 생명의 새로운 능력을 받았습니다.

- **영원한 보장**[07]

우리는 그리스도 안에서 죽었기에 죄의 지배에서 벗어났을 뿐 아니라 그리스도의 생명과 연합함으로써 새로운 능력도 받았습니다. "그리스도를 죽은 자 가운데서 살리심과 같이 우리로 또한 새 생명 가운데서 행하게 하려 함이라" 롬 6:4. 그리스도와의 연합으로 우리에게 생긴 능력은 죄를 짓고 싶은 충동이나 집념을 능가합니다. 그런 초자연적 능력을 강조하기 위해, 바울은 먼저 죽음을 이기신 분과의 연합 덕분에 우리가 영원히 안전하다는 사실을 이야기했습니다. "만일 우리가 그의 죽으심과 같은 모양으로 연합한 자가 되었으면 또한 그의 부활과 같은 모양으로 연합한 자도 되리라"롬 6:5.

한때 우리를 묶었던 죄의 족쇄는 그리스도와의 영원한 생명에서 우리를 떼어놓을 수 없습니다.

• **현재의 능력**

영원한 생명은 단순히 미래에 주어질 은총만을 의미하지 않습니다. 그리스도 안에서의 영원한 생명은 현재 이 세상에서의 삶에도 능력을 주고 있습니다. 사도 바울의 생각의 흐름을 따라가다 보면 그 사실을 충분히 이해할 수 있습니다. 로마서 6장 5절에서 10절까지의 내용은 주로 불안한 세상에서 살아가는 성도들에게 안도감을 주려는 의도로 쓰였습니다. 죽었다가 살아난 분과 연합했으면 영생을 확신해도 된다고 바울은 말했습니다.

"만일 우리가 그리스도와 함께 죽었으면 또한 그와 함께 살 줄을 믿노니" 롬 6:8. 이 같은 영생의 확신이 우리로 하여금 더 예수님을 위해 살아가도록 합니다. 비록 그런 삶에 고난과 희생과 위험이 따른다 해도 말입니다. 그러나 죄에 승리한다는 확신이 없다면 그런 고군분투가 어리석은 일이 되고 말 것입니다. 또한, 우리가 그리스도와 연합하면 "다시는 우리가 죄에게 종노릇 하지" 않게 된다고 했습니다롬 6:6. 그리고 덧붙여서 "이와 같이 너희도 너희 자신을 죄에 대하여는 죽은 자요 그리스도 예수 안에서 하나님께 대하여는 살아 있는 자로 여길지어다"라고 했습니다롬 6:11. 궁극적으로 우리는 영생을 약속받았으며롬 6:5, 그리스도와 연합한 덕분에 우리는 이미 지금도 새 생명을 살고 있습니다롬 6:4.

예수님을 죽음에서 살렸던 바로 그 능력이 지금 우리 안에도 존재하며 발휘되고 있습니다. 다른 구절들(예를 들면 로마서 8장 10~11절)이 말하듯 이 능력은 우리 안에 계신 성령님의 역사입니다. 생명을 주고 죄를 이기는 성령의 능력이 우리 안에 거하는 이유는 우리가 그리스도, 즉 성령의 능력에 의해 죽음에서 부활하신 그리스도와 연합했기 때문입니다. 그 연합으로 인해 우리는 성령의 능력을 통해서 하나님께 살아 있습니다.

• 완전한 정체성

"하나님께 대하여는 살아 있는 자"의 의미를 온전히 이해하기 위해 그리스도와 체험을 공유한다는 것이 무엇인지 생각해 보아야 합니다. 그것을 사건의 발생 순서대로 정리하면 다음과 같습니다.

- "우리의 옛 사람이 예수와 함께 십자가에 못 박힌 것은" 롬 6:6.
- "우리가 그의 죽으심과 같은 모양으로 연합한 자가 되었으면" 롬 6:5.
- "우리가 그의 죽으심과 합하여 세례를 받음으로 그와 함께 장사되었나니" 롬 6:4.

'십자가에 못 박히고', '죽었고', '장사되었고'와 같은 표현은 사도신경에서 예수님이 당하신 일을 묘사하는 표현입니다. 오늘 본문인 로마서는 같은 표현으로 그리스도와 연합한 우리를 묘사하고 있습니다. 사도신경에서 이 말들이 전부가 아니듯이 우리를 향한 사도 바울의 격려도 이것이 전부가 아닙니다. 예수님은 십자가에 못 박히고, 죽고, 장사된 것만이 아니라 "사흘 만에 죽은 자 가운데서 다시 살아나"셨습니다. 우리가 주님과 연합했다면 부활의 능력도 우리 것입니다. 바로 이것이 바울의 최종적인 결론입니다.

"아버지의 영광으로 말미암아 그리스도를 죽은 자 가운데서 살리심과 같이 우리로 또한 새 생명 가운데서 행하게 하려 함이라" 롬 6:4.

예수님의 고난의 핵심 요소(십자가 처형, 죽음, 장사, 부활)가 우리 앞에 놓여 있습니다. 그리고 바울은 우리가 그 하나하나의 요소에서 그리스도와 연합했다고 말합니다. 그 말은 우리가 가족이나 단체의 일원이 되는 차원으로 그리스도와 하나 된 것이 아니라 그분이 체험한 모든 것과도 하나 된다는 것을 의미합니다. 인간의 이성으로는 이해 불가능한 것이지만, 어쨌든 우리는 영적으로 그리스도와 연합해 그분의 죽으심과 부활의 모든 면을 함께 체험했습니다. 그래서 지금 우리가 죄와 직면하게 되면 절대로 무력감이나 소외감을 느낄 필요가 없습니다. 우리는 그리스도가 직면했던 것을 동일하게 직면하는 것이니 이길 수 있고 궁극적으로 승리할 것을 확신할 수 있습니다. 우리와 연합한 그분이 이미 그렇게 하셨기 때문입니다. 그리스도와 연합한 우리는 그분 고난의 모든 사건을 다음과 같이 경험합니다.

- 우리가 당하는 수치와 고통을 통해서 그분이 십자가 위에서 당했던 조롱과 비난과 배신과 공포와 결핍을 경험합니다.**08**

08 복잡하고 형태가 동일한 되풀이 말이 같은 단어로 시작된다는 점에 유의하기 바란다(원문에는 세 문장이 전부 'Through our~'로 시작한 -역주). 수필을 가르치는 영어 교사라면 이런 식의 되풀이되는 형식을 권장하지 않겠지만, 구어적 의사 소통에서는 이처럼 기억하기 좋은 표현들이 복잡한 사고의 방향을 잡아주고 강조해야 할 주제들에 수사학적 힘을 실어준다. 아울러 이 문장들(같은 단어의 시작으로써 서로 연결된 문장들)에는 핵심 용어들(십자가에 못 박히다, 죽다, 장사되다)이 들어 있으며 그것은 다음에 나올 주제의 중요한 축이 된다. 그리고 그 주제에 사용된 말씀은 사도신경의 내용을 상기시킨다. 여기에서의 대구법(對句法)은 비슷한 견해들을 묶어줄 뿐 아니라 그 견해들 각각의 중요한 차이들(설교자는 뒤이어 이 차이들을 이야기하고 있음)을 알게 해 준다.

- 실패와 갈등을 통해서 우리는 그분과 함께 죽습니다. 그래서 힘겨운 숨쉬기, 심장의 멈춤, 사람들이 우리에게 희망을 상실함, 사랑하는 사람들이 우리에 대한 자부심을 잃어버림과 같은 것을 경험합니다.
- 명예와 긍지를 잃어버림으로써 우리는 그분과 함께 장사되고 우리의 발은 그분 곁에서 마비되고, 우리의 차가운 손은 그분의 차가운 손에 얹히고, 과거의 힘에도 불구하고 무력해지고, 어둠에서 도망칠 수 없는 이 모든 것들이 우리의 주님 곁에서 이루어집니다시 88편 참조.

그러나 이 모든 육적인 체험이 주님이나 우리의 마지막이 아닙니다. 그 모든 수치와 고통과 어둠을 양산했던 죄는 그리스도를 궁극적으로 지배할 수 없고 성도의 운명을 좌우할 수 없습니다. 우리는 못 박히고, 죽고, 장사된 분과 연합되었을 뿐 아니라 무덤에서 살아나 하나님께로 승천하고 성령으로 우리 마음속에 거주하시는 분과도 연합되었습니다. 주님을 통해서 영생과 현세의 능력을 갖추게 되고 하나님 아버지를 섬길 온전한 자격을 갖추게 되었습니다.

예수님은 우리의 정체성이고, 보증이고, 능력입니다. 옛사람이 죽고 주님과의 연합을 통해 그분의 생명이 우리 것이 되었기 때문입니다. 하지만 주님의 정체성과 보증과 능력을 갖췄다고 해서 죄에게서 저절로 멀어지는 것은 아닙니다. 오히려 바울을 비난했던 자들의 말처럼 죄를 쉽게 지을 가능성을 열어놓을 수도 있습니다. 우리는 사랑 받고, 안전하고, 능력이 있는 존재인데 왜 굳이 성경의 명령(하나님이 우리에게 시키시는 일)09을 이행해야 할까요? 바울은 그리스도와 연합한 자들의 새로운 사명을 설명하며 그 질문에 대답합니다.

II. 그리스도와의 연합이 새로운 사명을 줍니다

우리의 책임

구원받은 사람은 구원자에게 보답의 의무를 느낀다는 것을 바울은 알고 있었습니다. 그래서 그리스도의 정체성을 가진 자들의 사명을 명확하게 밝혔습니다. 즉 성도들은 "의의 무기"가 되어 섬겨야 한다고 합니다롬 6:13. 그런 뒤에 우리 의무의 부정적인 면과 긍정적인 면을 이야기합니다.

- **부정적인 면**

바울은 우리는 이제 죄에 대항할 능력이 생겼으므로 "죄가 너희 죽을 몸을 지배하지 못하게 하여 몸의 사욕을 순종하지 말고"라고 말합니다롬 6:12. 아울러 "너희 지체를 불의의 무기로 죄에게 내주지 말고"롬 6:13a라고 덧붙였습니다. 결국 "너희 삶에 죄가 지배하지 못하게 하고 남들이 죄의 지배를 받도록 돕지 말라"는 말씀입니다.

- **긍정적인 면**

바울은 또한 하나님의 통치를 받는 법에 관해서도 이야기했습니다. "너희

09 앞서 서술과 명령에 관해 설명했지만, 그리스도와의 연합을 알게 되면 서술/명령에 대한 이해의 폭이 확장된다. 그리스도와의 연합으로 인해 우리가 소유하게 된 신분과 능력(서술)이 하나님이 요구하시는 것(명령)을 행할 수 있는 능력을 준다. 서술/명령의 관계에 대한 자세한 사항은 〈그리스도 중심의 설교〉 317~321과 *Christ-Centered Preaching* 개정판, 325~327을 참조하라.

자신을 죽은 자 가운데서 다시 살아난 자 같이 하나님께 드리며"롬 6:13b라는 구절은 성도들의 현재 상태(우리가 누구인가)를 상기시키는 말입니다. 우리는 죄의 노예로 살아가는 "옛 사람"이 아닙니다. 그런 사람은 죽었습니다. 그 대신에 그리스도와 함께 살아났고 부활의 능력이 우리 안에 역사하고 있습니다. 그래서 바울은 "너희 지체를 의의 무기로 하나님께 드리라"고 말한 것입니다롬 6:13c. 특권은 의무를 동반합니다.

우리는 그리스도와 연합했기에 그리스도를 위해 살아갈 의무가 있습니다. 그렇게 하는 힘은 우리가 끼칠 엄청난 영향력을 깨달을 때 솟아납니다. 우리가 하나님의 의의 무기인 까닭은 죄가 우리를 주장하지 못하기 때문이고롬 6:14 죄가 우리 몸을 지배하지 못하기 때문입니다롬 6:12. 지배라는 표현이 앞선 장에 나왔던 영적 씨름을 떠올리게 합니다.

"한 사람의 범죄로 말미암아 사망이 그 한 사람을 통하여 왕 노릇하였은즉 더욱 은혜와 의의 선물을 넘치게 받는 자들은 한 분 예수 그리스도를 통하여 생명 안에서 왕 노릇 하리로다"롬 5:17.

이 말의 의미는 분명합니다. "의의 무기가" 된 우리는 인류 초기부터 지속해 온 죄의 왕 노릇을 끊는 데 일조해야 합니다. 우리의 의로움은 개인적인 문제가 아닙니다. 온 세상에서 죄의 지배를 끊어버리는 하나님의 구원사역에 의로운 우리도 동참해야 합니다. 그리스도의 부활 능력과 연합한 자들은 죽음이 지배할 수 없습니다. 우리를 통해 죽음의 통치는 그 힘이 줄어듭니다.

우리의 능력

우리가 그리스도와 연합했기 때문에 우리에게는 하나님이 주시는 명령을 수행할 능력이 있습니다. "죄가 너희 죽을 몸을 지배하지 못하게 하여"롬 6:12

라고 한 이유는 우리가 죽은 자 가운데서 다시 살아났기 때문이며 롬 6:13 죄가 우리를 주장하지 못하기 때문입니다 롬 6:14. 그래서 바울은 우리가 그리스도의 능력을 갖추고 있다고 선언했습니다. 어쩌면 여러분은 속으로 죄에 저항할 힘이 없다고 생각하거나 죄의 유혹 앞에서 너무 무력했던 경험이 떠오를지 모르지만, 바울은 우리에게 그럴 힘이 있다고 당당하게 주장합니다. 즉 그리스도와 연합했기 때문에 그 일이 가능하다는 것입니다!

저의 아내 캐시는 보통 조용하게 이야기하는 편이지만 가끔 목소리를 높일 때가 있습니다. 그 중의 하나는 우리 아이들이 할 수 있는 일을 안 하고 자포자기할 때입니다. 언젠가 우리 딸이 새벽 2시까지 화학 숙제를 못하고 끙끙거리다가 제 엄마에게 이렇게 투정을 부렸습니다.

"숙제 안 할래요. 뭐가 뭔지 도통 모르겠어요. 난 정말 바보야." 그때 아내는 목소리를 높여 아이에게 용기를 불어넣어 주었습니다.

"엄마 말 잘 들어. 너는 바보가 아니야. 하나님이 이걸 할 수 있는 두뇌를 너에게 주셨어. 할 수 있어, 엄마가 도와줄게. 자, 다시 해 보자."

그처럼 사도 바울도 우리가 그리스도와의 연합을 통해 그분이 주시는 의로움의 의무를 이행할 수 있다고 격려합니다.

• 우리의 동기

우리에게는 의의 무기가 되라는 사명과 그 사명을 완수할 수 있는 그리스

10 은혜가 동기와 사랑을 우러나게 해서 거룩함을 추구하게 만든다는 점에 대해서는 〈그리스도 중심의 설교〉 388과 397~399를 참조하라.

도의 능력이 있습니다. 문제는 그렇게 할 의지가 있느냐입니다.[10] 그래서 바울은 우리의 동기에 관해 이야기합니다.

• **하나님 면전에서**

하나님의 명령을 준수하는 것은 하나님 앞에서 우리 자신을 영예롭게 하는 일입니다. 바울은 로마의 교인들에게 "너희 지체를 의의 무기로 하나님께 드리라"고 했습니다롬 6:13. 우리는 하나님의 면전에서 살아가고 있습니다. 우리의 모든 언행이 그분 앞에 고스란히 드려집니다. 따라서 우리가 부여받은 능력에 따라 명령받은 대로 행하는 이유 중 하나는 만물이 존재하기 전에 계신 하나님을 경외하기 위해서입니다. 청교도 신학자 존 오웬은 의로운 삶을 살려는 동기 중 하나가 하나님 영광을 위해 살도록 사명 받은 자에게 불경건한 삶은 너무도 '어울리지 않는다'는 것을 알기 때문이라고 했습니다. 우리를 구원하고 사랑하시는 하나님은 우리가 그분이 주신 새로운 정체성에 걸맞은 사람이 되어 살아가기를 바라십니다.

저는 이 사실을 우리 신학대학원에서 군목이 되기를 희망하며 공부하는 신학생들에 빗대어 말씀드리겠습니다. 그들은 훗날 조국을 위해 봉사할 날을 고대하고 있습니다. 지금은 티셔츠에 청바지 입고 후줄근한 모습으로 학교에 다니지만 언젠가 군목이 되어 제복을 착용하는 날이 오면 어깨를 펴고 고개를 들고서 당당한 모습으로 서 있을 것입니다. 그것이 조국을 대표하는 그들의 정체성에 걸맞게 행동하는 것입니다. 마찬가지로 우리 믿는 자들도 자신이 의의 무기임을 알고 그리스도와의 연합을 통해 하나님 앞에서 자기 정체성에 맞게 생활해야 합니다.

• **그리스도의 구원**

자신의 새로운 정체성을 부담스러워하거나 겁을 먹고 숨으려고 해서는 안 됩니다. 우리를 바라보는 분은 죽은 자 가운데서 우리를 다시 살려낸 분이십니다롬 6:13. 우리 자신을 의의 무기로 드려야 하는 이유는 하나님이 우리를 보시기 때문만이 아니라 아들을 보내어 우리를 죽음에서 구원해 주셨기 때문이기도 합니다. 그래서 존중과 경외심은 물론 감사의 뜻으로 그분을 섬기는 것입니다. 자신을 사랑하고 자신을 위해 희생하신 분을 섬기고 싶은 것은 지극히 당연한 일 아니겠습니까?

존 오웬은 죄를 짓는 이유가 결국은 하나님에 대한 사랑이 부족해서라고 말했습니다. 주님이 우리를 위해 값진 보혈을 흘려 구원하셨음을 안다면 그분을 사랑하고 섬기고 싶은 열정이 우러나야 정상입니다. 처음에는 하나님이 나중에 용서하신다는 핑계로 죄에서 헤맬 수도 있겠지만, 시간이 갈수록 마음이 움직여서 영생을 주신 분을 사랑하고 섬기려는 쪽으로 이끌려 갈 것입니다.

• **우리의 자유**

의로운 삶의 마지막 동기는 아주 현실적인 이유에서입니다. 뉴욕에서 목회하는 팀 켈러Tim Keller 목사는 오늘날의 목회자들이 특정 행동만 비난해서는 도덕적 방향감각을 상실한 현대사회의 악을 제거할 수 없다고 말했습니

11 자신에 대한 올바른 사랑(하나님이 사랑하시고 소중히 여기시듯 자신을 사랑함)이 있다는 점과 그 사랑이 죄에서 해방되려는 동기가 돼야 한다는 점을 기억하라(《그리스도 중심의 설교》 398~399 참조).

다. 특정 행동을 '나쁘다'고 지적해봤자 인신공격처럼 들려서 반감만 키운다는 것입니다. 그래서 성경적으로 사람들을 설득하기 위해서는 비성경적 행동이 인생의 족쇄가 된다는 사실을 경고하라고 충고했습니다.

유명한 대중가수 에이미 와인하우스Amy Winehouse의 안타까운 삶을 생각해 보십시오. 그녀의 목소리도 매력적이었지만 아마 반항아적 생활방식도 많은 팬을 확보하는 요인이 되었을 것으로 생각합니다. 소수의 팬이 그녀의 나쁜 행동을 발견했을 때 그 사실을 눈감아 준 것이 더 큰 화근을 불러오고 말았습니다. 결국, 마약에 중독되어 콘서트에 불참하고 가사를 잊어버리는 일이 빈발하자 팬들마저 등을 돌리기 시작했습니다. 에이미 아버지의 증언을 따르면 마약 중독이 너무 심각한 상태여서 급속히 해독하려다 사망에 이른 것이라고 합니다. 에이미 와인하우스를 결박했던 마약은 에이미가 마약을 떠나려 할 때조차 붙잡고 놓지 않았습니다. 에이미의 팬들은 그녀의 방탕한 자유가 아니라 악습의 결박으로 인해 사랑하는 가수를 잃고 말았습니다. 이 시대의 죄는 '나쁜' 정도를 넘어 인간을 장악하는 정도에 이르렀습니다. 자유를 잃는 것이 죄책감을 잃는 것보다 더 용납 못할 세상이 되었으니까요.

죄에 노예가 되는 것이 싫어서 의롭게 살려고 하는 것은 잘못된 동기가 아닙니다. 사도 바울도 그런 동기에 편승해 몸의 사욕에 순종하지 말고롬 6:12, 죄에게 주도권을 주지 말고롬 6:14, 죄의 종이 되지 말라고롬 6:16~17 권면했습니다. 죄의 충동을 억제하기 힘들고 그 결박을 풀 수 있을지 의심하는 사람은 그리스도와의 연합 속에서의 자유에 대한 갈망이 의로운 삶을 살고자 하는 좋은 동기가 될 것입니다.[11]

결론

믿는 성도들은 하나님의 놀라운 능력과 은혜로 말미암아, 그분의 원대한 계획, 즉 하나님의 의로운 통치를 세계에 실현하는 계획에 참여할 수 있다고 바울은 힘주어 역설했습니다. 하나님의 구원 계획에 그리스도와 함께 동역할 특권을 얻은 성도들은 이제 인생의 목적을 깨달았으니 죄의 결박에서 풀려나 구원자의 사랑을 절감하며 하나님의 면전에서 섬겨야 합니다. 우리는 그리스도와의 연합이라는 은혜를 통해 죄를 벗어나 영생을 보장받았고 죄를 물리치며 싸울 수 있는 능력도 받았습니다. 그런 은혜는 죄에 대한 면죄부가 아니라 죄를 극복하게 하는 진정한 능력이며 그 능력은 우리 자신이 아니라 그리스도와의 연합에서 비롯된 것입니다. 우리의 태생적 결함에도 불구하고 그런 능력이 우리를 통해 흘러나와 우리 안에 남아있게 됩니다.

2011년 10월에 아이오와 주에 사는 한 부부가 불의의 교통사고를 당했습니다. 아내인 노르마와 남편 고든 예거씨는 결혼한 지 72년이 되는 부부였고 아내는 90세, 남편은 94세였습니다. 두 사람은 병원에서 치료를 받는 동안에도 옆 침대에 누운 배우자와 손을 꼭 붙잡고 있었습니다. 그러다 남편 고든 씨가 먼저 세상을 떠났는데 죽을 때조차 아내의 손을 놓지 않았다고 합니다. 결국, 고든 씨의 심장은 멈추고 낯빛은 창백해졌습니다. 그런데 이상하게도 심장 모니터는 계속해서 작동하고 있었습니다. 심장 모니터가 정지하지 않

12 Christian Ng, "Iowa Couple Married 72 Years Dies Holding Hands, an Hour Apart," ABC News, 2011년 10월 19일자.

은 이유는 고든 씨가 계속 아내의 손을 붙잡고 있었기 때문이었습니다. 서로 손을 잡고 있어서 아내의 심장이 남편을 통해 작동한 것입니다.[12] 마찬가지로 우리에게는 죽음을 지배할 능력이 없지만, 그리스도와의 연합을 통해 그분의 생명이 우리의 생명이 되었습니다. 고든 씨의 아내도 남편을 따라 곧 세상을 떠났습니다만 부활한 예수님은 우리 안에 살아 계십니다. 주님과의 연합을 통해 우리에게는 죄를 이길 힘이 생기고 주님의 사랑 속에서 그분을 위해 싸우고 싶은 사랑의 동기가 생겨납니다. 그래서 죄가 가득한 곳에 은혜는 더욱 가득해집니다. 그로써 우리는 영원히 연합하게 될 그리스도를 위해 더욱 의롭게 사는 힘과 의지가 생기는 것입니다.

설교 예문 13

말씀을 전파하라

이 책의 마지막에 소개된 설교 예문 몇 가지는 하나님의 은혜가 어떻게 순종의 동기와 능력을 제공하는지에 초점을 맞추고 있다. 이제 책을 마무리하는 시점에서 하나님이 은혜를 베푸시는 수단이자 성도들을 힘 있게 하는 것, 그리고 이 책의 집필 목적인 '말씀 전파'를 잊어서는 안 될 것이다. 말씀을 전파하는 것은 하나님이 정하신 수단으로서, 이 수단을 통해 하나님의 백성에게 진리를 전달하고 주님의 임재를 경험시켜 그분을 섬길 수 있도록 준비시킨다.

이번에 소개할 설교 예문은 설교의 영적 능력에 초점을 맞추고 있다. 이 설교는 분량이 많은 본문을 강해설교할 경우를 위해 준비한 것이다. 말씀 전체를 깊이 있게 다루기보다 특정한 주제, 즉 전파된 하나님 말씀의 능력이라는 특정주제가 언급된 부분을 중점적으로 다루었다.[01]

본문 배경 소개[02]가 설교의 요점을 짚어주기 때문에 청중은 성경 본문이 전부 다 다루어지지는 않는다는 것을 미리 염두에 둘 수 있다.[03] 이 설교에서 많은 분량의 성경 본문을 읽고 그 내용을 살펴보는 이유는 강조할 메시지의 정확한 상황을 제시하기 위해서다. 이런 식으로 핵심을 좁히는 설교는 메시지의 목적과 부합한 본문의 부분들을 다룬다는 면에 있어서 여전히 '강해설교'가 되도록 해

준다. 비록 성경 본문의 전 영역을 충실히 다루라는 강해설교의 전통적 강령을 따르지는 않지만, 설교의 핵심이 되는 부분의 영역에서는 여전히 강해설교가 되는 것이다.

만일 본문의 내용에서 도출된 진리들을 전하지 않는다면 그런 설교는 강해설교로서의 자격을 잃게 된다. 그러므로 설교자는 서론에서 앞으로 전할 설교의 범위를 좁혀줌과 동시에 설교 핵심이 될 메시지의 적절한 상황과 배경을 알려주기 위해 성경 본문의 분량이 많아졌음을 설명해 주는 게 좋다.

01 이 설교는 2010년에 열린 가스펠 코얼리션(Gospel Coalition)이라는 집회에서 내가 설교한 것이며 다음의 책에 수록된 것을 이곳에 옮겼다. *Entrusted with The Gospel: Pastoral Expositions of 2 Timothy*, ed. D. A. Carson (Wheaton: Crossway, 2010).
02 본문 배경 소개에 대한 더 자세한 사항은 〈그리스도 중심의 설교〉 299와 307~310을 참조하라.
03 강해 설교에서 성경본문에 충실해야 한다는 점과 모든 영역을 다루어야 한다는 점에 대해서는 〈그리스도 중심의 설교〉 146~147과 196을 참조하라.

살아 있는 하나님의 말씀을 전하라

디모데후서 3장 16~17절

16 모든 성경은 하나님의 감동으로 된 것으로 교훈과 책망과 바르게 함과 의로 교육하기에 유익하니
17 이는 하나님의 사람으로 온전하게 하며 모든 선한 일을 행할 능력을 갖추게 하려 함이라

성경 배경 소개 | 중국의 선교 책임자인 샘 링 선교사는 최근의 기도편지에 이런 내용을 적었습니다.

"중국 교회들은 신복음주의와 후보수주의의 영향력을 받고 있습니다. ... 해외에 있는 중국 신학대학원들은 후보수주의 학교들로 변하고 있고 교회는 정통 교리를 잃어가고 있습니다. ... 우리는 교회들에게 성경의 무오류성과 진리를 충실히 사수하라고 당부해야 할 사명감을 느낍니다."

참으로 기가 막힌 이야기입니다. 중국에서 기독교가 부흥한 지 두 세대가 지나기도 전에 성경 말씀에 대한 왜곡이 일어나고 있습니다. 하지만 놀랄 필요는 없습니다. 전혀 새로운 일이 아니니까요.[01]

디모데후서 3장 10절부터 4장 5절까지를 보면 사도 바울이 제자인 디모데에게 계속해서 성경이 진리임을 가르치라고 권면합니다. 에베소에 복음이 전파된 바로 그 시기에 말입니다. 이미 거짓 교사들은 에베소 교회에 침투해 성경에 대한 불신을 조장하고 있었습니다. 이 사실을 미루어볼 때 어느 시대든지 – 아무리 정통 교리가 전파되었다고 해도 – "성경을 믿는가?"라는 질문에 관한 대답을 요구해야 한다는 것을 알 수 있습니다. 그 질문에 대답하기 위해서 3장 16절과 17절에서 그 문제에 초점을 맞춘 내용을 살펴보기로 하겠습니다. 하지만 그러기 위해서는 먼저 앞뒤에 있는 내용의 핵심 주제들을 이해할 필

---

01 설교자가 자신이 전하는 설교에 저항이 있을 것을 예상한다면 적절한 예화를 통해 '적대감을 완화하는' 방법을 사용하는 것이 좋다. 나는 이 집회의 참석자들이 성경의 속성에 대해서는 의견이 일치하지 않을 수도 있지만, 복음을 전하는 사명에 있어서는 다른 의견이 없을 것으로 생각해서 성경의 무오류성과 능력을 강조하기 전에 먼저 사명의 중요성을 내세웠다(《그리스도 중심의 설교》 280~281 참조).

요가 있습니다. 전체 내용을 읽어 보면 바울이 디모데에게 거짓 교사들의 언행을 경고했다는 것을 알 수 있습니다.

성경 본문 읽기 | 저와 함께 디모데후서 3장 10절부터 4장 5절까지를 읽어 보겠습니다.

"나의 교훈과 행실과 의향과 믿음과 오래 참음과 사랑과 인내와 박해를 받음과 고난과 또한 안디옥과 이고니온과 루스드라에서 당한 일과 어떠한 박해를 받은 것을 네가 과연 보고 알았거니와 주께서 이 모든 것 가운데서 나를 건지셨느니라 무릇 그리스도 예수 안에서 경건하게 살고자 하는 자는 박해를 받으리라 악한 사람들과 속이는 자들은 더욱 악하여져서 속이기도 하고 속기도 하나니 그러나 너는 배우고 확신한 일에 거하라 너는 네가 누구에게서 배운 것을 알며 또 어려서부터 성경을 알았나니 성경은 능히 너로 하여금 그리스도 예수 안에 있는 믿음으로 말미암아 구원에 이르는 지혜가 있게 하느니라 모든 성경은 하나님의 감동으로 된 것으로 교훈과 책망과 바르게 함과 의로 교육하기에 유익하니 이는 하나님의 사람으로 온전하게 하며 모든 선한 일을 행할 능력을 갖추게 하려 함이라.

하나님 앞과 살아 있는 자와 죽은 자를 심판하실 그리스도 예수 앞에서 그가 나타나실 것과 그의 나라를 두고 엄히 명하노니 너는 말씀을 전파하라 때를 얻든지 못 얻든지 항상 힘쓰라 범사에 오래 참음과 가르침으로 경책하며 경계하며 권하라 때가 이르리니 사람이 바른 교훈을 받지 아니하며 귀가 가려워서 자기의 사욕을 따를 스승을 많이 두고 또 그 귀를 진리에서 돌이켜 허탄한 이야기를 따르리라 그러나 너는 모든 일에 신중하여 고난을 받으며 전도자의 일을 하며 네 직무를 다하라."

설교 서론 | 로스앤젤레스는 로드니 킹Rodney King의 재판 결과로 뜨겁게 달아올랐습니다. 여러분도 그 이유를 기억하실 것입니다. 흑인이었던 로드니 킹이 백인 경찰관들에게 체포되어 무차별적으로 구타당하는 장면이 카메라에 찍혔고 당시 경찰관들은 모두 무죄 판결을 받고 풀려났습니다. 흑인 거주지였던 LA 사우스센트럴 지역은 결국 대규모 흑인폭동사태에 휘말렸습니다. 그들의 분노는 복수심과 폭력과 무분별한 행동을 불러일으켰으며 청년들이 라틴계 일군을 트럭에서 끌어내려 바닥에 때려눕히고 잔인하게 폭행하는 장면이 뉴스 카메라에 담겼습니다.

그런데 베니 뉴턴Bennie Newton이라는 나이 지긋한 흑인 목사가 그 중간에 뛰어들어 폭행을 말리기 시작했습니다. 그의 이름은 목사들에게 영원히 큰 영예가 될 것입니다.02 뉴턴 목사는 목숨을 걸고서 자신의 등과 다리에 그들의 주먹과 발길질을 대신 받았습니다. 그러면서 욕하는 폭도들에게 "이 사람은 아무것도 잘못한 게 없어! 그만해! 그만해!"라고 소리 질렀습니다. 마침내 그들은 폭행을 멈추고 자신들을 말린 노인을 노려보면서 발길을 돌렸습니

02 예화에서 목사(혹은 다른 사람)가 등장하는 경우 그의 민족적 배경을 굳이 밝힐 필요가 없다는 게 내 평소의 소신이다. 하지만 다른 아프리카계 미국인들이 부정적으로 그려지는 현실을 상쇄하기 위해 이 예화의 '영웅'이 어떤 사람인지를 정확하게 밝히는 게 적절하다고 생각했다. 특히 이 설교는 백인 목사인 내가 하는 설교이기에 더욱 그 점이 중요했다(예화에 관해서는 〈그리스도 중심의 설교〉 246~249 참조).

다. 그들의 분노를 온몸으로 받아 낸 뉴턴 목사는 손에 성경책 한 권 밖에 들고 있지 않았습니다.

그는 왜 성경책을 들고 있었을까요? 물론 성경은 목회직의 상징이기도 합니다만, 생사의 갈림길에서 영육 모두 성경이 증언하는 분만을 의지하겠다는 그의 믿음의 고백이라고 생각합니다. 도대체 왜 그토록 성경을 신뢰해야 합니까? 우리는 이 질문에 대답해야 합니다. **왜냐하면, 목사가 성경의 무엇을 믿느냐에 따라 하나님이 맡겨주신 영혼을 안전하게 지킬 수 있는지가 결정되기 때문입니다.** 이 시대 기독교가 쇠퇴하는 것은 교회 지도자들이 성경이 무엇인지를 망각한 결과입니다. 사실 그렇게 되기는 아주 쉬운 일입니다. 1세대 성도들에게 보낸 디모데후서를 봐도 하나님 말씀의 속성을 잊기가 얼마나 쉬운지를 잘 알 수 있습니다. 그러므로 오늘 본문에서 바울은 하나님의 음성을 듣게 하고, 하나님의 손을 보게 하고, 하나님의 마음을 알게 하는 성경의 속성을 명확하게 상기시켜 줍니다.

I. 하나님의 음성을 듣게 합니다_딤후 3:16

하나님의 음성을 듣기 위해서는 성경이 말씀하는 그 자체에 대한 신뢰가 기반이 되어야 합니다. 바울은 성경이 "하나님의 감동으로 된 것"이라고 했습니다16절. 이 말의 헬라어는 "테오프뉴스토스"로서 "하나님이 입김을 불어넣었다"는 뜻입니다. 신학에서는 이것을 성경의 영감설이라고 부릅니다.

영감의 의미

몇 해 전에 제가 총장으로 있는 커버넌트 신학대학원에 재인가 여부를 결정하기 위한 인허가 담당자들이 학교를 방문했습니다. 그들의 책임자는 어느 유서 깊은 중서부 대학의 학장으로 재직하는 분이었습니다. 그는 도착 즉시 저를 만나서 우리 학교의 특성 몇 가지를 말해 달라고 했습니다. 그래서 성경이 하나님의 영감으로 쓰인 것을 믿는 점이 그 한 가지라고 대답했습니다. 그러자 그는 "네, 그렇죠. 저는 성경이 영감을 주는 책이라고도 생각합니다."라고 했습니다. 저는 미소를 지으며 "제 말뜻은 그것과 좀 다릅니다."라고 대꾸할 수밖에 없었습니다.

성경이 하나님의 영감으로 쓰였다는 것은 대체 무슨 뜻일까요? 헬라어로 "영감"이라는 단어는 사람이 말을 할 때 새어나가는 입김을 의미합니다. 여러분이 말을 하면 단어를 이야기할 때마다 입김이 입 밖으로 나가는 것을 느끼실 것입니다. 따라서 성경이 쓰일 때도 하나님이 입김을 내며 말씀하셨다는 의미입니다. 태초에 하나님이 생기를 불어넣어 인간을 창조하신 것처럼 성경에도 영적 생기를 불어넣어서 우리가 새로운 피조물이 되도록 하신다는 뜻입니다.

사실 성경은 인간들이 자신의 상황과 성품을 기반으로 기록한 내용입니다. 그런데 그것이 하나님의 말씀이 된다는 것은 여전히 수수께끼처럼 들립니다. 그 수수께끼를 풀려면 성경의 다른 말씀을 찾아보면 됩니다. 먼저 베드로 사도는 이렇게 말했습니다.

"예언은 언제든지 사람의 뜻으로 낸 것이 아니요 오직 성령의 감동하심을 받은 사람들이 하나님께 받아 말한 것임이라" 벧후 1:21.

바울은 데살로니가 교인들에게 "하나님의 말씀을 받을 때에 사람의 말로 받지 아니하고 하나님의 말씀으로 받음이니"라고 권면했습니다 살전 2:13.

성 아우구스티누스도 "성경이 말씀하는 것이 하나님이 말씀하시는 것이다."라는 말로 그 사실을 단언했습니다.

영감의 중요성

성경은 하나님의 입김이 들어간 책이기에 우리에게 주시는 하나님의 말씀이라고 할 수 있습니다. 이 말은 단지 신학적 토론을 위한 추상적 명제가 아니라 오늘날 그리스도인이 계속해서 되새기며 살아야 할 가장 소중한 진리입니다.

- **함축된 의미**

지금까지 살면서 정말 힘들고 어려운 일이 있을 때마다 하나님은 성경 말씀을 통해 제게 말씀하셨습니다. 우리가 성경을 진리라고 믿을 때 우리는 하나님의 음성을 듣는 특권을 누리게 됩니다.

어느 중고등부 모임에서 갓 신학교를 졸업한 젊은 전도사가 성경이 하나님의 영감으로 쓰였다는 사실을 좀 특이한 방법으로 알려주고 싶어서 아이들을 원형으로 앉게 하고 그 중간에 의자 하나를 놓고서 성경 구절이 인쇄된 카드를 아이들에게 한 장씩 나눠 주었습니다. 그런 뒤에 한 사람씩 중간에 있는 의자에 앉게 하고 눈가리개를 한 뒤 현재 자신의 고민을 이야기하라고 했습니다. 그러면 원형으로 앉은 아이들 중 누군가 그에 해당하는 성경 구절로 그에게 힘과 위로를 주라고 했습니다. 그런 방법을 생각해 낸 이유는 중간에 있는 사람이 눈을 가린 상태이므로 누군가 읽어주는 성경 말씀을 하나님이 자신에게 하시는 말씀으로 받아들이게 하려는 것이었습니다.

전도사는 그것을 아주 참신한 아이디어라고 생각했지만, 아이들에게는 멍청한 짓으로밖에 보이지 않았습니다. 수학 시험에서 만점 받고 싶다는 것 외에 진짜 자신의 고민을 털어놓을 바보는 아무도 없을 테니 성경 말씀을 들어도 전혀 위안이 될 리 없다는 것을 알고 있었던 것입니다. 과연 모든 계획은 예상을 빗나가고 아이들은 하나님의 음성을 들으려는 대신 서로 낄낄거리며 장난을 치기에 바빴습니다.

그런데 뒤에 앉아 있던 새로 온 여학생 하나가 자진해서 중간 의자에 앉겠다고 했습니다. 그 여학생이 눈가리개를 하고 앉는 순간 아이들의 웃음소리가 약간 잦아들었습니다. 그 여학생과 친한 아이가 아무도 없었기 때문에 함부로 장난을 치기가 머쓱했던 것이지요. 여학생은 자리에 앉아 이렇게 말했습니다.

"저는 요즘 너무 힘들어요. 더 살고 싶은 마음이 없어요."

그 말에 아이들은 무슨 말을 해야 할지 몰라 당황한 표정으로 바닥만 내려다보고 있었습니다. 그런데 한 남학생이 자기 손에 있는 카드에 적힌 말씀을 보고 소리 내어 읽었습니다.

"하나님은 신실하시다. 사람이 감당할 시험 밖에는 너희가 당한 것이 없나니 오직 하나님은 미쁘사 너희가 감당하지 못할 시험 당함을 허락하지 아니

03 다시 한 번 말하지만, 예화를 사용하는 목적은 설교의 내용을 명백히 밝히려는 게 아니라 청중에게 동기를 부여하려는 것이다. 만일 내용을 충분히 설명해서 예화가 필요 없다고 생각한다면 진리의 영적 무게와 감동을 경험할 좋은 기회들을 청중으로부터 앗아가게 되고 말 것이다. 성경 본문의 의미를 그처럼 전인적으로 이해하는 것은 매우 중요한 일이다. 그래야만 말씀을 통해 하나님이 하시는 이야기를 머리로만 알고 가슴으로는 깨닫지 못하는 결과를 방지할 수 있다(《그리스도 중심의 설교》 213~224 참조). 아울러 내가 쓴 다음 책도 참조하라. *Using Illustrations to Preach with Power*, rev.ed. (Wheaton: Crossway, 2001).

하시고 시험 당할 즈음에 또한 피할 길을 내사 너희로 능히 감당하게 하시느니라" 고전 10:13.

잠시 후에 중간에 앉은 여학생이 다시 입을 열었습니다.

"아무도 나한테 관심이 없어요." 그러자 다른 여학생이 자신의 카드에 적힌 말씀을 읽었습니다.

"내가 영원한 사랑으로 너를 사랑하기에 인자함으로 너를 이끌었다 하였노라" 렘 31:3.

중간에 앉은 여학생은 여전히 절망적인 표정으로 말했습니다.

"그 말씀을 못 믿겠어요. 어젯밤에 부모님이 저를 쫓아내시면서 다시는 집에 오지 말라고 하셨어요." 그 말을 듣고 누군가가 "내가 결코 너희를 버리지 아니하고 너희를 떠나지 아니하리라"는 말씀을 읽었습니다 히 13:5.

마침내 중간에 앉은 여학생의 눈가리개를 풀어주자 여학생은 울면서 이렇게 물었습니다. "하나님은 왜 저한테 진짜 그런 식으로 얘기를 안 해주시는 걸까요?" 그때 전도사가 대답했습니다. "방금 하셨잖아. 성경은 하나님의 영감으로 된 말씀이라서 바로 하나님 말씀이야. 하나님은 지금 그 말을 정말로 너한테 하신거야." 03

때로는 신앙생활을 오래 한 성숙한 성도들도 그런 식으로 오해할 때가 있습니다. 하나님이 기적을 일으켜서 구름 위에 말씀을 적거나 천둥 속에서 이야기하시면 얼마나 좋을까 생각합니다. 그런데 구름 위에 글자를 적으면 그 글은 흩어져버릴 것이고, 천둥 속에서 말씀하시면 그 말은 사라져버릴 것입니다. 그 대신에 하나님은 선지자들과 사도들을 통해서 이렇게 물으셨습니다. "내가 성경에 나의 말을 그냥 적으면 안 되겠니? 그래서 어디에서든 간직할 수 있고 필요할 때마다 볼 수 있도록 하면 안 되겠니?" 사실은 영감으로 쓰인 성경이 그보다 더 놀라운 기적입니다. 하나님은 우리와 늘 함께하는 성경을 주셔서 이 세상의 모든 역경과 유혹에서 그분의 음성을 듣게 하셨습니다. 하나님은 지금도 성도들에게 성경으로 말씀하고 계십니다.

종교혁명의 지도자들 역시 이 진리를 특히 강조했습니다. 마틴 루터는 "교회는 하나님의 입이 있는 집이다"라고 말했습니다. 교회에서 성경 말씀이 선포될 때 하나님은 교회를 통해 자신의 백성과 세계를 향해 말씀하십니다. 제 2 스위스 신앙고백에서 스위스의 종교개혁가들은 그 점을 이렇게 강조했습니다. "하나님 말씀의 설교가 곧 하나님 말씀이다."

목사의 설교가 더욱 성경적이기 위해서는 교회 안에서 하나님의 말씀이 더욱 울려 퍼져야 합니다. 우리가 하나님의 말씀을 충실하게 전할 때 그리스도인들은 인간의 입을 통해서라도 하나님의 음성을 들을 수가 있습니다.

장 칼뱅은 성경의 영감을 얼마나 극단적으로 강조했는지 칼뱅이 아니었다면 그런 말을 해도 되는지 의문스러운 정도입니다. 그는 말하길, "하나님은 종을 선택하고 그의 입술과 혀를 기름 부어서 설교할 때 예수님의 목소리가 그를 통해 울려나오게 한다." 04

종교개혁 계통에서는 예수님이 우리가 전하는 모든 것의 최종 청취자라고

04 John Calvin, *Institutes of the Christian Religion*, 4.1.5. Luther 역시 다음의 책에서 비슷한 이야기를 했다. Edward F. Markquart, *Quest for Better Preaching: Resources for Renewal in the Pulpit* (Minneapolis: Augsburg, 1985), 83~84.

05 그 의미를 명백하게 해 주는 주변 내용이 없다면 이 문장은 부적절할 것이다. 하지만 주변 내용이 있어도 이 문장은 일종의 과장법 형태를 사용했기에 여전히 놀랍게 들린다. 이런 과장법은 너무 자주 사용하거나 적절한 설명 없이 방치하지만 않는다면 설교에 있어 훌륭한 수사적 기교가 될 수 있다.

생각하지 예수님이 말씀을 전달하는 분으로는 별로 생각하지 않습니다. 우리가 성경 말씀대로 설교할 때 예수님은 오셔서 그 설교 가운데 역사하십니다. 인간이 도구로 사용되고 예수님이 인간을 통해 말씀하시는 것입니다. 교회 강대상 뒤에 보면 "목사님, 예수님을 보여주세요."라는 문구가 많이 적혀 있습니다. 하지만 이 문구는 "목사님, 예수님 말씀을 들려주세요."로 바뀌어야 합니다. 강대상 위에서, 주일학교에서, 상담실에서, 아이의 침실에서 하나님의 말씀이 전해질 때 우리는 하나님의 음성을 듣게 됩니다. 그것은 쉬운 일이 아니지만, 설교자들은 하나님의 말씀을 전할 때 혼자가 아니라는 사실에 큰 위안을 받습니다. 예수님은 성경 말씀과 성령으로 우리와 함께, 우리 안에 계시며, 우리가 성경이 말씀하시는 대로 말할 때 그것을 통해 말씀하십니다.

제가 말하는 요점은 우리가 하나님의 말씀을 이야기할 때 단순히 예수님에 대해서, 혹은 예수님을 위해서 이야기하는 것이 아니라 예수님으로서 이야기한다는 것입니다.[05] 예수님은 설교자를 통해서 자신이 영감을 불어넣은 자신의 말씀을 그리스도인들에게 들려주고 계십니다. 소리는 인간이 내지만 듣는 사람들을 말씀의 진리로 감화시키는 분은 성령님이십니다. 그것은 예수님이 자신의 말씀으로 사람들의 마음에 대고 이야기하시는 것과 같은 것입니다.

• 나타나는 현상_딤후 3:10~14

우리가 주의 말씀을 전하는 것은 예수님이 직접 말씀하는 것과 동일하기 때문에 자연스럽게 다음과 같은 몇 가지 현상이 나타납니다.

순수하고 경건한 삶_06 설교자는 예수님으로서 말씀을 전하고 있기에 자신의 삶을 스스로 돌아보아야 합니다. "하나님이 우리를 통하여 너희를 권면하시는 것 같이" 우리는 여러분에게 이야기하고 있습니다 고후 5:20. 따라서 예수님의 음성으로 이야기하는 설교자는 "예수님이라면 어떻게 하실 것인가?"를 당연히 생각해야 합니다. 바울은 앞선 구절에서 디모데에게 그 대답을 해 주었습니다. "나의 교훈과 행실과 의향과 믿음과 오래 참음과 사랑과 인내와… 네가 과연 보고 알았거니와 … 너는 배우고 확신한 일에 거하라" 딤후 3:10, 14. 아울러 "그리스도 예수 안에서 경건하게 살고자" 딤후 3:12절 해야 한다는 점을 강조하며 "하나님의 사람" 딤후 3:17이 되라고 권면했습니다.

우리 삶의 질이 하나님 말씀을 더 진실하게 만들거나 능력을 부여하는 것은 아닙니다. 하나님 말씀은 그 자체로 진실하며 능력이 있습니다. 다만 우리 삶이 그것을 제대로 전달 못하는 방해 요소가 되기도 하고 선명하게 전달하는 촉매제가 되기도 한다는 뜻입니다. 진정성과 투명함을 요구하는 요즘 세태는 경건한 삶이 구식이고 비효과적이라고 매도하지만 절대로 사실이 아닙니다. 성경 말씀을 전하는 설교자는 하나님의 말씀을 입에 담고 있으므로 누구보다 말과 습관과 동기에 있어 순수하고 진실해야 합니다. 교인들은 지도자에게서 경건한 삶을 기대하지 않는다는 거짓말에 속지 마십시오. 진정한 경건은 결코 한물간 구식이 아닙니다. 물론 경건한 체하는 것은 안 됩니다. 복음은 참되며 죄에서 벗어나게 하는 능력이 있음을 보여주어야 합니다. 하나님의 백성을 이끄는 지도자는 설교와 삶을 통해 복음의 소망을 전달함으로

---

06 소지에서 파생된 이 소지들은 매우 간략한 형태로 진술되었고 같은 두운을 사용함으로써 부연 설명이나 구성이 없어도 별도의 내용으로 들리도록 만들어 준다.

써 예수님을 경외해야 합니다.

박해_ 우리가 정말로 예수님으로서 설교한다면 그분이 당하셨던 일을 우리도 감당해야 한다는 것을 알아야 합니다. 즉 박해를 받을 수 있다는 이야기입니다. 바울도 디모데에게 그 점을 경고했습니다. "나의 교훈과 행실과 ... 박해를 받음과 고난과 또한 안디옥과 이고니온과 루스드라에서 당한 일과 어떠한 박해를 받은 것을 네가 보고 알았거니와" 딤후 3:10~11. 이 구절에 나오는 도시들은 바울이 폭도들에게 돌을 맞고 죽을 뻔한 곳입니다. 그래서 "무릇 그리스도 예수 안에서 경건하게 살고자 하는 자는 박해를 받으리라" 딤후 3:12 고 했습니다.

그래서 우리는 "주가 가신 길을 종이 따르지 않으랴?"고 고난의 길을 노래한 옛 찬송가를 지금도 부르고 있지 않습니까? 예수님이 하나님의 말씀을 전하셨을 때 박해를 받으셨다면 우리가 하나님의 말씀을 전할 때도 같은 일을 당한다고 해서 전혀 놀랄 이유가 없습니다. 올바로 말씀을 전하는 사람은 교회 안팎에서 공격받게 될 것입니다. 겁주기 위해서가 아니라 미리 무장시키기 위해서 하는 말입니다. 여러분이 박해를 받는다면 내가 뭔가 잘못했거나 이상한 일이 일어났다고 생각하지 마십시오. 충성스러운 종은 누구나 박해를 받습니다. 여러분 혼자만 당하는 일이 절대 아닙니다. 공격당한다고 해서 무언가를 잘못했다고 생각해서도 안 됩니다. "무릇 그리스도 예수 안에서 경건하게 살고자 하는 자는 박해를 받으리라 딤후 3:12."

능력_ 바울은 그간의 목회적 지혜를 발휘해 박해와 함께 또한 능력도 받게 될 것이라고 예고했습니다. 우리 혼자만 하나님의 말씀으로 인해 박해를 받는 것이 아니듯 박해를 받을 때도 우리는 혼자가 아닙니다. 바울은 디모데에게 이렇게 말했습니다.

"하나님 앞과 살아 있는 자와 죽은 자를 심판하실 그리스도 예수 앞에서 그가 나타나실 것과 그의 나라를 두고 엄히 명하노니 너는 말씀을 전파하라" 딤후 4:1~2.

주님의 말씀을 전할 때 주께서 임재하신다는 사실은 이 구절의 의미를 각별하게 해 줍니다. 바울이 하나님과 예수님 앞에서 신실하게 말씀을 전파하라고 한 이유는 단순히 그분들이 하늘 보좌에서 모든 인간사를 지휘하시기 때문이 아니라 전파되는 말씀 가운데 그분들이 임재하시기 때문이기도 합니다. 여기에서 아주 중요한 두 번째 핵심이 드러납니다. 만일 주님이 임재하신다면 그분은 부활의 능력으로 함께하실 것입니다. 십자가에 달려 돌아가신 주님은 재림하셔서 산 자와 죽은 자를 심판하실 것이라고 바울은 말했습니다. 죽음을 이긴 권세자가 설교에 함께한다는 것은 설교자에게 영적인 능력이 함께한다는 이야기가 됩니다. 그래서 모든 문제가 해결된다는 게 아니라 신실하게 말씀을 전하는 사람에게는 하나님의 말씀이 의도한 것이 성취된다는 뜻입니다 사 55:11.

미국의 국방장관은 대통령 명령 없이 핵폭탄을 발사할 권세조차 없는데 하나님과 예수님의 명령으로 발사되는 능력은 얼마나 대단할지를 상상해 보십시오! 그런데 바로 그런 능력이 우리가 하나님의 말씀을 전할 때 발사되어 나옵니다. 바울은 그 사실을 알고 있었기에 디모데에게 "때를 얻든지 못 얻든지 항상 힘쓰라 범사에 오래 참음과 가르침으로 경책하며 경계하며 권하라" 딤후 4:2고 했습니다. 하나님의 말씀에는 놀라운 권능이 있어서 때와 상관없이 말씀을 전할 수 있고 하나님의 목적이 달성되는 것을 볼 수 있습니다.

게다가 능력은 우리 안에 있는 것이 아니라 말씀 안에 있으므로 무엇이든 "오래 참음과 가르침으로" 말해야 합니다. 하나님의 말씀에 능력이 있으므로(헬라어로 '두나미스'라고 함), 다이나마이트처럼 조심해서 다루어야 합니다. 이 말은 가르침을 완전하게 하려면 오래 참으라는 뜻입니다. 우리는 인간적인 계산이나, 뛰어난 입담이나, 맹렬한 열정으로 말씀을 더 효과적으로 만들려고 노력할 필요가 없습니다. 우리가 재간을 부리지 않으면 하나님의 말씀이 역사하지 않으리라 생각해서는 절대 안 됩니다. 영적 변화의 능력은 충실하게 전해진 말씀에 있는 것이지 재간 있게 전한 설교자에게 있는 것이 아닙니다.

또한, 말씀에는 굉장한 능력이 있으므로 우리는 아주 담대하게 말씀을 전할 수 있습니다. 일부에서 공격하고 조롱한다고 해서 진리로부터 뒷걸음질 하면 안 됩니다. 말씀 안에 능력이 있으므로 우리는 두려움도 편애도 없이 전할 수 있습니다. 또한, 진리를 조율하거나 무장해서 사람들에게 믿게 해야 할 필요도 없으므로 너그럽고 이해하는 마음으로 말씀을 전해야 합니다. 우리에게는 주님의 말씀이 있습니다. 그러므로 주님의 방법대로 진리를 표현하는 것이 마땅한 일입니다. 즉 용기가 필요할 때는 용기를 내고 너그러워야 할 때는 너그러워져야 한다는 것입니다. 어떤 경우든 우리의 말에는 주의 음성이 메아리치기 때문에 주님의 능력이 함께 합니다.

그래서 우리는 설교할 때에도 혼자가 아니고 절대로 무능력하지 않습니다. 말로 천지를 창조하신 분이 지금도 신실한 종들의 설교를 통해 주 안에서 권능으로 새로운 피조물을 창조하고 계십니다. 이 얼마나 큰 위로이며 "살아 있는 하나님의 말씀을 전하라"는 명령에 힘을 주는 사실입니까?

II. 하나님의 손을 보게 합니다_딤후 3:16

우리가 성경의 진리를 충실하게 전달하면 하나님의 음성을 듣는 특권뿐 아니라 하나님의 손을 보는 특권도 누리게 됩니다. 하나님의 손을 보기 위해서는 성경이 말씀하는 것을 기본적으로 믿어야만 합니다. 그러면 어떻게 그 사실을 확인할 수 있을까요? "하나님의 말씀은 어느 정도만 그분의 영감으로 쓰였는가?"라는 질문에 어떻게 대답하는지를 보면 알 수 있습니다. 사도 바울은 "모든 성경은 하나님의 감동으로 된 것으로"라고 했습니다 딤후 3:16a. 성경의 모든 말씀이 '성령의 감동'이라는 같은 근원을 공유합니다. 이 사실은 또한 중요한 한 가지를 시사하는데, 그것은 하나님의 감동으로 되었으니 하나님의 성품을 반영하고 있다는 사실입니다.

하나님의 성품이 말씀에 반영되었음을 바로 보여주는 말씀이 시편 19편 7~9절입니다. 이 구절에서 시편 기자는 성경 말씀의 다양한 스펙트럼을 묘사합니다. 하지만 만약에 이 구절이 성경 말씀에 대한 이야기인지 몰랐다고 가정한다면 여러분은 이 말씀을 무엇에 대한 이야기라고 생각했을 것 같습니까? 특히 서술적인 부분에 집중해서 들어보시기 바랍니다.

> "여호와의 율법은 완전하여 영혼을 소성시키며
> 여호와의 증거는 확실하여 우둔한 자를 지혜롭게 하며
> 여호와의 교훈은 정직하여 마음을 기쁘게 하고
> 여호와의 계명은 순결하여 눈을 밝게 하시도다
> 여호와를 경외하는 도는 정결하여 영원까지 이르고
> 여호와의 법도 진실하여 다 의로우니" 시 19:7~9

이 말씀에 나오는 서술어만을 놓고 본다면 무엇을 이야기하는 내용으로 보입니까? 분명 **하나님 자신**에 대한 이야기라고 생각하실 것입니다. 하나님은 완전하고, 확실하고, 지혜롭고, 정직하고, 순결하고, 정결하고, 영원하고, 진실하고, 의로우신 분입니다. 바로 그것입니다. 하나님의 말씀은 그분의 영감으로 되었기에 그분의 성품을 그대로 드러내고 있습니다. 즉 성경은 완전하고, 확실하고, 지혜롭고, 정직하고, 순결하고, 정결하고, 영원하고, 진실하고, 의롭다는 뜻입니다. 또한, 그렇기에 우리가 어디에 가고 무엇을 해야 할지, 하나님의 손이 우리를 인도하실 수 있게 하는 것도 이 성경 말씀입니다.

하나님 말씀은 완벽하게 신뢰할 수 있다는 사실을 신학자들은 '성경의 무오류성'이라고 부릅니다. 하지만 그 교리와 더불어 인간의 해석에는 오류가 생길 수 있다는 점도 덧붙여 말해야 합니다. 바울은 디모데에게 "진리의 말씀을 옳게 분별"하는 충성된 종이 되도록 열심히 말씀을 공부하라고 했습니다 디모후 2:15. 때로는 설교자가 말씀을 잘못 분별할 수도 있으나 그 사실이 성경의 무오류성을 해치지는 않습니다. 다만 설교자가 더 유능한 성경 해석자가 되어야 함을 일깨워줄 뿐입니다.

하나님의 방법이 우리의 방법과 다르고 그분의 생각이 우리의 생각과 다른 것이 사실이라면 성경에 우리가 이해할 수 없는 말씀이 있다고 해서 전혀 새삼스러운 일이 될 수 없습니다. 우리는 단지 인간의 머리로 이해하는 데 한계가 있기에 성경을 잘못 해석하는 것뿐입니다. 그러나 하나님 말씀에 오류가 있을 수 있다는 말은 그것과 전혀 다른 차원의 이야기입니다. 바울은 "모든 성경은 하나님의 감동으로 된 것"이라고 했습니다. 즉 하나님의 말씀으로 주어진 모든 성경말씀이 그분의 완벽한 성품을 드러내고 있다는 것입니다. 성경이 말하는 진리는 무엇이든 진리입니다.

물론 세상 사람들은 성경의 무오류성을 부인하고 모순이나 부정확성의 가능성을 지적합니다. 그러나 그런 지적들은 성경이 하나님의 감동으로 된 사실을 기억하며 이치에 맞는 연구를 할 때 얼마든지 밝혀낼 수 있습니다. 여기에서는 연구를 믿어야 한다는 것을 강조할 필요가 있습니다. 성경에 대한 논란을 과학이나 논리로 전부 잠재울 수 있다고 생각해서는 안 됩니다. 성경의 진리를 뒷받침하는 논리들은 분명 있지만 누군가가 우리가 생각지 못한 새로운 논리와 발견을 들고 나올 가능성도 얼마든지 있습니다. 그래서 우리는 논리의 타당성이 아니라 하나님의 신실하심에 근거해 성경 교리를 믿어야 합니다. 하나님이 진리를 말씀해 주셨다는 궁극적인 신뢰의 기반은 우리가 그것을 증명해낼 수 있느냐가 아니라 하나님 자신이 신실한 분임을 증명하셨다는 데에 있습니다.

위대한 설교자 찰스 스펄전 목사는 말하길 누군가 성경 말씀이 진리라고 믿으려면 과학이 그것을 증명할 때까지 20년간은 바보로 지낼 각오를 해야 한다고 했습니다. 저도 그 말에 동의하지만, 무엇보다 인간의 이성으로 성경의 모든 말씀을 증명해 보겠다는 생각부터 버려야 한다고 생각합니다. 물론 이성이 믿음을 입증하지만, 그것만이 전부는 아닙니다. 웨스트민스터 신학자들은 그런 면에서 아주 훌륭하게 균형 잡힌 이야기를 했습니다. 성경의 "비교할 수 없는 우월성"이 "하나님의 말씀이라는 사실을 자체적으로 풍부

07 웨스트민스터 신앙고백, I.5.
08 이 부분과 그다음에 나오는 소지의 목표는 성경의 무오류성에 대한 개념적 이해를 넓히는 것보다 그 사실을 부인할 때 생기는 영적인 영향력을 청중이 '느끼게' 하는 것이다. 신빙성 있는 성경을 갖지 못한다면 그 결과는 단순한 지적 문제가 아니라 지극히 영적이고 관계적인 문제가 될 것이다.

하게 증거하고 있다. 하지만 그럼에도 불구하고 성경이 오류 없는 진리이고 하나님의 권위에서 말미암았다는 우리의 전적인 확신은 성령의 내적인 역사에서 비롯되는 것이고 우리 마음속의 말씀에 의해 입증되는 것이다."07 성령에 의한 믿음과 이성에 의한 논리가 함께 작용하여 성경 전체가 진리라는 것을 믿게 됩니다.

혹시 그런 믿음이 너무 순진하고 단순해 보인다면 "성경은 많은 오류에도 불구하고 훌륭한 책입니다."라고 말하는 사람들보다 훨씬 더 논리적이라는 것을 기억하시기 바랍니다. 대학에 다닐 때 예수님이 훌륭한 성자라고 말하는 사람들에게 어떻게 반박해야 하는지를 훈련받은 분들이 있을 것입니다. 그 훈련에서는 '세 가지 L'을 제시하라고 했습니다. 먼저는, 예수님이 하나님의 아들이 아닌데도 아들이라고 말했으면 그분은 거짓말쟁이lier가 됩니다. 그리고 하나님의 아들이 아닌데도 아들이라고 믿었다면 그분은 미치광이 lunatic가 되고, 정말로 하나님의 아들인데 아들이라고 말했다면 그분은 진정한 주님Lord이 되는 것입니다. 예수님이 말씀하신 것을 놓고 따진다면 그분은 절대로 '훌륭한 성자'에 그칠 수가 없습니다.

같은 논리로 성경 역시 훌륭한 책에 머물 수 없습니다. 성경은 하나님의 말씀이라고 되어 있습니다. 성경에는 "여호와의 말씀이니라"는 말이 3천 번 이상 나옵니다. 그렇다면 성경은 완전한 거짓말이거나 정신 나간 책이거나 진짜로 하나님의 말씀이거나 셋 중의 하나일 것입니다. 따라서 성경은 단순히 '훌륭한 책'이 될 수 없습니다.

자기 우상화에서 벗어나게 한다08

성경이 그 주장대로 하나님의 말씀이 아니라면 성경은 우리에게 아무런 중요성도 없을 뿐 아니라 하나님도 사라져 버립니다. 언젠가 성경이 진리인가를 묻는 학생에게 교수가 책상 서랍에서 가위 한 자루를 꺼내주며 성경에 들어 있어서는 안 된다고 생각하는 말씀들을 전부 오려내라고 했습니다. 하지만 그런 식으로 말씀을 오려낸 후 남는 말씀들은 오직 그 학생의 지혜와 생각만을 담고 있을 것이란 걸 여러분은 쉽게 짐작할 수 있을 것입니다.⁰⁹

우리가 성경 말씀을 판단해서 무엇을 오려내고 붙여야 할지를 결정한다면 그건 하나님의 지혜를 우리 지혜로 대체하는 꼴이 될 것입니다. 저는 상상 속에서 그런 성경책이 종이 인형이 되는 것이 보입니다. 한 장씩 넘기면 전부 그 학생의 얼굴을 한 종이 인형들이 튀어나오는 것이지요. 따라서 그 성경은

09 이 책의 모든 설교 예문을 읽은 독자라면 이 예화가 이미 나왔던 것임을 알아챘을 것이다(설교 예문 06에 나옴). 이런 반복적 사용은 모든 설교자가 경험하는 중요한 사실을 말해주는데 그것은 **훌륭한 예화가 여러 설교의 목적들을 매우 적절하게 달성해 주므로 한 번 이상 사용하게 된다는 것이다.** 다만 근면함과 경험, 꼼꼼한 기록 습관이 있어야만 훌륭한 예화를 과도하게 사용하거나 목회에서의 상투적 문구가 되는 것을 방지할 수 있다.

10 설교를 배우는 신학생들은 성경 본문을 설명할 때 오직 네 가지만 하면 된다는 점을 기억하길 바란다. 그것은 본문을 되풀이해서 말하고, 다른 용어를 사용해서 본문을 다시 말하고, 본문을 정의(혹은 묘사)하고, 본문의 뜻을 뒷받침하는 증거를 제시하라는 것이다. 처음의 두 가지는 가장 흔히 사용되는 방법이고 그로 인해 본문의 의미가 명확해지고 확신을 준다면 다른 것을 덧붙일 필요가 없다. 가끔은 설교자들이 본문 해석을 잘했다는 것을 보여주기 위해 쉬운 내용도 어려운 신학적 용어를 사용해서 이야기하는 것을 보게 된다. 그러나 단순한 말씀을 복잡하게 만드는 걸 자꾸 용인하다 보면 성도들이 스스로 성경을 공부하고 이해할 수 있다는 자신감을 상실하게 된다(《그리스도 중심의 설교》 125~127, 135~136, 147 참조). 이번 설교의 이 부분에 나오는 설명의 경우에도 간단하게 다시 이야기하는 형태를 취하였고 적절한 정의를 덧붙였다.

단순히 그 학생 자신을 반영한 자기 우상화의 작품이 될 것입니다. 성경 전체가 진리라는 것을 믿으면 그런 잘못을 저지르지 않을 것입니다.

자기의 독선에서 벗어나게 한다

성경이 우리 자신의 생각만 반영하게 한다면 그것은 하나님 생각의 제거만이 아니라 하나님의 존재마저 제거하는 것임을 알아야 합니다. 살다 보면 인생의 어두운 그림자가 다가와 하나님께 도움을 요청할 때가 있습니다. 그러나 성경이 오직 우리의 지혜만을 담고 있다면 어둠 속에서 부르짖을 때 들려오는 것은 그저 우리 자신의 목소리일 것입니다. 신학적으로는 무오류성이 독자성의 감옥에서 자유롭게 되는 길이라고 말합니다. 다시 말해 인간이 자기의 판단력만을 인생의 나침반으로 삼을 때 독선이라는 감옥에 갇힌다는 뜻입니다. 인간의 판단을 넘어 온전히 신뢰할 수 있는 성경이 없다면 우리 삶에서 하나님도 사라지고 맙니다. 그때는 인간적인 생각만이 선과 악, 옳고 그름을 판단하는 기준이 될 것입니다.

다행히 하나님은 사라지지 않으셨습니다. 오히려 그분의 말씀을 통해 아직도 우리를 어둠에서 이끌고 계십니다. 사도 바울은 성경이 "교훈과 책망과 바르게 함과 의로 교육하기에 유익"하다고 했습니다 딤후 3:16b. 이 각각의 표현은 성경의 핵심 진리를 말해주는 것입니다.

- 교훈 : 성경은 진리의 길로 인도합니다.[10]
- 책망 : 성경은 잘못된 길에서 벗어나게 합니다.
- 바르게 함 : 성경은 진리의 길로 돌아가게 합니다.
- 의로 교육함 : 성경은 진리를 실천하도록 해서 경건한 삶을 살라는 하

나님의 뜻으로 이끌어줍니다.

하나님은 이런 방법을 사용해 우리 손을 꼭 잡고 이 세상 어둠 속을 잘 걸어가도록 인도하십니다. 하늘과 땅의 베일 사이에서 그분의 손을 뻗어 날마다 어디에서나, 어떤 상황에서나, 성경의 진리로 우리를 안내해 주십니다 벧전 1:3, 21.

III. 하나님의 마음을 알게 하십니다_딤후 3:15, 17

성경을 읽으며 하나님의 음성으로 위로를 받고, 하나님의 손에 인도를 받을 때마다 우리가 성경에서 진정으로 발견하는 것은 하나님의 마음입니다. 하나님의 음성과 손만이 아니라 그분의 마음을 아는 것도 성경 전체를 진리라고 믿어야만 가능합니다. 바울은 디모데에게 이렇게 말했습니다.

"너는 배우고 확신한 일에 거하라 너는 네가 누구에게서 배운 것을 알며… 성경은 능히 너로 하여금 그리스도 예수 안에 있는 믿음으로 말미암아 구원에 이르는 지혜가 있게 하느니라" 딤후 3:14~15.

11 여기까지는 성경에 대한 정통 교리만을 제시했고 구속에 대한 메시지는 거론되지 않았다. 만일 여기에서 설교를 끝낸다면 교리 설교는 되겠지만, 성도들의 영혼을 만지는 설교는 되지 못할 것이다. 왜냐하면, 하나님을 진정으로 경외하고 섬기게 하는 그분의 은혜가 빠져 있기 때문이다. 따라서 이 설교의 구속적 정통교리는 성경 말씀을 통해 하나님이 은혜를 베푸셨다는 설명 부분에 담겨 있다(《그리스도 중심의 설교》 340~348 참조).

예수님을 통해 예비된 구원을 이야기함으로써 성경은 하나님의 마음을 우리에게 드러내 줍니다.

그러나 여기서 바울이 말하는 '성경'은 예수님이 오시기 전에 기록된 구약만을 의미합니다. 당시는 아직 신약이 기록되지 않았습니다. 그러면 구약이 어떻게 디모데를 예수님 안에 있는 믿음으로 구원에 이르는 지혜가 있게 한다는 말입니까?[11] 우선은 구약 안에 예수님의 오심을 예언하는 내용이 있기 때문이라고 대답할 수 있습니다. 하지만 그보다 광범위한 대답은 성경은 "하나님의 사람으로 온전하게 하며 모든 선한 일을 행할 능력을 갖추게" 하기 때문이라는 것입니다 딤후 3:17. 여기에서 '온전하게 하다'라는 단어는 헬라어로 '아르티오스'이며 이 말의 뜻은 '완전하다'는 것입니다. 그렇다면 성경은 우리를 완전하게 만들기 위해 주어진 것이라고 풀이할 수 있습니다. **즉 하나님의 말씀이 없이는 우리가 불완전하다는 뜻이겠지요.**

우리는 정말로 불완전합니까? 하나님의 말씀을 보면 그 사실이 분명해집니다. 왜냐하면, 그분은 완전하고 확실하고 지혜롭고 정직하고 순결하고 정결하고 영원하고 진실하고 의로운 분이니까요 시 19:7~10 참조. 동시에 성경은 우리에 대해 전혀 다른 사실도 이야기합니다. 구약의 많은 구절을 떠올리게 하는 가운데 "사람이 바른 교훈을 받지 아니하며 귀가 가려워서 자기의 사욕을 따를 스승을 많이 두고 또 그 귀를 진리에서 돌이켜 허탄한 이야기를 따르리라"고 바울은 말했습니다 딤후 4:3~4. 한 마디로, 하나님의 성품은 거룩한데 우리는 그렇지 않다는 말입니다. 하나님의 성품과 우리의 성품에는 현저한 차이가 있어서 우리의 영적 '불완전성'을 극복하려면 하나님의 은혜에 의존할 수밖에 없습니다.

성경은 하나님의 완전함과 우리의 불완전함을 드러내는 책이므로 언제나 하나님에 대한 믿음을 강조합니다. 믿음이 있어야만 우리의 영적 황폐함을 벗어날 수 있습니다. 성경의 어느 구절을 대하든지 두 가지를 질문해 보십시오. 이 말씀은 하나님에 대해, 그리고 인간에 대해 무엇을 말하고 있는가? 그 질문을 하게 되면 언제나 구원의 필요성이 눈앞에 아른거릴 것입니다.[12] 모든 성경은 우리를 그리스도에 대한 믿음으로 이끌어갑니다. 그분만이 모든 성경의 궁극적인 메시지입니다. 따라서 바울이 디모데에게 "말씀을 전파하라"고 한 말은 설교할 때마다 그리스도(성육신한 말씀)를 전파하라고 명령한 것이나 마찬가지 이야기입니다.

설교자는 성경에서 가르치는 임무와 교리를 전했다고 과업이 끝나지 않습니다. 그런 경우 성도들은 무엇을 잘하고 무엇을 잘 알아야만 하나님을 잘 믿

[12] 이 두 개의 질문이 '안경' 역할을 해서 어떤 성경 말씀이든지 그곳에서 구속의 진리를 보게 해 준다. 이에 대한 자세한 사항은 《그리스도 중심의 설교》 354~359와 383~384를 참조하라.

[13] 신학생들은 이런 질문을 자주 한다. "설교할 때 구속의 진리를 전해야하는 가장 적절한 순간은 언제입니까? 처음인가요, 중간인가요, 마지막인가요, 아니면 전체인가요?" 각각의 설교마다 본문의 성격과 상황의 성격에 따라 달라질 수 있다. 은혜의 기반을 먼저 내린 뒤 그 위에 명령을 올려야 할 때가 있고, 먼저 명령을 말한 뒤에 은혜가 그 명령을 실행할 동기와 능력을 준다는 점을 이야기해야 할 때가 있다. 때로는 아이러니한 반전이 구속의 진리를 효과적으로 전달하기도 하고 구속의 진리를 설교 전체에 엮어놓는 것이 가장 적절할 때도 있다. 모든 설교가 구속의 진리를 한 곳에서만 전해야 하는 게 아니다. 이 책을 마무리하면서 강조하고 싶은 것은 어떤 설교든지 적절한 순간에 하나님의 은혜를 반드시 전하고서 끝을 맺으라는 점이다(《그리스도 중심의 설교》 385~387 참조). "나를 떠나서는 너희가 아무것도 할 수 없음이라"고 예수님은 말씀하셨다(요 15:5). 설교자는 하나님의 은혜가 성도들에게 능력을 부여해서 하나님께 영광 돌리는 삶을 살 수 있도록 해 준 뒤에 돌려보내야 한다(《그리스도 중심의 설교》 340~341과 368 참조).

는 것으로 생각할 것이고, 그런 생각은 결국 인간적 행위와 지식이 구원의 근거라는 착각을 불러올 것입니다. 하나님께 순종하고 하나님에 대한 지식을 갈구할 때조차 우리는 주님을 바라봐야 하고 그분의 은혜만을 신뢰해야 합니다.[13] 그래서 바울이 디모데에게 "너는 모든 일에 신중하여 고난을 받으며 전도자의 일을 하며 네 직무를 다하라"고 당부했던 것입니다 딤후 4:5. 디모데는 에베소의 성숙한 목회자였지만 자신의 직무를 다하기 위해 그리스도 예수 안에 있는 복음만을 전해야 했습니다.

결론

우리가 전하는 모든 설교가 그리스도 중심의 설교가 되려면 어떻게 해야 하겠습니까? **모든** 성경이 **언제나** 하나님의 음성과 손과 마음을 드러내고 있다고 믿으면 됩니다. **우리가 하나님의 음성과 손과 마음을 갖고 있다면 우리는 예수님을 갖고 있는 것입니다.** 그분이 "하나님의 영광의 광채시요 그 본체의 형상"이시기 때문입니다 히 1:3. 성경의 메시지를 온전하게 전하는 것이 그리스도를 전하는 것입니다. 그리스도가 모든 성경의 중심 메시지인 것을 알고 나면 왜 성도들이 그토록 하나님의 말씀에 목말라 있는지 이해할 수 있습니다. 우리가 좋아하는 말씀 중 하나가 "하나님이여 사슴이 시냇물을 찾기에 갈급함 같이 내 영혼이 주를 찾기에 갈급하니이다"라는 구절입니다 시 42:1. 시편 기자들은 어떻게 해야 그 목마름이 해갈될 수 있다고 말했습니까?

"주의 규례들을 항상 사모함으로 내 마음이 상하나이다. … 내가 입을 열고 헐떡였나이다" 시 119:20, 131.

왜 하나님의 규례를 그토록 사모합니까?

그 규례가 하나님의 자비로운 음성이며 인도하는 손길이며 구원의 마음인 것을 깨닫고 하나님의 은혜를 사모하게 되면 우리는 자연히 성경이 말씀하는 것을 사모하게 될 수밖에 없습니다.

제가 그 사실을 절감했던 순간은 어떤 아는 목사로부터 자신이 어떻게 예수님의 구원을 믿게 되었는지를 들었을 때입니다. 그는 한 교회에서 목회하고 있는데 성경은 그저 인간들이 쓴 책이니까 유치한 신앙적 내용 속에서 간혹 등장하는 진리를 철저히 분석해야 한다고 생각했던 사람이었습니다.

그러다 이스라엘 단체 여행을 간다는 말에 솔깃해서 여러 명의 개신교 목사들과 사모들 틈에 끼어 자기도 약혼자를 데리고 이스라엘로 여행을 떠났다고 합니다. 여행 중에 예수님이 묻혔다가 사흘 뒤에 부활했다고 알려진 예수님의 무덤을 구경하게 되었습니다. 목사들은 그 자리에서 성찬식을 거행하기로 했습니다. 제가 아는 그 목사는 그저 뒤에서 따라만 다니고 있었으므로 이때야말로 그가 자기 몫을 할 기회라고 생각하고 그에게 성찬식을 주도해 달라고 부탁했습니다. 그는 그 부탁을 받아들였습니다. 그런데 성경을 믿지 않는 그가 그리스도의 몸과 피를 상징하는 음식을 나눠주고 예수님이 부활한 장소에서 성찬의 말씀들을 하고 있을 때 갑자기 자신이 하는 일이 얼마나 위선적인지, 그리고 예수님의 십자가 공로가 얼마나 은혜로운지가 아주 뼈저리게 깨달아졌다고 합니다.

성찬이 끝나고 나서 다른 목사들은 관광을 계속했지만, 그는 함께 가지 않았습니다. 다시 관광버스로 돌아가서 다른 목사들이 관광을 끝내고 오기만을 눈이 빠지게 기다렸습니다. 나중에 그는 저에게 말하길, "내 생애 처음으로 성경 말씀이 그렇게 보고 싶을 수가 없었다네. 한시라도 빨리 묵고 있는 호텔로 달려가서 성경 말씀을 읽지 않으면 죽을 것 같았어"라고 했습니다.

성경에는 목마름을 축여주는 하나님의 생수가 흐르고 있습니다. 그래서 바울은 아주 분명하고도 단호하게 "말씀을 전하라"고 한 것입니다.

"말씀을 전하라!"

이것은 우리의 특권이자 열망입니다. 말씀을 전할 때 우리는 목마른 사람들에게 하나님의 음성과 손길과 마음을 전해줄 수 있습니다. 그들이 목이 마르든 마르지 않든 그들의 마음은 언제나 "예수님을 주세요."라고 부르짖고 있습니다. 어떻게 하면 예수님을 줄 수 있을까요?

말씀을 전하면 됩니다.

"홀로 있을 때 예수님을 주세요. 어떻게?

말씀을 전하세요. 그러면 그분의 음성이 들려올 것입니다.

두려울 때 예수님을 주세요. 어떻게?

말씀을 전하세요. 그러면 그분의 손길이 길을 인도할 것입니다.

더러워졌을 때 예수님을 주세요. 어떻게?

말씀을 전하세요.

그러면 그분의 마음이 영혼을 깨끗하게 씻을 것입니다.

예수님을 주세요. 어떻게?

말씀을 전하세요."

색인

감사하는 마음(gratitude), 310(각주 12), 311
감싸기(wraparound), 80(각주 33), 166(각주 21), 318(각주 15)
거룩함(holiness), 20, 21, 22, 29, 30, 32, 42, 199, 242, 244, 247, 253, 257, 305, 310, 327, 353, 362, 366, 386
거룩함의 은혜, 29, 30,
거시적 관점(macro-perspective), 271, 293
거시적 해석, 27, 28, 171
거의 공짜 은혜(as almost free), 209, 210
게시판(billboards), 60(각주 11), 60(각주 14), 74(각주 28), 88(각주 04), 152(각주 08), 158(각주 13), 180(각주 03), 332(각주 02)
게할더스 보스, 34(각주 21)
결론(conclusion), 356(각주 11)
경고, 371, 375, 384, 401, 421, 431
공통적 상태인식(mutual condition), 214(각주 06)
공화국 전투 찬가(Battle Hymn of the Republic), 158(각주14)
설교에서의 과장법(hyperbole in preaching), 428(각주 05)
교리적 진술(doctrinal statements), 200

교만(pride), 20, 23, 29, 47, 189, 261, 279
교훈적인 내용(didactic text), 54, 84
구속의 진리(redemptive truths), 192(각주 12), 442(각주 13)
구속적 다리(redemptive bridges), 25
구속적 맥락(redemptive context), 20
구속적 정통교리(redemptive orthodoxy), 440(각주 11)
구속의 진리(redemptive truths), 28
구약 이야기의 공감대(relevance, of ancient accounts), 212(각주 05)
구어적 의사 소통(oral communication), 148(각주 03), 154(각주 10), 180(각주 02), 282(각주 08), 402(각주 07), 406(각주 08)
귀납적 설교(inductive sermon), 54, 111, 112, 118, 122, 128, 129, 1321, 136, 140
그리스도와의 연합, 34, 36, 387, 388, 395, 403, 408, 410, 411, 413, 414, 415
그리스도의 보혈(blood of Christ), 46
그리스도인의 삶(Christian life), 317, 322, 350, 367, 371, 372, 375, 376
기드온(Gideon), 113, 119, 121, 122, 123, 124, 125

기쁨(joy), 31, 32, 45, 47, 81, 108, 140, 148, 149, 150, 152, 153, 154, 156, 178, 180, 222, 235, 316, 317, 323, 351, 356, 365, 385, 396, 400

나에게는 꿈이 있습니다(I have a Dream), 152(각주 06)
날 위하여 십자가의(How Can I Keep from Singing, 찬송가 303장), 154(각주 09)
노르마 & 고든 예거, 414
논지(proposition), 54, 83, 84, 111, 112
논지를 질문으로, 180(각주 04)

다리(bridges), 25, 26, 27, 175
따라나오는 절(magnet clauses), 60(각주 12), 80(각주 32), 88(각주 02), 94(각주 07)
대속의 예언(prediction), 269
대화체 형식(dialogue style), 145
도덕적 지침(ethical instructions), 200
도덕주의(moralism), 237
동기, 29, 30, 31, 32, 39, 40, 41
동기와 능력(motivating and enabling), 262(각주 09), 288(각주 12), 346(각주 9), 378(각주 10), 417
되풀이 말(redundancy), 180(각주 02), 282(각주 08), 406(각주 08)
두운(alliteration), 145, 188(각주 09), 428(각주 06)

로드니 킹(King, Rodney), 422
로버트 풀검(Fulghum, Robert), 183
로잘리 카슬스(Cassels, Rosalie), 165
릭키 그레이(Grey, Ricky), 229

마더 테레사(Mother Teresa), 286
마틴 루터 킹(King, Martin Luther, Jr.), 149, 150, 151, 153, 157, 158, 165
마틴 루터(Luther, Martin), 70, 71, 73, 98, 100
막힌 길(dead ends), 25, 26, 27, 171, 201, 315
면죄부(licentiousness), 29, 392, 395, 414
명령(commands), 19, 20, 22, 29, 30, 32, 37, 38, 39, 46, 63, 65, 66, 74, 89, 91, 93, 97, 101, 150, 151, 242, 244, 252, 253, 255, 293, 296, 299, 322, 325, 326, 327, 330, 342, 344, 345, 347, 351, 356, 360, 363, 371, 374, 376, 384, 387, 407, 409, 411, 432, 433, 442
명령/비유/이야기(command/parable/narrative), 293
모세(Moses), 21, 238, 239, 241, 242, 243, 244, 246, 247, 248, 249, 250, 251, 252, 253, 254, 255, 256, 257, 258, 259, 260, 261, 262, 263, 264, 265, 266, 267, 279, 366, 367, 396, 397
문학 영역에서 사용(literary references), 154(각주 11)
미시적 관점(micro-perspective), 271, 294
미시적 해석, 27, 28, 171
믿음의 발걸음(walk of faith), 350

바울의 성경신학(biblical theology of Paul), 278(각주 05), 281
박해(persecution), 77, 104, 133, 421, 431
반복(repetition), 83, 138, 145, 195, 158, 159, 160, 284, 180(각주 02), 282(각주 08)
반율법주의(antinomianism), 29
버락 오바마(Obama, Barack), 153, 154, 155, 156, 157, 163
베니 뉴턴(Newton, Bennie), 422, 423
벨라루스(Belarus), 290, 291
보상(rewards), 29, 83, 333
보좌, 24, 196, 432
복음적 회개(evangelical repentance), 222
본문을 원칙화("principle-izing" the text), 188(각주 10), 210(각주 04)
부흥(revival), 250, 257, 360, 386, 420
분석적 질문 analytical questions, 68(각주 22, 23), 74(각주 28), 83, 88, 95, 96, 101, 121, 122, 129, 136, 374(각주 06)
비유(parables), 112, 141, 181, 182, 208, 213, 214, 218, 293, 301, 302, 303, 305, 307, 313, 397
빗발치듯(expositional rain), 64(각주 17), 374(각주 06)

사도신경(Apostles' Creed), 405, 406(각주 08)
사명(calling), 395, 407, 408, 410, 411

상황은 본문의 일부다(context is part of the text), 174
상황을 펼치는 방법, 374(각주 07)
상황을 펼치는 방법, 374(각주 07)
새로운 피조물(new creation), 38, 339, 350, 424, 433
샘 링(Ling, Sam), 420
서론, 54, 83, 112, 418
서술(indicatives), 37, 39, 46, 322, 325, 326, 327, 351, 357, 363, 387, 434
선지자(prophets), 21, 26, 68, 96, 173, 174, 182, 189, 193, 199, 200, 209, 212, 215, 216, 253, 256, 258, 366, 427
선한 행위(good works), 362
설교에서의 원어 소개(original language discussion in sermon), 184(각주 08)
설교의 내재적 요약(internal summary of message), 138(각주 17)
설교의 영적 능력(preaching, spiritual power of), 417
설교자와 회중의 상호작용(pulpit dialogue), 152(각주 07)
설득(persuasion), 150(각주 05), 302(각주 05)
설명에서 교훈으로 넘어가는 것(descriptive to normative movement), 188(각주 10)
성경 배경 소개(Scripture introduction), 118(각주 01)
성경 신학(biblical theology), 15, 23, 33,

171, 269, 271, 281, , 278(각주 05), 280(각주 07)
성경본문을 설명(explanation of text), 438(각주 10)
성경본문을 충실히 다루라, 417
성경의 다양한 장르들(genres of Bible), 54, 269, 280, 293
성경의 무오류성(inerrancy of Bible), 420, 435, 439
성경의 영감(inspiration of Bible), 423, 424, 425, 427, 428, 435
성경의 영웅들(heroes of the Bible), 29, 238
성경적 유대(Scripture bond), 332(각주 02)
성경 전체에 스며있는 은혜(from all of Scripture), 270
성령(Holy Spirit), 16, 17, 25, 27, 28, 31, 33, 35, 36, 37, 38, 44, 67, 77, 80, 86, 95, 104, 107, 135, 139, 258, 276, 287, 310, 348, 350, 367, 379, 405, 407, 424, 429, 434, 436, 437
성적인 죄(sexual immorality), 348,
성전 제사(temple sacrifices), 26
세례(baptism), 191, 334, 389, 391, 396, 397, 398, 405
소지(subpoints), 143, 60(각주 15), 62(각주 16), 62(각주 16) 64(각주 17, 18) 402(각주 07)
소지들은 의문형(interrogatives, subpoints as), 60(각주 15)

순수(purity), 350, 430
순종(obedience), 21, 29, 31, 32, 33, 39, 40, 41, 42, 43, 44, 60, 62, 63, 65, 75, 82, 89, 90, 93, 102, 108, 173, 199, 224, 247, 258, 295, 299, 301, 304, 305, 313, 316, 325, 326, 351, 352, 355, 356, 369, 384, 387, 388, 390, 392, 399, 408, 413, 417, 442
순종의 동기와 능력(motivates and enables obedience), 417
스티브 브라운(Brown, Steve), 140, 267
신뢰(trust), 18, 162, 214, 217, 230, 258, 266, 290, 423, 435, 436, 439
신앙적 자유(Christian liberty), 378
십자가(cross), 29, 32, 33, 34,

아도니람 & 앤 저드슨(Judson, Adoniram and Ann), 283, 284, 285, 286, 288, 289
아론 랠스톤(Ralston, Aron), 345, 346
아멘이라는 응답("Amen" as pulpit dialogue), 152(각주 07)
아우구스티누스(Augustine), 424
아프리카계 미국인 전통(African American tradition), 149, 150, 151, 152, 154
알레고리(풍유, allegory), 23
압운(rhyme), 145
앤 라모트(Lamott, Anne), 218, 219, 222, 224
에이미 와인하우스(Winehouse, Amy), 413
에이브러햄 링컨(Lincoln, Abraham), 151

에토스(성품, ethos), 302(각주 05)
역사적 배경(historical context), 182(각주 05)
연역적 설교(deductive sermons), 54, 111, 112, 120(각주 03)
연역적-논지적 전개방식, 54, 111, 112
예레미야(Jeremiah), 174, 175, 178, 181, 182, 183, 184, 187, 189, 191, 192, 193
예언 말씀에 관한 강해설교, 173,
예언(prophecy), 24, 77, 104, 149, 153, 159, 167, 171, 173, 174, 175, 178, 182, 187, 199, 200, 206, 233, 237, 269, 280, 424, 441
예형론, 23
예화(illustrations), 18, 54, 64, 70, 76, 92, 98, 102, 222, 244,
예화의 출처, 246(각주 01)
옛사람(old self), 398, 399, 400, 401, 402, 407
완전함(completeness), 441,
용서(forgiveness), 217, 218, 220, 221, 222, 225, 226, 227, 228, 229, 231, 233, 234, 249, 250, 252, 286, 289, 295, 298, 301, 306, 311, 315, 316, 317, 340, 349, 391, 393, 412
우상숭배(idolatry), 136, 189, 201, 206, 211, 214, 215, 222, 225, 252, 268, 348
원어(language note), 244, 381
웨스트민스터 신앙고백(Westminster Confession of Faith), 305, 436
위로(encouragement), 275, 284, 286, 287, 288, 289, 290, 292, 308

위상(신분)의 성화(positional sanctification), 36
위인전 설교(biographical sermons), 237, 248(각주 05)
윌리엄 캐리(Carey, William), 282, 283, 284
유머(humor), 166(각주 20)
대응하는 말씀들(parallel texts), 192(각주 11)
육신에 속한 것을 죽임(mortifying the flesh), 326
율법적 회개(legal repentance), 222
은혜를 설교(preaching grace), 29, 261, 269
음란(impurity), 137, 311, 329, 331, 344, 348, 349, 377, 394
의로움(righteousness), 20, 21, 22, 35, 36, 37, 38, 46, 162, 193, 195, 196, 199, 238, 305, 306, 307, 310, 316, 340, 359, 361, 367, 370, 395, 409, 410
이기적인 그리스도인을 양산(creating egocentric Christians), 274(각주 01)
이사야(Isaiah), 68, 96, 174, 182, 184, 200, 206, 207, 209, 210, 211, 212, 213, 214, 215, 216, 220, 221, 225, 226, 228, 231, 232, 233, 280, 366, 367
이야기식 말씀을 강해설교(narrative sermons), 239
인간의 본성(humanity, nature of), 27
인권 운동(civil rights movement), 154(각주 09), 165

인내(endurance), 277, 278, 280, 281, 283, 286, 287, 289, 290, 291, 292, 369, 421, 430
인종차별(racism), 143, 150, 157, 159, 163, 164(각주 19)
인클루시오(inclusio), 166(각주 21)

자신을 죽이라(dying to self), 330, 333, 344, 353
장 칼뱅(Calvin, John), 222, 307, 428
장쩌민(Zemin, Jiang), 182
적용(application), 16, 18, 25, 26, 30, 40, 64(각주 18), 256(각주 08), 112
적용과 예화(application and illustrations), 128(각주 12)
적용에서 상황의 특수성(application and situational specificity in), 374(각주 07)
적용을 위한 능력, 은혜에 기반을 두고 있음(application grace-based power in), 262(각주 09)
적용을 펼치는 법(application unrolls imperatives), 66(각주 19)
전미 유색인종 지위향상 협회(NAACP), 151
전 영역을 충실히 다루라(covering the territory), 417
전환(transitions), 66(각주 20), 94(각주 06), 100(각주 08)
절망(despair), 19, 20, 47
절박함(desperation), 308
점진적 성화(progressive sanctification), 36

점차 힘주어 강조, 166(각주 22)
정체성(identity), 394, 395, 403, 405, 407, 408, 411, 412
제유법(synecdochic reference), 152(각주 06), 154(각주 09), 154(각주 11), 158(각주 14), 162(각주 18)
제임스 I. 패커(Packer, J. I.), 231
제임스 L. 스나이더(Snyder, James L.), 246(각주 01)
제임스 메레디스(Meredith, James), 150, 151
제임스 브래독(Braddock, James J.), 352
제임스 웰던 존슨(Johnson, James Weldon), 163, 66
조나단 에드워즈(Edwards, Jonathan), 26(각주 11)
존 오웬(Owen, John), 347, 348, 411, 412
죄를 짓지 않을 수 없음(non posse non peccare), 35
죄를 짓지 않을 수 있음(posse non peccare), 35
죄에 대한 사랑(love for sin), 42, 43, 44, 322, 355
죄에서 벗어나(freedom from sin), 390, 392, 394, 399, 400, 430
주제 설교(topical sermons), 143, 144
중심이 되는 절(anchor clause), 58(각주 10), 83, 88(각주 02)
중심축(pivot point), 220(각주 09), 262(각주 09), 308(각주 11)

찰스 스펄전(Spurgeon, Charles), 436
천로역정(Pilgrim's Progress), 135
치유(healing), 312, 313, 317

커버넌트 신학대학원(Covenant Thological Seminary), 423
케네스 버크(Burke, Kenneth), 150(각주 05)

타락한 상태에 초점맞추기(fallen condition focus), 28, 59, 87, 58(각주 06), 210(각주 02), 246(각주 02), 276(각주 03), 332(각주 01), 392(각주 02)
탐심(covetousness), 329, 331, 344, 348
토머스 찰머스(Chalmers, Thomas), 43
팀 켈러(Keller, Tim), 412

프란시스 쉐퍼(Schaeffer, Francis), 371, 375, 376
프렌들리 템플 미셔너리 침례교회(세인트루이스, Friendly Temple Missionary Baptist Church(St. Louis)), 148, 161
피터 시거(Seeger, Peter), 154(각주 09)

하나님의 모든 명령, 19
하나님의 사랑(love for God), 31, 37, 47, 121, 162, 189, 191, 199, 224, 226, 231, 234, 281, 305, 314, 325, 340, 351, 353, 355, 356, 361, 382

하이델베르크 요리문답(Heidelberg Catechism), 314
할렐루야 합창(Hallelujah Chorus), 290
해석적 안경(interpretive spectacles), 246(각주 04), 254(각주 07)
핵심 논지를 중심으로(fundamental reduction), 83, 88(각주 02), 88(각주 05)
헤르만 리델보스(Ridderbos, Herman), 326
할렐루야 합창(Hallelujah Chorus), 290
회개(repentance), 32, 62, 87, 91, 139, 140, 196, 200, 219, 220, 221, 222, 224, 225, 226, 227, 228, 229, 230, 233, 251, 261, 266, 268, 295, 298, 311, 316

"...처럼 되라" 설교("be like" messages), 39, 237, 238, 110, 252(각주 06)
C. S. 루이스(Lewis, C. S.), 341
W. H. 오든(Auden, W. H.), 391

구약성경

출애굽기
출애굽기 17:6 254
출애굽기 19:5 381

민수기
민수기 20:1 247

민수기 20:1~13 243
민수기 20:3 259
민수기 20:3~5 248
민수기 20:4~5 252
민수기 20:6 248, 249
민수기 20:8 252
민수기 20:9 263
민수기 20:9~11 252
민수기 20:10 250, 256
민수기 20:12 247, 265

신명기
신명기 5:6 326
신명기 7:7 26
신명기 32:43 279
신명기 34:1~4 265

사사기
사사기 6:1 130
사사기 6:11~12 122
사사기 6:13 123
사사기 6:14 123
사사기 6:15 124
사사기 6:16 124
사사기 6:17 124
사사기 6:21 124
사사기 6:25 124
사사기 6:27 125

사사기 6:31 125
사사기 6:36~37 125
사사기 6:39 125
사사기 7:1~7 119
사사기 7:5~7 131
사사기 7:16~22 119
사사기 8:1~3 136
사사기 8:22 136
사사기 8:23 136
사사기 8:23~27 137
사사기 8:27 137
사사기 8:28 137
사사기 8:29 136
사사기 8:31 136

사무엘하
사무엘하 22:50 279

느헤미야
느헤미야 8:10 45, 316, 323

시편
시편 19:7~9 434
시편 19:7~10 441
시편 22:27 283
시편 42:1 443
시편 69 277
시편 88 407

시편 91:4 128
시편 106:33 260
시편 117 280
시편 119:20 443
시편 119:131 443
시편 126:1-6 148
시편 130:8 380
시편 137:1 150

잠언
잠언 4:23 17

이사야
이사야 11 280
이사야 11:1 182
이사야 30:10 68, 96
이사야 43:23 228
이사야 44:8 206
이사야 44:9~11 211
이사야 44:9~23 207
이사야 44:12 211
이사야 44:13 213
이사야 44:14 213
이사야 44:14~20 213
이사야 44:15 213
이사야 44:16~17 214
이사야 44:18 214
이사야 44:18~20 214

이사야 44:20 214
이사야 44:21 216
이사야 44:22 217, 220, 228
이사야 44:23 232
이사야 55:11 432
이사야 64:6 22, 31, 307

예레미야
예레미야 23:6 193
예레미야 31:3 427
예레미야 33:5 189
예레미야 33:6~8 189
예레미야 33:8 189
예레미야 33:14~16 177, 178
예레미야 33:15 181
예레미야 33:16 189, 192

에스겔
에스겔 37:23 380, 381

신약성경

마태복음
마태복음 17 265
마태복음 22:37 325
마태복음 24:5 69, 96
마태복음 27:42 214

마가복음

마가복음 10:45 380
마가복음 12:30 43

누가복음

누가복음 17:1~3 301
누가복음 17:1~19 298
누가복음 17:3 62, 91, 301
누가복음 17:3~4 301
누가복음 17:5 301
누가복음 17:6 301, 318
누가복음 17:10 22, 302
누가복음 17:13 308, 314
누가복음 17:14 312
누가복음 17:15 312, 314
누가복음 17:16 312
누가복음 17:19 318
누가복음 24:27 21

요한복음

요한복음 1:45~46 185
요한복음 3:16 133
요한복음 5:39 21
요한복음 6:35 26
요한복음 11:25~26 133
요한복음 14:15 30, 44, 352, 355
요한복음 15:5 39, 442(각주 13)
요한복음 15:20~22 133
요한복음 21:25 293

사도행전

사도행전 17 70, 97

로마서

로마서 1:25 68, 96
로마서 2:4 32, 219
로마서 5:10 356
로마서 5:12 399
로마서 5:13 400
로마서 5:17 399, 409
로마서 5:18 399
로마서 5:19 399
로마서 5:20 391
로마서 6:1-2 395
로마서 6:1~14 391
로마서 6:2 395
로마서 6:3 396
로마서 6:4 398, 403, 404, 405
로마서 6:5 398, 403, 404, 405
로마서 6:5~10 404
로마서 6:6 398, 401, 404, 405
로마서 6:8 404
로마서 6:11 404
로마서 6:12 408, 409, 413
로마서 6:13 408, 410, 411
로마서 6:14 348, 410, 413

로마서 6:14~18 35
로마서 6:15 395
로마서 6:16~17 413
로마서 7:1 400
로마서 8:1 32, 400
로마서 8:5~15 32, 37
로마서 8:10~11 405
로마서 8:11 37
로마서 8:16~17 36
로마서 8:18 43
로마서 8:24 368
로마서 8:31~32 380
로마서 12:1 36
로마서 12:9 373
로마서 15:1~3 277
로마서 15:3 277
로마서 15:4 21, 271, 275, 278, 287
로마서 15:5~7 278
로마서 15:7 288
로마서 15:7~9 287
로마서 15:8~9 278
로마서 15:10 279
로마서 15:11 280
로마서 15:12 280

고린도전서
고린도전서 1:28 183
고린도전서 1:30 36
고린도전서 2:2 33
고린도전서 10:1~2 397
고린도전서 10:3 26
고린도전서 10:4 255
고린도전서 10:13 427
고린도전서 10:16 26

고린도후서
고린도후서 5:5 37
고린도후서 5:9 45, 323
고린도후서 5:14 31, 355
고린도후서 5:14~15 45
고린도후서 5:17 339
고린도후서 5:20 430
고린도후서 5:21 36, 37, 194
고린도후서 7:1 381
고린도후서 11:24~27 76, 103
고린도후서 12:9 63, 91

갈라디아서
갈라디아서 1:4 380
갈라디아서 2:20 35, 36, 339, 380
갈라디아서 3:24 21
갈라디아서 5:5 368

에베소서
에베소서 1:11~14 381
에베소서 1:18~23 35

에베소서 2:6 36
에베소서 3:10 163
에베소서 4:30 32
에베소서 5:1 37
에베소서 5:26 381

빌립보서
빌립보서 4:7 43
빌립보서 4:13 40

골로새서
골로새서 1:5 368
골로새서 1:27 368
골로새서 2:12 335
골로새서 3 326
골로새서 3:1 334, 336, 338, 343, 347, 350
골로새서 3:1~5 330
골로새서 3:2 343, 347
골로새서 3:3 338, 339, 347, 350
골로새서 3:4 338, 340
골로새서 3:5 345, 347, 348
골로새서 3:6 346, 349
골로새서 3:8 349
골로새서 3:9 349
골로새서 3:9~14 349
골로새서 3:12 349
골로새서 3:17 373
골로새서 4:2~6 75, 102

데살로니가전서
데살로니가전서 2:2~13 18
데살로니가전서 2:4 251
데살로니가전서 2:13 424
데살로니가전서 4:13~18 369

디모데전서
디모데전서 2:6 380
디모데전서 6:2 384

디모데후서
디모데후서 2:13 356
디모데후서 2:15 18, 435
디모데후서 3:10 430
디모데후서 3:10~11 431
디모데후서 3:10~14 429
디모데후서 3:10~4:5 420, 421
디모데후서 3:12 77, 104, 430, 431
디모데후서 3:14 430
디모데후서 3:14~15 440
디모데후서 3:16 61, 89, 423, 433, 439
디모데후서 3:16~17 16, 420, 440
디모데후서 3:17 430, 441
디모데후서 4 59, 88
디모데후서 4:1 59, 88
디모데후서 4:1~2 432
디모데후서 4:1~5 55, 56, 86
디모데후서 4:2 61, 62, 63, 77, 89, 90, 91,

디모데후서 4:3 69, 96
디모데후서 4:3~4 441
디모데후서 4:4 70, 97
디모데후서 4:5 76, 78, 101, 103, 105, 443

디도서

디도서 1:9 384
디도서 1:13 364
디도서 2:1 363
디도서 2:1~10 363
디도서 2:2 376
디도서 2:3~4 376
디도서 2:6 384
디도서 2:7 376
디도서 2:10 363
디도서 2:10~11 369
디도서 2:11 363, 363, 364
디도서 2:11~12 362
디도서 2:11~15 360
디도서 2:12 31, 366, 367
디도서 2:12~13 365, 368
디도서 2:13 384
디도서 2:14 380, 381
디도서 2:14~15 379
디도서 2:15 384
디도서 3:4 369
디도서 3:6 369

히브리서

히브리서 1:3 443
히브리서 9:14 381
히브리서 10:1~4 26
히브리서 10:5~9 26
히브리서 10:11~12 337
히브리서 10:14 36
히브리서 12:1 38
히브리서 12:6 190
히브리서 13:5 427

베드로전서

베드로전서 1:3 440
베드로전서 1:21 440
베드로전서 2:9 37
베드로전서 4:8 62, 91

베드로후서

베드로후서 1:20~21 424

요한일서

요한일서 1:9 227
요한일서 3:2 341
요한일서 4:4 35, 350
요한일서 4:19 325, 382

사단법인 기독교세계관학술동역회 사역 소개

기독교 세계관이란? 하나님이 세상을 창조하시고 지금도 살아 계셔서 역사를 주관하시며, 범죄한 인간을 예수 그리스도의 대속으로 용서하시고, 우리 삶을 성령께서 인도하신 다는 성경의 가르침에 입각하여 인간, 자연, 역사를 보고, 성경적 관점으로 일관성 있게 살아가는 것입니다.

— 이사장 신국원(총신대 명예교수)

기독교세계관학술동역회는 기독교 세계관 안에서 신앙과 학문, 그리고 삶이 하나되는 비전을 추구하고 있습니다. 기독교 세계관에 비추어 학문을 연구하고, 우리 사회의 주요 문제에 대해 기독교적 해결방안을 제시하며, 삶과 학문의 모든 영역에서 하나님의 진리 와 주권을 드러내고자 노력하고 있습니다.

— 실행위원장 박동열(서울대 교수)

〈기독교세계관학술동역회 주요 사역 소개〉

1. 기독교학문연구회 (KACS: Korea Association for Christian Scholarship)

기독교적 학문 연구를 위한 학회로 각 학문분야별 신학과 학제 간의 연구를 진행하여 신앙과 학문의 통합을 추구합니다. 연 2회 학술대회(춘계, 추계)를 개최하고, 한국연구 재단 등재학술지인 〈신앙과 학문〉을 연 4회 발행합니다.

2. 기독교세계관학술동역회 기관지 〈신앙과 삶〉 발행

〈신앙과 삶〉은 "복음주의 기독교 & 동역회 소식지"라는 정체성으로 발간하는 기독교세계관학술동역회 기관지입니다. 〈월드뷰〉와 분리 후, 2019년 7월 창간호(7~8월호, 통권 216호)를 시작으로 격월간지로 발행하고 있습니다.

3. 대학원생 세계관 연구회 (정기모임)

서울대, 카이스트, 성균관대 등에서 대학원생 모임을 진행하고 있으며, 신촌지역, 경 북대 등에서도 기독교 세계관 스터디 모임을 준비 중입니다.

4. 세계관 교육과 유튜브 세계관 콘텐츠 기획 및 자료 제공

지역 교회와 협력하여 세계관학교를 개최하고 특강 강사를 지원하며, 북콘서트, 세미나, 소그룹 모임, 유튜브 세계관 콘텐츠 제공 등 다양한 활동을 통해 기독교 세계관 의 활성화를 모색하고 있습니다.

■ 더 자세한 사역 소개나 강의를 원하시는 교회나 단체는 기독교세계관학술동역회 사무국으로 연락해 주시면 친절히 안내해 드립니다.
문의: (사)기독교세계관학술동역회 02)754-8004
www.worldview.or.kr | E-mail_ info@worldview.or.kr

5. 기독교세계관학술동역회 협력/산하 기관

● VIEW 밴쿠버기독교세계관대학원 (원장: 전성민)

1998년 11월, 밴쿠버기독교세계관대학원(VIEW)은 캐나다 최고의 기독교대학인 Trinity Western University 대학의 신학대학원인 ACTS와 공동으로 기독교세계관 문학석사과정(MACS-Worldview Studies)을 개설했습니다. 현재 캐나다 밴쿠버에 기독 교세계관 문학석사 과정, 디플로마(Diploma) 과정을 운영하고 있으며, 2020년 9월부 터 세계관 및 목회학 석사과정(MDiv-WPS)을 개설, 운영하고 있습니다.

www.view.edu | 문의: 한국사무실 김성경 실장 010-5154-4088

● CTC 기독교세계관교육센터 (대표: 유경상)

CTC(Christian Thinking Center)는 가정과 교회와 학교에 기독교 세계관 교육 콘텐츠를 제공함으로서 다음 세대 그리스도인들이 기독교 세계관으로 생각하고 살아가도록 돕는 것을 사명으로 하는 세계관 교육기관입니다.

cafe.naver.com/ctc21 | 문의: 안성희 팀장 010-2792-5691

● 도서출판 CUP

바른 성경적 가치관 위에 실천적 삶을 살아가는 그리스도의 제자들을 세우며, 지성과 감성과 영성이 전인적으로 조화된 균형잡힌 도서를 출간하여 그리스도인다운 삶과 생각과 문화를 확장시키는 나눔터의 출판을 꿈꾸고 있습니다.

www.cupbooks.com | cupmanse@gmail.com | 02-745-7231